山田顕義生誕 180 年

近代法典編纂の父
山田顕義

―小ナポレオンとか法典伯と呼ばれた人―

小林忠正　著

八千代出版

本書では読みやすさを考慮し、本文中の旧字体の人名ほか固有名詞は、原則として新字体を使
　用した。
また、引用文中にルビを適宜追加した。

序文にかえて

近代法典編纂の父山田顕義　　山田顕義を、我が国「近代法典編纂の父」と名づけることとした。もとより山田は「小ナポレオン」とか、「法典伯」とか呼ばれてきたが（後述 29 頁以下）、それにもとづいて、山田の、大きなそして多様な足跡の中の一つを表象すると、「近代法典編纂の父」と呼ぶことがふさわしいと思うからである。

　ちなみに、ボアソナードは「日本近代法の父」（大久保泰甫『日本近代法の父ボワソナアド』6 頁、岩波新書、昭和 52 年）と称えられているが、山田は、このボアソナード等が起草した立法草案をもとに、我が国近代法典の編纂に尽力し、主要法典のことごとくを公布し制定した人物であった。

山田顕義生誕 180 年に寄せて　　これからこの山田顕義の軌跡を辿っていくのだが、実は令和 4 年（2022 年）は、丁度没後 130 年（明治 25 年〔1892 年〕11 月 11 日薨去）であり、また令和 6 年（2024 年）は、生誕 180 年（弘化元年 10 月 9 日〔陽暦 1844 年 11 月 18 日〕出生）に当たる年である。

　筆者は、令和 4 年の没後 130 年を機会に本書の執筆を決意し、生誕 180 年の令和 6 年の上梓を目標としたのだが、「歴史的に一個の完結した人生が成立するには、100 年が必要になる」といわれる。いま、山田顕義を書き始めているのだが、歴史的伝記のおもしろさ、あるいは歴史的評伝のおもしろさというのは、100 年、もしくはそれ以前の人間を、いろいろ考えて、さまざまな角度からみて、そこに興趣を見い出すことにある。これはその意味を含む成句（フレーズ）である。

　たとえば、山田顕義が亡くなって、まだ半世紀しかたっていない場合には、配偶者や子や孫、そしてまた山田の近くにいた書生や、仕えていた人々の、女中さんなどの中には、まだ達者な方がいる。あるいは、山田の司法大臣秘書官であったといった人の児孫（子孫）などがいて、その父や祖父から山田の話を聞いていたりする。書物は何を読んでいたとか、食事は何が好きだったかとか、癖にはこのようなことがあったとか、見たり聞いたりしていていろいろ知っている場合がある。知っていることは大切なのだが、知っていることは、山田のすべてを知

i

っているというわけではなく、錯覚につながることが多い。私達にも家族や友人のことを全部知っているという錯覚がある。それと同じように、山田の知り合いや、身辺の人の子や孫も、そういう錯覚を持っていて、たとえば伝記を書く、評伝を書くと、ここが違うとか、あそこが違うとか、そういう話が出てこないとも限らない。このようなことで、その人物が、死後100年、あるいはそれ以上たって、もう直接会ったことも、直かに話を聞いたこともなく、すでに、生きている関係者もいない程の年月を経てから、その人物というものをいろいろ考えて書く。歴史伝記や評伝のおもしろさ、あるいは歴史そのもののおもしろさというのは、そこに見つけることができると考えている。

　山田顕義は、すでに没後130年たっている。したがって会うことはもちろん、直かに接触した人もいない現在では、伝記や評伝には、推定や推論もあり得るのであって、小説ではないものの、創作の部分も、多少はあっても良いと思っている。あえていえば本書では、私生活の部分は多く推定である。この点はご容赦いただきたい。文中で断っているが、たとえば福田美和（山田に一生仕えたといわれる女性）を第二妻（妾）としたり、明治25年の帰郷の旅に同行させたりした部分は推定である。この推定が特別本書をおもしろくしているわけではないが、当時の一夫多妻制（法制上からいえば明治3年12月20日頒布の新律綱領より、31年7月16日施行の現行民法親族法旧規定までは、一夫多妻制を容認していたと考えている）をみる意味では、おもしろいと思うのだがどうであろうか。ただし、これはあながち推定ともいえないのである。昭和63年12月20日に行なわれた山田家護国寺墓地の発掘では、棺に山田自身の毛髪とは別の血液型の異なる2種類の毛髪束が副葬されていた。山田の御遺骸の左側の髪はO型で、これは龍子夫人のそれに合致している。夫人が毛髪を截って納棺したものであることが理解できる。これに対して右側の黒髪の束は、B型で夫人のものではない。それではこの明らかに別の女性のものと思われる毛髪束は誰のものなのか。この時学術調査の範囲を超えるとして、それ以上の追究はなされていないが（『シリーズ学祖・山田顕義研究』第4集、206頁、日本大学、平成2年）、筆者は福田美和のものではないかと思っている。いまだ明治25年に至っても、高貴な身分の妻・妾には落髪の慣習が残っていたのである。

私生活資料の欠乏　　　実は山田顕義は、自分のことを、まったく書き残さな

かった。

　私生活のことはもちろん、自ら成し遂げた業績もである。日記などあったのかも知れないが、震災や戦災で消失したのか、伝わっていない（麻布笄町の山田邸は戦災で焼失している。村田峰次郎著、松原太郎翻刻『空斎山田伯伝』（1）『黌誌』第 12 号、39 頁、平成 30 年）。残されたものといえば、その時々の感懐を披瀝した漢詩や和歌、依頼されて書いた碑文や撰文、そして山田が出した手紙で、相手が保存していてくれたもの、ぐらいである。これら残された詩や文章には才能が溢れている。自らのことも書き残すことは容易であったはずである。しかし、自分のことを書き残すことをしなかった。この時代は、自らの業績を過大に表現することが多くあり、「維新史に資料的価値なし」といわれる程、自分のなしたことを誇った時代であった。山田はそれをしなかった。自らの業績を誇ることを潔しとしない謙虚で潔癖な一面を持つ人であった。まして私生活についていうことは、憚るべきことと考えていたのではないか。したがって皆目わからないことが多い。

　公務資料については忠実に参照　　しかしもちろん資料が残されている場合には、それによることは当然である。本書でも山田が公務として遂行した、兵部大丞、司法大輔、専任参議、工部卿、内務卿、司法卿、司法大臣としての任務内容と事績については、早くから研究書もあり、関係資料も多くある。

　これらの業績については、残された資料をもって、注目し、客観的にその事績に眼を向けて、執筆したものであることは、いうまでもない。そして山田顕義研究は、近年頓に進展している。文献については後掲するが、特に日本大学名誉総長故高梨公之先生を中心とする座談会形式の『シリーズ学祖・山田顕義研究』第 1 集～第 7 集（日本大学、昭和 57 年～平成 13 年）が注目される。本書執筆にも、大いに参照させていただいた。

　山田顕義の魅力　　いま私は山田顕義を書き始めて、さらに一層山田に魅了されている。伝記や評伝を書く場合には、冷静に客観的に書くことが求められることは充分に承知している。それを心掛けたつもりだが、対象人物に魅力を感ぜずに書くことは稀なことと思う。そして人間を表現する際に、その人物の魅力を考えることは、非常に大切なことである。いったい、人の魅力、人間の魅力とは何なのであろう。人柄、才能、知識、学問、思考、言動、個性、風貌など

写真1 明治20年代の山田顕義

などから導き出される「人の心をひきつける一種不思議な力」であるということができる。人間は人柄（品格）も良い方がいいし、才能つまり「物事をうまくなしうる能力」（『角川最新漢和辞典』）も、あった方がいい。知識や学問も、経験も、豊富であることは、役立つことが多い。できれば風貌も立派な方が良いと思う。しかしこれらを全部持っていても、全然つまらなく、何の魅力もない人もいるものである。そうかと思うと、このうちの一つしか持っていなくとも、大変魅力的な人もいる。あの人間なら何とかやれるだろう。あいつは野放図（締まりがない）だが、人と人との間をうまくくっつけて、何とかやるだろうと思わせる、そういう魅力のある人もいるものである。

　山田は、「資性慧敏頗る天稟の啓発する所尠なからず」（前掲『空斎山田伯伝』(1)、43頁）といわれ、生来の豊かな才能を持ち、知識や学問は、恩師吉田松陰をはじめ、大村益次郎などから学び、岩倉米欧回覧使節団参加によって国際的感覚を培い、「稍仏語ヲ解」する。当時の男性は、多く髭を生やしたが、山田は特に童顔であったからか、髭を蓄えることもあったが、残された写真をみると風貌も立派であった。そして何よりも、人を纏める力があった（写真1）。この点不得手であるとの指摘もあるが（『伊藤博文関係文書』第1巻、127頁、塙書房、昭和55年）、長年月の間、大丞、大輔、専任参議、卿、大臣としての重責を担えたことは、取りも直さず、強いリーダーシップがあったからであろう。

　山田の魅力について、たとえば、山田を慕う一人に、大阪控訴院院長を歴任した、加太邦憲がいた。山田を「軍人トシテ進ムヲ知リテ退クヲ知ラサル人、又文官トシテ温厚ニシテ圭角ナク（円満である）、又上下別ナク部下ト対スル友人ト相対スル如ク一度信ジタル人ハ終生愛護スル風アリ」（加太邦憲『自歴譜』182頁、岩波文庫、昭和6年。（　）内は筆者加える）と分析し、表現し、その人柄を慕っている。ただ山田には、短気な面もあり、少々「酒乱の気もあった」。また会議では、「時々大臣の威権を以て我々の論を圧せんとする気味あり」（尾崎

三良『尾崎三良自叙略伝』中巻、194頁、中公文庫、昭和55年）との指摘もあるが、多くの人が、山田の人柄や才能に魅力を感じ慕っていたようである。

山田追慕碑の建設　そして山田の魅力は、死後の思慕や追慕の情を顕わす碑の建設にもみられる。そこで次に、山田顕義碑の建設の若干例を挙げてみたい。なぜならば、生前ならばともかく、死後までもその人物を追慕することは、いかに山田に魅力を感じてのことであったかの表われと思うからである。

写真2　山田顕義訃報記事

追慕碑その1、大審院前銅碑　その第一を挙げると、山田の死（写真2）のわずか1ヶ月後の、明治25年12月に、山田記念碑建立の議が上がり、醵金募集が開始された。そして早くも26年4月15日の『朝日新聞』では、「故山田伯が司法大臣在官中、司法上に盡せし功績を不朽に伝へんとて、司法部内の重立たる人々の発起にて、昨年来各裁判官及検事に向って義捐金を募集中なりしが、其金額も最早予定の三千円に達したるを以て、遠からず上野辺に建設地を撰定する筈なりと」（26年4月15日号）と報じている。そして陸軍部内でもこの挙を伝え聞いて醵金する者も多かったようで、結局は、大審院玄関前の中庭に建てられたのが、「山田顕義銅碑と碑文」の築造であった。本銅碑は、山田の肖像を正面に鋳出（石川光明制作）し、その上に御誄（るい）（天皇の弔詞）を掲げる。また裏面には、この時司法大臣（25年8月8日〜26年3月11日）の任にあった山県有朋の撰文による碑陰記が刻まれていた（現在は所在不明。『山田顕義傳』906頁、日本大学、昭和38年。前掲『空斎山田伯伝』(3)、97〜98頁）。

　本碑は前記のように山田を追慕する司法官僚や陸軍軍人の醵金などをもとにして、その威徳を偲び、敬慕の情を表わすために建立されたものである。このことはいかに山田が魅力的であったかの証明である。『空斎山田伯伝』では、山田の人柄を、「謙遜」、「仁愛」、「質朴」、「深切」の人であったと述べるが（前掲『空斎山田伯伝』(3)、100〜101頁）、山田の魅力は何よりもこれらの人柄である。

そしてこの伝記にも指摘され、評価されているが、思うに彼の魅力の第一は、「仁愛の心」（思いやりの心）を持っている点にあった。山田には人との交りで温かい気持にさせる、人の気を逸さない気配りがあった。この人柄が、本碑建立の源であった。山田に接触した人の多くは、立ち所にその魅力を感じ取り、その人柄に魅了されたのである。その証が本碑建立に結実したものと思う。

そしてまた、山県有朋が撰文した本碑裏面の碑陰記では、山田は「忠誠謹愨」、「胆気精悍」の気質であったと述べながら、主として山田の業績を列挙するが、特に立法への功績を強調している。次のとおりである。

…職を「法衙（司法省）」に奉職するに及び首めて裁判所の官制及構成法を定む。又民法、商法、訴訟法を編み、彼我を折衷し、今古を斟酌し、励精監督、眠食を忘るに至る。…君人と為るや、忠誠謹愨にして、胆気精悍なり。用兵神速、機警、謀略に長ず。故を以て向ふ所克捷せざるなし。文武大臣を歴任すること前後二十余年、勲功は一世に赫々たり。蔚めて中興の名臣と為す。而うして其法衙に在るや、尤も力を致すこと尤も大なり。法権の確立は実に君を推さずして、称首たるを得ざるなり」（前掲『山田顕義傳』907〜908頁）と撰文している。特に最後に「法権の確立は実に君を推さずして、称首たるを得ざるなり」と書し、「法権（立法）は、君以外に第一人者はいない」との賛辞を贈るが、山田が身命を賭して、近代主要諸法典のことごとくを編纂した事実と功績を、永く後世に伝えようとするためのものでもあった。真に山田は、我が国「近代法典編纂の父」ともいうべき人物だったのである。そしてこのような偉大な業績を挙げることができたのは、山県がいうように、その心底に「忠誠謹愨」、「胆気精悍」の気性があり、その信念がもたらしたものに他ならないというわけである。

追慕碑その2、風折烏帽子碑　　その第二に取り上げたいのは、山田の三回忌に当たる明治27年11月に、山田の愛顧を受けた待合の女将で、帝国女優養成所副所長を歴任した、加藤ひな（雛）が、「風折烏帽子碑」（写真3）を建立し、山田を偲んでいることである。詳細は後述（109頁以下）するが、山田とひながたとえ妾関係という（推定）特別な事情下にあったとしても、顕彰碑などの建立は簡単にできることではない。余程山田に魅力を感じ、追慕し、そして尊敬していたかの証であろうことが理解できる。

碑文には「…殿（山田顕義）の生野の雲にかくれたまひし後ハ水茎の跡をなか

め奉りては袖に涙をたゝへつゝありき　されハ今常々御めくみを蒙りたる方々のすすめによりて此歌を石にきさみ…いく千代かけてこゝに留むるになむ」（高梨公之「風折烏帽子碑考―山田伯遺墨碑―」『法学紀要』第28巻、12頁、昭和62年）と刻み、山田顕義への追慕の情を明らかにしている。

写真3　「風折烏帽子碑」拓本

　そしてこの碑とは別に建碑賛同者の碑が他に独立しており、72名の賛助者の氏名が刻まれている。山田の広い人間関係を知ることができる（後述111～114頁）。これらの人々が賛助金を支出して本碑を建立したのであるが、生前の魅力的な山田に引かれて醵出した者。生前の山田に対する報恩、謝恩の意を込めて醵出した者。あるいは、発起人「加藤ひな」の采配に協調して醵出した者など、さまざまな動機と意思が働いての醵金支出であるとしても、その根底には、山田への追慕の情があったものと思う。そうでなければ碑の建立に参助するようなことはしないであろう。山田はこれらのことからして、非常に魅力的な人であり、慕われていた。本碑もまたその証左である。そして前記した大審院前建立の銅碑と同じく、山田の死後に建立されたものである。このことが、山田の魅力をより一層際立たせている。

　私はいま山田顕義を書き始めたが、山田の事績や足跡はもちろん、いかに魅力的な山田顕義像を正確に抽出することができるかが課題となると思っている。

令和4年11月11日　山田顕義伯没後130年に寄せて

小林　忠正

目　　次

序文にかえて ………………………………………………………… i

　　近代法典編纂の父山田顕義　／　山田顕義生誕 180 年に寄せて　／　私生活資料の欠

　　乏　／　公務資料については忠実に参照　／　山田顕義の魅力　／　山田追慕碑の建

　　設　／　追慕碑その 1、大審院前銅碑　／　追慕碑その 2、風折烏帽子碑

第 1 章　山田顕義生涯のテーマ―恩師松陰の教えをもとに― …………… 1

　　明治政権の巨頭　山田顕義　／　山田顕義の人生のテーマ　／　恩師松陰の教えと山

　　田への詩訓　／　生涯テーマ実現の方途

第 2 章　信念の人―慎重さと頑質さを信条として― ……………………… 5

　1　徴兵制論議　5

　　兵部理事官として岩倉米欧回覧への参加　／　徴兵詔書等の布告　／　軍制に関する

　　建白書（米欧回覧理事官報告）の提出　／　準備を重視する山田の姿勢

　2　旧商法典の編纂と施行延期問題　12

　　山田の商法立法への関与の概略　／　専任参議就任と商法典草案起草の委嘱　／　司

　　法省法律取調委員会の設置と商法典等の編纂　／　商法典制定のための山田の強い意

　　思　／　旧商法典の公布と第一回帝国議会での延期法の成立　／　三度の辞表提出と

　　天皇の慰留　／　商法延期法の再成立とその後の取り扱い

第 3 章　小ナポレオンや法典伯の尊称と山田の履歴 ………………… 29

　1　小ナポレオンや法典伯の尊称　29

　　小ナポレオンの称号　／　法典伯の尊号

　2　山田顕義の履歴　34

　　山田顕義の全生涯の履歴について

第 4 章　人間山田顕義の肖像―人物像や私生活について― ……………… 39

　1　山田顕義の人物像　39

　　近辺者等がみた山田の人物観察　／　山田の性格分析からの評定　／　筆者がみる山

　　田顕義の人物像

　2　山田顕義の私的日常―私生活や趣味などについて―　46

　　山田の私生活について　／　号、空斎のこと　／　山田の趣味などについて　／　山田

ix

の女性関係について　／　山田の容貌について　／　山田が女性に求めたもの　／
山田の国際的教養について

第5章　旧刑法典の編纂にみる山田顕義の視野
―その先駆性と国際性― ……………………………………… 55

1　拷問禁止令布告の経緯　55
拷問を熟慮する切掛け　／　新律綱領の拷問容認規定から、改定律例の若干の規制　／
ボアソナードの拷問廃止の提言　／　司法省拷問廃止案の提出と旧刑法282条の制定

2　旧刑法典編纂と山田顕義の先見性の若干　58
（1）旧刑法典編纂とその経緯　58
罪刑法定主義導入や妾の文字の削除の切掛け　／　旧刑法典編纂の経緯
（2）罪刑法定主義の宣言　64
罪刑法定主義の導入　／　刑罰不遡及の原則の確認
（3）「妾」の文字の削除　66
「妾」の文字が「五等親図」に置かれた理由　／　旧刑法「親属例」からの「妾」の文字の削除

第6章　明治2年の帰郷―名の選択や結婚のこと― ………………………… 71
山田の帰郷について

1　箱館（函館）戦争平定の賜暇としての帰郷　71
箱館戦争の平定　／　明治2年の帰郷

2　名の選択―市之允から顕義へ―　75
官名・国名を名とする者に改名の命令　／　「顕義」の名を選択　／　名の慣習について　／　戸籍法制定による一名主義と改名禁止主義の推進

3　結婚のこと　78
山田の結婚意思の表示　／　山田と龍子の出合い　／　結婚への里程　／　内婚制の制約　／　山田と龍子の結婚式

第7章　明治政権中枢にあっての出来事
―兵部大丞から司法大臣まで、その時々の出来事― …………… 89

1　兵部大丞時の出来事　89
兵部大丞の就任と叙陸軍少将　／　岩倉米欧回覧に参加　／　兵部大丞の解任

2　司法大輔時の出来事　91
司法大輔就任とその事由　／　佐賀の乱平定の賜暇としての帰郷　／　木戸孝允への参議復帰要請と大阪会議　／　立憲政体の詔勅と司法改革　／　旧刑法・治罪法の制定

／　飯田町邸の新築　／　社会不安の増大と西南戦争への参戦　／　兄とも慕う木戸
孝允の死　／　西南戦争終結と伊香保温泉での療養　／　陸軍中将への昇進　／　長
男金吉の誕生

3　工部卿時の出来事　　　101

参議兼工部卿に就任　／　工部大学校で祝辞を述べ卒業証書を授与　／　飯田町邸の
火災と盗難被害のこと

4　参議専任時の出来事　　　103

参議専任となり太政官法制部・司法部を主管する　／　長男金吉の死去と第二妻の迎え
入れ　／　祖先祭祀と一夫多妻制　／　山田の女性関係その1、福田美和　／　山田の
女性関係その2、庶子梅子の母　／　山田の女性関係その3、加藤ひなと風折烏帽子碑
の建立　／　山田の女性関係その4、英国人女性

5　内務卿時の出来事　　　116

参議兼内務卿の就任と伊藤博文の指示　／　明治14年政変と山田内務卿　／　自由民
権運動の激化と山田内務卿　／　福島事件と山田内務卿

6　司法卿時の出来事　　　123

参議兼司法卿に就任　／　伯爵に叙される　／　判事登用規制の布達　／　乗馬飼養
令と二頭挽き箱馬車

7　司法大臣時の出来事　　　126

(1)　内閣制度の創設による司法大臣就任　　　126

司法大臣に就任　／　庶子梅子の誕生　／　皇典講究所長の兼任　／　貴族院伯爵議
員に勅選される　／　正二位に叙される

(2)　近代主要諸法典の編纂　　　131

山田司法大臣の責務　／　近代法典編纂に対する山田司法大臣の対応

(3)　近代裁判法制の確立―旧裁判所構成法の編纂と経緯―　　　133

不平等条約改正のための裁判所法の整備　／　領事裁判権撤廃に向っての裁判所官制
の制定　／　旧裁判所構成法の編纂と制定

(4)　音羽町邸の完成と天皇の行幸　　　137

音羽町邸の落成と飯田町邸の賃貸　／　音羽町邸の建設経緯　／　天皇の音羽町邸行
幸と山田の最絶頂期　／　音羽町邸の売却と笄町邸の建築

(5)　大津事件と司法大臣の引責辞任　　　142

大津事件の発生　／　政府の対処と方針に対する裁判所の意向　／　普通殺（旧刑法
292条）適用と司法大臣の辞任

第8章　明治25年の最後の帰郷と薨去
—10月11日から11月17日まで— 147

1　帰郷の目的について　147
帰郷の目的の諸説　／　病気療養説と宿痾　／　墓参説と先祖・先師・知友の供養巡礼
／　旧藩主及末家先公銅像起工式主催説

2　帰郷の日程—10月11日から11月8日まで—　152
10月初旬（4日頃か）の天皇への暇乞い　／　10月11日、東京を出立し名古屋へ　／
10月12日、名古屋より神戸へ　／　10月13日、神戸より尾道へ　／　10月14日、
尾道より三田尻へ　／　10月15日、三田尻より山口へ　／　10月16日、山口滞在
／　10月17日、山口滞在と、第百十国立銀行再建のための株主説得　／　10月18
日、山口より萩へ　／　10月19日、萩滞在　／　10月20日、萩滞在　／　10月21
日、萩より絵堂を経て大田へ　／　10月22日、大田より吉田へ　／　10月23日、吉
田より豊浦へ　／　10月24日、豊浦より船木・吉田を経て小郡へ　／　10月25日、
小郡より再び山口へ　／　10月26日～30日、再度の山口滞在　／　10月31日、山
口滞在と再び第百十国立銀行再建のための株主説得　／　11月1日、旧藩主及末家先
公銅像起工式を主催　／　11月2日～4日、山口湯田温泉瓦屋に滞在　／　11月5日、
山口より三田尻へ　／　11月6日、三田尻より徳山へ　／　11月7日、徳山より岩国
へ　／　11月8日、岩国より尾道を経て大阪へ、実弟河上繁栄と面会

3　山口招魂社への参詣—11月9日・10日—　166
11月9日、大阪より姫路へ　／　11月10日、姫路より山口招魂社参詣と生野銀山視
察の唐突判断

4　生野銀山の視察と突然の薨去
—11月11日薨去の日より17日の葬儀の日まで—　175
11月11日（金）、生野銀山視察と突然の薨去と死因　／　11月12日、遺骸を一旦姫
路へ、夫人との対面　／　11月13日、遺骸を東京へ移送　／　11月14日、桐花大綬
章の拝受と発喪の公表　／　11月15日、龍子夫人の悲況　／　11月16日、勅使をも
って誄を賜わる　／　11月17日、葬儀とその盛大な模様

第9章　刹那の追憶—死の瞬間のフラッシュバック— 191

1　死の瞬間の追憶　191
山田の心残り　／　心残りその1、旧民法典施行への模索　／　心残りその2、日本法
律学校の継続運営への熱望

2　旧民法典の編纂と施行延期論争（法典論争）
—施行への山田の努力—　194
(1) 旧民法典の編纂　194

旧民法典編纂までの全経緯 ／ ① 江藤新平主導の民法典編纂 ／ 民法決議三草案の起草 ／ 御国民法草案やその他の草案の起草 ／ 民法仮法則の起草 ／ ② 大木喬任主導の民法編纂 ／ 明治11年民法草案の起草 ／ ボアソナードへの民法草案起草依頼 ／ 元老院民法編纂局の設置 ／ 元老院民法編纂局草案の起草 ／ ③ 山田顕義主導の民法編纂。直ちに司法省民法草按編纂委員を置く ／ 井上馨による外務省法律取調委員会の一時設置 ／ 司法省法律取調委員会の設置と委員長山田の民法編纂 ／ ボアソナードによる財産法部分の起草完了と審議 ／ 元老院での審議 ／ 枢密院での審議 ／ 旧民法財産法部分の公布 ／ 旧民法身分法部分の編纂 ／ 身分法部分の元老院並に枢密院での審議と公布 ／ 旧民法の構成とその内容 ／ 山田委員長の民法編纂方針と姿勢

(2) 法典論争（民法典論争）の勃発　　220

学界での法典論争 ／ 山田の司法大臣辞任と田中不二麿の就任 ／ 法典論争の最高潮 ／ 帝国議会における法典論争と延期法の可決

(3) 旧民法典施行への山田の期待　　233

新司法大臣田中不二麿の断行意見論 ／ 延期論優位の中での山田の心情 ／ 旧民法施行延期法の天皇不裁可権行使への期待

(4) 延期法の成立と旧民法典の無期延期　　238

山田の死と旧民法典延期法の裁可 ／ 山田が旧民法典で画いた日本と、現行民法典の日本

3　日本法律学校の設立と運営継続の熱望　　241

日本法律学校の創立とそのメンバー ／ 山田顕義は学祖ではあるが創立者ではなく評議員にとどまった理由 ／ 司法省特別保護金の対象校への名乗り ／ 設立資金について ／ 文部省指定特別認可学校への名乗り ／ 日本法律学校開校式 ／ 開校式での演説とその要旨 ／ 日本法律学校の順調な発足と程なくの運営危機 ／ 山田顕義の死と廃校決議 ／ 日本法律学校の再興運動と運営の継続

終　章　山田顕義終焉の思い …………………………………………… 265

山田顕義の最後の状況と思い

主要参考文献　267

あ と が き　275

山田顕義略年譜　279

人 名 索 引　299

事 項 索 引　307

第1章

山田顕義生涯のテーマ
—恩師松陰の教えをもとに—

明治政権の巨頭　山田顕義　　明治政治史上の巨頭の一人、初代司法大臣であり、小ナポレオンと呼ばれ、また法典伯とも謳われた、陸軍中将、枢密顧問官、前司法大臣、正二位、勲一等、旭日桐花大綬章、伯爵山田顕義が、49歳（数え年）で、生野銀山の坑道で突然薨去したのは、明治25年11月11日（山田家発喪の届出は14日）のことであった（以下、明治の元号名称は原則割愛する）。

山田顕義は、明治政権中枢を歩んだ巨人である。我が国近代国家建設のために邁進した偉人である。それは、明治2年兵部大丞（26歳）に始まり、4年陸軍少将（28歳）となり、転じて7年司法大輔（たいふ・たゆう）（31歳）となる。11年陸軍中将（35歳）に昇進し、12年工部卿（36歳）となり、13年専任参議（37歳）として太政官法制部、司法部を主管する。14年内務卿（38歳）、16年司法卿（40歳）、18年内閣制度創設によって司法大臣（42歳）に就任。そして24年大津事件で引責辞任（48歳）するまで、22年間の永きにわたり、各明治政権中枢で活躍した巨人であった。このように山田は、華々しい経歴を持つのだが、彼は人生の根底にテーマを持っていた。いいかえるならば、為し遂げるべき生き甲斐を持っていた。

山田顕義の人生のテーマ　　テーマ内容は、明治政権の方針と相通ずるわけだが、ここに山田の人生のテーマを、生涯の跡形から推し量り、端的に示せば、「皇国を基とする新日本の建設実現」と、「近代法にもとづく近代日本の形成」を、信念をもって遂行することであった。したがって山田は、これを目標として、生涯にわたり努力し、尽力した。生き甲斐を持つことは、人の魅力につながるといわれるが、山田の魅力の根源は、一口で何かといえば、これら人生のテーマの遂行に起因するといえる。

恩師松陰の教えと山田への詩訓　　この山田生涯のテーマは、恩師吉田松陰

1

写真4 吉田松陰

の教えによるところが大きい。山田は、安政4年14歳で松下村塾に入門する。当時の元服年齢は、「多く男子は十三歳から十五歳前後」、なお「山口県の見島などでは、十五歳」（柳田国男『民俗学辞典』311頁、東京堂出版、昭和26年）だが、恩師吉田松陰（写真4）は、山田市之允（顕義）が、元服年齢の15歳に達する安政5年5月に、次の詩を与えた。「示山田生（山田塾生に示〔諭〕す）」とする漢詩である。「立志尚特異（立志は特異を尚ぶ）　俗流與議難（俗流は与に議し難し）　不顧身後業（身後の業を顧はず）　且偸目前安（且つ目前の安きを偸む）　百年一瞬耳（百年は一瞬のみ）　君子勿素餐（君子素餐するなかれ）」（前掲『山田顕義傳』62頁）である（写真5）。これは松陰が、一番若い弟子の、山田市之允（顕義）のために、生涯の教訓ともいうべき教えを、扇面に書して与えたものであった。その意を訳せば、「志を立てることこそが、すべての根源である。しかも特異を尚ぶのであって、平凡であってはならない」として、志を立てる重要性を説いたものである。そして「世襲の俸禄によって徒食する者や、その俸禄のみを望む者、つまり俗流者（俗人の仲間）でありたいと安住するような者は、論ずるに足らない」。「立志の目標は、新日本の建設にあって、皇国の実現にあるが、これはとんでもなく至難な業である」。「それゆえに旧態を突破することこそが責務である。先憂後楽の志士的精神こそが立志の目標である。現実の易きに付くが如きは、あってはならない」。「民の膏血（重税の下で苦労して得た財産）をしぼり、俸禄をぬすんで、贅沢をして何になろうか、人生百年は一瞬のうちに過ぎてしまう」。「君子たるものは、素餐（詩経魏風、伐檀にいう「素」は空しい意。才能または功績がなくていたずらに禄を食むこと。徒食。『広辞苑』）してはならない」と松陰は、山田を諭し訓

写真5 松陰の扇面詩

えたのであった。

　山田はこの詩訓を生涯の「志」の指針として、さらにテーマとして遵奉に努めた。常に「皇国を基とする新しい国家形成の理想」、「新しい理想的国家作り」の「志」を念頭に、いかにすれば実現できるかを考え、それを行なうに信念の人たることに努力したのである。

生涯テーマ実現の方途　　そしてそのやり方について、松陰は、さらに教えの中で、門弟達に、「諸君は功業を立てるつもりか」と叱責しながら、「僕は忠義を尽すつもり」といった。功業への道は、覇道（武力や権謀をもって世を治める）につながり、忠義への道は、王道（徳をもって世を治める）につながるともいわれるが、松陰は、功業とは手柄の大きい事業、忠義とは君主や国家に対して真心を尽すことの意として、使用した。そのうえで手柄を立てるよりも、「自分にできることを為せば良い」、「自分の仕事をやれば良いのだ」と説いた。そうすればたとえ自らはそれを完遂、実現できなくともその志を引き継ぐものが出てくるだろう。「志は引き継がれるのだ」と。つまり、松陰は、理想国家を「皇国」に求め、その実現に最大限の努力をし、「忠義」を尽せといったのである。しばしば松陰は、「志なきものに理想なし、理想なきものに計画なし」というが、自ら指向する「皇国」という理想国家実現のため、各自各々の仕事をしろと説いた。「自分にできることを為せば良いのだ」といった。松陰門下の逸足である山田は生涯これを実践した。松陰のいう、あくまで「皇国実現」という信念を貫こうとする心情が、山田の「志」と「行動」の基本となり、これが人生の指針とテーマになった。そして山田はこの松陰思想のもとに、自らが立てた、新しい理想国家である新皇国建設のため、はじめ武力をもって旧勢力である幕府を打倒した。その後、立法、司法の職責に転じ、どのような近代法の制定をもって統治すれば、理想的近代国家を建国できるかの論旨を愚直に考えた。そしてそれを完全に実施しようとする熱血の人であった。

　しかし国家というものは、なかなか「無」から独創的な「有」たる国家体制を造り出すことはできないようだ。古く奈良朝で、古代中国律令体制に範を取ったと同じように、明治政府は、欧米近代国家の取るところでもある、君主主権主義国家体制に模範を求めた。事を行なうに当たり準備を重要視する性格の山田は、その折々の担当責任事項で、それぞれに、周到緻密な立論を立て、熟慮し、

そしてこれをあくまで実践すべく努めた。山田の慎重さは格別である。「何か事を成すにあたっては、着実に運営されるような基礎的知識を収集し、あるいは取得し、そしてそのもとで事を成さんとする、そういう慎重さが山田の生涯には目につくのである」（高梨公之口述『山田顕義伝―日本近代化にかけた五十年―』70頁、日本大学豊山中学校高等学校、平成6年）と指摘される。

　しかも山田は「事に臨み一旦決断すれば動くところなき性質」（『時事新報』25年11月20日号）で、中途で自己の信念の妥協をはかるといったことは、少なかった。この点で山田は頑質であった。その性格の頑質さを示す若干例を挙げるならば、第一に、山県有朋陸軍大輔（狂介・小輔、陸軍大将、内閣総理大臣、枢密院議長、大正11年85歳没）と対立した「徴兵制論議」がある。明治政権は、富国強兵をスローガンとするが、強兵をどう具体化するかの根本的な論争の一つである「徴兵制論議」で、山田は自らの信念とする漸進論を強く主張し、その信念を変えることはなかった。

　また頑質さを示すもう一例を挙げるならば、第二に、編纂の任に当たり公布した商法典の施行に、あくまでもこだわりその実施を迫ったことである。資本制社会を実現し、殖産興業を遂行し、富国を実現するためには、商法は絶対に必須であると主張して、旧商法典の施行をめぐる争いの「旧商法典論争」（旧民法典論争でも同様だが、それについては第8章で後述する）で、山県有朋総理に三度も辞表を提出しながら、商法典施行を頑固に主張した。ここに「徴兵制論議」と「旧商法典論争」の二つのみを指摘したが、妥協をはかる世俗政治家とは異なる道を歩いた山田の頑質さをみることができる思いである。次にこのことについて述べたい。

第2章

信念の人
―慎重さと頑質さを信条として―

1 徴兵制論議

兵部理事官として岩倉米欧回覧への参加　山田の人生テーマの実現に対する信念の強さを表わす第一例は、前章で指摘した「徴兵制論議」に現われる。明治2年7月8日（陽暦8月15日）兵部省が設けられ、兵部大丞に就任した山田は、4年7月28日（陽暦9月12日）陸軍少将となり、4年11月12日（陽暦12月23日）岩倉米欧回覧使節団（岩倉具視大使、木戸孝允、大久保利通、伊藤博文、山口尚芳の4名が副使、その他理事官46名、随従者18名、留学生43名、現地参加20名の計127名の構成）へ兵部省派遣の理事官として参加し出発した。山田は、長崎に留学し西洋航海術を学んだ父顕行や、師事した大村益次郎から、蘭学や西洋兵学を学んでいたことから洋行を熱望し、何度も願を出していたが（日本大学大学史編纂室編『山田伯爵家文書』1、89頁、日本大学、平成3年）、ついに実現したのであった。

岩倉使節団は、不平等条約改正の予備交渉と欧米の先端技術の調査研究が主目的である。この時三条実美太政大臣から山田理事官に示された任務は、「各国ノ内、文明最盛ナル国ニ於テ本省緊要ノ事務、自今実地ニ行ル、景況ヲ親察シ、其方法ヲ研究講

写真6　岩倉米欧回覧使節団理事官時代の山田顕義
　　　　（中列左から5人目）

5

習シ、内地ニ施行スヘキ目的ヲ立ツヘシ　明治四年　辛　未　十一月」(前掲『空斎山田伯伝』(3)、80頁)であった。兵部省で行なうべき事務等を、外国ではどうやっているかを研究し、兵部省に適合する方法について考えてこいとする指令であった。山田はこれを厳守し、仏国パリを本拠として滞在し(写真6)、ヨーロッパを巡回しながら軍事関連の視察、研究に没頭した。兵部省は、4年7月28日(陽暦9月12日)に、陸軍部と海軍部を置き、「陸軍ハ仏式ヲ用ヒ、海軍ハ英式ヲ用」いるという方針を、すでに事実上確定していた。山田は陸軍部に属し、主として、仏国の陸軍軍制を研究し導入に努めた。

徴兵詔書等の布告　　ところが、6年6月24日、米欧回覧から帰国してみると、5年2月28日(陽暦4月5日)に兵部省は廃止され、山田の兵部大丞も解任されていた。変って陸軍省並に海軍省が設置された。そして5年11月28日(陽暦12月28日)には、「徴兵詔書」(太政官布告379号)が布告されていた。加えて「徴兵告諭(太政官告諭)」として、「…苟国アレハ則チ兵備アリ、兵備アレハ則チ人々其役ニ就カサルヲ得ス…陸海ニ軍ヲ備ヘ全国四民男児二十歳ニ至ル者ハ尽ク兵籍ニ編入シ以テ緩急ノ用ニ備フヘシ…明治五年　壬　申　十一月二十八日」が発せられていた(内閣官報局『法令全書』明治5年度、第5巻第1号、432〜433丁、復刻原書房、昭和49年)。

さらに6年1月10日には、「徴兵編成並概則」の告示が出された。「徴兵ハ国民ノ年甫メテ二十歳ニ至ル者ヲ徴シ、以テ海陸両軍ニ充タシムル者ナリ、今爰ニ海陸軍ヲ大別シテ三種トナス、其一常備軍、其二後備軍、其三国民軍是ナリ…」とし、徴兵の対象は常備軍にあって、「本年徴兵ノ抽籤セシ者ヲ以テ編成シ三ヶ年ノ役ヲ帯ハシムル者ナリ」として、全国20歳の男子の中から抽籤で決める方式であることが、告示されていた(前掲『法令全書』明治6年度、第6巻第2号、982丁、復刻原書房、昭和49年)。

徴兵制については、「明治三年秋、岩倉(具視、大納言、右大臣。16年59歳没)以下の政府指導者がフルベッキ邸で秘密会議を開き、薩摩は壮兵制を主張し、志願兵制度で士族を立てたいとしたが、フルベッキ(Guido Herman Fridolin Verbeck、オランダ生まれの米国人宣教師、安政6年来日、政府顧問、1830〜1898、68歳没)は徴兵制をとり国民軍の創設を力説し、岩倉も支持し徴兵制に踏み切る」ことになったという(梅渓昇『お雇い外国人─明治日本の脇役たち

一』35頁、日経新書、昭和40年。（　）内は筆者加える）。これを信用すれば、徴兵制は岩倉具視大納言（3年就任）の決断ということになるし、その議論が明治3年であったとのことだが、少し早い気がしてならない。また徴兵制の決定者といわれる、岩倉具視右大臣（4年就任）が米欧回覧で留守中の5年11月28日（陽暦12月28日）に、徴兵詔書及び告諭が発せられていることも疑問である。

　よって、兵制の大改革である徴兵制は、有栖川宮熾仁親王兵部卿（元老院議長、陸軍大将、参謀総長、28年61歳没）の了解のもとに、山県有朋兵部大輔（長州。6年陸軍大輔）、川村純義兵部少輔（薩摩。5年海軍少輔、6年大輔。海軍中将、海軍卿、37年69歳没）、西郷従道兵部少輔（薩摩、5年陸軍少輔、6年大輔。近衛都督、陸軍大将、陸軍大臣、内務大臣、35年60歳没）の同意のもとで決定したと思われる。つまり、4年11月24日（陽暦5年1月4日）、山県兵部大輔、川村、西郷兵部少輔の3名は、「徴兵制度に関する兵部大輔、少輔の建議（兵部省前途之大綱）」を太政官に提出した。「…全国ノ男子生レテ二十歳ニ至リ身体強壮、家ニ故障無ク、兵役ニ充チシム可キ者ハ士庶ヲ論セス之ヲ隊伍ニ編束(そく)シ…」として、20歳の男子をすべて兵役に充てよと提言した。その理由の一つは、「…竊(ひそか)ニ見ルニ方今魯西亜(ろしあ)頗ル驕傲猖獗(きょうごうしょうけつ)…兵ヲ蝦夷(えぞ)ニ出シ北風ニ乗ジテ温地ニ趣カントス」として、ロシアが不凍結港を求めて南下し、日本に侵略して来る驚異を感じてのことであると述べている（内閣記録局『法規分類大全』第1編兵制門、23～24頁、復刻原書房、昭和53年）。こうして、山県兵部大輔、川村、西郷兵部少輔の3人が徴兵制を推進したのであるが、薩摩は依然、士族中心の軍を模索していたこともあって、長州の山県有朋兵部大輔によって推進されたとみるべきである。そしてそれは、山田市之允（顕義）兵部大丞の留守中に執り行なわれていた。兵部省、陸軍省は完全に山県有朋が掌握してしまっていた。山田は最も肝心な時期に、日本にいなかったこととなる。岩倉米欧回覧より帰国した時には、山県の思いのままに、全部出来上がっていた。軍人としての山田にとって大きな挫折となった。職責も、6年7月7日には、東京鎮台司令長官に左遷され、11月13日には、諸兵操練総指揮官を命じられて現場勤務となり、軍政の本流から排除されてしまった。さらに11月24日には、特命全権公使清国在勤（当時大使はいない）の辞令が出て、軍政から外された。ただ翌7

年2月4日佐賀の乱が起こり、その鎮圧のため、陸軍少将として出動したので、清国赴任（7年2月9日免職）には至らなかったのだが、完全に、軍政からは距離を置くこととなった。

軍制に関する建白書（米欧回覧理事官報告）の提出　しかし義務感の強い山田は、岩倉米欧回覧で、理事官として派遣されたヨーロッパでの、視察研究にもとづく、自己の信念を披瀝する文書を、太政官政府に提出した。それは、6年11月の軍制に関する建白書である（写真7）。「兵ハ兇器ナリ」に始まるもので、そのセンセーショナルな表現で注目された。これは、米欧回覧の成果としての復命書であり、理事官報告として建言したものである。実は山田は、以前軍学の師である兵部大輔大村益次郎（村田蔵六、蘭方医、軍政家。2年7月8日任大輔。浪士に襲われ負傷し2年11月5日46歳没）と共に徴兵制を検討していた。それによれば、山田は、そもそも軍隊を「皇国の防衛軍とすべき」と考えていた。薩摩のように旧武士の救済に充てるためとか、山県有朋のように他国進出の手段のためというのではなく、我が国を守備するための軍隊に根本を置いていた。そしてその方策は、まず常備軍を置き、これを支える予備軍を置いて、そのうえで徴兵制を施行すべきとの考えに立っていた。したがって、山田の提出した理事官報告での建白書の徴兵論は、必ずしも徴兵制に反対するものではなく、漸進主義を唱えたもので、「兵ハ兇器ナリ」に始まる冒頭文に比して内容は穏やかなものであった。ただ山田は、米欧における視察の結果をもとに、その信条を強く主張し表現していて、「徴兵制のことについては、米欧回覧で充分に検討してきた。三条太政大臣の指令を守って研究してきた」。「パリに在って普仏戦争の研修と総括を進め、徴兵制をとるプロシア軍が、フランス軍に大勝した組織編成を充分に研究した」。また、「オランダやベルギーやスイスといった小国が、自国防衛を果している姿を見て、徴兵制の在り方を熟考してきた」として、その成果を組み入れた建白を、理事官報告に合わせて上呈したのである。何分長文にわたるものであるため、要点のみを次に紹介したい。

写真7　軍制に関する建白書

すなわちまず冒頭で、「…伏願クハ我朝、固有ノ国体（ここでは「皇祚天壤と無窮」、つまり永遠に続く天皇制の意）ヲ固守シ、国法ヲ定メ欧米諸国ノ国法ト我人民慣習ノ法トヲ斟酌シ、国法ノ条目ヲ審議シ、国法ニ依リ以テ国律ヲ確定シ、普(あまね)ク人民ニ教示シ、数年ヲ経テ人民ノ能ク其理ヲ了解スルヲ待チ、漸々実事ニ施行センコトヲ…」といい、山田はここでまず国家の在り方について述べている。つまり国家というものは、「国法」つまり憲法を制定し、さらに諸法で制度を定めてから諸事を施行すべきであるとの、法治国前提論を述べている。そのうえで徴兵制について、「兵ハ護国ノ要器ニシテ内外ノ景況ニ応シ 張(ちょう)弛(し)スヘキ者ト雖モ、之ヲ教練スルノ士官及下士官ナク、之ニ付スルノ良器ナク、之ヲ運ブノ道路ナク、之ヲ保護スルノ砲台ナク、況ヤ民律兵律其権衡ヲ得サルニ於テヲヤ、然ルニ巨万ノ金額ヲ費シテ許多ノ人力ヲ労シ、多少ノ光陰ヲ費シ兵卒ヲ徴募ス、此レ実ニ其本来ヲ知ラサルノ甚シキナリ、伏シテ願クハ、断然徴兵ノ挙ヲ延ベ、此ノ間国中ノ警備ニ充ツル者各地下士官学校ノ人員ヲ以テシ…」とするべきであると述べて、万事を整え、特に兵を教育し指導することのできる下士官を養成してのち、徴兵制を実施すべきとして、徴兵制実施時期の延期を求めたのであった（明治文化研究会『明治文化全集』第26巻　軍事篇・交通篇、13～24頁、日本評論社、昭和5年。（　）内は筆者加える）。これは、山県の急進論的徴兵制（建議・詔書・告諭・告示）に対する正々堂々の反論であった。山田は山県に遠慮しなかった。山県は山田と同じ長藩の出で、松下村塾の同門で7歳上の先輩だが、山田は熟慮した結果を、また正論を述べるに、さらに自己の信条を主張するのに躊躇しなかった。この点頑質であった。まさに「信条、信念」の人といって良い。対山県との場合にはその根底に、自分山田は、長藩102石取りの士分で中士の出であるが、山県は足軽以下の卒の出であったということがあって、年上でもありかつての上司でも恐るに足らないと思ったのかも知れない。いまだ身分制度の厳格な時代であるこの時期に、山田の心底にそのようなことがあったとしても、あるいはなかったとしても、山田は信念の人である。自己の信条を主張することに憚ることはなかった。山田の論理は明解である。徴兵制を敷く場合には、人の生命を奪うことになりかねないので、国の在り方としてまず憲法（国法）や法律を制定し、諸制度を定めて、その根拠を規定しなければならない。また、教育をもって国民の意識を高め、徴兵制によってしか

国を守ることができないことを国民に理解させ、納得させてから、漸進的にかつ断固として徴兵制を実施すべきであるというのが、山田の理論であった。そしてさらに兵の水準を高めるためには、指導者としての士官、下士官の養成が前提であると強調するのである。

　この時期の国民意識を回顧してみると、4年7月14日（陽暦8月29日）廃藩置県が断行されて、武士は士族となったが、全人口のうちのわずか7％の士族達は、ちょっぴり、少々、天下国家を考えていたが、残りの93％の大多数の平民は、「国がどうなろうと構わない」、「それは政府がなすべきことだ」と考えているような時代だった。自らの国は自らが守るとする意識を持つ、国民国家・市民国家には、程遠い現状にあった。国民国家の形成は、ナポレオンによって始められたといわれるが、ナポレオンに私淑する山田は、岩倉米欧回覧で仏国に長く滞在し、この意識に立つ仏国民に接触して影響を受けていた。つまり国民国家・市民国家とは、国民の一人ひとりが国家を代表する意識を持つことをいうのだが、山田はそれは教育、啓蒙によらねばならないことを仏国で学んでいた。しかし明治7年頃の徴兵への我が国民の態度は、「農工商ノ子弟ハ毫モ兵役ノ義務即チ護国ノ権利ナルコトヲ弁知セズ…入営ヲ嫌フ者少ナシトセス…」（石井良助『明治文化史』(2) 法制編、148頁、洋々社、昭和29年）の状況にあったので、徴兵制に対する意識形成には、まさに教育が必要だったのである。山県の主張である軍備一点張りの急進論的徴兵論とは著しく異なり、山田の論理は、大変筋の通った意見であった。山県も2年6月より翌3年8月まで欧州視察を行なっているが、山田のこの見解は、岩倉米欧回覧で先進各国を視察し研究した結果であることは、前述したし、次に述べるとおりでもある。山田の見解について『改訂　明治軍制史論（上）』では、徴兵実施尚早論の代表として山田を挙げ、「山田の意見は、軍政論として大いに顧みらるべきもので…当時陸軍に於いては、海外の形勢に通ずる者少なく、対外的国防の観念比較的欠乏せる際とて、新帰朝者たる山田の意見は相当重要視されたことは事実であって、木戸孝允の如きも之に耳を傾け、一時は廟議を動さんとしたのも、素よりそのところであろう」と述べている（松下芳男『改訂　明治軍制史論』上、261頁、国書刊行会、昭和53年）。

　ここにおける評価のように山田の論理は明解で戦略的にすぐれていて、山県

よりまさっていると評定されていた。しかし我が国には、往時より、議論が、論理的にシャープであることを少しばかり憚るところがある。つまり対人関係という点で、あまりシャープでない方が良い時も多いのである。この時の山田の見解は、論理的にすぐれていたが、シャープすぎて、受け入れられず、あるいは時期的遅れもあったが、結果はすでに老練で世渡り上手な山県に敗北していて、山田は軍政から追われたのであった。

準備を重視する山田の姿勢　以上のように山田の徴兵論は、まず国法（憲法）をはじめとする国律（諸法制度）を整えて、その根拠を法に規定する。次に欧米先進国を参考にして、教育によって国防に対する国民の意識を高め、漸進的に事を進める。そして国民意識が形成された時には断固として徴兵令を施行すべきというわけなのであった。この法的根拠の制定と、教育による意識形成をもとにするといったような論旨は、単にここにおける兵制の問題だけでなく、のちの山田の全生涯を貫く基本的立場となった。すなわち、山田は事を行なうに当たり、できるだけの準備をし知識の集約に当たるのである。つまり、準備を重要視するのであり、これは生涯変わらぬ姿勢となるのである。軍政を追われた山田は、程なく7年7月4日、司法畑へと転身し司法大輔に就任する。明治初期に山田程、よく「法治の意義」を理解した人は、他にいないといわれる。したがって山田が軍事畑から司法畑へと転身するのは、この徴兵制の敗北による撤退、だけではない。山田の持つ法知識にもとづく必然の転回であったといえるのであるが、この新任職においても、徹底的に準備を整え、漸進的に事を進め、成る時は断固としてこれを行なう。これが山田の生涯を貫く基本的姿勢となるのである。

　このように、山田は山県によって軍政から廃除された。これが契機となって山田と山県は絶縁したかというと、そうはならなかった。同じ長州人として決別することはできなかった。もっとも「此両人の性格は終始反対にて、陰然互いに相容れざるは長州人中には熟知する所なり」（前掲『尾崎三良自叙略伝』中巻、244頁）といわれ、明朗な山田と陰険な山県は、性格的に対照的であった。このこともあって、その後山田の心情を憶測すれば、付かず離れずの関係に終始することとなり、山田は陰湿な策士の山県を信頼しなくなった。しかし加害者の立場である山県は、このことをすっかり忘れ、時に山田へ摩り寄ってくること

も多かったのである。山県内閣（第一次、22年12月24日〜24年5月6日）で、山田を司法大臣に留任させたし、また山田が日本法律学校の設立に尽力していた時には、逸早く賛意を表わし、開校式（23年9月21日）に出席し、総理大臣として華を添えるようなこともあったのである。

2　旧商法典の編纂と施行延期問題

山田の商法立法への関与の概略　　山田の信念の強靭さを表わす、他の一例を挙げると、「旧商法典施行延期」問題に関してである。この時、後述するように、山田は三度司法大臣の辞表を提出し、施行を迫ったのである。ここにその頑質さをみる思いである。

　山田は、明治7年7月4日司法大輔に任ぜられた。山田の主要な立法事業への関与についてのみ限定すれば、8年9月8日司法省刑法編纂委員長となり、また11年2月27日元老院刑法草案審査局委員を歴任し、旧刑法制定（13年7月17日布告、15年1月1日施行）に関与した。一旦立法事業を離れて12年9月10日工部卿となるが、13年2月28日専任参議となり、太政官法制部並に司法部主管に任命され、4月5日、集会条例制定（布告12号）等を行なった。また本稿で取り上げる「商法編纂」に着手し、再び立法事業に参画した。その後14年10月21日内務卿となり立法のことから離れた。しかし15年4月には「憲法按」を岩倉具視右大臣に捧呈している。それによれば「法律議定、租税徴収並に費用報告書の検査、費用予算書の検査、国境変更等については、人民の参政権を許すべきであるが、当面の策としては、憲法を仮定し、四、五年間元老院と地方官会議とをもって、これを試み、その実跡について可否を考究し、然る後ち憲法を確定して発布せよという自重論を主張した」（尾佐竹猛『日本憲法制定史要』125〜126頁、育生社、昭和13年）。そして16年12月12日司法卿に就任。さらに内閣制度の創設で、18年12月22日、初代司法大臣となり、責任者として三度立法事業に参画し、我が国近代主要法典のことごとくを編纂公布することとなる。

　専任参議就任と商法典草案起草の委嘱　　さて、商法典編纂について話を進めると、山田が商法典の編纂に関与するのは、13年2月28日専任参議となり、

太政官法制部並に司法部の主管に就任してのちのことである。それは、14 年 4
月参議山田が内閣法律顧問ヘルマン・ロエスレル（Karl Friedrich Hermann
Roesler、ドイツの法学者、経済学者。11 年来日 26 年帰国、外務省顧問・内閣
顧問などを歴任。1834〜1894、60 歳没）に商法典草案の起草を命じた（伊藤博
文『秘書類纂・法制関係資料』上巻、282 頁、復刻原書房、昭和 44 年）のに始
まる。その後、山田が商法典編纂に関与するのは、20 年 10 月 21 日に司法省法
律取調委員会委員長に就任してからであるが、14 年 4 月に山田からこの命を受
けたロエスレルは、直ちに草案起案に着手し、4 年後の 17 年 1 月商法草案を起
草し、理由書をつけて太政官に上呈した（前掲『明治文化史』(2)、531 頁）。そ
の理由書によればこの草案は、1870 年の仏国商法及び 1861 年のドイツ商法を
参酌したもので、「第一編商ヒ一般ノ事、第二編海商、第三編倒産、第四編商事
ニ係ル争論」の編別で、全 1133 条からなり、破産手続、商事裁判手続の規定を
含む広範囲なものであるとしている。よって、仏法・独法を法源とし、我が国の
旧慣は一切考慮されていないものであった。なぜならば、考慮すべき慣習がな
かったからであるというのが、ロエスレルの言である。さらにその起草目的に
ついて、同「草案理由書」では、「日本ノ商業及ヒ物産上確実ニシテ完全ナル規
則アラシメ」るため、また「日本人民ノ商業及ヒ物産上ノ力ヲシテ世界中各通商
国ト平等ノ地位ヲ得セシメントスル」ためとある。もっぱら欧米の取引慣習に
重きを置き、近代社会に共通する商法規定の制定に、力点を置いたものである
とした。その後商法典編纂は、次に述べるように右顧左眄するが、結果的には、
本ロエスレル草案が、旧商法典の雛形となる。

　右顧左眄の様子を述べると、14 年 10 月 21 日太政官法制部が廃止（法制部の
会計・軍事・内務・法制・司法・外務の 6 部全部が廃止）されて、山田は内務卿
に転じ、立法事業から離れるが、同日、参事院（太政官達 89 号）が置かれた。
参事院は、仏国のコンセイユ・デタ（Conseil d'État）の制に倣ったもので、「太
政官ニ属シ内閣ノ命ニヨリ法律規則ノ草定審査ニ参　預　ス」と定められた。法
律立案とその審議の中心機関と位置づけられて、広汎な権限が付与された。参
事院議長には伊藤博文が就任した（14 年 10 月 21 日から 15 年 12 月 27 日）。
商法典編纂も、ここ参事院に移ったのである（前掲『明治文化史』(2)、531 頁）。
そして、15 年 3 月に、参事院内に、商法編纂局が設けられて、参事院議官鶴田

皓（新律綱領・改定律令の撰定や、山田の下で旧刑法・治罪法制定に参与した、21 年 55 歳没）を委員長とする編纂委員が任命された（前掲『秘書類纂・法制関係資料』上巻、282 頁）。ここでは、ロエスレル草案とは別の商法草案の編纂が行なわれ、15 年 9 月 1 日に、わずか 160 ヶ条ばかりではあるが、起草されて太政官に上呈されている。

　ところが、不平等条約改正交渉に当たっていた、外務卿、のちの外務大臣井上馨（聞多、大蔵大輔、外務卿、外務大臣、農商務大臣、内務大臣、元老、大正 4 年 81 歳没）は、15 年 4 月 5 日の第九回条約改正予議会並に 19 年 5 月 1 日の第一回条約改正会議で条約締結当事国に、改正条件として、「改正条約批准後二年以内」に、「我が国は泰西主義に則り、司法上の組織及び成法（刑法・治罪法・民法・商法・訴訟法・海商法・手形法・破産法などの成文法）を確定する」と提案、明示し、確約した。しかしこの時期、我が国において施行されていた法典は、いまだ刑法・治罪法（共に 13 年 7 月 17 日布告、15 年 1 月 1 日施行）のみにすぎなかったので、提示した条約改正案中の条件を充足しなければならなくなった。井上馨外務大臣は、短期間のうちに商法のみでなく、近代諸主要法典を完備すべく、その旨を政府に上申して承認を得、19 年 8 月 6 日外務省法律取調委員会を設置し自ら委員長となった。委員には、特命全権公使西園寺公望（内閣総理大臣、枢密院議長、元老、昭和 15 年 91 歳没）、司法次官三好退蔵（検事総長、大審院長、貴族院議員、41 年 64 歳没）、内閣法律顧問モンテーグ・カークウッド（William Montague Hammett Kirkwood、英国人、18 年 5 月 1 日〜21 年 4 月 3 日まで顧問契約。1850〜1926、76 歳没）、同ヲットー・ルドルフ（Otto Rudorff、独国人、17 年 11 月 4 日〜20 年 11 月 1 日まで顧問契約、1845〜1922、77 歳没）が、ついで 8 月 13 日委員書記に、法制局参事官今村和郎（法制局法制部長、貴族院議員、24 年 47 歳没）、司法大臣秘書官栗塚省吾（大審院判事、衆議院議員、日本硅石耐火煉瓦会社創設、大正 9 年 68 歳没）、司法省参事官本多康直（大審院判事、日本法律学校創立者の一人、33 年 45 歳没）、司法省書記官出浦力雄（大学南校教授〔英語〕、裁判所構成法取調〔18 年〕、大審院検事、没年不詳）、司法省書記官兼外務参事官都筑馨六（法制局参事官、井上馨の女婿、大正 12 年 63 歳没）が就任した。さらに 20 年 4 月 12 日に弁理公使陸奥宗光（農商務大臣、外務大臣、英国との間で条約改正を実現〔27 年〕、30 年 54 歳没）

が法律取調副委員長に、内閣法律顧問ロエスレル、同アルベルト・モッセー（Albert Mosse、独国人、1879 年ベルリン日本公使館顧問、伊藤博文渡独の折憲法行政法を教授した、19 年来日、23 年内閣顧問、1846～1925、79 歳没）らが法律取調委員にそれぞれ任命された。そして 4 月 13 日の外務省法律取調委員会総会で、「矛盾牴触をさけるため本委員会が諸法典全部の草案を起草する必要がある」と決議した。よって、14 日井上馨委員長は、「…参事院商法編纂局の商法草案編纂中止」を内閣に稟議し、内閣も 18 日これを承認した（星野通『民法典論争史』14 頁、日本評論社、昭和 20 年）。ここに 19 日参事院商法編纂局は解散となり、以後外務省法律取調委員会が、商法のみならず民法等も、共に編纂することとなった。

　井上馨委員長は編纂を急ぎ、時には夕食の時刻になっても、会議を休止せず、一事項を決しなければ、「食事を出さないぞ」といって審議を求めたという。しかし、このような性急な近代的諸法典の編纂には、批判が多出し、なお時間を必要とし、とうてい成就できず、20 年 9 月 15 日井上は公約を実現できず条約改正交渉に失敗して外務大臣を辞任した。さらに 10 月 20 日委員長も辞任し、外務省法律取調委員会は機能停止となり解散となった。

　こののち、どうするかということとなったが、外務大臣を兼務（20 年 9 月 16 日～21 年 2 月 1 日）する内閣総理大臣伊藤博文が委員長となって、編纂を継続するべきとの意見が多出した。しかし伊藤総理は司法省が担当するべきとして、司法大臣山田顕義（18 年 12 月 22 日就任）を呼び、法律取調委員会委員長就任を要請した（金子堅太郎「明治初期の法典編纂事業に就いて」『法曹会雑誌』第 11 巻第 1 号、29 頁、大正 8 年）。山田は結果的には了承するが、この時期法典編纂の引き受けには警戒的であり、伊藤博文総理大臣に「…小生司法行政の事務多端を極め…此上事務の増加を冀望するの念慮毛頭無之候間、其辺は万々御諒察被下、誰與相当の人物御選定被下候半は、大幸に奉存候…（10 月 19 日）」（前掲『山田顕義伝―日本近代化にかけた五十年―』752 頁）との書面を送るぐらいであった。

司法省法律取調委員会の設置と商法典等の編纂　　このような遣取りもあったが、司法大臣山田は、20 年 10 月 24 日司法省法律取調委員会委員長に任ぜられた（前掲『山田顕義傳』では 10 月 21 日とある）。ひとたび任に就くと責任感

の強い山田のやり方は激しく、そしてスピーディーであった。委員長山田は、さっそく 11 月 1 日法律取調委員会規則を上申し、14 日略則を制定した。これによって、1 条で、法律取調の目的は「民法・商法・訴訟法（民事）ノ草案条項中実行シ能ハサルモノアルヤ又他ノ法律規則ニ抵触スルコトナキヤヲ審査スルニ在リ…」とし、商法ばかりでなく、民法、民事訴訟法草案の編纂も責務とした。また 2 条で「…刑法、治罪法中裁判所構成法ノ草案ニ抵職スルモノノ改正」、つまり裁判所構成法草案と抵触する刑法、治罪法の改正も編纂の対照とした。そして 6 条で「総テ法案ノ起草者ハ外国委員ヲ以テ之ニ充ツ故ニ起草者ノ説明ヲ要スルトキハ委員会ニ列セシムルコトアルヘシ」と規定した。ここに我が国の主体性維持のため外国人委員には草案起草に従事させるのみで、原則委員会審議には参与させないこととし「説明ヲ要スル」場合にのみ出席を許した。あくまで草案の決定権限は、2 条で「法案ヲ審議決定スル権限ヲモツ法律取調委員」としたのである。なお 3 条で、「委員会ニ提出スヘキ法律草案ノ下調ヲ為サシム」ことを任務とする法律取調報告委員を置くこととし、外国人委員が起草した草案を調査翻訳して委員会に報告することを職務とさせた。

　原草案起草者は、いまも述べたように 6 条で「外国委員ヲ以テ之ニ充ツ」であったので、「商法ハ、ロエスレル氏ノ草案ヲ基トシ商法取調委員ニテ審査ス」と定めた。その他、「民法ハ、ボアソナード氏草案ヲ基トシ司法省ニテ審査スル事、但人事ノ部ハ司法省審査委員ニテ起草シ、ボアソナード氏ニ審査セシムヘシ」とした。「民事訴訟法ハ、テツヒョー氏（Hermann Techow、独国人、17 年文部省顧問として来日、内閣顧問、20 年帰国、1838〜1909、71 歳没）草案ニ基キ委員ニテ審査済ミ、当時上申中」であり、「刑法ハ、ボアソナード氏ノ改正草案ヲ基トシ、ロエスレル、ルドルフ、カークード氏及ビ、グナイスト氏ノ意見書ヲ参酌シ起草スル事」とした。「治罪法ハ、ルドルフ氏起草ノ裁判所構成法ニ抵触スル者ヲ除キ（高等法院ノ部ハ存置）改正案起草ノ事」とした。また「裁判所構成法ハ、ルドルフ氏起草済ミ当時司法省ニテ付属法編纂中」としてこれらすべての法案を、それぞれ外国人委員に起草させることとした（前掲『山田伯爵家文書』5、164〜165 頁）。なお本節では、主として商法典編纂についてのみ述べる。その他の法典編纂については各別稿で取り扱いたい。

　そして 2 条の法律取調委員には、当初、元老院議官より箕作麟祥他 5 名、司

法省より次官三好退蔵他5名の10名が選任されたが、その後14名に増員された。また3条の法律取調報告委員は、主として司法官から32名選ばれている（具体的委員名については、第9章2（1）〔後述209頁〕で記述する）。こうしたうえで4条で「報告委員ハ之ヲ数組ニ分ケ民法商法及訴訟法ノ草案下調ヲ分担」させる規定を置き、8条でそれを組合会といっているが、「民法組合会」、「商法組合会」、「（民事）訴訟法組合会」を作った（「刑法組合会」、「治罪法組合会」、「裁判所構成法組合会」もあったかも知れない）。ここでは商法組合会のメンバーだけを挙げると、当初は「本尾敬三郎（法制局参事官）、岸本辰雄（法制局参事官）、岡村為蔵（大審院評定官）、長谷川喬（控訴院評定官）、加藤高明（外務省取調局次長）など」であった（大久保泰甫・高橋良彰『ボワソナード民法典の編纂』148頁、雄松堂、平成11年。（　）内は筆者加える）。さらにこの組合会の下に、「商法第一篇商ヒ一般法小組合」とか「第二篇海商法小組合」といったものもあったと考えられる。

　こうした準備のもとで、20年11月14日山田委員長は、司法省法律取調委員会を開催し、力を込め激しい口調で、次のことを申し渡した。「此度委員を設けて法律取調を要するのは彼の条約改正により必要を生じたためである」こと。また「21年中に法案を整頓して政府に提出すべきことを内閣に於て受合った」ことの2方針を示した。そして作成した会議日課一覧表を配付した。一日に15条ずつを審議し議了することとし、商法は20年11月14日に始まり、22年8月9日に終了する会議日程64回を予定した。ついでにいうと、民法は、同じく、20年11月14日に始まり、21年12月13日に終わる会議日程160回を計画し予定した（『大日本帝国議会誌』第1巻〔第一至第三議会〕1596頁、大日本帝国議会誌刊行会、大正15年）。

　このようにして審議は始まったが、「司法省法律取調委員会での商法の議事は促進され、完了予定の8ヶ月も前である21年10月商法草案の一部である、総則及び第一編第一章ないし第六章までを審議し、成案を得て、黒田清隆内閣（21年4月30日〜22年12月24日）に上呈した。内閣はこれを元老院に回付し審議を求めた。その後山田委員会は、残りの商法草案第七章も議了し、内閣に上程した。内閣はこれを、22年1月24日元老院の議に付した。元老院は調査委員を、さらに審査委員を設け審議し、6月7日可決した」（志田鉀太郎『日本商法

第2章　信念の人　17

論』77 頁、有斐閣書房、昭和 8 年）とされる。

　しかし、別の見解もある。「山田は、21 年 5 月 18 日に、すでに二種の商法草案（第一章から第六章まで）を黒田清隆内閣に提出しているというのである。一つは勅令によって公布を求めるものであり、二つは、元老院の検視及び議定を求めるものであった。この時山田は、どちらかの方法で公布にまで持ち込みたかったようだが、同日の 5 月 18 日、内閣より法制局に回付された草案が、9 月 26 日内閣に戻されて、28 日元老院に下付された。元老院は、22 年 1 月中旬頃（18 日か）まで審議したが、草案全部の提出を求めて内閣に返上した。翌日 24 日内閣は商法草案第七章を加えて全編を元老院に再下付し、3 月 18 日まで審議された。その後元老院より修正意見が出されて、山田の司法省法律取調委員会に戻された。5 月 18 日、同法律取調委員会より内閣へ再提出されて、三度元老院へ下付された。6 月 7 日元老院会議が開かれて、確たる反対もなく、起立多数によって『本案可ト決シ』、翌 8 日『勅裁ヲ仰キ候為メ御上奏有之度候也』として内閣総理大臣宛提出されている」（前掲『ボワソナード民法典の編纂』395〜398 頁参照）という見解である。

　両見解の大きな違いは、山田の司法省法律取調委員会での商法草案の編纂が完了し、内閣に上程された時期が、21 年 5 月か、10 月かの点である。日程から詰めてみると、10 月の方が自然のように思われるが、5 月も否定されるべき根拠はない。つまりこのように見解が分かれるのは、商法典の編纂は、一口でいうならばきわめて複雑な経過を辿っているということなのである。

商法典制定のための山田の強い意思　　ここで山田司法省法律取調委員会委員長の思いと強い信念と意思についてみてみると、次のようなものである。「法典編纂は、条約改正といふ国家の大問題を元としてやるのであるから少々の無理は押切っても行く、学者の論などを聴いても仕方がない、之は条約改正の為めに二十三年の議会前にやらなければならぬ、議会が開けて法典問題を出したら仲々法典問題というものは二年経っても三年経っても出来やしない、さうすると条約改正は容易に出来ない、条約改正をやると決して居る以上は之は議会へ掛ける訳にはいかない、またこれを元老院の議事に掛けても逐条会議はさせぬ、…大体これを可とか否とか決めさせれば宜い、斯ういう議事法より外に致し方はない」（前掲「明治初期の法典編纂事業に就いて」『法曹界雑誌』第 11 巻

第1号、34～35頁）という考え方であった。ここに逐条議ではなく大体議の審議方法を取った理由は、明治政府最大の外交課題である条約改正という大問題の、解決の条件の一つである近代主要諸法典の制定を、帝国議会開会前に成就させたいとする熱意と意欲を持っての強行方針であった。山田は一旦引き受けたことには忠実であった。いかなる障害もいとわなかった。一途にその目的に向ったのである。まさに信念の人であり言い添えるならば、情熱の人でもあった。

旧商法典の公布と第一回帝国議会での延期法の成立　　こうして商法典は、23年4月26日公布（法律32号）され、翌24年1月1日施行と決定した。これが旧商法典で、前述の17年1月上呈のロエスレル草案と、ほぼ同様で、「総則、第一編商ノ通則、第二編海商、第三編破産」から構成され、全1064ヶ条から成るものであった。

　しかし、23年11月29日、大日本帝国憲法施行と共に開会された、第一回帝国議会で、東京商工会や、京都・名古屋などの多くの商法会議所が、商法施行があまりにも急で、準備が間に合わないとして、「商法実施延期請願書」が出されると、衆議院、貴族院の両院に、「商法延期法律案」が提出された。この延期法律案は、23年12月15日衆議院で可決され、12月22日貴族院でも可決された。そして天皇によって裁可された。結果、24年1月1日施行と決定していた商法典は、26年1月1日まで延期して施行する法律として、「商法及商法施行条例施行期限に関する法律」（23年12月26日法律108号）が成立した。

　このことについて、『東京日日新聞』（5年創刊、7年福地桜痴が主筆となる。44年大阪毎日新聞の傘下に入り、昭和18年毎日新聞に統合）は、「第一回帝国議会が商法延期を可決し山田顕義司法大臣が辞表を提出した」との見出しをつけて、次のように報道している。「当会（第一回帝国議会通常会、23年11月29日開会、24年3月7日閉会）の期間中の出来事の一とすべきは、すなわち商法延期法律案なりとす、この案は衆議院議員永井松右衛門氏の提出に係り、十二月十五日に於いてその第一討論を開きたり。これを開会後第一日の論戦なりとす。討論二日に亘り、双方畢生の力を振るいて論弁し、その反対の側に於ては豊田文三郎（大阪第二区選出）、末松三郎、菊池侃二、井上角五郎（後藤象二郎らと共に大同団結運動に参加）、宮城浩蔵（司法省参事官、山形第一区選出）、高梨

第2章　信念の人　　19

哲四郎（代言人、浅草区選出）、井上正一（明法寮第一回卒）、箕作麟祥（23年
9月〜30年11月迄貴族院議員であるが、この時の貴族院での発言は、23年12
月15日商法施行期限に付いての政府委員を命ぜられての発言である）諸氏の演
説あり。賛成の側に於ては元田肇（逓信大臣、鉄道大臣）、岡山兼吉（弁護士、
横須賀選出）、田中源太郎（京都商工銀行頭取）、末松謙澄（内閣法制局長官、逓
信大臣、内務大臣）、関直彦（日報社社長）、今井磯一郎等の諸氏、全力を尽して
論弁し一も漏らす所なかりけるが、ようやく二日目の最後に於て採決せしに、
本案大多数を以て可決、ついに衆議院は商法を延期することに決したり。吾曹
はこのちなみに於て、商法延期問題の成り行きをも略記すべし。本案の衆議院
に可決せらるるや、直ちにこれを貴族院に廻送したければ、貴族院に於ても
また、すこぶるこれを緊急の案と認め、すなわち同廿二日廿三日の両日間、最も
丁重なる討議を尽したり、その延期に反対せるものは、渡正元、平田東助（枢密
院書記官長、農商大臣、内務大臣、伯爵）、岡内重俊（元老院議官・男爵）、加納
久宣（旧上総一宮藩主、判事・検事、子爵）、槙村正直（行政裁判所長官、男爵）、
周布公平（内閣書記官長、男爵）、渡辺清（元老院議官、男爵）の諸氏、これに
賛成せる側に於ては、加藤弘之（元老院議官、帝国大学総長）、小畑美稲（元老
院議官、男爵）、村田保（太政官兼内務大書記官、元老院議官）、三浦安（元老
院議官、東京府知事）、穂積陳重（法科大学教授・学長・男爵）等の諸氏の弁論
あり。ついに貴族院に於いても、衆議院の議決に同意を表し、多数を以てこれを
可決したり。両院これを可決して上奏裁可を仰ぐに至り。その当局者として最
も力を用いたる山田司法大臣はその責任を一身に担いて辞表を呈せられぬ。世
人これを評して、責任大臣たるものの当然の処置とし、かえって伯の辞任を惜
しむに至れり。聖上優詔して許したまわず、仮するに時日を以ってし、病を養わ
しめ仮に大木（喬任）枢密院議長をして司法大臣の事を行わしめ、すなわち商法
実施延期を裁可あらせたまいぬ。これぞ我が叡聖文武なる天皇陛下が議会の興
論を採納あらせたまいたる第一例にしていとめでたき事なりと、天下ともに頌
賛し参らせざるものぞなかりける」（24年3月27日号）と報道している。

　この時の第一回帝国議会の衆議院の勢力は、『時事新報』によれば、大同倶楽
部55議席、立憲改進党54議席（なお『近代日本総合年表』では46議席。『衆
議院議員党籍録』では40議席とある）、愛国公党29議席（前出の年表では35

議席）、自由党 22 議席（前出の年表では 17 議席）、国民進歩派 9 議席で、これらが野党で、170 議席近くの議席数となり当時民党とも呼ばれていた。したがって野党は、総議席 300 の過半数を越えていたのである（『近代日本総合年表（第 4 版）』122 頁、岩波書店、平成 13 年）。つまり第一回帝国議会は、少数与党（吏党、政府党は、独立派 74 議席、国権派 21 議席、自治党 15 議席、その他 21 議席）によるスタートだった（『時事新報』23 年 7 月 10 日号）。この状況での投票結果は、いま述べた議会構成から明白なのだが、商法延期法律案賛成者が 189 票であったのに対し、反対票は 67 票で、圧倒的多数をもって商法施行延期法律案は、可決された。

　このように、商法施行延期法律案が衆議院で可決されることとなるが、それを予測した、司法省法律取調委員会委員長・司法大臣山田顕義は、次に審議される貴族院議員達に、ようやく説得工作を開始した。だが、そもそも武人（陸軍中将）である山田は、武力による突破は得意であっても、話し合いの説得などは不得手であった。つまり「攻城野戦の雄も、言論の府ではいかんとも難かったのだろう」（前掲『山田顕義傳』821 頁）ということになる。また畏友井上馨が伊藤博文に宛てた書翰で「山田は所作の随分下手の所もこれ有り候」（前掲『伊藤博文関係文書』第 1 巻、127 頁）と書き送り、山田の調整能力に下手な点があると伝えている。この手紙は明治 3 年のものだが、24 年に至っても、依然この点は変らなかったようだ。しかし事ここに至って、青竹のように真直ぐな山田も説得工作に走ったのであった。その一端を挙げると、山田は親友の貴族院議員である宍戸 璣（松下村塾、司法大輔、元老院議官、貴族院議員、34 年 73 歳没）に書翰を送った。「商法延期論　意外ニ勢力を得哉ニ被察候　正以　無謂事と存候　一部分之修正ニ無之　全部延期と申義ハ　内外ニ籌し不可成得事ニ御座候間　其邊筴応（策応か）も野村（素介貴族院議員）其外被談合　御尽力偏ニ願望仕候　為右　草々頓首　十二月十三日（23 年）　潮坪老台（宍戸璣先輩）顕義」（『宍戸璣宛、山田顕義書翰集』20 頁、日本大学広報部、昭和 63 年）と書して協力を求めている。

　さらに枢密院議長大木喬任（文部卿、司法卿、元老院民法編纂総裁、文部大臣、枢密院議長、32 年 69 歳没）にも依頼したようであり、大木から山田宛の返信書翰が残っている。「貴簡拝誦仕候　本日之都合如何也ト不堪懸念罷在た

る処ニ御座候　昨日来 力^{ちから} ヲ盡シ同意者相募リ罷在候、貴命之通り明日ハ必す手
ヲ盡シ可申候、渡辺驥（貴族院議員、司法大丞、大審院検事長、元老院議官、29
年 61 歳没）ハ昨日よろしきト之御沙汰ト存候間、是レニハ手ヲ付不申罷在候、
明日ハ彼等ヲ一撃可致候、昨日来四、五名ハ既ニ同意ヲ得候次第ニ御座候、兎角
明日ハ十分運動相試可申候、不取敢拝答のみ、匆々頓首、十二月廿日（23 年）
大木拝　山田殿」（前掲『山田伯爵家文書』2、14 頁。（　）内は筆者加える）で
ある。

　山田は、このような巻き返し工作を行なったのであるが、時すでに遅く 12 月
23 日（宮内省『明治天皇紀』第 7、722 頁、吉川弘文館、昭和 47 年では 22 日
とある）、貴族院においても賛成多数で可決された。貴族院に政党色はなかった
が、ほとんど是々非々の立場を取る議員であった。

三度の辞表提出と天皇の慰留　　こうして山田の願いも空しく「商法施行延
期法律案」が、帝国議会で可決されたが、この時の山田の責任の取り方を『明治
天皇紀』からみてみたい。

　「司法大臣伯爵山田顕義辞表を上る、優諭して之れを留めたまふ…顕義明治二
十年十月法律取調委員長の命を拝して以来、身を以て民法及び商法の編纂に任
じて他を顧みず、世人顕義を呼ぶに法典伯を以てするに至る、蓋し其の熱心を
称するなり、是の年三月（23 年）、先づ商法を完成し、之れを公布し、明年一月
一日（24 年）を以て施行せんとす、然るに是の月十六日（23 年 12 月）、衆議院
其の不備を論じて其の施行延期を決議す、顕義大に其の処置を慨して曰く、『衆
議院議員の為す所を見るに、法典の條項に就きて其の施行の是非を考究論議す
ることなく、其の二十余条を不可とするがために、千六十余条総てを挙げて一
斉に延期し、既に上諭を以て発布せられたる執行期限を左右せんとす　惟ふに
此の如きは全く顕義の責任に係るものにして、深く恐懼に堪へざる所なり』（23
年 12 月 16 日提出の第一回辞表理由）と、乃ち表を上りて事由を奏し、退居し
て命を待たんとす、内閣総理大臣伯爵山県有朋等頻りに諭して之れを止む、既
にして二十二日（23 年 12 月）、貴族院亦多数を以て衆議院の議を可決し、閣議
亦之れを容れて其の延期を奏請せんとす、蓋し大臣等立憲政治の創始に当り、
不裁可権を使用するを好まざるを以てなり、是に於て顕義決意する所あり、即
日有朋に依りて辞表を上る、曰く『今日に於て内商業を隆盛にして国家の富強

を図り、外条約を改正して国権を回復せんとするには、其の急、商法を施行する
に若くはなし、本年六月（23年）元老院に於て商法の施行延期を建議するや、
閣議之れを排して施行の急を説き、商法施行条例の公布を奏請せり、然るに今
両院の議に会し、遽然として之れを翻し、其の議を採用し、更に延期を奏請せん
とす、是れ前日奏請する所に反するなり、事は一法律の施行延期に止まらず、其
の影響する所、外交上国家の威信に関すること大なり、事茲に至る、職として顕
義が責任を尽すの足らざるに由らずんばあらず、深く国家の前途を憂慮し、恐
懼の至に堪へず』（12月22日提出の第二回辞表理由）と、閣臣等大に驚き、百
万慰諭して之れを留む、法制局部長平田東助、宮中顧問官子爵品川弥二郎等顕
義に親しきを以て、勧説亦頗る力むと雖も、顕義逐に肯ぜず、偶々感冒に罹り、
発熱甚し、仍りて二十四日（23年12月）復た『病を称して辞表を上る』（12月
24日提出の第三回辞表理由）、天皇深憂あらせられ、是の日有朋を召して旨を諭
し、顕義に御沙汰を伝宣し、其の辞職を止め、静かに病を養ひ、癒ゆるを待ちて
出仕せしめ、枢密院議長伯爵大木喬任をして司法大臣を臨時兼摂せしむ、乃ち
其の由を記して官報に掲載せしめ、又宮内大臣子爵土方久元をして特に顕義を
訪ひ、旨を伝へて之れを論さしむ、顕義感激して漸く命を拝し、湘南の地に病を
養ふ」（前掲『明治天皇紀』第7、721〜723頁。（　）内は筆者加える）という。

　以上、長文をあえて掲げたが、これをみると、山田は商法延期問題で、三度司
法大臣の辞表を提出している。一度目は、衆議院で延期法律案が可決された当
日の、23年12月16日のことである。理由は「上諭をもって発布した施行期限
を、左右するといったことは許されないことである。しかしここに至った責任
は司法大臣である自分にある」としての辞表であった。しかし山県総理大臣は、
貴族院での状況をみてからでも遅くはないではないかとして辞任を認めなかっ
た。

　二度目は、貴族院で可決された当日の23年12月22日（『東京日日新聞』で
は23日）の辞表提出である。理由は「内閣は元老院の施行延期の建議を排して
布告したのに、今度は議会議決によって延期を奏請しようとしている。これは
明らかに内閣の矛盾する処置である」としての辞意であった。山県総理大臣は
辞表の受理を拒む一方で、八方手を尽して説得に当たった。共に山県有朋の姪
を妻としている腹心の、平田東助や品川弥二郎を差し向けて山田を説得させた。

第2章　信念の人　23

2人は山田とも親しい間柄であった。貴族院議員平田東助（前掲『明治天皇紀』では法制局部長）とは、共に岩倉米欧回覧に参加し、留学生（大学小舎長）の一員であった平田と、山田は一緒に長く旅をし、親しく接した。また、御料局長官品川弥二郎（前掲『明治天皇紀』では宮中顧問官）とは、松下村塾の同門で最も年齢（品川が1歳上）が近く親密な仲であった。

　さらに山県有朋は、閣内から山田を失うことは、長州閥の勢力に影響すると考え、内閣書記官長周布公平（旧長州藩重役で、山田の大伯父村田清風による天保の藩政改革に従事した、周布政之助の長男）を派遣して説得させた。しかし正論、大義を重んじる一徹な山田は、これを拒否し続けたのであった。山田の頑質さが表われた一面である。

　そしてこの時、山田は、「商法施行延期法律案」の天皇不裁可権の行使を求めて、閣議にはかった（川口由彦『日本近代法制史』263頁、新世社、平成10年）。不裁可権の行使を進言したのは、ボアソナードであった。ボアソナードは、「ナポレオンが民法を制定しようとしたとき、フランス代民院から猛反対が起こったが、抵抗する代民院二十人、立法院六十人の議員を追放し、『共和十年の清掃』といわれる強引な手法で、やっと目的を達したのである。そのぐらいの非常手段をもちいなければ、法典は成立しないのだ」と、山田を励まして、天皇の不裁可権の行使奏請を強く進言したのである（前掲『シリーズ学祖・山田顕義研究』第1集、67頁。後述236頁でも引用した）。

　しかし自由民権運動にも加わり、また井上馨の外務省法律取調委員会副委員長（20年4月12日就任）も歴任したことがある農商務大臣陸奥宗光（地租改正局長、元老院議官、衆議院議員、外務大臣、30年54歳没）は、「両院を通過した法案を、天皇が不裁可にするなど以ての外である」と反対した（前掲『山田顕義傳』783頁）。

　内閣総理大臣山県有朋は、このような閣内の対立で、可否の決断を下し得ず、それを握りつぶしたまま、自らも第一回帝国議会（23年11月29日から24年3月8日）閉会後の24年4月9日辞表を提出した（5月6日第一次松方正義内閣成立）。貴族院議員金子堅太郎（ハーバード大学卒業、帝国憲法起草者の一人、日本法律学校創立者の一人で初代校長、農商務大臣、司法大臣、昭和17年90歳没）によると、山県は、「自分ぐらい苦しい位地に立たされた者はいない。こ

の廿十年間サーベルで国家に奉仕した自分が、憲法政治の初幕を勤める総理大臣になるということは、全く思いもよらぬことであった」と、その苦悩をこぼしたという（前田蓮山『歴代内閣物語』上、49頁、時事通信社、昭和36年）。

この時も山田と山県有朋は対立した。山田としては、「元老院の延期案建議をも排除して、商法典施行を急いだのは山県内閣ではなかったのか」。なぜならば、急いだ理由は、「明治政権の共通課題であり、最大の願目である、不平等条約改正の条件である商法を含む近代主要法典の制定のためであり」、また「我が国が資本制社会を選択し、その下での近代国家体制建設のために商法施行を急いだのではなかったのか」。山田には「そのような大義名分にもとづいて商法典制定に尽力してきた」という自負があった。信念に妥協のできない一徹な山田には、とうてい納得できるものではなかった。信念の人、情熱の人にふさわしく、山田の頑質さが現われた一事象であった。

これに対し山県有朋は、優秀な人で、いい人なのだが、困ったことに恨みっぽい人であった。自分は頭が良くて、世渡りもうまいが、しかし身分が低い「卒」（足軽）の出であるから抑圧されている。そういう意識から抜け出せずに、またそのことを受け入れることもできない人であった。つまり卑屈な面があった人であり、人目を気にし優柔不断の側面があった人である。それは妥協をはかる世俗政治家の姿であったのかも知れないが、原則や大義を重要視した山田と対立したのである。

そして三度目が、23年12月24日の病気理由の辞表である。この時山県は天皇に上奏したが、しかし山田を信頼する天皇は辞職を認めず、「病気ならいたし方ない」として、全快するまで、枢密院議長大木喬任に臨時司法大臣の兼務を指示した。

このように山田は「商法施行延期問題」で、三度辞表を提出している。いずれも認められず、辞任にまでは至らなかったが、このことをもってしても、山田の一途さをみることができる。山田の信念の強さを垣間見ることができる。

しかし山田は天皇には忠実であった。忠義を尽した。三度目の辞表提出ののち、その指示のとおり療養に入った。その後山田は、24年2月7日司法大臣に復帰するが、23年12月24日の辞表提出時の心境について、「明治廿三年十二月辞官」と題して、感慨を籠めて、次のような詩を作っている。「少壮出国路縦

第2章 信念の人　25

横（少壮にして国を出で路縦横）　盡力鞠躬在一誠（力を尽し鞠躬するは一誠に在り）　立憲治民不容易（立憲治民は容易ならず）　負任成務要分明（負任成務は分明を要す）　褒貶素甘当時議（褒貶素より甘んず当時の議）　得失永期後世評（得失永く期す後世の評）　回顧卅年経歴事（回顧す三十年経歴の事）　病牀揮涙拝禁城（病床に涙を揮って禁城を拝す）」である（『学祖山田顕義漢詩百選』230頁、日本大学、平成5年）。

　一句ずつ注釈を加えると、「若くして故郷を出て、さまざまな任務をやってきた。軍人もやり、工部卿・内務卿・司法卿・司法大臣も務めた」。「さまざまな任務を慎んで、力を尽してやってきたが、すべて誠を尽し真心でやってきたということに尽きる」。「憲法を制定し、国民を統治することは容易ではない」。「責務を担い、任務を成就するには、明確な分別を必要とする」。「現在褒められ、けなされていることは、それでよい」。「よいかわるいかは、後世の正論がきめてくれるだろう」。「故郷を離れて三十余年、今その間に経てきた事どもを回顧し」。「病の床で涙を揮い、皇居を遙拝している」（前掲『学祖山田顕義漢詩百選』230頁）という意である。

　ここには山田の商法典施行に対する所信が溢れている。山田の孤軍奮闘ぶりが目にみえるようである。特に「盡力鞠躬在一誠」と詠むところは、山田の精神を強く表現し、すべては天皇に対する誠の心である、赤心（いつわりのない心）から行なって来たことであるとの思いを述べている。そして最後に、「病牀揮涙拝禁城」と纏めている。この時山田の辞表は、天皇の手元で押さえられ留保されていて、天皇は山田の病状回復を待っていたのである。そもそも山田は、天皇から格別の愛顧を受けていた。『明治天皇紀』などをみても、しばしば会食を命じられて、頻繁に陛下とお会いしている記事が出て来る。聖上は自分の赤心を理解してくれるだろうとの意を込めて、禁城（皇居）に、頭を垂れ、手を合わせたのである。

商法延期法の再成立とその後の取り扱い　このような天皇に対する思いも空しく、また期待した不裁可権の奏請も、陸奥宗光農商務大臣等の閣内での反対で、実現できず、「商法延期法律案」は天皇により裁可されて、23年12月27日法律108号として公布された。

　これによって26年1月1日まで延期となり、24年1月1日施行が、2年間

延期された。さらにその後、商法典は、25 年の第三回帝国議会特別会（5 月 6 日開会、6 月 14 日閉会）で、「民法商法施行延期法」が提出され、再び可決（5 月 28 日貴族院議決、6 月 10 日衆議院議決）、裁可されて、25 年 11 月 24 日法律 8 号として公布となった。今度は民法と共に、29 年 12 月 31 日まで施行延期となったのである。

　しかしこの年（25 年）、我が国経済界の不況は頂点に達し、商法実施の必要の緊急性が求められた。こうした機運をもとに、第四回帝国議会通常会が 25 年 11 月 29 日開会（26 年 2 月 28 日閉会）されると、伊藤博文（第二次）内閣（25 年 8 月 8 日〜29 年 9 月 17 日）は、「商法及商法施行条例中改正並二十六年七月一日施行法律案」を提出した。この法律案に対してまず貴族院は 25 年 12 月 2 日、わずか 1 日の審議で可決した。衆議院は、25 年 12 月 24 日並に 26 年 2 月 18 日審議し可決し、天皇裁可ののち、3 月 6 日公布された。

　こうして商法は、明治 26 年 7 月 1 日から「会社」、「手形小切手」、「破産」の三法部分及び「商業登記簿」、「商業帳簿」の部分が施行された。なお残余の規定は 31 年 7 月 1 日から施行された。内容は、山田が編纂した商法とほぼ同じであった。ただ山田は、25 年 11 月 11 日黄泉の人となっていて、このことは知る由もなかったということとなる。

第 2 章　信念の人　　27

第3章

小ナポレオンや法典伯の尊称と山田の履歴

1 小ナポレオンや法典伯の尊称

小ナポレオンの称号 いま前章で、「徴兵制論議」と、「旧商法典施行延期問題」を取り上げて、山田の頑質な一面を述べた。前者は、山田が武官である兵部大丞解任直後の論争であり、生涯で最初の大論争であった。後者は、文官である司法大臣在任時の、立法に携わった時に起きた、生涯最後の大論争の一つであった。つまり山田ははじめ兵部大丞として、軍政を担っていたが、のちには司法大輔、司法卿、司法大臣として、立法、司法の業務へ転進した。これは、ナポレオンの事績とよく似ている。仏国皇帝ナポレオン・ボナパルト（Napoléon Bonaparte、1769〜1821、52歳没）は、はじめ軍政をもってヨーロッパに覇権を広げたが、のちには立法に着眼してナポレオン法典の制定に邁進した。山田はその事績と帰一し類似することが多い。偶然にあるいは必然に一致した部分もあるが、このことから、山田は、ナポレオンを尊敬し、「小ナポレオン」あるいは「東洋のナポレオン」でありたいと願った。そして世人も相似する山田をそう呼んだのである。

ここにナポレオンは、仏国の民法・商法・刑法・治罪法・訴訟法の五法の法典制定（通常ナポレオン法典と呼ばれる）に身命を 拋 つが、山田もまた旧刑法編纂と制定に関与し、さらに旧民法・旧商法・旧民事訴訟法・旧裁判所構成法など、我が国近代主要法典のことごとくを編纂し、公布し施行した。ただ旧民法典・旧商法典は、山田の編纂、公布した法典は、施行延期となり、山田の手で施行するまでには至らなかったが、その業績を評価し、もって世間（世人）は、また、別称として「法典伯」と呼んだのである。

このように山田は、世人から「小ナポレオン」や「法典伯」の名声をもって、

29

そう尊称されたが、以下少しくみておきたい。

山田は「小ナポレオン」と称呼されたが、実は青年時の24歳頃よりナポレオンに私淑していた。すでに慶応3年11月24日「將発上国」という自作の漢詩で、「建業唯希話聖東（建業唯希ふ話聖東） 用兵独慕拿波翁（用兵独り慕ぶ拿波翁） 半宵提劍看寒月（半宵剣を提げて寒月を看る） 千古興亡兩眼中（千古の興亡両眼の中）」（前掲『学祖山田顕義漢詩百選』59頁）と撰し、討幕のために上国（京）を目指して出陣するに当たって、ナポレオンの用兵ぶりを敬慕しながら、その決意を詠んでいた。

山田は、はじめ長藩の志士として奔走し、戊辰戦争に征討軍（官軍）陸海軍参謀として従軍し、平定に尽力した。のち、明治政府で、兵部大丞（2年7月8日）、陸軍少将（4年7月28日）として陸軍の基礎作りに尽瘁した。ついで、佐賀の乱（7年2月）、西南の役（10年2月）にも従軍し、功をなし、陸軍中将（11年11月20日昇任）に列せられた。これより前、4年11月、岩倉米欧回覧使節団に兵部理事官として参加し米欧の軍制を視察した。やがて志を軍制から立法、司法に向けて転回し司法大輔（7年7月4日）となる。また立法・司法担当の専任参議（13年2月28日）に就任する。さらに司法卿（16年12月12日）及び初代司法大臣（18年12月22日）に任じられて、近代主要諸法典を編纂して、我が国近代化の基礎と方向を作った。山田のこの事績はナポレオンとよく似ている。ナポレオン・ボナパルトは、当初、軍人であったが、その後、皇帝となりナポレオン法典を制定したことは、いうまでもなくよく知られているし、先にも述べた。

山田の功業も、前述のように、はじめその前半生においては、何よりも軍功であった。特に用兵の妙は他の追随を許さなかった。徳富蘇峰（『国民新聞』創刊、貴族院議員、文化勲章受章、昭和32年95歳没）は「山田は…年少侪輩（同輩）の間に頭角を露し」、「知恵のかたまり」と明言し、「用兵の天才として、小ナポレオンと称せられた」（徳富猪一郎〔蘇峰〕『近世日本国民史』77頁、時事通信社、昭和41年）という。また『国民新聞』（23年2月徳富蘇峰が創刊、昭和17年『都新聞』と合併）でも「山田伯は戦術家として故大村益次郎の衣鉢を伝えたる随一也。伯が奇籌（謀りごと）縦横常に敵の意表に出て、神算冥合、能く勝を十里の外に制するに至りては、『小ナポレオン』の綽名決して過当とせず」（『国

民新聞』25 年 11 月 12 日号）と述べた記事が残されている。このように当初は、山田の軍事的才能がナポレオンと相似すると評価する。

　ところが、武人であった前半生に比し、山田の後半生は、一転して文官に専心し、特に立法のことに執心し、法典伯という尊名に恥じぬエキスパートに成長する。我が国近代法の父であるボアソナードは、「山田伯ハ其民法ノ編纂ヲ以テモ一等『コンシュル』官（consul・執政官）タル（ナポレオン）ボナパルト将軍ノ最モ平和ニシテ且最モ名誉アル事業ヲ想起セシムルニ足ル」と称え、山田を日本のナポレオンであるとの意味を含ませて表現している（『ボアソナード演説』曲木如長訳「二十五年十二月十一日仏学会総会」19 日印刷。前掲『空斎山田伯伝』(3)、100 頁）。

　このように山田の法典編纂は、ナポレオン法典制定を想起させる。よって筆者は、山田を我が国「近代法典編纂の父」と名づけることとしたのだが、山田の軍政から立法への転進はどうして生じたのであろうか。思うにその第一の要因は、ナポレオンへの私淑であり、またこれを決定的にしたのは外遊であったと考える。前述したように山田は、岩倉具視大使一行と共に米欧回覧使節団に兵部理事官として随行した。4 年 11 月 12 日（陽暦 1871 年 12 月 23 日）に出発し、米・仏・英・ベルギー・オランダ・スイス・ロシア・オーストリアといった近代社会、近代国家を視察し、体験し、大使一行よりも一足早く 6 年 6 月 24 日（1873 年 6 月 24 日。5 年以降太陽暦採用）に帰国した。1 年半に及ぶ、かなり長い外遊であったが、山田の欧州での根拠地はパリであった。山田はここ仏国で改めてナポレオンへの私淑、尊崇を新たにした。9 年の作で少し遅れるが、「那破列翁（ナポレオン）」と題する漢詩を作っている。「何言雄略壓當時（何ぞ言はん雄略当時を圧するを）　又有法章千載垂（又法章〔ナポレオン法典〕の千載に垂（た）るる有り）　人世無窮青史上（人世無窮青史の上）　分明文武古今師（文武古今の師たるは分明なり）」（前掲『学祖山田顕義漢詩百選』27 頁）と撰して、特に「法章」は、千年の後まで残るものであるとして、ナポレオンの法典制定に対して最大の頌辞を献げている。このことが、「分明文武古今師」つまり明らかにナポレオンこそは、文武両道を全うした古今の師であると吟ずるのである。このように山田は、ナポレオンに私淑していた。そして本詩は、山田の現在と将来を暗示するかのような文脈となっている。山田は、すでに武官（生涯陸軍中将）であるか

ら、立法・司法の業務に転じ、7年7月4日には文官である司法大輔の地位に就いて、司法省刑法編纂委員長として旧刑法の編纂に当たっていた。そしてさらに、司法卿となり司法大臣となって20年10月24日司法省法律取調委員会委員長に就任し、民法、商法、民事訴訟法、裁判所構成法等の近代主要法典のことごとくを編纂することとなるのだが、この道程の第一の原因は、ここに記したように、ナポレオンへの私淑と岩倉米欧回覧使節団随行にもとづく外遊であったと思う。

　そして武官から立法への転機と考える第二の要因は、我が国の内乱終焉の結果であった。つまり10年2月5日、我が国最後の内戦である西南の役が起こる。山田は3月19日陸軍少将別働隊第二旅団司令長官として出働し、9月2日の鎮定に終止符を打つ程の功績を残し、平定に尽力する。ここにおいて山田は、日本での軍事行動は、「事終われり」と考えたのではないか。このことが、軍政から立法へ転進する大きな契機であったとみる見解がある。この点を指摘しながら、山田の武官から文官である立法への転身を三宅雪嶺（東京大学助教授、文部省編纂局員。政教社創立、『日本人』創刊。昭和20年87歳没）は、「ナポレオンに私淑し、用兵に於て己れに及ぶ者なきを思ふ。薩摩を討平し再び戦争なしとし、軍事を断念し、法典編纂に身を委ね」（三宅雪嶺『同時代史』第2巻、490頁、岩波書店、昭和25年）ることにしたのではないかと、山田の意思を忖度している。以上このような要因をもって山田は、武官から立法・司法へと転じたと推測するが、山田は、ナポレオンに傾倒し、写真などもナポレオンを真似て、斜め向きに撮影したりしていて、自ら小ナポレオンたることを希んでいる。また世人からも、前掲のように、「小ナポレオン」とか「東洋のナポレオン」の称号をもって呼ばれたのである。

　法典伯の尊号　山田はまた「法典伯」と呼ばれた。法典伯という呼称について、『明治天皇紀』では、23年12月25日の条に、「顕義明治二十年法律取調委員長の命を拝して以来、身を以て民法及び商法の編纂に任じて他を顧みず、世人顕義を呼ぶに法典伯を以てするに至る、蓋し其の熱心を称するなり」（前掲『明治天皇紀』第7、721頁）とみえる。また『法学新報』は、山田を批判する英法学派の論文集のため皮肉を込めているが、24年4月の創刊号で、「法典伯なん呼べる尊号」（第1号、東京法学院）をもって称されているとある。さらに『読

売新聞』（7年子安峻・本野盛亨らによって創刊され現在に至る）は「法典伯勲章を贈らる」の見出しで、法典伯山田がイタリア国皇帝から勲章を授与されたことを報道している（24年7月3日号）。その後も法典伯の尊称は永く受け継がれた。たとえば、昭和10年代に至っても、「山田は『法典伯』の名に乖かず熱列なる意思を以って、法典編纂の事に当った」（小早川欣吾『続明治法制叢考』259頁、山口書店、昭和19年）と評価して、山田を法典伯と呼んでいる。また「大法典を一気に仕上げた『法典伯』山田の功は最も高く買はれねばならない」（星野通『明治民法編纂史研究』105頁、ダイヤモンド社、昭和18年）とか、さらに「司法大臣として『法典伯』の名を轟かせた山田だけのことはある」（尾佐竹猛『日本憲政史大綱』より、前掲『山田顕義傳』606頁参照）等々をもって称され、山田顕義への尊称である「法典伯」は、永く受け継がれて、使用され、賞賛され続け、賛辞が贈られている。

　このように山田は長期にわたって「法典伯」と呼ばれているが、それはいうまでもなく、前記引用文のごとく近代主要法典編纂に全力を尽したからである。ボアソナードは25年12月11日仏学会の集会で山田の死を悼み、その功績を次のように称えている。

　「千八百八十三年（明治十六年）更ニ司法卿ニ兼任セラレ…爾来大木伯カ曾テ司法卿タリシ時ヨリ着手シテ数年ヲ費シタル法典編纂ノ宏業ヲ継承シ、夙夜黽勉（早朝から深夜まで精励して）以テ其完成ヲ図レリ、是ヨリ先キ司法大輔タリシ日既ニ刑法、治罪法審査委員ト為リ専ラ其取調ニ従事シタリシカ、此時ニ至リ遂ニ此両法典ノ発布ヲ観ルニ至レリ。千八百八十七年（明治二十年）以来民法、商法、民事訴訟法ノ草案完成シ之カ審査ヲ為スニ当リ、山田伯ハ法律取調委員長ヲ以テ鋭意励精其事業ヲ監督シ、自ラ諸法典ノ委員会ニ臨ミテ議事ヲ整理シ、屢々会議ノ時間ニ先ンヂテ出席シ、又休息ノ刻限ニ到ルモ猶ホ退カス、独リ留テ其取調ニ従事セラレ、絶ヘテ倦メル色ナク殆ンド寝食ヲ忘ルヽニ至レリ、此ノ如クニシテ千八百九十年（明治二十三年）三法典（民法・商法・民事訴訟法）ノ編纂事業終了シ、終ニ其冬ヲ以テ発布アルニ至レリ」（前掲『ボアソナード演説』）と述べて、「寝食ヲ忘ルヽ」程に、法典編纂に尽力邁進したその事実に賛辞を贈っている。

　実際山田の立法・司法への努力、力行には、格別なものがみられる。たとえば

「（司法省）法学校へも御出席ありて、生徒と共にボアソナードの講義などに耳を傾けらるゝ」（『日本たいむす』18年11月12日号。（　）内は筆者加える）といったこともあったようである。

　また法制局参事官今村和郎は、司法省法律取調報告委員であったが、山田の努力ぶりを次のように評している。「初メ山田伯ノ委員長ニ任スルヤ一年ヲ以テ三法ヲ議了セン事ヲ期シ、廿一年十二月ニ至テ其業ヲ果セリ、此間伯自ラ委員ヲ統督シ常ニ議長ト為リ、夜以テ昼〔ひかげ〕ヲ継キ或ハ旦〔あした〕ニ達セシ事アリシト云フ」と述べ「昼夜の別なく」あるいは「早朝」でも会議を行なっている事実を紹介している（今村和郎他『民法正義』巻之壱、34頁、新法註釈会、明治23年）。さらに、民法編纂史研究の泰斗の一人である星野通は、「義務感の強い山田は法典伯の名に背かず、この頻繁に行われた審議会に必ず出席して『やりませう』の語を以て開会を宣し、終始熱心に討議をリードしている」（前掲『明治民法編纂史研究』100頁）とも述べている。

　このように並々ならぬ熱心さを持って法典編纂に当たった山田に対し、世人は「法典伯」の尊称を授けたのである。何度もいうように、まさに「近代法典編纂の父」というべき人であった。

2　山田顕義の履歴

　山田顕義の全生涯の履歴について　　以上みたように、山田顕義は、「小ナポレオン」とか「法典伯」とかと呼ばれ、明治政権の一巨人ともいうべき人物であったが、その履歴については、案外知られていないようだ。すでに過去何十年間にわたり、いろんな研究書や伝記書に掲載されて、喧伝〔けんでん〕されているが、必ずしも世に知られていないようである。

　そこで、山田顕義が全生涯でどんな履歴を持つ人物であったかの全体像について、述べておきたい。明治政府出仕後の役職については、すでに述べた部分もあるが、ごく大略的でも一応記しておく必要があろうかと思う。はじめに使い慣れている辞書『広辞苑（第5版）』で略伝を引用してみると、「軍人・政治家。通称市之允。長州藩士。陸軍中将。松下村塾に学ぶ。戊辰戦争・西南戦争に従軍。司法卿・司法相を歴任、法典編纂に貢献。日本法律学校（日本大学の前身）を創

設。伯爵。（一八四四〜一八九二）」とあり、これがその記載である。記述要領が
いい点は認められるが、少々もの足りない点がなくもなく、工部卿、内務卿を務
めたという記載はない。

　続いて多少詳しい記述を求めて『大日本帝国議会誌』を引いてみると、「君は
周防山口の人なり、幼にして学を好み（松下村塾に学ぶ）、兵事に精し、維新の
際藩帥に隊将として東北の諸藩を征す。年猶壮なれども兵を用ふること神の如
し、歴して陸軍中将に至る。又司法省に出仕して法律に通ず、法典を制するに与
って力あり司法大臣に到り、正二位勲一等伯爵に叙す、明治二十四年疾を以て
辞す枢密顧問官は故の如し、二十五年郷里山口に帰省して病を癒す、帰京の途、
生野銀山に到り、山中に在って遽かに卒倒して起たず、時に十一月十四日なり、
享年四十九」（前掲『大日本帝国議会誌』第 1 巻、1174 頁）とある。少し詳し
く書かれているが、ここでも工部卿・内務卿の記述がないし、学校創立について
も書かれていない。しかも記述上の問題もある。たとえば、「卒倒して起たず、
時に十一月十四日」は、山田家による発喪の日であり、生理的死亡は 11 月 11
日で、どちらを死亡とするかの慣習上の問題がある。また 25 年郷里山口に帰省
した目的を「病を癒す」とするが、他に、墓参説や旧藩主銅像起工式主催説、第
百十国立銀行救済説、選挙干渉後仕末説などの諸説があって再考の必要がある
（この点については第 8 章で述べる）。

　次に長文であるが、労を惜まず『日本人名大事典』を引いてみると、「山田顕
義（一八四四〜一八九二）、明治時代の功臣、陸軍中将、伯爵。弘化元年九月長
門萩に生る。通称市之允。父は顕行。世々毛利侯に仕へ、藩の士班に列す。顕義
夙に学を好み、吉田松陰の塾に入って学び、また兵事に精しかった。明治元年正
月戊辰の役起るや、征討総督仁和寺宮副参謀に任じ、次いで七月海軍参謀、十一
月青森口陸軍参謀として東北諸藩及び函館鎮定に従って功あり、翌二年七月兵
部大丞に任じ、九月戊辰の役の軍功に依り永世禄六百石を下賜された。四年七
月陸軍少将に任じ兵部大丞を兼ね、十月特命全権大使岩倉具視の欧米に派遣せ
られるや、理事官としてこれに従ひ、六年六月帰朝した。翌月東京鎮台司令長官
となったが、十一月特命全権公使に兼任、清国在勤を命ぜられた。翌七年二月佐
賀の乱起るや、兼官を免じて、九州表に出張を仰付けられて鎮定に功あり、七月
司法大輔を兼任した。十年西南役亦鎮定に功あり、同年十一月勲二等に叙し旭

第 3 章　小ナポレオンや法典伯の尊称と山田の履歴　　35

日重光章を下賜され、翌十一年三月元老院議官を兼ね、次いで十一月陸軍中将に陞った。十二年九月参議兼工部卿に任じ、十二月議定官を兼ねた。これより先、十一年二月刑法草案審査委員を仰付られて法典の制定に与って力あり、十七年七月七日勲功によって華族に列し伯爵を授けられた。十八年十二月二十二日、太政官を廃し新に内閣制度が定められて第一次伊藤内閣成るや、司法大臣として、台閣に列し、更に二十一年四月黒田内閣、二十二年十二月第一次山県内閣、二十四年五月第一次松方内閣の成るや、何れも司法大臣として留任したが、同年六月疾を以て辞職し、なほ枢密顧問官、議定官の重責にあった。二十五年郷里山口に帰って病を療し、次いで帰京の途、十一月十四日生野銀山に抵って遽かに歿した。年四十九。東京音羽護国寺に葬る」とある（『日本人名大事典』第6巻、354～355頁、平凡社、昭和53年）。ここでは、弘化元年9月生まれとあるが、山田自身の書いた自歴譜では10月9日（陽暦11月18日）生まれとある（前掲『山田伯爵家文書』1、114頁）。なお、山田は弘化元年（1844年）生まれを称するが、天保15年（1844年）は12月4日に弘化元年と改元されたので、そう称することもできるが天保15年10月9日ということが正しいかも知れない。そしてここには内務卿の記述がなく、学校創立についても触れられていない。さらに「二十五年郷里山口に帰って病を療し」とし、25年の帰郷の目的について療養説を取るが、他に、前記のように墓参説や、旧藩主銅像起工式主催説、第百十国立銀行救済説、選挙干渉後仕末説などの諸説があって、再考の必要があることは、前引用文等と同様である。また死亡日を山田家の発喪発表の日である「十一月十四日」としているが、11月11日には生理的機能は停止している。いずれを死亡とするかについて議論はあるが（現在では、死亡は生理的機能の複合的停止を通説とする）、この点も前引用文と同様に再考の余地があり、前掲した『大日本帝国議会誌』の山田紹介文と同様の問題点がある。

　そこでさらに、山田の東京音羽護国寺の墓所に建つ石碑（石版）の文章をみてみたい。「山田顕義略傳　空斎山田顕義、弘化元年（一八四四）萩に生まれ、明治二十五年（一八九二）四十九歳をもって生野に没する。はじめ長藩の志士として奔走し、戊辰戦争に活躍、兵部にあって陸軍の基礎を作った。ついで、佐賀の乱・西南の役の鎮定にも功があり、陸軍中将に任ぜられる。これよりさき、米欧を視察、やがて志を内治に向け、参議、工部、内務、司法の卿及び初代の司法大

36

臣に任じ、なかんずく法典を編纂して我が国近代化の基礎を据えた。また詩・書を能くし、教育に関心深く、日本法律学校（日本大学）を創立、さらに国学院を開き、その他多数の学校に助成した。日本人としての主体性を持って、しかも世界的視野を失わない人材の養成を期したのである。生前、正二位、勲一等、伯爵を授けられ、喪を発するに先んじ旭日桐花大綬章を賜わり、この地に葬られる。清風吹萬古 雲霄一羽毛。平成元年十月四日 創立百周年を記念して 日本大学」とある。撰文者の署名はないが、この文は、民法学の権威で、山田顕義研究の第一人者で、創立100周年時の日本大学総長であった故高梨公之先生（日本大学教授、理事長、総長、名誉総長、民法学専攻、平成17年1月14日、90歳没）の銘文である。したがって、この短い文章の中には、山田の生涯のすべてが適切に表現されている。

　そして撰文者高梨公之先生は、文末に、「清風吹萬古　雲霄一羽毛」を挙げて締め括る。先生は、これを説明して「『清風吹萬古』は、山田の詩に『清風名月是れ吾が心』がある。あるいはその変化に『清風名月是』があるところから引用したと云う。また『雲霄一羽毛』は、杜甫の『古跡を詠嘆す　五首』のうちから取ったものであり、『時間と空間の間をぬって飛ぶ一羽の鳥』（山田顕義）。それは、おそらく鸞鳳（想像上の神鳥である鸞鳥と鳳凰）ということになるのでしょうが、それを孔明（諸葛亮）に類えて称えたものであります」（前掲『山田顕義伝—日本近代化にかけた五十年—』13頁）と説明している。

第4章

人間山田顕義の肖像
―人物像や私生活について―

1　山田顕義の人物像

近辺者等がみた山田の人物観察　　いま前章で述べたように、東京音羽護国
寺の山田家墓所に立つ碑文をみたが、「清風吹萬古　雲霄一羽毛」の一節に、
撰文者高梨公之先生は、一羽の鳥、鸞鳳に、山田を見立て、かつ諸葛孔明と合わ
せ譬えている。孔明は、劉備の三顧の知遇に感激し、君臣の誓を結んで、蜀漢を
盛代たらしめたわけだが、山田も明治天皇の下で、政権の中枢にいて、我が国近
代化のために尽力し、さらに興隆に導く努力を重ねたことを、孔明に類えてこ
う詠んだのである。

　山田は、前述したように、ナポレオンを尊敬し私淑し、「小ナポレオン」ある
いは「東洋のナポレオン」たることを望んだ。そしてまた、この諸葛孔明等を、
自作の漢詩の中に引くことも多く、畏敬を惜しまなかったのであるが、山田顕
義という人は、どのような人物であったのか。これまでみたところでは、「皇国
を基とする新日本建設の実現と、近代法にもとづく近代日本の形成を、信念を
もって遂行した人」（第1章で記述）であり、「正しいと思ったことについては
頑質に主張した人」（第2章で記述）であった。

　それでは山田の生存中、その周辺の人達は、山田をどのような人物とみてい
たのであろうか。山田を客体的に、あるいは客観的にみた人物描写は多くない
し、人によって見方は、当然異なるが、どう観察していたのか。このことについ
て次に顧慮してみたいと思う。

　「日本近代法の父」と称えられるボアソナード（Gustave Boissonade de
Fontarabie、仏国の法学者でパリ大学教授。明治6年11月15日来日し28年
3月8日まで約22年間滞在。この間、旧刑法・治罪法・旧民法などの法典編纂

に参加し、元老院・太政官・司法省・行政裁判所・外務省・内務省などの顧問となる。また司法省法学校やその他で自然法理論や仏法を講義し、多数の人材を育成した。1825～1910、85歳没）は次のように評価する。山田伯は「謙遜なる美質…、純良にして公明なる愛国心に基きたるものにして、…勇略（勇気があって、計略に富み）、卓識（学問から得たすぐれた見識）、純忠（私欲のない純粋の忠義）、仁愛（思いやり）、公明（公正）、質朴（純朴）、深切（親切）」の人であったと述べている（前掲『ボアソナード演説』25年12月11日、「仏学会総会」にて。前掲『空斎山田伯伝』(3)、100頁、101頁。（　）内は筆者加える）。

　また山田が内務卿であった時、内務省に勤務し、のちに著名な詩人となる大町桂月（東京帝国大学卒業。晩年は旅を愛し、朝鮮、満州にも赴き紀行文を書いた。大正14年、56歳で病没）は、山田を「思慮周密事を為す　苟もせず（注意深く考え、心遣いなどが細い所までゆきとどき、事を為すにおろそかにしない）」の人であったと、その人柄を述べている（桜井良翰　輯、桜井勉校補『校補但馬考』桜井勉発行、大正11年。（　）内は筆者加える）。

　さらに山田が司法卿並に司法大臣であった時、司法省に書記官として勤務し、「司法省雇仏国教師アツペール（Georges Appert）ヲ毎年両三回自邸（山田邸）ニ饗セラルル際ニハ常ニ予等仏語ヲ執ル者両三名ヲ招キ愉快ニ話ス等予ハ最モ接近シ愛顧ヲ蒙リタル恩人ナリ」として山田と親しく接し、のちに東京地方裁判所所長、大阪控訴院長等を務めた加太邦憲（大学南校に入学するも明法寮法学校に移り卒業、司法省法学校校長、東京大学法学科部長心得、仏独に留学、裁判官任官、貴族院議員、昭和4年81歳没。訳本として、ジュラン著『仏国県会法詳説』、ピコ著『仏国民法釈要』、カミュゼー著『仏国訴訟法撮要』、トリピエ著『仏蘭西民法』、ボアソナード著『法律大意講義』、フォスタン・エリー著『仏国刑律実用』〔下〕がある）は、山田を次のように語っている、「伯ノ性質ヲ一言セハ軍人トシテ進ムヲ知リテ退クヲ知ラサル人又文官トシテ温厚ニシテ圭角ナク（円満）又上下別ナク部下ト対スル友人ト相対スル如ク一度信シタル人ハ終生愛護スル風アリ」といって、その人柄を偲んでいる（前掲『自歴譜』182頁）。

　また、司法省法律取調委員会委員長山田顕義の下で取調委員であった元老院議官尾崎三良（三条実美に従い尊攘運動に従う。明治元年3月、実美の子公恭に随って英国に留学、6年10月帰朝し太政官出仕、左院議官、内務大丞、元老

院議官、法制局長、貴族院議員、大正7年78歳没。著書に『英国成文憲法纂要』がある）は、委員会審議において、山田は「時々大臣の威権を以て我々の論を圧せんとする気味あり」と非難する。しかし法典を編纂して「短日月の間に兎に角成案を具して内閣に呈出するに至りたるは、同氏の熱心と勉励との効力に帰せざるを得ず」と評価する（前掲『尾崎三良自叙略伝』中巻、194頁）。

さらに『国民新聞』（徳富蘇峰が発刊、明治23年2月創刊）では、山田を、「保守党の策士は、陰々密々の間に画策を事とし、一朝風雨に乗じて、猛然として出て来らんとす」と述べ、「策士」であるといっている（23年4月8日号）。

『時事新報』（福沢諭吉が発刊、明治15年3月創刊）では、「一旦決断すれば動く所なき性質」であったという（25年11月20日号）。

そして松陰門下の同門である山県有朋は、26年11月頃に大審院前に建立された「山田顕義銅碑」の碑陰記で、序章でも述べたように、山田を「君人と為るや（君の人柄は）、忠誠謹愨（真心を尽し職務に励み勤め）にして、胆気精悍（物事を恐れない勇気があり、気力が鋭く勇ましい）なり」の人柄であったと述べている（前掲『山田顕義傳』907頁。（　）は筆者加える）。

さらに、山田の又従弟村田峰次郎（村田清風の次男である次郎三郎〔大津唯雪〕の次男として生まれたので、清風の弟を祖父に持つ、なお顕義とは又従弟となる）は、著書『空斎山田伯伝』の中で「稟性（生れつき）純忠にして頗る情誼に厚き人なり。平生その衆人に接するや一視同仁、毫も畛域（境界）を設くることなし。…君か真情の深かりしは、往々聞く人をして感泣に堪へさらしめたるものあり」と評する（前掲『空斎山田伯伝』(3)、104頁）。

以上は、山田と生前に直接かつ親しく接した人々の見方であった。ここで、武人山田の人柄としては、先にみたようにボアソナードは「勇略」、加太は「軍人トシテ進ムヲ知リテ退クヲ知ラサル人」、山県は「胆気精悍」を挙げている。また文官としての山田を、ボアソナードは「卓識」、「仁愛」、「公明」などを、大町は「思慮周密」、加太は「温厚」、尾崎は「熱心」、「勉励」、山県は「忠誠謹愨」、村田は「純忠」をもって、山田の人物像を表現している。そしてさらにボアソナードは、「純忠」を挙げて、「私欲のない純粋の忠義」の人であるとし、村田は同様に「純忠にして頗る情誼に厚き人なり」として、その全人格を表象している。各人いずれも山田という人物に内在するその性質や人柄を、一口で的確に表現

しようと努めているといえる。

　以上これらは、生前の山田と親密な交際があった人達の見方であった。次に出し抜けだが性格（心理）分析から山田の人物像を想像してみたい。

山田の性格分析からの評定　　心理学の中の一つに、性格分析学というものがある。この側面から山田という人物を推定してみたいと思う。それは端的にいえば、感情性（精神の働きを知・情・意に分けた時の情的過程）、行動性（全体的に観察可能な反応や行動）、反響性（外界の刺激に対して精神が急速に反応するか、緩慢にしか反応しないか）をもって診断する。そして平均以上に感情的か、行動的か、反響的か、あるいはそれ以下かを基準として、外向的性格か、内向的性格かを区別しようとするものである。この基準に合わせて山田をみると、やや後者の内向的性格に属するように思われるが、外向的性格も強く中間に位置しているようにみえる。それは主として山田がいまに残した著作である漢詩全体から受ける感じからである。山田の漢詩にみる観察はきわめて冷静で、客観的だといえる。もちろん主観を挿入するが、「その詩情はやさしさであり、人を想う心である」（前掲『学祖山田顕義漢詩百選』ⅱ頁）とされ、山田は事を述べるに当たって、自分の感情を少ししか表白していないことが多い。山田が強く感情を表わすのは、酒席の時であって、酔いに乗じて感情を爆発させることがあり、「皆曰く、是れ伯の酒癖なり」（前掲『尾崎三良自叙略伝』中巻、221頁）であったようである。ここに酒力を借りて感情を露にするところは、山田の内向的性格がよく表われているといえるかも知れない。したがって、やや内向的であるが、全体的には中間に位置し調和の取れた人物像が浮んでくる。なお参考までに述べると、山田の血液型はＡ型であった（前掲『シリーズ学祖・山田顕義研究』第4集、206頁）。

筆者がみる山田顕義の人物像　　以上、山田と親しく接していた周辺者等から、また性格分析の立場から、みてきたが、山田という人は、いったいどういう人物であったのであろうか、さらに、私見を述べてみたいと思う。まず信念を持つ人であることは、前述の「徴兵制論議」や「旧商法施行延期問題」で、理解できるであろうが、ここからは時とすると、頑固で真面目くさった一途な人間で、面白味のない人物と理解されるかも知れない。しかしそんなことはない。「ユーモアと洒落をもって人に接した」ようで（前掲『山田顕義伝―日本近代化にかけ

た五十年―』916 頁）、明るく朗らかな人であった（前掲『尾崎三良自叙略伝』
中巻、244 頁）。

　ただこのように、個々人との対談での弁舌は、諧謔を弄しての対話もあって、
魅力的で爽やかだったが、演説は下手で不得手だった。『東京日日新聞』によれ
ば、「…次に現れたるは山田顕義伯にして、不相変、砂利路の上に車を紮すが如
き訥弁にて述べられたる…」（23 年 9 月 22 日号）と報道している。23 年 9 月
21 日に執り行なわれた日本法律学校開校式での、評議員として、司法大臣とし
ての祝辞演説に対する報道である。この時山田はすでに 47 歳であり、長年月卿
や大臣を経験し、数多くの演説を行なってきたであろうに、訥弁は変らなかった
のである。これは新聞報道等にもとづく山田の一側面であるが、以下に述べ
ることは、推量を含めての私のみる山田の人物像である。

　いま述べたばかりだが、山田は本来明るい性格の人であったと思う。物事を
陰気にみることができないような、不思議な程に明るく優しい性格であった。
また山田を加太邦憲は、前掲のように「…上下別ナク部下ト対スル友人ト相対
スル如ク一度信シタル人ハ終生愛護スル風アリ」（前掲『自歴譜』182 頁）と述
べるが、ここから推測すると、人を疑うということが天性欠けているのではな
いかと思うぐらい信じやすい性質であったと推定したい。生来武人出身の山田
であるから、敵に対しては冷然であったが、一度信用すると信じ難い程に信頼
した。たとえば箱館（函館）戦争で敵対した榎本武揚（釜次郎、幕府海軍奉行、
オランダ・ライデン大に学ぶ、海軍中将、外務・文部大臣、41 年 72 歳没）や、
大鳥圭介（幕府歩兵奉行。大蔵少丞。工部大学校校長。学習院院長。韓国駐箚公
使。44 年 78 歳没）に対しても、はじめ箱館戦争終結時には、厳罰に処置すべ
きであると主張した。このことについて、佐々木高行（参議、工部卿、43 年 80
歳没）日記に「…山田論ニハ、最初会津等トモ違ヒ、実ニ賊首ニテ、降伏トハイ
ヘドモ、攻メ附ケラレタル上ナレバ、厳重ニ処置致シ、名義ヲ天下ニ示スベシト
ノ事也…（明治三年十二月条）」（東京大学史料編纂所『保古飛呂比　佐佐木高行
日記』第 4 巻、512 頁、東京大学出版会、昭和 44 年）とあり、死罪を求めたの
である。しかし赦されて、彼らが明治政府に出仕した後は、信頼して親しく接し
た。山田には楽焼きの趣味があったが「よく墨田の榎本武揚のところで焼いて
いた」（日本大学広報部『桜門春秋』第 24 号、52 頁、昭和 60 年）といわれる。

第 4 章　人間山田顕義の肖像　43

また大鳥圭介が工部大書記官兼工作局長の折、山田は工部卿で、12 年 11 月 8 日の工部大学校（後の東京大学工学部）第一回卒業式に共に出席し、祝辞を述べている。

　さらに、司法省法律取調委員会委員長としての権限のもとに、委員に任命したうえは、法典論争等で幾度裏切られても、その者を切り捨てなかった。たとえば、山田と元老院議官で、司法省法律取調委員村田保（太政官兼内務大書記官、貴族院議員、大日本水産会副総裁、大正 14 年 85 歳没。著書に『英国議院章程』〔訳〕、『英国刑律摘要』〔訳〕、『英国法家必携』〔訳〕、『刑法註釈』、『治罪法註釈』、『独逸法律書』、『民法註釈』、『律例権衡便覧』がある）とは、「法馬魚」と刻んだ刻印、つまり村田が、立法に尽力し、馬術に秀で、水産についての有力指導者であったことにもとづいて刻した印を、山田は贈るぐらい親密だった。それが山田編纂の、旧民法・旧商法の施行延期派の領袖となり、「…翁ありしが為め、明治の法典は世に絶対的欧化より救はれたる也…民法、商法の草案に対し、翁一流の猛烈なる批評を敢えてし原案をして完膚なからしめたり…」（大日本水産会編『村田水産翁伝』36 頁、大日本水産会、大正 8 年）とあるように、山田と対決するに至る。つまり山田編纂の民法・商法に、村田等は、伝統的醇風美俗論からの慣行論や現実論との両面から激しく非難したのである。村田は、20 年 12 月の第二回司法省法律取調委員会で、民法・商法草案に対する修正意見を述べたが、容れられず、これを根に持ち、以後委員会に出席しなくなった。そればかりか、反山田となった村田は、23 年 6 月 28 日の元老院に「商法施行延期ヲ請フノ意見書」を出し、多数で可決して、即時これを議官 53 名の連名で内閣に提出した。そして商法施行期限を民法と同様 26 年 1 月 1 日まで延期せよと主張したのである。その後、貴族院議員（23 年 11 月 29 日）となった村田は、衆議院より回付されてきた「商法及商法施行延期法律案」に賛成し、貴族院で延期論を主導し、「山県総理の懇望も聞かず」（前掲『村田水産翁伝』30 頁）、23 年 12 月 22 日の議会において、延期派を大勝に向わせたのであった。延期法案の帝国議会通過は山田に強い衝撃を与えた。山田はもし延期法案が両院を通過するようなことがあれば、天皇に不裁可を奏請すべきであると閣議で主張していたが、「商法延期に決せんとするや、大いに激怒し、このような弱腰の内閣には列し得ない」（村田保「法制実歴談」『法学協会雑誌』第 32 巻第 4 号、148 頁、大正 3

年）として、商法施行を、あくまでも主張し、三度辞表を提出した。だが慰留され、辞職には至らなかったことは、第2章2で述べた。その後山田の主催する司法省法律取調委員会は、24年5月5日、その役目を果し終えたとして解散となるが、山田は最後まで、村田保を解任しなかった。そればかりか、前述のように20年12月には反山田となっていた村田を、22年日本法律学校の評議員にまで加えているのである。山田の人物の大きさをみる思いがする。

　何度もいうように山田は、陽気で明るい人であった。そのうえこのように人物としての深みと大きさがあった。これは山田の生来の性質に加え、恩師松陰からの影響であったと思う。吉田松陰は非常に明るい人であり、人の善意を信ずる人柄であった。それは実家である杉家の家風であったのかも知れない。松陰の場合は母の存在が大きかったようである。松陰の母はそんなに学問のある人ではなかったし、杉家はわずか26石の微禄で、生活は苦しかったが、陽気でユーモリストであった。松陰が死んでから、松陰の兄である梅太郎修道（民治）の子供達に「おまえ達も大きくなったら松陰叔父のようにおなりなさい」と繰り返しいっているが、松陰叔父のように天下国家のために尽して死ねという意味ではなく、「松陰叔父のような明るい人におなりなさい」という意味であった。「松陰叔父のように非常に真面目で、物事に忠実で、そして底抜けに善意を持っているような人物におなりなさい」というような意味ではなかったかと理解している。松陰は母から、山田は恩師松陰から、そのような影響を受けたと考えているが、山田は人を信頼する、明朗で快活な人であった。一般に、明るさと、明朗さと、包容力が、リーダーとしての何よりの条件であると考えるが、山田は、明るく明朗で、人を信ずるに無謀に近い人物であった。そしてそのうえ山田なら何とかやるだろう。山田に任せれば、人と人の間をうまく、くっつけて、なんとかやるだろうと思わせる、そういう大きさと包容力を有する人物であった。山田の調整能力は下手だという評もあるが（21頁）、卿や大臣を長く歴任し、生涯の大部分をその任に在ったのは、このような性質を持つ人物であったからであろうと思う。

2　山田顕義の私的日常
—私生活や趣味などについて—

山田の私生活について　　いま山田の人物像を垣間見たが、さらに山田の私的生活の日常や趣味などを追ってみることとしたい。

山田は、生涯武人で、陸軍中将まで陞進しているので、何よりも身体を鍛え、身体の丈夫を心掛けた。「剣術、馬術、弓術は青年時代より特に鍛錬する所なり。また角觝の技を喜ぶこと甚しかりし」（前掲『空斎山田伯伝』(3)、105 頁）であり、剣道は、長藩藩校明倫館剣術師範馬木勝平（真木勝平）より、18 歳で柳生新陰流中許の免許を得て以来、修業し、一角の剣人と呼ばれる程になった。また角觝（角力・相撲）もした。さらに鉄砲猟や、船での網打ちなどをして、身体を鍛えていた（村田峰次郎「故山田顕義伯五十年慰霊祭」昭和 17 年 2 月）。漁猟については晩年趣味となり、「本所一ツ目の河岸筋に、小宅地を求め安息の所を構ふ。こは君が平生深く網魚を好めるに依り、暇時あれば常に漁舟を中川に浮べて…」楽しんだ所である。さらに「神奈川県鎌倉の材木座なる光明寺の附近に、別荘を新営す。その地や海浪に連なり…、霽海（晴れた日の海）に、扁舟（小さい舟）を浮べて漁楽を嗜めることも少なからざりき」（前掲『山田顕義傳』913〜914 頁）であり、海に舟を浮かべて安息の場所としたりもした。

また山田は、風流韻事（風流なおもむきのある遊び）の人で文人でもあった。詩も文も音楽も奏した。長藩藩校明倫館講師で、のちに明治天皇習書御用掛となる長三州（長谷 芨 。天保 4 年豊後に生まれる。広瀬淡窓門下となる。尊攘の志を立て長州奇兵隊に入隊し転戦する。大学大丞、文部省学務局長等を歴任。また習書御用掛として明治天皇に書道を教授した。28 年 64 歳没）を師とする、流麗な能筆ぶりは、他を圧していた。松下村塾助講の富永有隣（文政 4 年長藩に生まれる。山県太華に師事、のち獄中で松陰を知り松下村塾で教える。慶応 2 年鋭武隊を率いて幕府軍と戦う。33 年 80 歳没）に学んだ漢詩は、絶句、古詩、律詩を含めて、350 詩程残しているし、吟詠にも耽った（前掲『山田顕義傳』901 頁）。和歌も 50 句程詠んでいる。そして若き頃より撰文依頼は多く、高杉晋作、大村益次郎、河上弥市、村田清風、桑山招魂場碑等の碑文を書いている。

さらに三味線を弾き、代表作は「風折烏帽子」であるが、小唄も作した。「風折烏帽子腰みのつけて、清き流れの長良川、流れつきせぬ幾千代かけて、君にささげん鮎の魚、ええ船ばた叩いてホウ、ホウ、ホウ」というのがそれである。

号、空斎のこと　その際に山田は、号を空斎と名乗ることが多かった。山田は、雅名である号を空斎、あるいは養浩斎、竹隠居士を用いたが、最も多用したのは、空斎であった。それでは、顕義はどのような意味を込めて、空斎の雅号を用いたのか、本人の言及はないので推定してみたい。まず「空」は、「そら」、「から」といった意味であるが、仏教の中心に「空という思想」があり、「もろもろの事物は縁起によって成り立っており、永遠不変の固定的実体がないということ」（『広辞苑』）であるという。

また「斎（斉・齊・齋。山田は多く斎を用いた）」は、「ものいみ」、「懺悔」、「雅号などに付ける語」、「ものいみや読書のため心静かにこもる室」（『広辞苑』）の意とされている。

それでは山田は、「空斎」を雅号として多用するが、どのような意味で使ったのか、この点について日本大学名誉総長高梨公之先生は、「空斎というのは斎を空しうしている、つまり斎は書斎の意味に使って、空はそれ（書斎）をあけているということを示したものと思います。事実山田の演説の中には、「自分は昔のことをそのもとに返って勉強したいという意味を述べたものがあったけれども、『なにしろ兵馬倥偬の間、戦争に明け暮れておって、じっくり書物を読んだり、そういう昔のことを考えるという時間がなかったことをたいへん残念に思っている』といった一節があります。このこととにらみ合わせるとたいへんおもしろいのであります」（前掲『山田顕義伝─日本近代化にかけた五十年─』22頁）と解して、高梨先生は、「山田が、自分の勉強が足りないというようなことを示し」て（前掲『山田顕義伝─日本近代化にかけた五十年─』25頁）、「空斎」の号を用いたものと推定している。

山田の趣味などについて　その他、茶道を愛し、茶碗も自ら焼いた。前述したように「墨田の榎本武揚のところで焼いていた」（前掲『桜門春秋』第24号、52頁）といわれる。茶道具や古美術の収集にも力を注いだ。たとえば親友の宍戸璣（安田璣。のち、宍戸備前の養子となり、備後助を称す。松下村塾に学ぶ。司法大輔、文部大輔、元老院議官、子爵、貴族院議員、34年73歳没）への書翰

に「竹田（田能村竹田）幅ハ現価百円ニテ御座候間、直々御譲可申上候」（前掲
『宍戸璣宛、山田顕義書翰集』19頁）とあり、古美術の購入や売り渡し等も友人
間では行なっていて、鑑定眼に自信があり、造詣も深かったようである。事実山
田の遺品の中には、茶釜、水差、鉄瓶など多くの茶道具や古美術が残されている
（『日本大学八十年記念館所蔵資料目録』）。

　能楽や歌舞伎や相撲の鑑賞もお好みだったようで、能楽師十六世宝生流家元
宝生九郎、歌舞伎役者九世市川団十郎（堀越団州）、歌舞伎役者五世尾上菊五郎
（寺島梅幸）、第十五代横綱梅ヶ谷藤太郎（年寄名雷権太夫）など当代一流の芸能
人や角界人を贔屓にしていた（前掲高梨公之「風折烏帽子碑考」『法学紀要』第
28巻、23〜24頁参照）。ここからみれば、山田は、谷町（スポンサー）であっ
たのかも知れない。

　また庭をいじって眺める風流な面もあり、その印象をいくつもの漢詩をもっ
て作吟している（前掲『学祖山田顕義漢詩百選』所収）。さらに囲碁も楽しんで
いる。当時の高位高官連の間では、社交の手段として囲碁、乗馬、狩猟が流行し
たという。特に囲碁は、同好の士が集まって講を作り、1ヶ月交代で講元を務め、
その講元の家に寄り合って、烏鷺（カラスとサギで黒と白、つまり囲碁のこと）
の争いに熱中したというが、山田の趣味の一つに囲碁があった。

　服装は、和服を好んだようだが、山田は少年・青年期を除いて、残された写真
に和服姿は少ないが、「埋葬時に、羽織を召された」（実際は経帷子を着用した
遺体を毛布で覆い、その上に紋付羽織が懸けられた）ことは、生前和服を好まれ
た証左ではないかといわれている（前掲『シリーズ学祖・山田顕義研究』第4集、
221頁）。洋服は必要に応じて着用し、陸軍中将服や爵位服や親任官の大臣服な
どの正装を纏ったが、それ以外の時には、フロックコートを愛用したようだ。

　金遣いも豪快であった。神宮奉斎会会長今泉定助（『古事類苑』編纂委員、国
学院学監補、日本大学皇道学院院長。昭和19年82歳没）が「城北中学（後の
都立四中、現戸山高等学校）を作る時など…資金がありませんと申し上げると、
金がない、そんなことは心配せんでもよいからと…大金をポンと投げ出された。
…かういう所が他人のまねのできないところで、…私財をなげうっても面倒を
見てくれた」と回顧している（前掲「故山田顕義伯五十年慰霊祭」）。

　遊興についても、「山田伯の豪遊は当時知らぬものなきほどにて」といわれて

いた（長谷川時雨『美人伝』東京社、大正7年。「美人伝」叢書『『青鞜』の女たち』第9巻、179頁、不二出版、昭和61年）。山田の遊びは常に豪勢であった。たとえば、「今日司法省の人弐百人ほどまねき能をみせ候」といった手紙が多数残されているが、これはその証左であろう（日本大学図書館所蔵）。

山田の女性関係について　　　女性関係は、伊藤博文のような華やかさはないが、博文同様に好色であったかも知れない。しかし博文のような漁色はしなかったようだ。山田の七言律詩に、「和小幡郡宰韻却寄（小幡高政の詩に和して、帰ってから送り届ける）」というものがある。「薄態軽情笑語譁（薄態軽情笑語
譁し）　家家各自競浮誇（家々各自浮誇を競ふ）　母耶将凍爺将餒（母や将に
凍へんとし爺は将に餒えんとす）　女子覥然顔若花（女子覥然として　顔　花の
若し）」というものである（前掲『学祖山田顕義漢詩百選』62頁）。これは遊郭
を詠んだもので「妓女に対する嫌悪感を歌いながら」、以前は心も汚れていなか
ったであろうにと、「恥じらいを忘れた女子（女子覥然）の顔だけが花のように
美しい（顔若花）」と詠じ、遊女の悲しさと痛々しさを歌っている。若き日戦地
に出る時、その先々で女性に触れることが多いというのが、この時代の将軍か
ら兵卒に至るまでの普通の事柄であった。山田はそういう得体の知れぬ女と接
することを恐れたようだ。また山田の豪勢な宴会に列なる芸妓にも安逸に手を
出すことはなかった。山田が親しく接したうち、判明している女性達を挙げれ
ば、次の4名にすぎない（詳細は、106頁以下で後述する）。

　まず挙げるまでもないが、正妻龍子（竜子）夫人。推定だが第二夫人（妾）の
福田美和。山田の長庶子女梅子（第四代伯爵夫人）の母親（名も詳細も不明）。
そして芸妓の加藤ひな（雛）である。この他に、山田の子を設けたという英国人
女性（詳細不明）の噂もある。真偽はわからないが、「キッチナーというボクサ
ーがいるが、彼は山田の子であるという。つまり山田は英国人に子供を産ませ
ているらしいのですよ。これは、はっきりしているのです。大分県岡藩の大名の
娘で、馬屋原のお母さんからそういう話を聞いています」（荒木治談。前掲『シ
リーズ学祖・山田顕義研究』第3集、34頁）とのことである。これらの女性は、
残された写真をみると（ただし庶子梅子の母親の写真はないが、梅子の写真は
あり、ここから想像する。また英国人女性の写真は見つかっていない）、すべて
美人である。

山田の容貌について　　　山田は美人を好んだようだが、一方の山田の容貌は
どうかというと、まず身長だが、五尺（150センチ）くらいであった。昭和63
年（1988年）の発掘遺骨等の学術調査では、「上腕骨による推定一五〇・一セン
チ、大腿骨による推定一四九・七センチ、脛骨による推定一五〇・三センチ」で
あったという（高梨公之「山田顕義伝拾遺」『日本大学法学部創立百周年記念論
文集』第1巻、41頁、平成元年）。これをみても、山田は当時でも背は低かっ
た。たとえば勝海舟（文政6年生まれ）の背丈は、156〜7センチといわれ、森
鷗外（文久2年生まれ）の背丈は158センチくらいであった。

　また、皮膚の色は「山田の三代黒といわれ」祖父龑之（天明7年生まれ、村
田家より山田家の養子となった人、村田清風の弟。山代宰判都合役となる。弘化
4年10月62歳没）、父顕行（文政6年生まれ、安政2年長崎に留学し、海軍伝
習所で洋式兵学を学ぶ。長藩海軍頭。2年1月29日47歳没）と共に色黒であ
った。しかし容貌は、写真や銅像をみても眉目秀麗であり、『明治豪傑譚』では、
「弱冠容貌秀麗 恰も敦盛卿を見るが如し」（鈴木光次郎『明治豪傑譚』98頁、
東京堂書店、明治24年）と伝えている。西郷隆盛（吉之助、参議、陸軍大将、
10年51歳自刃）は、「山田を海棠（花樹の名）の雨を帯べる風情」と称え、「吉
之助、市之允と宴席に会し、其手を取ツて曰く、君は実にヨカ、チゴなりと」（前
掲『明治豪傑譚』98頁）、と懸想したといわれる程である。

　写真をみれば、直接会ったような気持になるが、残された山田の写真は多く
はない。7、8枚余の肖像写真と数枚（4、5枚）の集合写真が残されているだけ
である。写真を「其まゝに人の姿を写し絵は百代に千代に伝へつゝ見む」と松
平春嶽（慶永、旧福井藩主。民部卿、大蔵卿、23年61歳没）は歌ったというが
（石井研堂「明治事物起原」『明治文化全集』別巻、976頁、日本評論社、昭和44
年）、当時、「写真は寿命が縮む」の迷信があった時代であり、しかもその撮影単
価は、文久3年版『横浜奇談』では「壹両弐分」と高額であった。慶応3年12
月の『横浜ビワト』の広告には、「代金壹分弐朱」とあり、さらに明治7年4月
版の『繁昌記』では、「弐朱」とあって、だいぶ廉価になったようだが、それで
も依然高額であった（前掲「明治事物起原」『明治文化全集』別巻、972頁）。先
に引いたように春嶽が「其まゝに人の姿を写し絵は」と歌ったように、写真はそ
の人の風体や心情をよく反映することが多い。そこでその時々の肖像写真から

50

山田の印象を推定し想像してみたい。

　山田は、若き頃より幾多の苦難に遭遇し、武官や文官のさまざまな職責を担い、いろいろな人生経験を経て来ていることは何度も述べた。しかしそのような紆余曲折の人生遍歴の中でも、残された写真をみる限り、全体的に大きな変化はない。あえていえば、私だけかも知れないが、11年陸軍中将となり、専任参議であった37歳頃の、壮齢期の写真（写真8）では、若さもあり、気概が充実し、人生を賭けたテーマ（皇国実現と近代法にもとづく近代社会の実現）の遂行に邁進している姿が想起される。また山田の全盛期といえる20年の司法大臣在任時の44歳頃の肖像写真（前掲iv頁写真1）では、目に気力が漲（みなぎ）り、眉目秀麗で頭髪も多く若々しく、口元をみるに強い意思が感じられて、落ち着きがあり、額が広く聰明さが充ち満ちて、何か侵し難い威厳が感じられる。ここに「勇略・卓識・純忠・仁愛・公明・質朴・深切」の文字を当て嵌めるのが適当と思われる風格を感じ取ることができる（前掲『空斎山田伯伝』(2)、100頁）。これに対し辛酸辛苦をなめた法典論争の渦中にあった24年頃の、最晩年期に当たる48歳頃の肖像写真（写真9）をみてみると、司法大臣を辞任したせいか、年齢のせいか、病気のせいか、筆者には当時の背景を知るせい

写真8　明治10年代の山田顕義

写真9　明治24年の山田顕義

か、やはり、張り合いが抜けて、少々気落ちした姿（顔）に見受けられる。この見方は、筆者だけのことであろうか、ここに写真を掲げたので、みていただきたいと思う。

第4章　人間山田顕義の肖像　　51

何度もいうが、没後 100 年以上たった今日でも、直接会った気持になるのは、いまとなっては写真だけだからである。ただ人物を知るについては、人となりの研究が大切なのであって、その人の写真をみて風体や心情を判断することなどは、問題であるとの指摘があることは充分承知している。

山田が女性に求めたもの　　山田はここに写真をみる限り、晩年に至るまで、美男子で男前であった。そうであるからか、女性にも美貌を求めたようだ。妻にも妾にもである。そして加えていうと「教養人を愛した」。正妻龍子は、「仏学」を勉強する程の努力家で、教養人だったし（鈴木光次郎『明治閨秀美譚』35 頁、東京堂書店、明治 25 年）、福田美和は、「父が寺子屋を営んでいた」から、「国学」や「漢学」などの教養を身につけていた。加藤ひなは、芸妓であったが「英語」を学んで米国へ行き、ボストンで客死している（『万朝報』42 年 11 月 24 日号）。長女梅子の母親については、名も経歴も不明で、「東北の人・秋田の人であったようだ」ぐらいしかわからないのだが、あるいは教養人ではなかったのか、他に何か理由があったのか、庶子梅子の誕生後山田が梅子を引き取って、まもなく離別している。

　このように山田が関係した身辺の女性は、一人を除いて皆教養人であったのであり、山田は女性に教養を求めた。

山田の国際的教養について　　山田はどうかというと、「国書漢書洋書を読み、和歌も漢詩も漢文をも善く作れり」（前掲『空斎山田伯伝』(1)、45 頁）といわれるように、自らも和・漢・洋の教養を身につけた文化人であった。和漢学については、前述したように漢詩、和歌等を数多く作していて、その中には尊敬する諸葛孔明や白居易、陶淵明などをはじめとする古代中国の詩や知識にもとづくものも多い。

　また洋学は、若き時期、活躍した軍政にあっては、岩倉米欧回覧に参加し、兵部大丞（明治 2 年 7 月 8 日就任）として、積極的に欧米の軍制、特に仏国軍制を取り入れるべく、研究した。後半生にあって立法に参画することになった後は、司法省法学校で講義を受講し「稍仏語を解する」までに至っている。そして、担当した立法、司法の分野では、枚挙にいとまがないが、たとえば司法大輔（明治 7 年 7 月 5 日就任）として、拷問禁止令（明治 12 年 10 月 8 日太政官布告 42 号）を布告し、また司法省刑法編纂委員長（明治 8 年 9 月 8 日就任）、並

に元老院刑法草案審査局委員（明治11年2月27日就任）として、旧刑法（明治13年7月17日布告、15年1月1日施行）制定に関与し、近代刑法の原則の一つである罪刑法定主義を定め、また旧刑法の法文から「妾」の文字を削除するといったように、封建制の価値という価値が、ボロボロになり、新しい時代の到来を待っていたこの時期に、西洋近代法の原理を導入し、近代国家体制建設に道を開いている。つまり山田は国際的視野を持った教養人であったのである。

第5章

旧刑法典の編纂にみる山田顕義の視野
―その先駆性と国際性―

1　拷問禁止令布告の経緯

拷問を熟慮する切掛け　　山田は、明治4年岩倉米欧回覧使節団に同行し、国際人としての素養を身につけて、6年帰国したが、山田が国際的視野に立って実現したと思われる、先駆性の一例は、「拷問禁止令布告」であった。

山田は、7年7月5日司法大輔となるが、早々より多忙であった。山田が就任後、最も早く関わった事件の一つに「参議広沢真臣（波多野金吾）暗殺事件」がある。長藩出身の参議広沢は、4年1月9日麹町の私邸で暗殺された。重臣である参議の殺人事件ということで、2月25日犯人捜索厳命の詔まで出されるが、犯人発見には至らなかった。12月になって、広沢と同衾していた妾の福井かねを逮捕し、拷問を加えたが、自白は得られなかった。しかし家令の起田正一と私通したことを白状したので、5年3月に起田を逮捕した。起田は一旦自白したが、のちに拷問の苦痛に堪えかねて虚偽の自白をしたのだと陳述を変更した。

この時代、拷問は通常、普通のことだったが、山田が拷問に本格的に疑問を持ったのは、この時であったと思う。

その後本事件に対し、7年8月11日には、司法卿大木喬任並に司法大輔山田顕義に、宮内省より「猶々精々盡力捜索を遂げよ」との御沙汰があった。そこで8年2月8日別局裁判規則を定め、参坐制（6年10月9日に小野組転籍事件で布達されたが、再度本事件で布達された。陪審制度）をもって、特別裁判席を開くことを決め、3月19日福井かね、起田正一その他2名を公判に付した。しかし、7月13日参坐投票が行なわれて、被告人は無罪となった。本事件は、大木司法卿や山田司法大輔をはじめとする当時の司法省首脳を悩ませた事件であり、

わからないことの多い不可解な事件であった。この事件等を通して、山田は拷問を再考すべきとする考えを持つに至る切掛けとなったと思う。

新律綱領の拷問容認規定から、改定律例の若干の規制　　その後、山田司法大輔は、8年9月8日司法省刑法編纂委員長に就任した（前掲『山田顕義傳』996頁。小早川欣吾『明治法制史論』公法之部下巻、1001頁、巖松堂書店、昭和15年）。山田が近代主要法典の編纂に着手するのはこの時からである。山田は9年4月に、日本帝国刑法司法省草案を初出して、編纂目標の概略を示した。同時に、新律綱領・改定律例の部分改定を繰り返して、刑法草案に反映させようとし、その一端として、6月10日拷問と関連する条文である改定律例318条を改定した。経緯を述べると、3年12月20日頒布の新律綱領では、「断罪不当」の条において「凡罪ヲ断シテ決配ス…」と定めていた。また6年6月13日頒布の改定律例では、「318条」で、「凡罪ヲ断スルハ口供結案ニ依ル…」と規定されて、自白記録の供述書を必要としたが、有罪判決の要件である口供（自白）をさせるためには、拷問はどうしても避けられないとされていた。しかし近代国家において拷問はあってはならない。司法省でもこのことはすでに問題視されていて、7年8月25日「従来罪囚推問ニ付拷訊相用候処　万一苛刻ニ渡リ　冤枉ニ陥リ候類有之候テハ不相済…」として、これを制限しようとしていたところでもあった。

ボアソナードの拷問廃止の提言　　こうした中にあって拷問廃止を直接建白したのは、司法省雇ボアソナードである。8年4月15日、ボアソナードは、司法省を通って明法寮に赴く途中のこと、東京上等裁判所での拷問、算盤責めの実態を目撃した。狂気のようになったボアソナードは、西洋紙で20枚程の論文を執筆し、痛烈な拷問廃止の意見書と、並に建白書を提出した。

詳細について、杉村虎一（当時司法省明法寮学生、司法権大判事、ロシア臨時公使、メキシコ・ペルー弁理公使）は、玉乃世履（司法権大判事、大審院長、元老院議官、19年62歳没）から聞いた事情を、次のように述べている。「司法省は当時旧鳥取藩邸跡で今の東京駅、国鉄（現・JR東日本）本社のある所にあった。司法省の北隣が上等裁判所、南隣が東京裁判所、その裏が元の北町奉行所跡で牢になっていた。明法寮は上等裁判所を回って牢の北側にあった。司法省には西側に門があって、そこから司法省を横切り上等裁判所の所を抜ければすぐ

明法寮に来られた。ボアソナードは自宅を出て明法寮に講義に行く途中、司法省を抜けて上等裁判所に来ると、裁判所の中からヒーヒーと人の悲鳴が聞こえて来た。ボアソナードは不思議に思って上等裁判所の中に入ってみると、一人の男が角のある横木の上に座らされ、大きな石を3、4枚も抱かされて何か訊問しているところであった（石抱牢問法。当時拷問として、笞打、石抱、釣責が行なわれていたようである）。犯人は痛さのためにヒーヒー悲鳴を挙げている。この拷問を目撃したボアソナードはそこを通りかかった玉乃氏に抱きつき拷問をやっている方を指しながら仏語で話しかけるが、玉乃氏は何が何やらわからず困っていたところに名村泰蔵（司法省翻訳課長、司法少丞、大審院長心得）が通りかかった。そこで初めてボアソナードは拷問の惨状をみて驚きのあまり、これを止めさせようとしていることがわかった。その日3人は伴って司法卿に面会し拷問廃止を訴えた。ボアソナードは、その後明法寮で講義したが、自邸に帰えるやさっそく筆を取って『拷問廃止意見書』を書き、8年4月15日に提出した。そして文中に『もしも不肖にして侮辱せられたる人道の恢復に対し、また無視せられたる道理の擁護のために重大なる責務を果し得ざりしならば不肖は即刻司法省より退去致すべきものと存じ候』と書して、辞職も辞さない覚悟を明確にした。しかし事態が動かない状態を察知したボアソナードは、5月20日に、さらに意見書を敷衍した『拷問廃止建白書』を司法省に提出した」という（以上、杉村虎一述、大谷美隆記「拷問廃止とボアソナード氏の功績」『法律及び政治』第6巻第8号、20頁以下、昭和2年。（　）内は筆者加える）。

司法省拷問廃止案の提出と旧刑法282条の制定　　ボアソナードの意見書並に建白書を受けた、司法卿大木喬任、司法大輔山田顕義は、「司法省拷問廃止案」を作成し、元老院（立法諮問機関。8年7月5日開院、23年10月20日勅令廃止）に提出した。ここで卿と大輔の関係を述べると、規定では卿と大輔の権限は同じで、大輔の中で位階の高い者、経験の長い者、年齢の上の者が卿となる定めで、権限は同じであった。

　元老院はこれを受けて、9年4月23日の会議で、自白主義から証拠主義に改めるとする上奏案を決定し、天皇に上奏した。

　このような経緯をもって、太政官は9年6月10日布告86号によって、改定律例318条の改定が行なわれ、「凡ソ罪ヲ断スルハ、証（物証、証言等）ニ依ル」

と改定した。しかしこの改定は、断獄に拷問を不要としただけで、拷問そのもの
を否定したのではなかった。そこで太政官は、12 年 10 月 8 日布告 42 号で、
「拷訊ハ無用ニ帰シ候議ニ付　右ニ関スル法令ハ総テ削除候条此旨布告候事」
（前掲『法令全書』12 巻ノ 1、明治 12 年、78 丁、昭和 50 年）とすることとし
た。こうして米欧回覧で近代法に接し、国際的視野を持つ山田は、司法大輔とし
て大木司法卿と共に拷問廃止に関与した。

　その後、13 年 7 月 17 日公布、15 年 1 月 1 日施行の山田編纂の旧刑法は、さ
らに拷問者を処罰することとし、徹底をはかることとなる。つまり、旧刑法 282
条は「官吏暴行陵虐罪」を規定し、「裁判官検事及ヒ警察官吏被告人ニ対シ罪状
ヲ陳述セシムル為メ暴行ヲ加ヘ又ハ陵虐ノ所為アル者ハ四月以上四年以下ノ重
禁錮ニ処シ五円以上五十円以下ノ罰金ヲ附加ス。因テ被告人ヲ死傷ニ致シタル
時ハ殴打創傷ノ各本条ニ照シ一等ヲ加ヘ重キニ従テ処断ス」と定めたのである
が、山田は、この旧刑法の編纂に司法省刑法編纂委員長として、また元老院刑法
審査局委員として深く関与したのである。

2　旧刑法典編纂と山田顕義の先見性の若干

(1) 旧刑法典編纂とその経緯

　罪刑法定主義導入や妾の文字の削除の切掛け　　山田の司法大輔時代の先駆
的国際性を思わせる他の一例を挙げると、我が国初の近代刑法である旧刑法典
編纂への尽力である。前述した拷問廃止（旧刑法 282 条）も含むが、特に同法
に導入した罪刑法定主義（旧刑法 2 条）や、妾の文字の削除（旧刑法 114 条）
に、先見性をみることができる。

　まず「罪刑法定主義」の導入だが、次の事件が契機の一つであったと思う。山
田は、7 年 7 月 5 日司法大輔に就任して、4 日後の 7 月 9 日に「赤坂喰違事件」
の判決に遭遇した。つまり、7 年 1 月 14 日に起こった赤坂喰違の変で負傷した、
大納言岩倉具視への襲撃に対する、司法省臨時裁判所での判決があり、犯人武
市熊吉（高知県士族）ら 9 人が斬罪処刑となった。新律綱領・改定律例に国事
犯の規定がないままの判決であり、山田は大いに疑問を持った。仏国で接した
近代刑法の原則である罪刑法定主義を定める必要性を痛感したのは、この時で

あったかと思われる。

　また次に、旧刑法からの「妾の文字の削除」だが、それまでの刑法規定である新律綱領の五等親図（改定律例も継続踏襲）は、妾を妻と同格の二等親と位置づけて、妾を容認するものであった。山田にも妾がいたと推定するが（104頁以下参照）、近代法は、キリスト教のもと、妾の存在を排除し認めるものではなかった。つまり一夫一妻制が国際的基準であった。したがって、五等親図の定める妾を容認する規定は、不平等条約改正にも悪影響を及ぼしかねないものであった。山田委員長（8年9月8日司法省刑法編纂委員長）は、この規定を改めるべきとの考えに立って（当然、委員会や元老院等で大議論が起こった）旧刑法編纂に当たり、親属例（旧刑法114条）から妾の文字を削除することに同意し、さらに重婚を禁止した（旧刑法354条）。その後山田は、旧民法の編纂でも、司法省法律取調委員会委員長として重婚を禁止し（旧民法31条）、一夫一妻制を取ったのである。ただ後述のように旧民法は、23年10月7日公布し、26年1月1日施行と決定していたが、法典論争の結果、無期延期となり施行されなかった。これに変って編纂されたのが明治民法であるが、この、明治民法旧親族法でも、一夫一妻制（766条「重婚禁止」）が規定されて、31年7月16日に施行され、ようやく実施された。

　山田の意思は受け継がれたというべきであるが、旧刑法典編纂の頃の心境を、「乙亥除夜（明治8年の除夜）」と題して、山田は次のような詩を詠んでいる。「半化半開人未全（半ば化し半ば開き人未だ全からず）　邦家内外杞憂纏（邦家内外杞憂纏る）　此間獨有悠然客（此の間独り有り悠然たる客）　風雪城中又送年（風雪城中〔東京の意〕又年を送る）」。つまり「文明はまだ充分に開化せず人々は中途半端な状態に居る」、「国の内外で問題が百出し、皆、杞憂にとりつかれている」、「しかしここに独り悠然と構え」、「今年もまた風雪の東京の街の中で暮れ行く年を見送る人（自分）がいる」というわけである（前掲『学祖山田顕義漢詩百選』106頁）。つまり旧来の価値が風化し、新しい価値の到来を待っている明治8年（乙亥）のこの時期にあって、自分は静かにその成行きを見守っていると詠じたものである。当時の山田の心境をよく表現していると思う。ただこのような精神価値の遅滞に対して、物質価値は着実に進展していたのである。この頃巷間で歌われていた唄に「おいおいに開け行く、開化の御代のおさま

りは、郵便ハガキで事たりる。針金だよりや陸蒸気、つつつほ姿に靴をはき、乗合馬車に人力車、はやるは旅籠の安どまり、西洋床に玉突き場また温泉場、日の丸フラグや牛肉屋、日曜ドンタク、煉瓦づくりの石の橋」(前掲『近代日本総合年表(第4版)』60頁)というものがある。つまりこのように西洋物質価値の導入や進行は、精神価値に比して著しく早かったのであるが、山田はこの懸隔を埋めるためには、格段の努力を必要とするとの決意を込めて、前出の「乙亥除夜」を作詩したものと感じられる。

旧刑法典編纂の経緯　さて司法大輔山田顕義は、前出のように明治8年9月8日、司法省刑法編纂委員長となる(前掲『山田顕義傳』996頁)。このことについて、小早川欣吾は「8年9月に司法省刑法編纂委員が設けられ、司法卿大木喬任は其総裁となり、司法大輔山田顕義は委員長、司法書記官鶴田皓、名村泰蔵、昌谷千里は編纂委員に任ぜられ、本格的に刑法編纂事業に着手したのであった。此編纂委員中にはボアソナードが亦任命せられていた」(前掲『明治法制史論』公法之部下巻、1001頁)とある。

さらに山田は、11年2月27日より14年3月11日まで、元老院刑法草案審査局委員(『読売新聞』25年11月13日号)となって、旧刑法制定に深く関与した。

これらの関与について、具体的に述べると、8年2月11日に行なわれた大阪会議の合意にもとづいて、4月14日左院が廃止され、7月5日元老院が設置されることとなる。元老院は、立法上の諮問機関とされ、法案を議定し、あるいは修正するだけを任務としたので、法案の起草は、司法省で行なうことになった。そこで司法省は、職制章程を定め、その5条「新法ヲ草案シ立法官ノ議ヲ求ムル事ヲ得ル事」(前掲『法令全書』8巻ノ2号、明治8年、1768丁、昭和50年)により、刑法草案起草のための別局を5月4日に設置した。そして8年9月8日、司法大輔山田顕義は、司法省刑法草案編纂委員長に任ぜられた。

さっそく、山田委員長は、9月15日刑法取調掛を設け、鶴田皓(司法大丞)、平賀義質(五等判事)、小原重哉(中法官)、藤田高之(権中法官、司法少丞)、名村泰蔵(権中法官、司法少丞)、福原芳山(司法少丞)、草野允素(大解部、司法権少丞)、昌谷千里(司法権少丞)、横山尚(権少法官、司法大録)、渋谷文穀(司法大録)を任命し、そして浜口惟長(司法権大録)を刑法草案取調掛とした

（島内嘉市『年譜考大木喬任』204 頁、アピアランス工房、平成 14 年）。

　続いて 8 年 9 月 20 日、山田委員長は、刑法草案を起草する目的と方法を決めるため、司法大丞鶴田皓を刑法編纂掛纂集長に任命し、前記した刑法取調掛各委員（福原芳山は欠席）と、総裁で司法卿大木喬任（司法省刑法編纂委員会総裁）の出席を求め、次のことを提案し、議決した。

　「一　此刑法草案ノ大旨ハ欧州大陸諸国ノ刑法ヲ以テ骨子ト為シ　本邦ノ時勢人情ニ参酌シ以テ寰宇（世界）普通ノ成典ヲ編修セントスルニ在リ　然ルニ欧州大陸各国刑法ノ内仏国刑法ノ編集尤モ前ニ在リテ諸国之レニ依ルモノ多ク且翻訳先ツ成ルヲ以テ能ク各人ノ耳目ニ慣レ其上仏国教師雇申ニ付質問ニモ便ナルヲ以テ先ツ仏国刑法ヲ基礎トナシ而シテ各国ノ刑法ニ及ハントス

　一　此刑法ノ字句ノ用法ハ務テ従来ノ律文ニ依ルコトヲ要ス

　一　欧州刑法ニハ編章約款節等種々ノ標目アリ　支那日本此如キ目ヲ用ヒス且多ク標目ヲ用ヒサルモ纂集ノ防障ヲナササレハ此刑法ニハ編章ノ二節ニ止メントセリ

　一　欧州刑法ニハ必ス前加編ナル者アリテ之レヲ罪名ノ前ニ置ク　支那日本又此例ナシ依テ前加編ノ名掲ケスシテ第一編中ニ纂入セリ」（前掲『年譜考大木喬任』204 頁）。以上これを刑法草案起草に当たっての基準とした。

　そして 9 月 22 日、この主旨にもとづいて、各国刑法研究担当者と事務担当者を決めた。「独逸刑法・白耳義刑法鶴田皓、加利州典・蘭律小言平賀義質、英律小原重哉、仏律藤田高之、独逸刑法名村泰蔵、埃及刑法草野允素、英律福原芳山、加利州典昌谷千里、埃及刑法横山尚、独逸刑法渋谷文穀、白耳義刑法浜口惟長」とし、また「纂集刑法ノ本文ハ鶴田皓、草野允素受持、日誌比較表等ハ昌谷千里、横山尚、渋谷文穀、浜口惟長相通シテ受持ツコト」（前掲『年譜考大木喬任』205 頁）とした。

　なお、こうして、8 年 12 月 13 日、刑法取調掛は刑法草案「第三章二十八ヶ条乃至二十九ヶ条出来セリ」とするが、「議論ノミ多クシテ無益ニ時日ヲ費ス」のみであったという。そこで 12 月 14 日から審議方法を変えて、司法少丞名村泰蔵と同少丞福原芳山がまず下調べをし原案を作り、それをもとに審議する方向に変更して草案を起草することとした。こうして編纂されたのが、日本帝国刑法第 1 編名例 82 ヶ条である（ここに名例とは、「名」は笞、杖、徒、流、死

の五刑の罪名をいい、「例」はその罰例をいうが、本草案では単に罪名と刑罰を総称して、こう名づけたようである）。

　この日本帝国刑法草案は9年4月25日、司法省から太政官に上呈されたが、太政官は、この草案の名称を「改正刑法名例案」と変えて、5月17日元老院へ回付した。しかし元老院は、不充分、不完全であるという理由で未審議のまま司法省（司法省刑法編纂委員会）に返付した。

　このことによって、司法省は編纂方法の変更を余儀なくされた。そこで山田委員長は5月下旬司法省法律顧問ボアソナードに刑法草案の起草を命じたのである。したがって、今後は、ボアソナード草案を原案とすることとし、この原案にもとづいて、ボアソナードと纂集長鶴田皓が、名村泰蔵の通訳のもとで協議し、ボアソナードは、この協議をもとに修正案を起草して、確定案とすることとなった。こうして、ボアソナードは、10年6月30日、刑法草案第1編総則117ヶ条を起草した。また引き続き第2編以下第4編までの草案の起草を継続した（明治法制経済史研究所『元老院筆記』第8巻、57頁、刊行会出版、昭和39年）。こうして、10年7月に、第一稿全4編524ヶ条を、起草し脱稿したが、さらにボアソナードは、草案の校讐、訂正に従事した（前掲『明治天皇紀』第5、146頁）。このような経緯を経て、11月18日、刑法草案4編全478ヶ条が、「参照のため類聚せる各国刑法類纂を添へて」、確定稿として、太政官に上呈された。

　この確定稿の上呈を受けた太政官は、10年12月25日、太政官刑法草案審査局を設け、参議伊藤博文を総裁とし、元老院幹事陸奥宗光、元老院議官細川潤次郎、同津田出、同柳原前光、太政官大書記官井上毅、司法大書記官鶴田皓、太政官少書記官村田保、同山崎直胤を委員に選任すると同時に、伊藤博文総裁に対して、開局後6ヶ月を期して審査を終了するようにと、口達で指示した（前掲『明治法制史論』公法之部下巻、1005頁）。

　しかしその後、11年1月14日太政官刑法草案審査局は、元老院に移され元老院刑法草案審査局として開設された。総裁には柳原前光元老院議長が就任した。なお『読売新聞』に、「山田司法大輔が、11年2月27日より14年3月11日迄、刑法草案審査局委員」（25年11月13日号）とあって、追加任命されているが、山田は委員となるため、同日（2月27日、3月5日の説もあり）元老院議官となっている。

この時期、元老院刑法草案審査局は、裁判所の意見を徴する必要があるとして、ボアソナード起草の草案である刑法草案を各裁判所に配付し意見を求めた。こうして裁判所の意見を聴取したのち、元老院刑法草案審査局は、修正案を作成し、12年3月1日元老院に提出した。

　兼任の柳原元老院議長は議官を招集し、会議を開き、4月17日修正案を議定して、太政官に上呈した（その後も元老院は、審査修正案第一稿・第二稿を作成し審議を継続している）。太政官は上呈案を法制部で検按して（前掲『明治天皇紀』第5、146頁）、12年6月23日、審議結果を元老院に伝達したが、この時親属例に定める「妾」の文字の削除について、大いに、それも烈しく、審議している。これをもとに6月25日元老院刑法草案審査局は、修正審議したのち、決議して、総裁柳原前光より太政大臣三条実美に、「刑法審査修正案三巻」（4編全430ヶ条）が上呈された。

　『朝野新聞』に太政官は、「此度（6月）元老院審査局にて編纂に成りたる刑法審査修正案を諸官省へ配付になりにしと申しまいらせ候」（12年7月23日号）との記事があるので、ここでも各官省へ草案を送って精査させ周知させたものと思われる。こうして各官省から意見を聴取した太政官は、13年3月1日「刑法審査修正案」を元老院で審議させた。4月17日元老院は一部修正し議定して再度太政官に上呈した。4月20日太政官法制部はこれを承認し確定させた。

　こうして、刑法典は編纂されたのである。内容は、第1編総則、第2編公益に関する重罪軽罪、第3編身体財産に関する重罪軽罪、第4編違警罪の4編で構成され、全21章65節430条より成るものであった。そして、13年7月17日布告（36号）され、15年1月1日施行された。これが旧刑法典である。

　なお元老院刑法草案審査局はその後も継続したが、14年2月24日「刑法付則草案」を上呈し閉局となった。これに伴って3月11日元老院刑法審査局委員並に掛の各員のすべてが解任となった。山田の元老院刑法草案審査局委員も免せられた。

　ここに制定をみた旧刑法典は、ボアソナードが、1810年の仏国のナポレオン刑法典を模範として草案起草に当たり、「道徳的悪であり、同時に社会的害悪である行為のみを禁じ、これを罰するものである」とする趣旨を「草案理由書」で記述している。いうなれば、旧刑法は、刑法の基本原理をこれまでの「律」にみ

る復讐主義一点張りから、正義と公益に求め、絶対的正義と社会的功利を調和させようとするもので、西洋刑法学理論を採用して編纂された、近代的刑法典であった。特に罪刑法定主義を定め、また親属例から妾の文字を削除したことは、注目される。次に、そのことについて述べて置きたい。

(2) 罪刑法定主義の宣言

罪刑法定主義の導入　旧刑法典では、2条で「法律ニ正条ナキ者ハ何等ノ所為ト雖モ之ヲ罰スルコトヲ得ス」と規定した。犯罪は明白な法文によって定められていなければならない、慣習的に犯罪を認めるなどということは許されないと明言した。いいかえるならば、いかなる行為が犯罪であるか、その犯罪にいかなる刑罰を加えるかは、あらかじめ法律によって定められていなければならないとする主義である。我が国はここに、フランス革命（1789年）以来先進諸各国が採用している「罪刑法定主義」を、初めて宣言したのである。

それまでの新律綱領や改定律例では、かえって反対に「不應為罪」を規定していた。「凡律令ニ正條ナシト雖モ、情理ニ於テ為スヲ得應カラサルノ事ヲ為ス者ハ笞三十。事理重キ者ハ杖七十」（新律綱領、雑犯律、不應為。なお改定律例、雑犯律、不應為條例〔289、290、291条〕も同趣旨）と定めていた。この条文の意味を明治初期の律学者近藤圭造は、「総テ人情ハ万変ナリ、律文ノ盡ス可キニ非ス。此條ハ律文ニ見ヘズトモ、道理上ニ於テ為サレズコトヲ為ス科ヲ為スヲ言フナリ」（近藤圭造編著『皇朝律例彙纂』巻6、30頁、木版刷、明治9年）と解説する。つまり、すべての犯罪を条文によって規定することは困難であるので、「律文ニ見ヘズトモ」反価値性に違いないなどとして、ある事実を他から引いて犯罪とする、援引此附（類推解釈）が、許されていた（新律綱領名例律下「断罪無正條」、改定律例名例律下「断罪無正條條例」〔99条〕等）。たとえば、具体的事件に対する指令の一例を挙げれば、「筑摩県伺、六年九月十三日司法省指令」に、「狐ヲ使ヒ人ニ禍スル巷説ヲ誤信シ、会議ノ節暴挙ノ倡首（主導）タル者、雑犯律不應為重ニ問シ、懲役七十日上松亦左器物ヲ棄毀スルハ、贓ニ計ヘ、窃盗ニ準シ、懲役六十日ハ軽シ、論セスト雖モ猶棄毀物ハ賠償セシム」として、律に正條（成文規定）がない場合であっても、「不應為罪」の條文による処罰が認められていたのである（条文・伺等については、前掲『皇朝律例彙

纂』巻6、29～30頁参照）。したがって、旧刑法は、我が国従来の刑罰類推容認主義である不應為罪を破って、近代刑法の大原則である罪刑法定主義の原則を初めて採用したのであり、我が国従来の旧規定等と比して画期的な規定であった。

刑罰不遡及の原則の確認　そしてさらに、旧刑法3条1項で「法律ハ頒布以前ニ係ル犯罪ニ及ボスコトヲ得ス…」とし、「刑罰（効力）不遡及の原則」を宣言した。つまり犯罪後に規定された法律によって、すでに行なわれた行為を罰することはできないとする定である。同様の類似規定は、新律綱領にもあり、名例律下「断罪依新頒律」では、「凡律ハ頒降ノ日ヨリ始ト為ス若シ所犯頒降已前ニ在ル者モ並ニ新律ニ依テ擬断シ旧律ヲ援引スルコトヲ得ス」として刑罰不遡及の原則を規定していた（前掲『皇朝律例彙纂』巻2、92頁）。しかし、旧刑法では、2条との関連で、罪刑法定主義の新しい意味をもたらしたのである。つまり罪刑を法定し、効力を不遡及とすることによって、その範囲内でのみ刑事裁判を受ける。それ以外については行動の自由を確実に保障することとしたのであった。このように、旧刑法は、罪刑法定主義と刑罰不遡及の原則の上に編纂され制定された。旧刑法典の編纂が、古代中国法の影響より脱却し、「欧州大陸諸国ノ刑法ヲ以テ骨子」とすることについては、前述したように8年9月20日、山田の司法省刑法編纂委員会の方針として決議していた。その後、前述のように9年5月下旬ボアソナードに草案起草を委嘱するが、ボアソナードはこの方針に添って仏国刑法の強い影響のもとに、当時最新の西洋刑法学理を採用して起草した。

したがって、フランス革命以来、すでに広く先進各国で是認されていた罪刑法定主義を採用すべきとすることは当然であったが、それはいうまでもなく、山田委員長並に委員会の許容がなければならなかった。山田は岩倉米欧回覧で長くパリを中心にヨーロッパに滞在し、ナポレオン刑法典に接し、近代刑法理論を多少なりとも認識していた。山田はその知識をもとに、ボアソナード起草の草案を後押ししたのである。旧刑法は、このような山田の先見性のもとにあって編纂（司法省刑法編纂委員会委員長）され、審査（元老院刑法草案審査局委員）されて、制定されたものといえるのである。

第5章　旧刑法典の編纂にみる山田顕義の視野　　65

(3) 「妾」の文字の削除

「妾」の文字が「五等親図」に置かれた理由　さらに、旧刑法編纂の過程の中で、大論争となったのは、「妾」(一夫多妻制下における第二妻、第三妻等々をいう。したがって法律上認められる配偶者である)の取扱いであった。新律綱領(改定律例でも継続)では、「五等親図」で、妾を妻と同様に配偶者とし、共に同格の二等親と位置づけていた(新律綱領五等親図「一等親　父母　養父母　夫・子　養子。二等親　祖父母　嫡母　継母　伯叔父姑　兄弟姉妹　夫ノ父母　妻・妾　姪　孫　子ノ婦。三等親…　四等親…　五等親…」)。そして妾の文字は、新律綱領で、また改定律例で継続し、服喪、姦通、本夫の姦婦姦夫に対する殺傷の宥恕、親族相盗などで広範囲に規定されていた。この妾の規定を、旧刑法典編纂の途上において、どうするかが問題となっていた。

ところで、本来、五等親図は、古く養老律令では、「令」に定められていた。明治政府はこれを「律」である新律綱領に定めたのである。その理由については、「明治政府によって逸早く編纂されたのは律であったが、これに対応すべき令の編纂が近い将来に期待されず、しかも令が担当すべき民法の領域のみならず、律自身にとっても親属(族)の規定は欠くことのできぬものであったから、取り敢えずこれを律の中に含ましめるに至った」(中川善之助・宮澤俊義「法律史」『現代日本文明史』5、101頁、東洋経済新報社、昭和19年)とする。つまりここ文中にもあるように「律自身にとっても親属の規定は欠くことのできぬ」ものであった。すなわち新律綱領、改定律例では、親属のうち下位の順位の者が、上の順位の者に危害を加えると罪が重くなる。上の者が下の者を害した場合は、罪が軽くなる。たとえば、夫が妻や妾を殺した場合と、妻や妾が夫を殺した場合とでは大きな違いがあった。そこでどうしても新律綱領は、「五等親図」を置かなければならなかったのである。たとえば、新律綱領の闘殴律「殴夫」では「凡妻夫ヲ殴ツ者ハ杖一百。折傷以上ハ凡闘傷ニ三等ヲ加フ夫ノ親ヲ告ルヲ待テ　乃(すなわち) 坐(ざ)ス。篤疾ニ至ル者ハ絞。死ニ至ル者ハ斬。故殺スル者ハ梟。若シ妾、夫及ヒ正妻ヲ殴ツ者ハ、妻、夫ヲ殴ツ罪ニ各一等ヲ加ヘ、加ヘテ死ニ入ル。死ニ至ル者ハ斬。故殺スル者ハ梟」である。これに対し「殴傷妻妾」では、「凡夫、妻ヲ殴ツハ折傷ニ非ルハ論スルコト勿レ。折傷以上ハ凡-人ニ二等ヲ減ス。妻ノ自ラ告ルヲ待テ乃坐ス。死ニ至ル者ハ絞。故殺スルモ罪同。妾ヲ殴ツニ折傷以上

ハ妻ヲ殴傷スルニ二等ヲ減ス。死ニ至ル者ハ流一等。若シ妻、妾ヲ殴傷スルハ、夫、妻ヲ殴傷スルト罪同。妾ノ親ラ告ルヲ待テ乃坐ス。過失殺スル者ハ、各論スルコト勿レ…」（前掲『皇朝律例彙纂』巻 4、60～62 頁）である。このように親属順位による刑罰の違いは明確であった。

旧刑法「親属例」からの「妾」の文字の削除　　というわけで、当時親属規定は、まずは、新律綱領の「五等親図」によって定められていた。そして、公法（律）と私法（令）の明確な区別なきこの時代では、令の事象にも広く用いられていた。令の編纂はいまだ未然形であったが、私法上では婚姻障碍、親属範囲、扶養義務、相続などの慣習に、適用されていた。また、服忌期間の軽重を定める服忌令（7 年 12 月太政官布告）とで議論があったが、その履行義務を怠った場合には、新律綱領・改定律例（戸婚律「匿父母夫喪」等）によって罰せられた。

このように、公法・私法の識別なき時代にあって、親属規定の「五等親図」は、令・律双方の事象に広く適用されていたが、旧刑法草案作成の経緯の中で、妾をどうするのかは、常に問題視されていた。特に元老院刑法草案審査局で激論となった。当初は、祖先祭祀の習俗から妾を置く者も多くあり、その実体から、また天皇の皇嗣確保の観点から是認論が有力であった（天皇が一夫一妻制を表明するのは、大正天皇が崩御し〔大正 15 年 12 月 25 日〕、元号が昭和と改められた時である。なお昭和天皇は大正 13 年 1 月 26 日に久邇宮良子女王〔香淳皇后〕と結婚していた）。

しかし次第に、不平等条約改正のうえで妾を許容することは許されない問題であるとか、西洋法からみて妾を認めることは差別的だとかいった否定論が出て、これが大勢となり、太政官は妾制度廃止を、元老院刑法草案審査局に指示した。その結果、庶子（妾から生まれた子）を保護すれば良いということで決着し、旧刑法草案第 1 編第 10 章「親属例」114 条から「妾」の文字は削除された。そして、354 条で「配偶者アル者重ネテ婚姻ヲ為シタル時ハ六月以上二年以下ノ重禁錮ニ処シ五円以上五十円以下ノ罰金ヲ附加ス」と規定し、重婚を禁止し、刑罰を科すこととした。これらは、単に条文から妾の文字を消去しただけともいわれるが、妾の文字はここに法律（刑法）以外のもとに置かれることとなった。

それではこれらの規定によって、我が国は一夫一妻制となったのかについて

第 5 章　旧刑法典の編纂にみる山田顕義の視野　　67

だが、「旧刑法施行後、親属例百十四条は、民法上に適用できるか」の伺とそれに対する指令がある。高知県から、戸籍を管轄する内務省に提出されたもので、「高知県伺　十五年三月十八日　第一条略、第二条刑法御施行後ハ親属ト称ヘ候ハ該法ノ第百十四条親属例ニ依リ民法上ニモ適用シ可然哉。第三条以下略」というものである。

　この伺に対して、指令が出るまでの経緯は、以下に掲げるように、まず、稟議に付された。会議を開く程重要でない事項について、主管者が稟議案を作って関係者に回付して承認を求める方法を稟議というが、本伺は稟議に付されたのである。当時としては大問題中の大問題と思われるのだが、どうしてか稟議事項となっている。稟議文は、次のとおりである。

　「稟議　十五年四月十四日　別紙第二條ノ通高知県伺出ニ有之候處親属ノ儀ハ従来五等親ヲ以テ制限相成居候ニ付新刑法親属例トハ其制限相異候得共旧刑法（新律綱領、改定律例）廃止ノ上ハ別段親属制限ノ律例無之候條、以来ハ同県伺之通民法上ニ於テモ該刑法親属例ニ準據シ取扱候テ可然哉、此段仰御裁定候也」。

　ここに主管の内務省は、高知県伺どうり「民法上ニ於テモ該刑法親属例ニ準據シ取扱候テ可然哉」との許可を求め関係者間に回付し、裁定を求めた。ところが反対が多出したようである。意見の中味や見解については、公表されていず、定かではないが、今度は稟議内容を変更して、内務省は次の決裁文を作り、関係者に了解を求めた。

　「決裁　十五年五月十一日　伺之趣民法上ノ親属トハ各家祖先以来本支等ノ縁故アル者及ヒ現今ノ統合アル者ヲ総称スル儀ト可想心得事」である。この決裁文をみると、稟議文とは大きく異なり、民法適用の可否を聴聞せず、きわめて曖昧な文脈と態度をもって決裁している。そしてそのまま、次の指令となった。

　「内務省指令　十五年五月二十五日　第一条略　第二条民法上親属ハ各家祖先本支等ノ縁故アル者及ヒ現今ノ総合アル者ヲ総称ス　第三条以下略」（以上、伺、稟議、決裁、指令は、外岡茂十郎『明治前期家族法資料』第2巻第2冊上、672頁、早稲田大学、昭和44年）。

　本指令は、先にみた決裁文と同じく民法上の親属の定義を述べたものにすぎず、伺の本旨である「妾の文字を削除した刑法百十四条親属例は民法上にも適

用するか否か」については、回答を避けている。なぜならば、思うに、当時の我が国の、婚姻関係は、いまだ広く妾を存置する社会であったからである。一夫多妻制が定着し、容認されていて、社会全体の意識は、いまだ旧慣の妾存置の婚姻意識にもとづくものであった。妾は祖先祭祀の信仰から当然容認されるべき存在であった。つまり、妻に男子が誕生しない場合には、第二妻、第三妻である妾に男子を出生させ、祖先祭祀の担い手としなければならない。そうしなければ「家」が絶えてしまうという考えからであった。しかし我が国は、これまで述べたように明治15年の旧刑法施行によって、114条の親属例より妾の文字が削除され、また重婚を禁止して（旧刑法354条）、古来からの一夫多妻制を変更し、一夫一妻制という近代的単婚制を、まずは刑法において採用することとなったのである。したがって妾は、少なくとも、明治3年の新律綱領から、15年1月1日の旧刑法施行までは、その存在を存置していたのであって、妾は法律上の配偶者であった。そして、その後、この旧刑法規定が民法上に適用できるかについては、前述のように曖昧に終始し、民法上で重婚が禁止されるのは、明治31年7月16日施行の現行民法（明治民法）親族法旧規定（766条）によってである。したがってそれまでの16年間妾の存在は、民法上では、常に曖昧な状態に置かれることとなるのである。しかし一夫一妻制の方向性は変ることなく、23年10月6日公布の旧民法人事編31条でも「配偶者アル者ハ重ネテ婚姻ヲ為スコトヲ得ス」と規定されて、民法によっても明確に重婚を禁止し、一夫一妻制を宣言することとなる（旧民法編纂については第9章2で後述する）。この旧民法規定も、山田が20年10月21日、司法省法律取調委員会委員長に就任して民法典編纂に尽力し編纂したものであるが、人事編31条の立法理由を、「本法ハ重婚ヲ禁スルモノニシテ一夫一婦ノ制ニ帰着スルモノナリ 此規則ハ旧来ノ慣習ニ反スルヤ知ルヘカラスト雖モ刑法中重婚ヲ罰スレハ既ニ之ヲ一変シタルモノト云フヘシ」（石井良助『明治文化資料叢書』第3巻 法律篇上、63頁、風間書房、昭和34年）と注釈している。したがって、旧刑法の妾の文字の削除や、重婚禁止の規定は、刑法上ばかりでなく婚姻法（民法）上にも重要な意味を持つのであった。ただし、旧民法は無期延期となったので、確実に一夫多妻制が禁止されるのは現行民法（明治民法）親族法旧規程（766条）が、31年7月16日に施行されてからであることは、先に述べたばかりである。

以上民法規定にまで及んでみたが、旧刑法典は、ボアソナードの起草により、国際的な近代刑法の条件を充分に満たした法典であった。そしてこれを支持し施行にまで漕ぎ着ける推進者となったのは司法省刑法編纂委員長をやり、元老院刑法審査局委員を歴任した司法大輔山田顕義も、その一人であったということができる。ここに山田の先駆性と先見性をみる思いがする。しかしこの旧刑法の全体像には、当時ヨーロッパにおいて台頭してきた近代学派（教育刑論、新派）からの批判があり、また反対に、新律綱領・改定律例の復活を求める保守派からの巻き返しもあって、施行前から旧刑法典の改正議論が持ち上がっていた。

　のち明治政府は、司法大臣山田顕義を、20年10月21日司法省法律取調委員会委員長に就任させて、民法・商法・民事訴訟法を編纂させると同時に、旧刑法の改正もその編纂任務とさせた。そして刑法は、「ボアソナード氏ノ改正草案ヲ基トシ、ロエスレル・ルドルフ・カークート氏及ビ、グナイスト氏ノ意見書ヲ参酌シ起草スル事」（司法省法律取調委員会略則6条）として、改正作業に当たらせた。山田委員長は23年12月に、刑法改正案を作成し、これを翌年1月の第一回帝国議会通常会に提出した。議決には至らなかったが、山田はこのように、旧刑法改正にも尽力したのであった。その後、現行刑法が公布されるのは、40年4月24日（法律45号）のことであり、施行は翌41年11月1日であった。

第6章

明治2年の帰郷
―名の選択や結婚のこと―

山田の帰郷について　　山田顕義が明治新政府に出仕して以来、郷里山口（現・山口県）に帰郷したのは四度か五度にすぎない。

一度目は、箱館（函館）戦争平定の賜暇としての、明治2年7月から9月の約2ヶ月間。二度目は、佐賀の乱鎮圧後、東京へ帰還するまでの、7年4月15日からの約1ヶ月間。三度目は、18年4月から6月にかけて司法卿として各地の裁判所を視察した折に、山口地方裁判所に立寄った約1週間。そして四度目は旧藩主及末家先公銅像起工式主催のため、25年10月11日、東京を出発し、11月11日に薨去するまでの約1ヶ月間であった。またこの他にも、もう1回の帰郷があった。なお萩（現・萩市）まで足を伸ばしたのは、25年帰郷の折のことで、元治元年1月28日高杉晋作と共に脱藩して以来、28年ぶりのことであった。

この四度あるいは五度の帰郷のうち、特に山田の身辺に大きな変化をもたらしたのは、明治2年と明治25年の帰郷である。25年の帰郷については、第8章で述べるが、まず明治2年の帰郷について述べておきたい。

1　箱館（函館）戦争平定の賜暇としての帰郷

箱館戦争の平定　　慶応4年7月17日（陽暦9月3日）、江戸は東京と改称され、また9月8日（陽暦10月23日）明治と改元された。10月には皇居を江戸城に定め、天皇は江戸城へ（12月8日〔陽暦1月20日〕一旦天皇は京都へ帰る。2年3月28日〔陽暦5月9日〕に天皇が東京再着）、新政府は京都より、明治2年2月24日（陽暦4月5日）東京に移った（事実上遷都決定）。

山田は、明治2年5月18日（陽暦6月27日）征討軍陸海軍参謀（26歳）と

71

して、箱館（函館）戦争を平定した。戦った山田等が乗船した軍艦は、5月27日（陽暦7月5日）箱館港を出航し、6月4日（陽暦7月12日）品川港に凱旋した。兵は、それぞれの郷里などに、散り散りに帰って行った。新政府は成立していたものの、租税徴収権もないし、財源もない。そんな中で兵隊が東京にごろごろされていては困る。早く元の身分に戻れと帰したわけであった。兵隊達には何もしてくれない政府だったのである。山田等の幹部はそのまま暫く東京にとどまった。6月10日（陽暦7月18日）（9月14日、陽暦10月18日との説もある）山田は、戊辰戦争平定の功をもって朝廷より「永世600石」を賜わった。長藩では、木戸孝允（桂小五郎）・広沢真臣（金吾、平助）が1800石、大村益次郎（村田蔵六）が1500石、山県狂介（有朋）、前原彦太郎（一誠）、山田市之允（顕義）が各600石であった。薩藩は、西郷隆盛（吉之助）が2000石、大久保利通（一蔵）が1800石、吉井幸輔（友実）、伊地知正治が各1000石、黒田清隆（了介）が700石で、比較的に長藩より高い評価である。これは西郷隆盛の力によるものであった。

　山田への御沙汰書は、次のとおりである。「戊辰（明治元年）ノ秋、北越ニ出張、海軍ニ参謀シ、再懸軍羽州ニ在リ、流賊北辺ニ入ルニ及ンデ、奥羽総督ノ命ニ応ジ、軍ヲ青森ニ屯シ、更ニ参謀ノ命ヲ奉ジ、己巳ノ春遂ニ進ンデ蝦夷地ニ入リ、画策其宜ヲ得、攻撃無前竟ニ賊巣ヲ挙ゲ平定ノ功ヲ奉候段、叡感不斜仍テ為其賞高六百石可賜候事。高六百石　従軍功　永世下賜候事」（前掲『山田顕義傳』395〜396頁）。

　思えば山田にとって長い道程であった。山田は恩師松陰の教えを守りながら、はじめ長藩の志士として、整武隊総督兼諸隊総指揮（24歳）となり奔走した。慶応4年1月3日（陽暦1月27日）には征討軍（官軍）総督副参謀（25歳）として、鳥羽伏見の戦に参戦した。さらに北越を平定し、明治2年4月4日（陽暦5月15日）箱館（函館）進攻作戦を開始するに際しては、陸軍参謀兼海軍参謀（26歳。箱館総督府辞令）となり、征討軍（官軍）総数1万余のうち8500名と奇襲部隊800名を総指揮し、榎本武揚軍（2000余名）を撃破し、ついに5月18日（陽暦6月27日）降伏させた。降伏の状況については、幕府歩兵奉行（陸軍奉行）で、のちに明治政府で工部大学校校長や韓国駐箚公使や枢密顧問官を歴任した大鳥圭介の『南柯紀行』によると、「五月十八日、四人（榎本武揚〔釜

次郎、幕府海軍奉行、5年特赦、7年海軍中将、通信・文部・外務・農商務大臣、41年72歳没〕、松平太郎〔正親、幕府陸軍奉行、5年特赦、7年三潴県権参事、42年70歳没〕、大鳥圭介〔純彰、幕府歩兵奉行、5年特赦、大蔵少丞、工部大学校校長、枢密顧問官、44年78歳没〕、荒井郁之助〔顕徳、幕府海軍奉行、5年特赦、内務省測量局長、気象台長、42年74歳没〕）、五稜郭にて残らず兵隊を整列し、是迄の勤労酬ゆるなきを謝し、諸朋友にも永別を告げ、五稜郭を出て亀田村の陣に赴き、長藩の参謀山田某に面接し、武器を脱し何れも 轎 （駕籠）に乗り、長州兵に護送せられて函館に行きたり。轎中にて四人は必ず屠腹の命あるならんと思ひしに、本陣の傍なる猪熊屋と云へる町家に誘はれたり。護衛の天兵、長兵其外交代ありたれども苛酷の取扱なく、酒肴を饗し、丁寧を尽されければ、却て意外に出て、不思議に思ふ程なり」（大鳥圭介「南柯紀行」『旧幕府』第6号、36～37頁、明治30年。（　）内は筆者加える）と述べて、陸海軍参謀山田に降伏したことと、その後の処遇を明らかにしている。このような資料をもってすれば、山田こそが箱館戦争平定の主役であり、立役者であった。今日では、陸軍参謀黒田清隆の評価が高いが、前記のように、官軍1万のうち9300名を率いたのは、山田であり、黒田は700名を率いたにすぎない。したがって陸軍参謀、海軍参謀を兼ねた総参謀は、山田市之允顕義であったのであり、ここに戊辰戦争は終焉し、明治新政府の基礎は揺るぎのないものとなった。

　明治2年7月8日（陽暦8月15日）太政官官制により兵部省が設けられた。兵部卿に小松宮彰仁親王（陸軍大将、36年58歳没）が、また兵部大輔に大村益次郎（永敏、村田蔵六。陸軍創立者、2年9月4日〔陽暦10月8日〕賊に刺れる。10月2日〔陽暦11月5日〕46歳没）が就いた。そして山田は、箱館戦争平定の功績と、大村の推挙によって、兵部大丞となった。

明治2年の帰郷　　兵部大丞に就任してすぐの2年7月12日（陽暦8月19日）に、山田は帰藩の途に就いた。賜暇を賜わったからであるが、山田が率いた整武隊をはじめとする諸隊は長藩に属していて、箱館戦役の解散命令を出す必要があったからである。廃藩置県（4年7月14日詔書）までは各藩が軍事権を保有していた。長藩は3年2月26日（陽暦3月27日）にも奇兵隊などの諸隊解散命令を出したが、この措置に不満の脱隊兵士1000人余が、山口藩庁を包囲する事件が発生した。これに対し3月26日（陽暦4月26日）木戸孝允が藩兵

を率いて山口へ進撃して鎮圧するといったことも起こった。山田は鳳翔丸で品川を出港し山口に向ったが、途中台風で大破し清水港に避難した。修理に時間を要し、三田尻港に着いたのは、28日後の8月9日で、山口に帰藩したのは、翌10日（陽暦9月15日）であった（末松謙澄『防長回天史』下、1656頁、末松春彦出版、大正9年）。

この時の台風の様子について山田は七言律詩で次のように吟じている。「七月十二日、乗鳳翔艦、欲帰国。勿遭颶風、艦殆将没、危急不可言。乃賦一詩（七月十二日鳳翔艦に乗り帰国せんと欲す。勿ち颶風に遭い、艦殆ど将に没せんとし、危急言ふ可からず。乃ち一詩を賦す）」と題し、「巨涛捲艦吐呑頻（巨涛艦を捲き吐呑すること頻なり）颶母折號檣且嘖（颶母檣〔帆柱〕を折り號し且つ嘖す）脱却弾丸雨注下（弾丸雨と注ぐ下を脱却せしに）翻為鯨鱷腹中人（翻って鯨鱷腹中の人と為らんとは）」（前掲『学祖山田顕義漢詩百選』80頁）と詠じた。山田は危く魚腹の禍、海中の藻屑を免れたのであった。

通常、品川港から三田尻港までは、5、6日ばかりの船旅である。たとえば、7月15日（陽暦8月22日）に品川を出た山口（長州）藩主・知事毛利元徳（敬親の養嗣、29年44歳没）は、20日に三田尻に入港し、22（陽暦8月29日）には山口に着いている。

しかし山田は、1ヶ月程の日時を要したこととなる。この間山田は、清水港に止まって船の修理を待っていたわけではない。「駿州城外を歩き、天龍川に舟を浮べ、京都で澄川篁坡（長藩士、大審院判事）と再会の杯を交わしていた」（前掲『学祖山田顕義漢詩百選』84頁）。山田の行動的な一面をみる思いがする。行動を重視した松陰の面影が躍如である。その後清水港に戻り、修理を終えた鳳翔丸に乗り込み8月10日（陽暦9月15日）山口へ帰藩した。

8月11日（陽暦9月16日）藩主に御目見得し、整武隊をはじめとする諸隊の箱館戦役を解く許可を得て、解散命令を出した。藩は戦勝祝賀の宴を用意した。山田も祝賀会に出席し、戦友達の労をねぎらった（推定）。

2 名の選択
—市之允から顕義へ—

官名・国名を名とする者に改名の命令　　山田の山口滞在中の 2 年 8 月 19 日
（陽暦 9 月 24 日）、山口藩（長藩）は、「官名や国名を通称とする者は、改名し
たうえ上申せよ」と命じた（前掲『山田顕義傳』394 頁）。

　この指示はどのようなことにもとづくのだろうか。明治新政府の基礎は、箱
館戦終結で、戊辰戦争が終焉し、まずはその端緒に就いた。ここに、松陰の理想
国家である「皇国」が、山田らの実行・実践によって実現した。すでに天皇制国
家である新皇国は、慶応 3 年 12 月 9 日（陽暦慶応 4 年 1 月 3 日）王政復古の
大号令によって創始されていた。慶応 4 年 1 月 13 日（陽暦 2 月 6 日）京都の
右大臣九条道孝邸内に太政官代が置かれ、新政権は発足していた。つまり新政
権は太政官制を取ることとした。太政官制とは、古く大宝律令（701 年）によっ
て制定された官制を起源とするものである。太政官はその中央最高機関で、八
省百官を総官し、大政を統理する役所をいう。ここ太政官で使用されていた官
名を個々人の通称（通名）に用いる風習が、平安時代末期に始まっていた。それ
は、朝廷費用を調達するため官名を売買したことに始まる。この時衛府の尉ま
たは諸寮司の官を空位として売官したところ、当時勢いを増した地方武士達は
競って京に出て、この官名を買い求めて衛府または諸司の官人と称して帰郷し
その名を誇った。その後鎌倉期以後地方武士の任官は非常に制限されたことも
あり、「有名無実の一徴官たる左衛門尉、右衛門尉も愈々持って涙のこぼれる程
有難いものとなり、従って国に帰って若し既に左衛門尉となってゐる太郎殿を
太郎左衛門尉と呼ばずに間違えて、ただ太郎殿と呼ぼうものなら、勿論決闘く
らいは申し込んだ」（柳田国男「名字の話」『定本柳田国男集』第 20 巻、296 頁、
筑摩書房、昭和 40 年）というぐらい重視され名誉とされていた。しかしその後、
朝廷がこれに関与することはなくなり、一般に自称され広く普及した。ただ「礼
記（五経の一つ、周代の礼に関する書物）に『冠而字之敬其名也』といへる字
には非ずとしるべしとありて、これに就きて伊勢貞丈（武家故実の大家、天明
4 年 68 歳没）の言へるは、『何兵衛、何右衛門、何左衛門は官名を犯したるな

り、字に非ざるなり』」(『日本百科大辞典』359頁、復刻名著普及会、昭和63年。( )内は筆者加える)、といった判断に至り、これを官名僭称とみて不敬とし改名を求めたのである。

　また「国名を通称としている者にも改名を求めた」。たとえば、武蔵守、上野介、越前守、駿河守などといえば、国守を連想する。たしかに古く律令制下では、国という行政単位の地方統治官に与えられた総称であり、名実ともその権限を帯有していた。しかし鎌倉期以降は形骸化し、虚称として朝廷から認可されるにすぎず、幾人幾重にも宣下されていた。また、各藩主が独自に、藩士に士格称号として、国名や位階を与えていた事実もあった。そして通常官位五位以上の尊貴者に対して、それらの者の名を直接呼ぶことを避けて、与えられた国名や位階で代称して、敬意を表わす慣習が出来上がっていた。これを「止めよ」というのである。つまりそもそも国名は人名ではないし、身分を示す位階も名ではない。そして何よりも、勝手に身分を越えた名称を称する僭称（僭号）を禁ずることとしたのである。

　これらの議論は、すでに新政府で行なわれていた。2年4月7日（陽暦5月18日）公議所（2年4月開設の立法諮問機関。7月集議院と改称）において、森金之丞（有礼。変名沢井鉄馬。駐米代理公使、文部大臣、22年43歳没）は、「通称ヲ廃シ実名ノミヲ可用事」との議案を提出した。この議案の中に「通称に官名、国名を僭称するのは不敬である」ことも含んでいる。同月7日翌8日と、両日審議を経て、12日改正案を論議、27日（陽暦6月7日）には賛否を問い、賛成多数をもって上奏されている（明治文化研究会「公議所日誌」『明治文化全集』第1巻　憲政篇、日本評論社、昭和3年。( )内は筆者加える)。

　公議所でのこの決定の効果は、すぐに現われることとなる。たとえば2年8月8日（陽暦9月13日）、神祇官は、「…国名并兵衛衛門等之類ヲ以通称ト致シ候分モ可差止筋ニ有之候哉、神職共ハ多分右ヲ以テ通称ト致シ候事ニ付相伺候御答可給候也…」として、神官の通称は、多く官名に由来するが、その扱いについて太政官に問う伺が提出される。これに対し、8月欠日（日は不明）太政官は、「国名ヲ用候事速ニ相止可申候兵衛衛門之類ハ不遠可被仰出儀モ有之候間夫迄之処相用居不苦候得共可成ハ相改之事」（『太政類典』第1編、第80巻、98頁、太政官記録局記録課、明治4年）として、国名使用は認められない。兵衛、衛

76

門といったいわゆる八省百官名については、当分そのままで良いが、追って指示するからなるべく改めておくようにと指令した。

この２年８月欠日の太政官指令を受けて、長藩は、８月19日（陽暦９月24日）官名や国名を通称とする者は、改名したうえ上申せよと命じたのであった。

「顕義」の名を選択　山田は通名を市之允、実名を顕義と称していたが、８月19日市之允を廃し、顕義のみを称することを届け出た。「允」は官名の一つで、律令制の主殿寮の判官、つまり次官の下の、三等官の官名であったからである。なぜ山田の通名に允がつけられたかは、山田家の初代、與四郎言直が、天正８年毛利輝元より市允に任ぜられたので、この先祖の職名にちなんで、市之允と名づけられたという。なお慶長15年與四郎は、藩主から士格称号である対馬守に任ぜられている（前掲『山田顕義傳』23頁）。山田は２年８月19日の本届出の後は、一度も市之允を使用することはなく公文・私文すべて顕義で通している。たとえば、４年岩倉米欧回覧の随員を命じられた時の辞令も顕義であった。

名の慣習について　ここで、我が国の名についての慣習に触れておくと、秘名俗・複名俗・避称俗など、さまざまな慣習が行なわれていた。いずれも実名敬避俗を起源とする慣習である。つまり、人の名は単なる名ではなく、その人自身の実体に他ならないとする考えがあった。このことから、その人の名を知ることは、実体であるその人の人格にも支配が及ぶとされ、容易に名を明かさぬ習俗として、秘名俗の慣習が生じた。また実名を秘名（秘密）にするため、字・幼名・通称など、複数の名を設ける複名俗の慣習も起こった。さらに名を直接に呼称することは、特に目上の者の名を呼ぶことは非礼、無礼であるとし、この非礼を避けようとして、尊称（父・母などの敬語）や、脇付（陛下・殿下・宮・机下・侍史など）などの避称俗も発達した。このような慣習の結果、人の特定が難しくなる。特に一人の人間が複数の名を持つ慣習である複名俗によって、その人物の特定が難しかった。

そこで明治新政府は、政権を担うや否や、直ちに一名の特定による人民掌握に着手した。これは脱籍浮浪の徒に悩む新政府の政策であった。つまり名はその者を他の者から識別する社会的機能を含有するので、明治政府は人民を掌握するためには、名の特定に、大きな関心を払わざるを得なかったのである。

戸籍法制定による一名主義と改名禁止主義の推進　明治政府は、4年4月4日（陽暦5月22日）太政官布告で、「全国総体戸籍法」（壬申の戸籍。5年2月1日〔陽暦3月9日〕施行）を制定した。戸籍では当然一名が要求されるわけで、これが一名主義を可能にする根本となった。このところから、5年5月7日（陽暦6月12日）太政官は、「従来通称名乗両様相用来候輩自今一名タルヘキ事」と布告（149号）して、今後本人の意思によって通称（通名）で行くか、名乗（実名）で行くか、その一つを選択させることにしたのである。

なお山田は、これに先立ち藩の上申命令にもとづき、すでに2年8月19日に名乗（実名）である顕義の一名のみを称することを届け出ていたことは、前述した。

この一名主義を取る以上は、改名を許すことはできない。そこで5年8月24日（陽暦9月26日）、太政官布告（235号）で「改名禁止主義」を取ったのである（小林忠正「名の法をめぐって」『日本大学法学部創設120周年記念論文集』第1巻、21〜45頁参照、平成21年）。

以上みたように、明治政府は、それまでの名の慣習を改める戸籍法の制定等によって、一名主義、改名禁止主義を規定し、名の改革を断行するのだが、何度も述べるように、山田は一足早く、山口藩（長藩）の指令を受けて、2年8月19日（陽暦9月24日）に、市之允の通名を捨て、実名の顕義のみの一名を名乗ることとした。以後山田は、顕義のみを使用している。

3　結婚のこと

山田の結婚意思の表示　明治2年8月10日（陽暦9月15日）帰藩していた山田は、12日久々に山口早間田（現・山口市中央2丁目）の留守宅に帰宅した。父七兵衛顕行（長藩大組士。馬廻りとも、八組ともいう。102石。海軍頭。2年1月29日47歳没）は、1月29日（陽暦3月11日）に亡くなり、丁度旧暦の新盆の時期であった。実家には、祖母（市郎右衛門薫之の妻。顕行の養母。俗名その他不詳）と、母鶴子（顕行の妻。熊野徳左衛門娘。33年7月2日75歳没）、妹益子（万須子、のちに河野得三へ嫁ぐ）が住むのみであった。山田は帰還の挨拶を述べたうえで、父の仏壇に額突き臨終に会することができなかっ

たことを詫びた。箱館戦争参戦中で、訃報に接したのは五稜郭進攻中の 2 月 22 日（陽暦 4 月 10 日）のことであったからである。

　8 月 13 日（陽暦 9 月 13 日）には、家族一同揃って、父が埋葬されている、山口正福寺の墓に詣でた。そして盂蘭盆会の法要の後、食事をし、語り合った。話は尽きることがなかった。山口にいる親類には、声をかけ、来てもらっていたが、尽きることのない家族団欒になった。

　「亡き父のことは勿論のこと。祖母、母、妹の健康や近況のこと」。「箱館戦争のこと」。「北海道の寒さや気候のこと」などの四方山話。そして、「兵部大丞就任のこと」や、「顕義の結婚問題」について話が及び、語り合った。

　この時初めて、山田は結婚したい女人（ひと）がいること。その女人は、近所に居住する山口湯田温泉「瓦屋」の龍子（竜子）嬢であることを、家族に打ち明けた。当時としては珍しいことだった。結婚は、親が決めるのが慣習だった時代だからである。

　たとえば、旧民法人事編に反映させようとして、司法省が編纂したものに「全国民事慣例類集」（13 年 7 月印行）がある。明治 10 年代に拾集したので、主として江戸期の慣習ということになるのだが、ここから結婚慣例を拾い挙げてみたい。

　まず山口県（長藩）の慣習として唯一挙げられているものに、「婚姻ハ夫婦タルヘキ雙方ノ契約ヲ要セサル者ニシテ父母近親協議ノ契約ヲ必要トスル慣習ナリ（周防国吉敷郡）」とある。また長藩に比較的近い土地の例であるが、「婚姻契約ハ父母承諾ヲ必要トス。若シ父母ナキ者ハ尊長ノ承諾ヲ以テスル事ナリ（備前国御野郡）」とある。つまり長藩では結婚は、親が決めたか、あるいは、親の意思が相当入ったようである。これが東北地方になると、宮城県（伊達藩）の例では、一層親の権威が強くなり、「夫婦トナルヘキ者ノ双方父母承諾スレハ夫婦ニ於テ承諾セサルヘカラサルヲ例トス（陸前国遠田郡）」（法務大臣官房司法法制調査部監修『全国民事慣例類集』73 頁、復刻商事法務研究会、平成元年）とある。つまり親が同意すれば、本人同士は少々嫌だと思っても、結婚しなければならなかった。それが普通であったというのである。現在の私達では、「相手の顔を見なければならない」、「付き合いをしなければならない」、という具合になるが、この時代は、そんなことはなかった。こんなことができたのはどうして

か。考えてみると、第一には、当時の人々の大部分が、三里半の枠内で結婚して
いたという理由を挙げることができる（瀬川清子『婚姻覚書　三通婚圏』「家族・
婚姻」研究文献選集 16、33 頁、クレス出版、平成 3 年）。つまり通婚の範囲が
非常に狭かったので、一目みれば相手がどんな人か、たいていわかった。家の者
も全部知っていた。遺伝といったものまでわかっていた。したがってあまり問
題はなかったというべきなのである。第二には、結婚年齢が早かったというこ
とが、大きな理由である。当時の結婚適齢は、男 16、17 歳、女 14、15 歳くら
いであり、年若で順応力が大きかった。妥協性の強い年頃で結婚するので、親が
決めた結婚でも、割にうまくいったのである。第三の理由としては、結婚の考え
方が、いまとは違っていたからである。現在の結婚観というものは、好きな人と
結婚し夫婦になって一生を過ごすというのが目的であり、願望でもある。しか
し当時はそうではなかった。家庭をみて、祖先祭祀の対象者である男子を産む
ということが、結婚の目的であった。このようなことで、子の結婚は親が決めた
し、親が決めた結婚でも比較的にうまくいったのである（以上、小林忠正「日本
の結婚」『日本家族法史論』11〜53 頁参照、成文堂、平成 15 年）。

　親の権威が強い時代だったし、今日とは異なる結婚観の時代だから、山田の
結婚については、亡父顕行も、母鶴子も、祖母も、尋常ではない心配をしていた
のは、いうまでもないことだった。しかし山田は戦陣の連続下にあった。文久 2
年 12 月御楯隊軍監（19 歳）、慶応 3 年 5 月整武隊総督兼諸隊総指揮（24 歳）、
慶応 4 年 1 月征討軍（官軍総督府）副参謀として鳥羽伏見の戦を指揮（25 歳）、
明治 2 年 5 月陸海軍参謀として箱館戦争を平定（26 歳）といった具合であった。
結婚を考える暇とてなかった。両親もそれを言い出さなかったし、遠方の戦地
にいる顕義にいう機会もなかった。山田本人からも口火を切ることはなかった。

　ようやく戦乱は終結し、山田や松陰の理想国家である「皇国」建設も端緒に就
いた。山田は新政府で兵部大丞という顕官にも就いた。賞高永世 600 石も得た
し、また大丞職手当も支給されることとなり、経済的にも安定した。

　ようやく華燭の典を迎える用意ができた。この時初めて、山田は結婚したい
女人がいることを母や親族に告げたのである。

山田と龍子の出合い　　『明治閨秀美譚』の山田伯爵夫人の項で結婚の経緯
についてみてみると、「…夙に（早くから）山田氏を慕ひ心窃に期する所あれど

も…時に山田氏、年猶壮兵を督して遣中に在り、京畿奥羽に転戦して殊功を樹つ、龍子郷に在って常に氏の無事を神仏に祈り、為めに陰膳を据えて誠を明す。落花憐れを添ゆる春の夕悄として、門(もん)閭(りょ)に立って郎の帰るを待ち、孤雁悲みを告ぐる、秋の夜には独り涙を枕頭に灑いで、夢は征人の辺(ほとり)に落つ、年を経て乱平らぎ、山田氏功を以て朝廷に事へ、終に龍子を迎へて夫人となす…」とある（前掲『明治閨秀美譚』34〜35 頁）。ここに記述されているように、山田と龍子（写真 10、11）は、若年期より知り合いだった。そしてすでに、相思相愛であった。

写真 10　山田龍子（留袖）

山田顕義は、弘化元年 10 月 9 日（陽暦 11 月 18 日）、長門国阿武郡萩郭外松本村字梶治（鍛治）ヶ原生まれだが、幼少の砌に同村椿郷東分字中之倉諏訪台（現・顕義園近辺）に移転し、ここで育った（前掲『空斎山田伯伝』(3)、102 頁。松原太郎『山田顕義生誕地の異説について』日本大学大学史ニュース第 12 号、7〜9 頁、平成 29 年 3 月 3 日号）。

長藩は、文久 3 年 4 月に萩から山口への移鎮を決定し、元治元年には藩庁舎の完成と共に、藩政庁を萩より山口に完全に移した（山田 20 歳）。これより以後山口藩とも称することとなる。ために山田の父顕行もこれに従って萩松本村より山口普門寺、さらに早間田に居を移した。山田はす

写真 11　山田龍子（裃姿）

でに志士として京に在ったり、また御楯隊軍監として活動していたが、自然と藩政庁や父母のもと山口へ行く機会も多くなった。たとえば、『伯爵田中青山（光顕）日記』の慶応 3 年 6 月 29 日の条に「湯田岩田屋に着し、瓦屋に至る山田市之允を訪ふ」とある（前掲『学祖山田顕義漢詩百選』52 頁）。山田は山口滞在も、

しばしばとなり、その折には龍子の実家の旅館「瓦屋」を利用していたのである。ここに山田と龍子は急速に接近した。山田24歳、龍子19歳の頃である。そして2人は将来を誓い合い、許嫁を約した。以来龍子は、山田との結婚の機会を待っていたのであった。山田は、このことを母と祖母と妹に告げた。龍子の存在を家族に打ち明けたのである。

　母鶴子は大変喜んだ。狭い地域である。風聞で龍子の評判は良かったからである。「それなら早い方が良いでしょう」。「帰郷している今が絶好の時です」。「今を於いて機会は他にありません」。「今回の帰郷の2ヶ月の間に正式に決めてしまいましょう」といった。突然の話で嬉しかったのだろう、早口であった。祖母も妹益子も同調した。

　結婚への里程　　そこで最も早い8月中旬の吉日を選び、母鶴子は顕義を伴って、山口湯田温泉（現・山口市湯田）の龍子の実家「瓦屋」を訪ねた。単純泉・硫化水素泉・放射能泉など多様な泉質が涌出する湯田温泉は、白狐が発見したとの伝説を有し、開湯650年の伝統ある名湯である。瓦屋はその中でも老舗中の老舗であった。母の気持は、重ねていうが、いまが絶好の機会であると思っていた。山田が山口に賜暇で滞在できるのは、もう後1ヶ月間である。この間に結婚を成就させたい。急がねばならないと強く思っていた。山田も母と同じ気持だった。

　山田は、弘化元年10月9日生まれを称したが、それは12月4日に、天保15年が弘化元年と改元されたことによる。したがって、正確には天保15年10月9日（陽暦11月18日）生まれである（他に9月10日〔陽暦10月21日〕の説あり）。御歳26歳となる。

　龍子は、嘉永2年生まれで、すでに21歳に達していた。山口湯田温泉で、老舗旅館「瓦屋」を営んでいる鹿島屋喜右衛門の長女として誕生した。龍子の誕生地を「湯田」ではなく、「後河原」とする文献もあるが、湯田だと思う。あるいは母親の実家が後河原であって、そこで誕生したのかも知れない。

　2人とも当時の結婚適齢（男16、17歳。女14、15歳くらい）を疾うに超えていた。20歳を超えれば、適齢期を逸するという時代である。共に高齢結婚となる。なお「瓦屋」と称したのは、この時分、湯田温泉地域では、唯一の瓦葺き家屋の建築物であったからである。石州産赤瓦で覆われた「瓦屋」は、湯田温泉

では第一等の高級旅館であった。当時瓦は高価で、藩庁の建物や寺院の屋根に用いられる程度で、大変な贅沢品であった。

龍子と面会した山田の母鶴子は、「一目で気に入った」。近隣で湯田小町と呼ばれているが、「うわさどうり、遜色のない美人であった」。礼儀作法も充分に仕込まれていて、「立ち振る舞いが気持ちよかった」。

山田の母鶴子は、龍子の父鹿島屋喜右衛門に、2人の結婚を申し込んだ。直接本人顕義がいわないで、母親が龍子の父親に申し込んだのである。本来ならば仲人を立てるのが普通であり、長藩では「媒介人ハ婚姻取結迄世話ヲナシ行燈切ト唱へ、当日其座切リニテ後関係セサル者多シ（周防国玖珂郡）」（前掲『全国民事慣例類集』104頁）が慣習だったが、時間がなかったからである。そして直接本人がいわないのは、親の権威の強いこの時代では、前述のように結婚は親が決めるのが慣習であったからである。

内婚制の制約　龍子の父喜右衛門に異存はなかった。ただ身分の違いを懸念した。山田は武士の出身で、龍子は平民の出身であったからである。山田はそのような心配は無用にしてほしいと何度も申し入れたが、喜右衛門は頑強であった。当時の我が国の結婚には、内婚制の慣習による制約があった。

内婚制は、国によって、社会によって、さまざまで、種族的内婚制とか、宗教的内婚制など、いろいろあるが、我が国には身分的内婚制の慣習があった。身分の同じ者同士が結婚の対象者となる。身分ごとに結婚をしなければならないとする慣習である。ただこの身分的内婚制の慣習は、4年8月23日（陽暦10月7日）の太政官布告（437号）で、「華士族平民通婚ノ許可」が出て、法令によって撤廃されることとなるのだが、慣習は、その後も続き、我が国で身分的内婚制の慣習が完全に解消されるのは、この後、100年を要するのである。天皇家は最後まで内婚制を取り、一部の特殊な華族などとは結婚することはあっても、一般の平民とは結婚しないのを通常としていた。これが解消されたのは、当時は皇太子であった現上皇と上皇后美智子陛下の結婚の時からであり、国民はだいぶ驚いたのである。その後、今上天皇と雅子皇后の結婚が続いて、皇室にも内婚制はなくなり、我が国には身分的内婚制の慣習は完全になくなったといって良い。

しかし、山田と龍子の結婚は、明治2年のことである。龍子の父喜右衛門の

意向によって、慣習を尊重することとなった。そこで龍子を一旦、井上馨造幣頭兼民部大丞兼大蔵大丞（聞多。元老院議官、工部卿、外務卿、外務大臣、内務大臣、大蔵大臣、元老、大正4年81歳没）の養女として、士族（武士）の身分に合わせてから、山田は龍子を妻として迎えることにした。龍子の養父となる井上馨は、長藩大士組103石取り井上光亨の次男であり、山田顕義は同じ長藩大士組102石取りで、安政2年長崎留学の後、海軍頭を務めた山田顕行の長男であるので、家格を合わせたのである。そのうえ井上馨は、人も知る世話好きのうえ、湯田温泉高田の生まれで、龍子のことをよく知っていた。龍子の父鹿島屋喜右衛門とも懇意であった。また山田にとって井上は、9歳年上の先輩だが、長藩の同志として尊王を掲げて戦い、この時は、新政府で共に大丞の職にあって、特に親しい間柄であった。

　こうして山田は井上馨の了解を得て、井上の養女としてから、龍子を妻に迎えることとなった。結婚式は1ヶ月後の吉日とすることで合意した。したがって明治2年9月半ばまでの吉日に、ここ山口で華燭の典を挙げることにした（推定）。龍子の実妹である増野京子（増野助三衛師団陸軍輜重 大佐夫人）が、「明治四年東都に上り、姉の嫁せる山田邸に寓す」と書き残しているところから、4年に東京で結婚式を挙げたのではないかとする説もある。しかしこれをもって、明治4年に結婚したとはいえない。4年には結婚していたということであろう。なぜならば、山田は、いま述べている明治2年山口帰省後、次に山口に帰省したのは7年佐賀の乱平定後の、7年4月15日から5月14日までであったからである。なお2年9月16日に、長藩は山田に対し、刺客に襲われ負傷し、大阪で療養中の大村益次郎兵部大輔（11月5日没、行年46歳）への見舞を命じているので、結婚式は9月15日以前の吉日であったろうと推定したい。

山田と龍子の結婚式　　このようなことで、山田と龍子の華燭の典は、2年9月中旬までの吉日に行なわれた。ただ兵部大丞にふさわしい大規模な結婚式にするか、それとも長藩102石の士分相当の簡素な結婚式にとどめるかについて迷った。長藩の中には、26歳の若輩で大丞職に就いた山田に対する妬みや嫉みもあったので、特に大きな華やかな結婚式は避けることとした。式場場所は、山口早間田（現・山口市中央2丁目）の、山田の自宅であった（推定）。当時の結婚式の慣習では、当日嫁は子供がいる場合には子供を連れて、嫁ぎ先に来て、夫

の親と親戚と、隣近所の者と、嫁自身が式に出て、三三九度の杯をやる。それでは、夫である婿はどうしているのかというと、外出してしまったり、あるいは徳利か何かを引っ提げて、台所でお燗番などをやっているというのである。これは「嫁入が結婚の祝言ではなくて、嫁と婿の親達・親類などの結合披露を意味するのであって、当人同士の結婚式は遠くの昔に済んで居ることを示したものであって…」、結婚とは、後述するように、男が女のもとに通う、婿入りをいったからなのであった（橋浦泰雄『民間伝承と家族法』57頁、日本評論社、昭和17年）。

　現在だと、婿は正装で、羽織袴かモーニングコートを着て、振り袖か、ウェディング・ドレスの嫁と一緒に、皆に祝福を受け、静々と式場に向うが、このような「出合い式結婚」は、つい近年になってからの結婚式なのである。

　神前結婚式なども、「明治八年五月二日に、美濃国武儀郡関村（現・岐阜県関市）の春日神社において、同村の山田平三郎と、厚見郡今泉村の渡辺れんが、結婚式を挙げたのが初出である」とされるぐらいで、東京では日比谷の大神宮（現在は飯田橋に遷宮）で、最初に神前結婚式が行なわれたのは、明治30年に至ってからのことであった（前掲「明治事物起原」『明治文化全集』別巻、109頁。（　）内は筆者加える）。

　しかしそれまでの結婚は、そんなものではなかった。日本の最も古い結婚の形式は、先に述べたようなものであり、結婚式の日に、嫁は子供がいれば子供を連れて婿の家へ来るというものであった。夫が結婚式に出ないなどというのも、普通であった。

　このような結婚のやり方が、長藩には残っていた。日本の古い結婚の形式は、「当の男女同志の間に愈々夫婦となるべき誓ひが成立し、…男はまづ女方の親達の諒解を求め、承認されると以後は女の許へ通ふのである」（前掲『民間伝承と家族法』55頁）というわけで、男の方が女の方に通うのであり、これが結婚なのである。そして、おそらくは何年か続いて、子供が誕生し、そして、夫の家に女手が必要になる事情が発生した時、嫁入りとなる。女手が必要になるというのは、一つには、夫が独り立ちするか。二つには、夫の母親が死亡または隠居（父の死亡により）して、主婦権を継ぐ者がいなくなるかのどちらかである。この時に嫁入りが行なわれる。この嫁入りは、実は結婚ではない。結婚の過程なの

である。それでは結婚はいつかというと、何度も述べるように婿入りの段階なのである。男は女の方に行き、女の方が、それでよろしいといって、通い婚が始まる。これが結婚であった。だから遠方婚ではできない。おのずから限度がある。前述（79〜80頁）したように、距離三里半（14キロ）の通婚が限度であって、当時はこの通婚範囲でほとんど結婚していたのである。

　こういう名残は、長藩の結婚式の中にも残っていた。それは、嫁入り結婚式が直接行なわれない。朝に婿が嫁の家に迎えに行く、そして今度は、婿の家に嫁を連れて帰り結婚式を行なう。長州地方でいうところの「朝シウトイリの夕嫁入り」、つまり「朝婿入りの夕嫁入り」である。長州地方で「シウトイリ」というのは婿の父親が本人と共に、嫁の家に行ったからである（前掲『民俗学辞典』4頁参照）。

　したがって結婚は、古くは婿入り（招婿婚）があり、そして一定の時期に嫁入り（受嫁婚）となる。それが直接嫁が婿の家に入ることとなるのは、たとえば、村の中で非常に勢力のある者で、その村内に、それに匹敵する力のある者がいないという場合、内婚制の慣習から必然的に遠い所の者と結婚しなければならない。あるいは身分が非常に高貴の人の場合も同様で、自分の周辺は、皆家来だけで、結婚相手を見つけることができない。したがって身分を合わせるため、遠方の者と結婚しなければならなくなる。こういう場合には妻のもとに通うことができない。通い婚ができないが、夫婦が同居を必要とするならば、妻は夫の所に行かなければならない。つまりいきなり、妻は夫の所に移るという、嫁入り婚となる。こうして遠方結婚になってくると、受嫁婚（嫁入り婚）が定着する。中世以後武家階級の家柄とか、格式とかが固定化するに従い、だんだんと一つの定式となり、江戸期では普通の形態となるのだが、長藩には、日本の古い結婚の形式が残っていた。まずはじめに招婿婚儀式を行なうのである。長門国阿武郡大島では「…聟（婿）入りには、聟の親と親類とが同行し、途中一旦中宿に落着き支度をする。嫁の家では床の正面に聟を坐らせ、嫁の親との盃がある。嫁本人は却って台所などで働いて居る…」（前掲『民間伝承と家族法』71頁）ということである。すなわち、婿は午前中、親と親戚の代表者を連れて自宅を出発し、途中中宿（長門国豊浦郡では、ナカヤド。阿武郡ではオチツキという）に入り、簡単な酒食をする。ここに中宿の主人となる者は一方の身内、または土地の有力

者、あるいは仲人であって、結婚後特別の交際を続けていくことが可能な者の中から選ぶのである。この慣習に従い山田は午前に、母親と親戚代表を同行し、自宅を出発した。途中、「中宿」として選んだ、嫁の実家の湯田温泉「瓦屋」で、龍子の実父母や、龍子の実妹京子と酒食を共にした。そして正装に着替えて、午後嫁のいる高田の井上邸へ龍子を迎えに行った。養父母となった井上馨夫妻は、東京より帰ることができず、代わりに馨の兄で、山口の井上家を継いでいる長男の五郎三郎夫妻が、養父母代理を務め、婿の山田と盃を交わし、義理の親子の契りの儀式を済ませた。

　その後、嫁龍子を連れて、婿である山田の山口早間田の自宅に向った。嫁の荷物は、嫁の家の近隣の者達が運ぶこととなっていて、嫁入りの行列を連ねることとなるが、「嫁の家を出る時に、『デタテ』という歌を唄い、婿の家に入る時に『オホドラ』という歌を唄うのが習慣だった（長門国大津郡）」（柳田国男・大間知篤三『婚姻習俗語彙』30頁、民間伝承の会版、昭和12年）。

　こうして嫁入りとなり、山田の山口早間田の自宅に到着した。ここで受嫁婚の儀式を行なうが、式は前述のように「夫の親と親戚と、隣近所の者と、嫁自身が式に出て、三三九度の杯をやる」のであるが、「嫁マギラカシ」といって、嫁と同じ年格好の未婚の女達数人が同行して、本事（ほんごと）の酒宴に列する（長州豊浦郡）」（前掲『婚姻習俗語彙』50頁）という慣習があり、そのとおりにした。

　また婿はこの式には出席しないのが慣習で、山田は参列せず家の中に待機していた。

　こうして山田は龍子を妻として迎えた。兵部大丞、26歳の山田は、ようやく龍子21歳を妻に娶ったのである。「龍子夫人は大変な美人であった。そして身長も一四七・四センチ位であり、すらりとしていた。女性としては長身で山田とほぼ同じか、僅かに低い位であった」（前掲『シリーズ学祖・山田顕義研究』第3集、194頁）。

第 7 章

明治政権中枢にあっての出来事
―兵部大丞から司法大臣まで、その時々の出来事―

1　兵部大丞時の出来事

兵部大丞の就任と叙陸軍少将　　明治 2 年 9 月下旬、新婚の山田は龍子夫人を伴って、東京に戻った。これからは、夫婦で東京定住となる。4 年 7 月までの 2 年余りの居住地は不明である。『山田顕義傳』（909 頁）では築地に住むとあるが、築地は一部を外国人居留地（元年 11 月 10 日〔陽暦 2 年 1 月 1 日〕より）としたので、おそらく兵部省の大丞職（2 年 7 月 8 日～4 年 7 月 28 日）にふさわしい屋敷に住まいして新婚生活を送ったものと思う。兵部省に近い麹町平河町の官屋敷ではなかっただろうかと推量している。勤務先までは、武人らしく、飼育の馬で通った。

　4 年 7 月 28 日（陽暦 9 月 12 日）、山田は陸軍少将に叙され（28 歳）、一旦兵部大丞を退くが、同日すぐに兵部大丞の兼任が認められた（4 年 7 月 28 日～5 年 4 月 4 日）。4 年 8 月太政官は官等を一等より十五等と定め、三等以上を勅任官（武官は四等以上）、七等以上を奏任官、以下判任官とし、各省では、卿を一等として、以下順を追い、権少録は十三等であった。山田は大丞であるので奏任官六等に該当するが、陸軍少将を加えると、官等はずっと上であったに違いない。勅任官三等か。

　この時期の居住地は、神田駿河台紅梅町の官屋敷で、恩人の元兵部大輔（たいふ・たゆう）大村益次郎（2 年 11 月 5 日没。行年 46 歳）の控屋敷だった所である。この頃の山田の収入は、前述のように、戊辰戦争平定の功績をもって、朝廷より永世、年 600 石（月額 400 両）が下賜されていた（2 年 6 月 10 日賜わる。『山田顕義傳』〔395 頁〕では、9 月 14 日発令とある）。「実際には米市場の相場に換算して銭で支給されていたらしい。なお 1 石 8 両として、年 4800 両

になる」（秦郁彦『戦前期日本官僚制の制度・組織・人事』667 頁、東京大学出版会、昭和 56 年）。加えて長藩から、永世年 30 両（3 年 3 月賜わる。月額 2.5両）が、そして陸軍少将手当月額 300 両、大丞手当月額 200 両が、支給されていた。「明治四年（史官）第四五七給定則」をみると、「九月から現金による月給に改定され、太政大臣月八〇〇両（一等）、左右大臣六〇〇両（二等）、参議・卿五〇〇両（三等）、大輔四〇〇両（四等）、小輔三〇〇両（五等）、大丞二〇〇両（六等）である。なお五年より円表示となる」（前掲『戦前期日本官僚制の制度・組織・人事』667 頁）が、山田の月額合計は 902 両となり、きわめて高額である。何しろ官員の最低給与は巡査などの等外四等官の 6 両であった。これら大金である支給金の取扱いは、親友の宍戸璣宛の手紙（12 年 2 月 28 日など）等から、山田自身が采配したようであるが、家政については龍子夫人が取り仕切った。ただ家政経費も比較的に大金であったので、これら大金を任せられ扱うことについて、龍子夫人は、当初困惑したが、序次に要領を得て、以後伯爵叙任までの 10 年余家政は龍子夫人がやり繰りした。当時は、母親がいる場合は、母親が主婦権を持ち、隠居まで家政を取り仕切ったが、山田の母鶴子は 7 年 5 月中旬まで山口に在り、その後上京し同居したので、2 年より龍子夫人が取り仕切った。なお 17 年 8 月 7 日爵位授任後は、家令が担当したと思われる（推定）。

岩倉米欧回覧に参加　　そして、神田駿河台紅梅町に移ってすぐの、4 年 11月 4 日（陽暦 12 月 15 日）、山田は兵部省を代表し（陸軍少将をもって代表したとの説もあり）、理事官として、岩倉具視使節団（前掲 5 頁写真 6）に加わり、米欧回覧のことが命じられた（太政官は、右大臣岩倉具視を特命全権大使に任じて、使節団を結成した。そして随伴する副使を参議木戸孝允、大蔵卿大久保利通、工部大輔伊藤博文、外務少輔山口尚芳とし、その他理事官 46 名、随従者 18名、同行する留学生 43 名〔計 107 名〕と、さらに後発隊、現地参加 20 名を加え、合計 127 名の構成であった）。

　出発は 11 月 12 日（陽暦 12 月 23 日）ということで、山田の新婚生活は、わずかに 2 年余りで、海外派遣となった。子供には、まだ恵まれなかった。そして帰国の 6 年 6 月 24 日までの 1 年 7 ヶ月の間、別居を余儀なくされた。この間のことについて、『明治閨秀美譚』では、「氏の欧州を巡遊するや、夫人家を守って家政を 斉（ととの）へ、日夕、氏の 恙（つつが）なくして星槎万里、無事に帰朝せんことを祈

り、陰膳据えて之に事ふること猶氏の在るが如くすること前日に異ならず、人其貞操を称せざるなし」（前掲『明治閨秀美譚』35 頁）と記述されている。きっとそうであったに違いない。龍子夫人は山田の無事を祈り続け、留守を守った。

兵部大丞の解任　山田が 6 年 6 月 24 日米欧回覧から帰国してみると、兵部省に変って 5 年 4 月 5 日、陸軍省、海軍省が創設されていた。山田の兵部大丞は解任されていて、6 年 7 月 7 日東京鎮台司令長官に任命された。さらに軍政から除外され、11 月 24 日清国駐在特命全権公使（30 歳。当時大使はいない）に任命された。しかし 7 年 2 月 4 日征韓論却下のため（通説）、佐賀の乱が勃発した。陸軍少将としての出動命令（7 年 2 月 12 日付）が下ったため、清国駐在特命全権公使は免ぜられた。2 月 14 日陸軍少将山田は軍を率い、内務卿大久保利通（一蔵、参議、大蔵卿。西郷隆盛、木戸孝允と共に維新三傑と呼ばれた。11 年 49 歳没）と共に横浜から北海丸で出発し、19 日博多に着し、本営を置いた。そして 3 月 1 日佐賀城を奪還し平定した。4 月 13 日江藤新平（中弁、左院副議長、司法卿、7 年 41 歳刑死）等の主謀者は、新律綱領、改定律例の定めに従って、斬罪 梟 首 となった。この判決の場には山田も陪席した。梟首刑を定めていたのは、3 年 12 月 20 日頒布の新律綱領である。この新律綱領の不備を、個々の単行法令と「伺」にもとづく「指令」をもって修正したものが、6 年 6 月 13 日頒布の改定律例であるが、梟首刑については、何も改定していなかった。つまり改定部分は改定律例を、改定なき部分は新律綱領を適用するので、両律共に 15 年 1 月 1 日施行の旧刑法までの現行法だった。よって梟首刑は違法ではなく、確実に合法だったが、山田は江藤を悼み弔い、遺族に弔慰金を届けたということもあったようだ。なお明治 6 年に梟首刑に処された者は、全国で男 33 名、女 1 名で、7 年では男 13 名（佐賀の乱のため、佐賀の 1 月、2 月分は不明）、女が 2 名であったという（太政官『明治六年・七年日本政表』〔刑事裁判ノ部　陸海軍裁判ノ部　警察ノ部〕）。

2　司法大輔時の出来事

司法大輔就任とその事由　山田は、陸軍少将として出動し、佐賀の乱平定の功績により、天皇から勅語を賜わり、戦功を嘉賞されてのち、7 年 7 月 4 日

司法大輔（31歳。7年7月4日〜12年9月10日）となった。立法にも尽力した初代司法卿江藤新平処刑後、わずか3ヶ月のちのことである。かつて江藤は生前「人に語って曰く、我死後法制を継ぐものは、即ち山田、玉乃（世履、司法大輔、大審院長、元老院議官、19年62歳没）の二人なるか」（堀内静宇『維新百傑』31頁、成功雑誌社、明治43年。（　）内は筆者加える）といっていたというが、これまで武官であった山田が、転じて文官である司法大輔に就任したのである。この転身はなぜか、その理由について、前にも少し述べたが（32頁）、機縁は1年7ヶ月に及ぶ米欧回覧であったと思う。このことについて次のように述べるものがある。「山田は当時三十歳。パリ滞在でその考えは大きく変ったといわれる。それは軍事の天才としてのナポレオンではなく、むしろ法治国をつくったナポレオンに傾倒したからである。山田は『これからの世界は軍事ではなく法律だ』と考え、日本の近代化も、不平等条約改正も、強兵より法律の整備が先決と見た」（泉三郎『岩倉使節団─誇り高き男たちの物語─』419頁、祥伝社黄金文庫、平成24年）のであって、この考えが転進の契機であったとする。

　山田の米欧回覧での任務は、兵部理事官としての軍事視察と研究であった。前述（29頁以下）したようにナポレオンを尊敬し私淑していた山田は、いうまでもなく将軍ナポレオンの事績について調査したが、同時に皇帝ナポレオンの制定したナポレオン法典に、仏国で直かに接した。ここで自らも、日本のために近代法典の整備の必要を認識したに相違ない。

　そしてさらに米欧の司法制度に触れたことが転進を決定的にした。山田は米欧回覧中の5年1月27日、米国ワシントンでの大審院見学。そして6年1月22日には、仏国パリの高等法院での陪審裁判を参観している。なお大使本隊はこの他、英国で5年9月3日マンチェスター巡回裁判所、9月6日マンチェスター警察裁判所、9月12日エジンバラ上等裁判所、10月9日チェスター裁判所を見学している（久米邦武編、田中彰校注『特命全権大使米欧回覧実記』(1)〜(3)参照）。山田は5年2月17日岩倉大使本隊と別行動を取っているので、これらの裁判所見学には参加していないと思われるが、このような裁判所学で、米欧の法治国の実際に接触したことは、山田にとって大きな衝撃であった。我が国の御白洲による裁判と、米欧の近代的裁判制度の相違に大きな驚きを感じたに違いない。このことが転進を確実にした原因の一つであったと思う。

これらのことが、山田をして武官から文官である司法大輔へ転進させる機縁であったのではなかったか。そしてさらにいえることは、明治政府の悲願とする不平等条約改正の前提条件である近代法典の制定が、何にも増して急務であることから、その焦眉の急である実情を踏まえての決断でもあった。

　そして、この転進の決断に際しては、兄とも慕う木戸孝允（桂小五郎、維新三傑の一人、参議、岩倉米欧回覧副使、地方長官会議議長、10年44歳没）と充分に語らってのことだった。従来薩長が無視してきた司法の分野が、これからの日本にとって等閑にできないこと。そして、重大な意味を持つことを認識した結果である。つまり長州閥による司法省支配の必要を実感したうえでのことであった。それはややもすれば肥前閥（江藤新平、大木喬任など）が、司法の中枢を握っている現状に対し、薩摩の支持を得て、長州閥が司法畑への転進をはかり拡大をはかろうとするものであった。山田の心底には、このような司法省内における長州勢力の拡大の意図もあった。

　なおこの山田の転進について『新内閣大臣列伝』を引いてみると、「七年佐賀ノ変アリ朝廷君（山田顕義）ニ命シテ内務卿大久保利通君ト共ニ兵ヲ率イテ西下シ之ヲ討セシム君奮闘激戦旬日ニシテ之ヲ平ラク五月凱旋ス六月宮中ニ召シ天皇親シク其ノ功労ヲ嘉賞スルノ勅語アリ同年七月司法大輔ヲ兼任セシム其事務ヲ執ル頗ル緻密能ク卿ヲ輔ケテ其ノ任ヲ竭ス始メ朝廷君ヲ以テ内務大輔ニ任セントスルノ説アリ故アリテ果サス是ニ於テ司法大輔ニ擢用セラル」と記述している（池田忠五郎編『新内閣大臣列伝』82頁、東京金玉堂、明治19年。（　）内は筆者加える）。

　これによると、山田には、はじめ「内務大輔ニ任セントスルノ説アリ」とあるが、「故アリテ果サス…司法大輔ニ擢用セラル」とのことであった。事情は不明であるが、明治6年内務省発足以来内務大輔は長く欠員であった。この時期内務卿には伊藤博文（7年8月2日〜11月28日）が就いたが、程なく大久保利通（7年11月28日〜11年5月14日）が再任されている。のち14年10月21日山田は内務卿に任命されるが、後述（本章5）するように山田の性格と内務卿の仕事は整合せず苦悩に満ちたものであった。

　これに比して司法・立法の仕事は、山田にとって天職といっても良いものであった。ナポレオンを尊敬する山田にとって、ナポレオン法典編纂の事績に類

似する近代主要法典の編纂は、困難な中にも日本の近代化を模索することのできる希望に満ちた作業であったからである。前述（第5章）したが、司法大輔のまま、8年9月8日司法省刑法編纂委員長に就任し、旧刑法の編纂に着手した。山田が、近代主要諸法典の立法に関係するのは、この時からで、工部卿・内務卿に就任した若干の時期を除き、その後の全生涯を司法卿・司法大臣として立法・司法のことに捧げることとなる。まさに山田が「近代法典編纂の父」となる出発点であった。

佐賀の乱平定の賜暇としての帰郷　　この時の居住地は、神田駿河台北甲賀町の、司法大輔の官屋敷であった。文官となったので、司法省までは迎えの人力車で通うこともあったが、陸軍少将でもあったので乗馬にても往来した。ここで龍子夫人と共に過ごした。子供には、まだ恵まれなかった。なお話は前後するが、司法大輔就任前、佐賀の乱平定の功をもって1ヶ月間の賜暇が与えられたので、佐賀からの帰途、7年4月15日から5月中旬まで山口の実家に立寄った。祖母は亡くなり、妹益子（万須子）は、河野得三（陸軍軍人）に嫁して、山口には、たった一人母鶴子がいたので、東京に来てほしいと話を進めた。山田は「母堂に事ふること極めて厚し。善く母堂の言に従ひ孝養に務めたり」（前掲『空斎山田伯伝』（3）、106頁）といわれるように、大変な親孝行息子であった。山田は帰京の途上、兵庫県生野近郊山口村の山口招魂社に立寄ったりしたが、母を伴い5月14日帰京した。龍子夫人、母鶴子との家族3人の同居となった。子にはまだ恵まれなかった。なお母鶴子はこれ以降、山田と龍子夫人と共に、東京の駿河台北甲賀町の官舎、そして飯田町、音羽町の邸宅に居住した。顕義が死去（25年11月11日）してのち暫くは、東京に残ったが、その後は生前の顕義が、母のために隠居所として建てていた、郷里山口郊外の白石村（現・山口市白石6丁目）の居宅に住んだ。その後再び上京し33年7月2日、東京麻布笄町の邸宅で75歳で死去した（前掲『山田顕義傳』22頁では山口で死去とある）。遺骨は山田の眠る、東京音羽護国寺の山田家墓地に葬られた。

木戸孝允への参議復帰要請と大阪会議　　山田はここ駿河台北甲賀町の居宅から、征台論（4年台湾に漂着した日本人が先住民から襲撃を受けたことを名目に出兵を議論）に反対し、参議を辞任して京都に滞在中の木戸孝允に8年1月20日書翰を送った。「外国交戦和戦」、「法律加減」、「民撰議院設置」を含む7ヶ

条の建言書である。ここに「民撰議院設置」とは、板垣退助（乾退助、参議、内務大臣、大正8年82歳没）等が盛んに唱える、急進論的民撰議院設置に対する漸進論であった（前掲『山田顕義傳』504頁）。

またさらに山田は、同郷の杉孫七郎（宮内少輔、宮内大輔、枢密顧問官、大正9年87歳没）、野村素介（文部大書記官、元老院議官、貴族院議員、昭和2年86歳没）、青木周蔵（外務一等書記官、外務大臣、貴族院議員、大正3年71歳没）等と連名で木戸に手紙を送り、「…御素志とは齟齬いたし候う事も、これ有る可く候えども、此の場に致り候うては、此れまた天下のため、蒼生（人民）のために…」（前掲『山田顕義傳』504頁）と、参議復帰を懇請している。

木戸孝允はこのように、7年、台湾出兵に反対し下野していたが、復帰を嘆願されても、これを辞退しながら、井上馨を仲介者として、大久保利通、伊藤博文、板垣退助との五者会談を行なうこととなる。

つまり8年2月11日、世に謂う大阪会議が開かれる。しかしこれは会議などではなく、囲碁会のようなものの合間に語らったもので、会合にすぎないものだったという見解がある。『明治天皇紀』をみても、「明治八年一月八日…参議大久保利通、大阪に於て宮内省出仕木戸孝允と会見し、其の帰京を促す、孝允応ぜず、尋いで参議伊藤博文亦来りて説く所あり、遂に帰京することに決す、初め利通の大阪に到るや、孝允亦下関より大阪に来り、是の日、二人相会して互に赤心を吐露す…」（宮内省『明治天皇紀』第3、379頁、吉川弘文館、昭和44年）と記述しているのみであり、2月11日の会議については、何の記述もない。したがって、会議ではなく、会合にすぎなかったようである。しかしここで、正院、左院、右院の太政官三院制を改め、太政官（正院・行政）、元老院（立法）、大審院（司法）、地方官会議（地方自治）によって構成される三権分立を模索する新国家体制が合意された。これによって木戸は、参議に復帰することを約束した。そして合意は、早くも4月14日の「立憲政体の詔勅」（明治8年の聖詔）によって前進することとなる。

立憲政体の詔勅と司法改革　この新国家体制の意見を主張した木戸は、副使として参加した岩倉米欧回覧から帰国の後、憲法制定の建議と三権分立制を主張し続けてきた。山田もまたこの意見に、常に賛同してきた。そこでさっそく、司法大輔山田顕義は、司法卿大木喬任と共に、大審院設置をはじめとする司

法改革に着手した。

　まず、8 年 5 月 24 日「大審院並諸裁判所職制章程」を定めて、裁判所を大審院、上等裁判所、府県裁判所（9 年 9 月 13 日地方裁判所と改められる）とすると同時に、控訴、上告手続を規定した。さらに 9 年 2 月 22 日には代言人規則を定めた。こうして山田は、裁判制度の近代化を急いだのであった、

　旧刑法・治罪法の制定　　また繰り返すが、近代法の編纂にも携わることとなり、司法大輔のまま、8 年 9 月 8 日、司法省刑法編纂委員長を兼務した。さらに 11 年 2 月 27 日元老院刑法草案審査局委員となり、旧刑法（13 年 7 月 17日布告、15 年 1 月 1 日施行）の編纂に当たる。その経緯と成果については、別稿（第 5 章）ですでに述べた。

　なお、治罪法（23 年 11 月 1 日法律 96 号として制定される。現行法では、裁判所構成法・刑事訴訟法に相当する）は、9 年大木司法卿、山田司法大輔のもと司法省において編纂を開始した。そして 10 年 12 月 17 日治罪法取調掛を設け、大検事岸良兼養が委員長に就任した。ここでもボアソナードが草案起草者となった。ボアソナードは、仏国治罪法を中心にドイツ・オーストリア・エジプト等の諸法を参照して、日本帝国刑法手続法書草案 650 ヶ条を仏文で起草した。これを岸良らが翻訳すると同時に数次の改定を加え、12 年 6 月に成案を得たので、9 月 25 日刑法と同様に委員を置いて審査することとし、12 月 24 日治罪法草案審査委員会（総裁柳原前元老院幹事）を設置した。委員会はこれを審議し、530 ヶ条の治罪法審査修正案を、13 年 2 月 27 日に内閣に上申した。内閣はこれを審査し陪審に関する条文を削除し 480 条として、4 月 9 日元老院の議に付した。元老院は若干修正を加えたが、480 ヶ条に変化なく、そのまま旧刑法と共に 13 年 7 月 17 日布告され、15 年 1 月 1 日より施行となった（前掲『明治文化史』(2)、436 頁）。ここに近代裁判制度が確立したこととなる。この後の経緯については後述する（135 頁以下）。

　飯田町邸の新築　　8 年 9 月頃（9 年説あり）、山田は、麹町区飯田町 6 丁目 21 番地に大邸宅を建築し、転居した。「この邸宅は和洋折衷の建物で、『土地高燥にして頗る遠望に宜しく、駿河台と東西相対し、四時の光景尤も佳なり、これ君が深く吟詠に耽りし所以なり』（前掲『山田顕義傳』901 頁）で、邸宅からの眺望が大の気に入りだった。

自邸を初めて持った山田の気持は晴れやかだった。ここ飯田町の新邸に山田は龍子夫人と母鶴子と共に移った。子供にはまだ恵まれなかった。この転居を機会に、家人や下僕や数人の女中を雇った。まず家令としてか、家扶としてか、佐々木という者を雇用した。名も経歴も不明であるが、山田が宍戸璣に出した10 年2 月28 日の手紙に、その名が出てくる（前掲『宍戸璣宛、山田顕義書翰集』69 頁）。また下僕として、松蔵も雇用した。松蔵の存在は『宍戸璣宛、山田顕義書翰集』の10 年2 月24 日「留守之義萬々御願仕候、時々松蔵御呼被下…」とか、28 日「…松蔵等ニも其節に不到てハ御談御無用ニ奉存候」とか、3 月4 日「乍御面倒下人松蔵へ御下渡奉願候」等の書翰にみられるが、文章からして最も信頼した雇人であったようだ。しかしその氏や経歴は伝わっていない。その他、庭師や、馬丁、家事手伝いの女中なども数人雇った。

　家庭生活は平穏だった。山田はその意味を込めながら、9 年2 月頃、次の漢詩を作った。「今歳霜気甚寒（今年は霜気が甚だ寒し）　杉田染井未聞梅花消息（杉田、染井、未だ梅花の消息を聞かず）　而家園之梅一枝早已放芳（而るに家園の梅一枝は早くも已に芳を放つ）　歓喜無窮（歓喜窮まり無し）　因有此作（因りて此の作有り）」。つまり、「今年は寒気が厳しい。杉田（横浜の梅の名所）、染井（梅や桜の名所で木戸孝允の住む都内染井村）からも、まだ梅の花が咲いたという知らせは届いていない。ところが、我家の庭園では、早くも一枝、梅の花を着け、芳香を放っている。この上も無く嬉しく思い、この詩を作った」と題して、「大都千里幾詩人（大都千里幾詩人）　誰識家園風物新（誰か識る家園風物新たまるを）　早已林端着生意（早くも已に林端生意を着く）　一枝花影満城春（一枝の花影満城の春）」（前掲『学祖山田顕義漢詩百選』109 頁）と吟じている。山田はどこよりも早く家園に咲く一枝の梅花に、春の招福の兆を感じて「歓喜」しながら、新邸建設の喜びを表現したものと感じられる。

社会不安の増大と西南戦争への参戦　しかし社会不安はいまだ収まらなかった。前出（59 頁）したが再び引くと山田は、「乙亥除夜　〔題注〕　明治八年」と題して、「半化半開人未全（半ば化し半ば開き人未だ全からず）　邦家内外杞憂纏（邦家内外杞憂 纏る）　此間獨有悠然客（此の間独り有り悠然たる客）　風雪城中又送年（風雪城中、又年を送る）」と吟じた。つまり「文明はまだ十分に開化しておらず人々は中途半端な状態にいる。国の内外で問題が百出し、皆、

第7 章　明治政権中枢にあっての出来事　97

杞憂にとりつかれている。しかしここに独り悠然と構え、今年もまた風雪の街の中で暮れ行く年を見送る人（山田）がいる」と作している（前掲『学祖山田顕義漢詩百選』106頁）。この山田の杞憂は的中した、9年3月廃刀令が布告され、士族の不満が爆発した。神風連の乱、秋月の乱が起こり、また山田の郷里山口でも松陰門下の前原一誠（佐世八十郎、参議、兵部大輔。9年43歳刑死）らが萩の乱を起こすなど、社会の混乱が相次いだ。

　そしてとうとう10年2月、西南戦争が勃発した。陸軍少将の山田は出働要請があることを予想し、2月28日、親友の宍戸璣に万一の際の借財等の整理と処置（身辺整理）を頼んでいる。「…過日も申上候通、家事随分錯乱致居候故、万一之事有之候節ハ、一切之所蔵物と借債とを比較致候ヘバ、充分之餘贏可有之と存候間、其辺ハ御含置奉願候。此事ハ先ツ御胸中ニ御秘蔵成置被下、佐々木、松蔵等ニも其節に不到てハ御談御無用ニ奉存候。右御願迄、草々如此。拝具」（前掲『宍戸璣宛、山田顕義書翰集』68〜69頁）と、依頼の手紙を送っている。新築した飯田橋の大邸宅の土地購入代、家屋建物建築代、庭園築造代、そしてこれらの維持管理代は膨大であったようである。多大の収入があった山田でも借金は多額だったようだ。

　10年3月19日山田は陸軍少将として、別働隊第二旅団司令長官となり西南戦争に出動した。当初は、苦戦したが、4月11日政府軍が籠城している熊本城との連絡に成功し、勝利の端緒を開いた。4月18日より、別働一・第二・第三・第四旅団をも総轄指揮した。山田の戦いぶりについて『朝野新聞』をみると、「其の後内乱屢々起り干戈を動かしたることも少なからず。而して戦毎に伯（山田）の手を煩はさざることなし。十年の役、伯また命を奉じて軍中に在り。常に奇策妙籌（はかりごと）等を案じ賊胆を挫きたること幾回なるを知らず。桐野利秋（西南戦争西郷方副総師、10年戦死39歳没）驍勇を以て天下に鳴る。其の官軍を見る殆んど児戯の如し。而して一日人に向ひ山田に遇はば勝敗の数いまだ測り知るべからずと語りたる如き、以て伯の用兵神の如きものありしを想見するに足るべし」（『朝野新聞』25年11月13日号。（ ）内は筆者加える）と報道している。

　こうして「用兵神の如きものありし」陸軍少将山田顕義は、別働旅団の長として出役し、偉勲を樹てる。そして9月24日西郷隆盛の自刃によって西南戦争は

終結した（写真12）。

兄とも慕う木戸孝允の死

ただこの戦の渦中の5月26日、京都にいた木戸孝允が肺患で死去した。享年44歳であった。九州の戦場にあって臨終に会することはできなかったが、山田にとって木戸は、松下村塾以来、兄とも慕う存在であったし、

写真12　西南戦争終結後の山田顕義（左から4人目）

木戸もまた山田に特別の関心を持ち、常に阿吽の呼吸をもって事を処してきた間柄であった（妻木忠太編『木戸孝允日記』全3巻、日本史籍協会、昭和8年参照）。ここに山田は最大の支持者であり後見人の木戸孝允を失ったのである。

西南戦争終結と伊香保温泉での療養

10年9月27日西南戦役終結による諸兵解体の命が下った（「陸軍達」は10月1日）。山田は9月29日鹿児島上伊敷村（現・鹿児島市伊敷町）を発し、金川丸で帰京の途に就き、10月4日東京に凱旋した。

山田は、1ヶ月の賜暇を願い出た。実は『山田中将日記』に「明治十年九月十日、臥病（がびょう）」とあり、以後それから1ヶ月を経過しても、病気に苦しめられていたからである。そこで10月16日、開湯300年で紅葉の名所としても名高い、上州（群馬県渋川）伊香保温泉へ静養の旅に出た。『山田顕義傳』には、「西征凱旋の後、宿恙未癒（しゅくようみゆ）、医師の勧めによって、温泉に治療すべく、十月十六日東京を発し、その夜上州高崎に一泊、十七日夜半伊香保に着、木暮旅館に投宿した」（前掲『山田顕義傳』569頁）とある。温泉療養を勧めたのは侍医岩佐純（宮中顧問官）とか、あるいはベルツ（Erwin von Bälz、独国人内科医、9年東京医学校教授、宮内省御用掛、1849～1913、64歳没）とかいわれている。なおベルツは明治13年『日本鉱泉論』を著わし、伊香保温泉を例に模範的な温泉療法作りを日本政府に提言している。山田の病状は「恙虫（つつが）」による皮膚病と思われるが、「コレラ」に感染していたという説もある。『ベルツの日記』の10年10月4日の条をみると、「…叛乱が終わるか終わらないかに、早くも新しい凶事がおこっ

第7章　明治政権中枢にあっての出来事　　99

た。コレラである。シナから潜入して、まず横浜に、次いで間もなく東京に出現したが、さほど広がるにはいたらなかった。…横浜では少しひどかった。日に死亡およそ二十名、ほとんど全部が日本人である。…ところが今日、本土の南部と九州にあるほとんど全部の鎮台にコレラが発生したとの報道に接した。…」（トク・ベルツ著、菅沼竜太郎訳『ベルツの日記』第1部上、37頁、岩波文庫、昭和54年）とあり、コレラが流行していた。皮膚病にしろコレラにしろ、いずれにしても伝染病なので、山田は一人旅であった。榛名山腹の東斜面に、石段を積み上げて宿を建て、湯煙を立ち上らせている伊香保温泉は、塩類性含鉄炭酸泉で、特に皮膚病には良いとされている。

　山田はここ伊香保温泉に長期逗留し、病気平癒に努めながら数首を作った。その中の一首を挙げると、「清暇温泉浴（清暇たり温泉浴）　怡然心似仙（怡然として 心 仙に似たり）　香山黄葉夕（香山黄葉の夕べ）　獨聴水音眠（独り水音を聴いて眠る）」（前掲『学祖山田顕義漢詩百選』153頁）というものである。滞在中紅葉の季節となり、山々が錦を纏ってきた頃、山田の病も良くなったようである。

　こうして山田は伊香保で、療養の数週間を過ごした後、東京に戻ることにした。そこで推定だが帰京の旬日前、母鶴子、妻龍子を伊香保に呼び寄せた。2人は下男の松蔵を伴って、やって来て、温泉に浸かることができることを大変喜んだ。

　「山口を思い出すわ、湯田温泉を思い出しますね」と母と嫁は口々に言い合った。特に龍子は実家山口湯田温泉「瓦屋」の両親を思った。元気だろうかと思った。こうして寛いだ1週間を過ごした。家族団欒の逗留にもなったのである。

陸軍中将への昇進　　山田の西南戦争での評価は高かった。「山田が戦術家として、一段と世間に喧伝されたのは、西南戦争からである。『山田顕義は西南戦争に功績を顕した』と、朝比奈知泉（『東京日日新聞』主筆）、徳富蘇峰（文化勲章受章者）、伊藤正徳（時事新報社社長）、木村毅（明治文化研究家）等が評するように、この時の功績は特に顕著であった」（前掲『山田顕義傳』567頁。（　）内は筆者加える）。よってその戦功により10年11月9日勲二等に叙せられ、旭日重光章を授けられた。そして勅語を賜わった。また12月15日には、賞高（彰功）年金600円が下賜された。そして翌11年11月20日には、陸軍中将に

任ぜられた（35歳）。

長男金吉の誕生　こうして山田が永光の道を歩いている中で、12年7月11日、待望の長男が誕生した。金吉と命名した。金のように貴重で、大切な跡継ぎだからである。顕義36歳、龍子夫人31歳の時の子である。山田はついに、嗣子を得たのである。母鶴子も大変喜んだ。その喜びようとてなかった。山田の「家」が継承できること。顕義の血統が保持されることに安心した。ただ夫人が31歳の初産であり、当時としては高齢出産だったので、金吉は小さく生まれた。未熟児と思われる程、軽量であった。

3　工部卿時の出来事

参議兼工部卿に就任　山田は、12年9月10日参議（太政大臣、左右大臣の次位で、正三位相当。18年廃止となる）兼工部卿に任ぜられた（36歳。12年9月10日〜13年2月28日）。伊藤博文と井上馨の推薦だった。山田が参議として閣議（12年から非公式にこう呼ぶこととなり、左右大臣、参議の合議体である）に列することとなったのはこの時からである。工部省は、鉄道、鉱山、電気、工作、燈台、営繕、書記、会計、検査、倉庫の10局と、工部大学校を管轄としていた。山田は惜しくも25年、生野銀山の坑道で薨去するが、銀山見学を思い立ったのは、工部卿を経験したことが一因であった。

　山田の工部卿在任は、わずかに5ヶ月である。短期間なので特筆すべきことは少ないが、二、三を記しておくこととしたい。

工部大学校で祝辞を述べ卒業証書を授与　山田は、12年11月8日工部卿として、工部大学校（のちの東京大学工学部。緊急に工業技術者を養成するため、文部省とは別に工部省管轄で工部大学校を創設した。ヘンリー・ダイアー〔Henry Dyer、英国人、1848〜1918、70歳没〕が教頭に就任）の第一回卒業式に出席し、祝辞を述べた。『東京日日新聞』によると、「昨八日工部大学校にて執り行はれし同校生徒卒業証書授与式には、有栖川（宮熾仁親王、兵部卿、元老院議長、陸軍大将、左大臣、近衛都督、参謀総長、28年61歳没）、東伏見（宮彰仁親王、旧姓小松宮彰仁親王、兵部卿、英国留学、陸軍大将、近衛都督、参謀総長、元帥、36年58歳没）、北白川（宮能久親王、プロシア陸軍大学校留学、陸

第7章　明治政権中枢にあっての出来事　101

軍中将、近衛師団長、28年49歳没）、伏見（宮貞愛親王、ベルリン大留学、陸軍中将、内大臣府輔弼、大正12年66歳没）の宮方、三条（実美）、大隈（重信）、大木（喬任）、寺島（宗則）、川村（純義）の諸公、其他外国大使等も臨席せられ、工部卿（山田）の祝詞、大鳥工作局長（圭介、箱館戦争時の敵将、清国駐箚公使、44年78歳没）の演説もありて授与式を終られたり。…」（12年11月10日号。（　）内は筆者加える）とあり、山田は卒業式の盛典の中で「祝詞を述べ」、また「卿自ら卒業者に証書を授与」（前掲「明治事物起原」『明治文化全集』別巻、488頁）している。

飯田町邸の火災と盗難被害のこと　　その他、この時期の出来事を述べるならば、12年11月15日付の宍戸璣宛の手紙に追伸として「尚々、過日は火災盗難見舞為被下、早速御礼可申上候処、拝顔之節と存、　甚　等閑ニ打過申候。乍末筆一応御礼申上候也。肉戸（宍戸璣）様　山田」（前掲『宍戸璣宛、山田顕義書翰集』66頁）とある。これによると、飯田町の自邸で、火災と盗難があった模様である。日時はわからないが、手紙の本文に「…明日御清閑ニ被為在候ハバ、拙宅ニて晩餐差上度ニ付、午後三字より御来臨被下間布哉。杉（孫七郎、宮内大輔）・野村（素介、元老院議官）辱知（知り合い）へ案内仕置候。乍御面倒御一答奉願候。頓首　十一月十五日」（前掲『宍戸璣宛、山田顕義書翰集』65頁。（　）内は筆者加える）とある。修理、補修を終えての晩餐への誘いであると思われるので、火災、盗難は数週間あるいは1ヶ月程前であったかも知れない。火災については、ずっと後のことだが、24年4月23日の『読売新聞』に、「昨日午後二時十五分麹町区飯田町六丁目廿一番地パテルノストル方の物置より出火し、物置二棟焼失して、同三十分鎮火せり」（24年4月23日号）とある。山田は、23年3月音羽町邸を竣工させ、飯田町邸は司法省御雇パテルノストル（Alessandro Paternostro、1852〜1899、47歳没）に賃貸していたが、失火のあったことを伝えている。なお山田には、前掲書翰記載の野村素介の他野村の姓を名乗る者で親しく接したもう一人に、野村靖（和作、靖之助。松下村塾、外務大書記官、駐仏大使、内務大臣、逓信大臣、42年68歳没）がいる。松下村塾の同門で内務大臣を務めた人である。しかしここに野村とは素介（範輔、素軒。文部大書記官、元老院議官、貴族院議員、昭和2年86歳没）であると思う。『木戸孝允日記』の、9年2月18日の条に「…一字過より杉孫七郎と野村素介を訪

ひ、宍戸璣、山田顕義等と共に舟を浮べ、深川平清樓に至る…」とあったりして、文中の4人は常に、きわめて親密であったからである。

また、12年11月23日付の手紙で宍戸璣に「見事之御品、老母回暦御祝為 可 被 下、御贈被下、難有拝受仕候」とあり、山田の母鶴子への回暦祝賀祝（かいれき）（なしくださるべく）を御恵贈下さったことへの御礼を申し述べている。そして「先日賀宴相催候節…御案内書下人共より差上候事を失念致居候事発覚致候」として祝宴案内状を出し忘れたとの詫文を添えている。通常、「回暦」は新年をいうが、11月23日の書面であることから、「五十五歳」（母鶴子は文政9年陰暦2月9日生まれである。還暦祝という説もあるが、そうだとすると文政3年生まれとならねばならない。そうすると父顕行は文政6年生まれなので母鶴子は年上となり疑問である）の祝ではなかったかと思う（前掲『宍戸璣宛、山田顕義書翰集』60頁）。

4　参議専任時の出来事

参議専任となり太政官法制部・司法部を主管する　　明治13年2月28日、山田は参議専任（37歳。13年2月28日〜14年10月21日）となった。参議省卿分離制が実施されたからである。山田の主管は太政官法制部と司法部で、司法大輔の経験を活かすことが求められた。7月17日には、前述した司法省刑法編纂委員長や元老院刑法審査局委員を務めて、編纂した旧刑法が布告（太政官布告36号）された（施行は15年1月1日）。

なお参議（専任）山田は、13年6月「国体ヲ議定スヘキ事」を太政官に建議した。また14年9月に、「憲法按」を左大臣有栖川宮熾仁親王に捧呈した（前掲『山田顕義傳』998頁）。その後15年4月まで推考を重ねた「憲法私按」を、今度は、右大臣岩倉具視に捧呈した（「明治十四年九月山田参議取調」として岩倉家文書の中に収められている。前掲『山田顕義傳』605頁）。この憲法草案について、大審院判事を歴任した尾佐竹猛は「山田は明治五年〜七年青木周蔵が、木戸孝允の委嘱を受けて、大日本政規草案（帝號大日本政典）を起草した頃から、憲法問題については、特に関心を持っていたようである」と述べている。さらに、同氏は「この案は全体として余程整って居り、他の建議よりも進んでいる」と評価している（前掲『山田顕義傳』606頁参照）。

長男金吉の死去と第二妻の迎え入れ　　こうして参議専任としての山田の公務は順調だったが、私生活においては、生涯最大の不幸が襲った。哀(かなし)みが訪れたのは、13年3月22日であった。宝である嫡子金吉が死去したのである。生後わずかに7ヶ月であった。高齢出産のためか、蒲柳の質で生まれたとはいえ、あまりに短い生涯である。山田の落胆ぶりは、目を覆うばかりであった。暫くは参議職も手につかなかったようだ。龍子夫人は床に伏してしまった。母鶴子も同様悲しみの中にあったが、しかし暫くしてのち、意外なことを言い始めた。推定だが、第二夫人（妾）を養うべきだと、口にして、公言し始めたのである。山田は龍子夫人の心情を考え躊躇したが、親の言葉には逆らえない時代である。

　ここ飯田町6丁目の大邸宅には、山田と龍子夫人と母鶴子が同居していた。また用人で家扶と思われる佐々木や下僕の松蔵や書生の小島與(とも)、その他庭師や馬丁や駆者や、女中達数人と、中にはその家族が、別棟で居住していたが、少々その広さを持て余していた。そこで離家(はなれや)を作り、第二妻を入れて養えと、母鶴子は主張したのである。山田も龍子夫人も最初は逡巡したが、母の強い進言に次第に軟化し、龍子夫人もこの言葉に賛同するようになった。すでに龍子は32歳に達していた。「もう子を授ることはできないのではないかと思っていた」。このままでは山田の家や血脈が絶えてしまうという心配が龍子夫人には強く芽生えていた。

祖先祭祀と一夫多妻制　　祖先祭祀の信仰が濃厚で絶対ともいうべき時代である。当時の結婚は、まさに「祖祭継続の為めに子を挙げることを目的とする両性の結合であった」（穂積陳重『祭祀及礼と法律』70頁、岩波書店、昭和3年）。このことから、我が国は永く祖先祭祀の対象者である男子出生の目的をもって一夫多妻制を容認してきた。

　つまり「若し其正配偶者たる妻に男子無き場合に於ては、祖先の祭祀を継承し家名を相続すべき血統の後裔を得て、祖祭の廃絶を万一に予防することは、子孫たる者の祖先に対する至大の義務である。故に、妻が若し子無きときは、之を去って新たに妻を迎えてもよく、又数妻を娶るもよい。正妻以外に婦女を納れて、之をして寝席に侍せしめて子を挙げることも亦よいのである。又既に男子あるときと雖も、尚ほ其夭折等の為めに血統の断絶するの虞あるを慮り、祖祭継承の安固を図る為めに婦女を納れることもあるのである。これ畜妾が国家の

法制に依って公認せられるに至った所以である」（前掲『祭祀及礼と法律』48～
84頁より参照）とする。つまり子供を設ける、跡継ぎである男子を出生させて、
祖祭の継続をはかることが、結婚の目的であり、本旨とした時代なのである。

　したがってこの当時は、長く継続してきた一夫多妻制を容認していた時代で
あった。我が国の一夫多妻制を少しくふり返ってみると、「魏志倭人伝」にみえ
る「其俗国大人皆四五婦、下戸或二三婦」はその初出である。法制度において
も、奈良期「養老令、儀制令、五等親条」で、「妻妾…為二等」との定を置いて、
一夫多妻制を明確化している。明治政府は、この千年来の長い伝統を継承した。
このことは第5章2(3)でも述べたが、3年12月20日頒布された新律綱領は、
「五等親図、二等親」に「妻妾」を同等に置いた。その後、6年6月13日には、
新律綱領を補って改定律例が頒布され、新律綱領と並んで施行されたが、指摘
する規定について変動はなかった。

　そしてその取扱いについては、一夫多妻制の原則を維持すべく、妾（第二妻以
下）に対しても、妻に対すると同様法律婚主義が取られた。8年12月17日太
政官は、「妻或ハ妾ノ名ヲ以テ其筋ニ届出送入籍セザル者ハ妻或ハ妾ト公認スヘ
カラサル儀ト可相心得事」（史官編纂『法例彙纂』民法之部第1篇人事第2巻、
153頁、博文本社、明治8年）と布告した。さらに華族の場合には、妾の存置
や、存在を宮内大臣に届け出なければならなかった（前掲「明治事物起原」『明
治文化全集』別巻、68頁）。山田は17年8月7日伯爵となるが、届出について
は判明しない。すでに山田が13年公布し15年1月1日施行した旧刑法では
「重婚罪」（354条）を定めたが、民法上の適用は、曖昧であり（前述67頁以下）、
我が国は、一夫多妻制を取っていたのである。

　この一夫多妻制を一夫一妻制にしようとする法制度は、前述したように、ま
ずもって山田が編纂（司法省刑法編纂委員長）し、審査（元老院刑法草案審査局
委員）した、旧刑法114条「親属例」から、「妾」の文字を削除し、さらに354
条で「配偶者アル者重ネテ婚姻ヲ為シタル時ハ六月以上二年以下ノ重禁錮ニ処
シ五円以上五十円以下ノ罰金ヲ附加ス」として重婚を犯罪としたのに始まる。
山田の先駆性と国際性の賜物からであるといえるのだが（66頁以下参照）、確実
なものとしたのは、これも山田が自ら編纂を主導して制定公布した、23年10月
6日公布の民法（旧民法）人事編31条「配偶者アル者ハ重ネテ婚姻ヲ為スコト

ヲ得ス」であった。しかしこの「旧民法典」は、26年1月1日施行と決定していたが、未曽有の論争である法典論争が起き山田の尽力空しく無期延期となる（220頁以下参照）。山田は25年11月11日死去したので、以下のことは知らないのだが、25年11月22日、「民法及び商法施行延期法」（25年5月6日貴族院議決、6月10日衆議院議決）を天皇が裁可、24日官報に掲載されて、29年12月31日まで延期となった。さらに29年12月29日、民法人事編は、民法財産取得編14章・15章・16章の相続法部分と共に、1年半つまり31年6月30日まで再延期となった。これらの延期期間中に新たな民法編纂が行なわれ、「明治民法典」（現行民法）が公布されたのは、財産法部分が29年5月27日であり、身分法（人事法）部分は、31年6月21日のことであった。そして共に31年7月16日に施行された。ここに山田編纂の旧民法典は、無期延期（廃止）となるが、一夫一妻制は旧民法典同様に、明治民法典766条「配偶者アル者ハ重ネテ婚姻ヲ為スコトヲ得ス」で採用された。したがって、我が国において民法上一夫一妻制が施行されるのは、31年7月16日のことである。それまでは前述のごとく、刑法で重婚は禁止されていたものの（旧刑法354条）、民法制定までは、民法上の適用は曖昧な状態にあり、確実に一夫多妻が禁止されるのは、明治民法（現行民法）親族法旧規定施行の31年7月16日からなのである。

　山田の母鶴子が、山田に第二夫人（妾）を持つべきだと言い始めたのは、先に述べたように、13年3月22日、長男金吉が死去して暫くしてのちのことであった（推定）。心境の錯綜はあったが、龍子夫人も32歳で高齢出産の危惧もあり、結果的には同意した。山田も同調せざるを得なかった。祖先祭祀の信仰上、どうしても男子の出生を得なければならなかったからである。

山田の女性関係その1、福田美和　そこでこれも推定だが、第二夫人（妾）として、福田美和という女性を飯田町邸に迎え入れた。福田については、「福井の方」で、「顕義が連れてきた」、「一生山田家に仕え」、「山田の庶子梅子を龍子夫人と共に育てた」。また「庶子梅子が肺病のため、梅子が生んだ千代子、顕貞、貞夫の三兄弟。つまり山田の孫を龍子夫人と共に親代りとなり育てた」。「大変な美人であった」。そして「父親は寺子屋の師匠で、美和も相当教育のあった人であった」という（前掲『シリーズ学祖・山田顕義研究』第4集、109頁）。これだけしかわかっていない。年齢も経歴も多く不明であるが、第二夫人（妾）と

するのであれば、年若く出産適齢でなければならず、歳は 20 代前半くらいまでということになろう。しかし福田美和の正確な年齢も伝えられていない。また「父が寺子屋をやっていた」というが、これは当時の零落武士の典型である。これも推定で確証はないが、美和は福井から京都に出て芸妓となった。伊藤博文か井上馨だったかも知れないが、あるいは生前の木戸孝允（京都土手町に別荘があった）に愛顧され、宴会には必ずといって良いぐらい喚ばれていた。美和と山田はこの宴席で知り合った。山田は気に入っていた。そして木戸の妻松子（芸妓名幾松）も、この人ならばと太鼓判を押し、推薦した。そこで山田は福田美和を東京に呼び寄せ、第二夫人（妾）とした、といったストーリーではなかったかと思う。推定の域を越えないが、おそらく、このようなことではなかったか。こうして福田美和は、山田の第二夫人（妾）となった。ただ山田は第二夫人とする入籍届（前出の 8 年 12 月 17 日太政官布告）を出していたかどうかは判明しない。また山田は、17 年 8 月 7 日、伯爵となるが、宮内大臣に第二夫人を届け出たかどうかについてもわかっていない。しかし福田美和は「一生山田に仕えた」ということである。そして福田美和にも子は恵まれなかった。これも推定で、新聞等の資料には出ていないが、山田の明治 25 年の帰郷の旅に同行し、女性ということで生野銀山坑道には立ち入ることはできなかったが、山田の臨終に立ち会うことができた、唯一の近親者は、この美和ではなかったかと思われるのである。

この推定は、前述（ii 頁）したように、昭和 63 年 12 月 20 日に行なわれた山田家護国寺墓地の発掘で、龍子夫人の髪束とは明らかに異なる女性の髪束が埋葬されていたという事実があるところからである。誰のものかまでは調査されなかったが、筆者は福田美和のものではないかと推定している。

山田の女性関係その 2、庶子梅子の母　なお山田には、他に 3 人の親密な女性がいた。前に少し触れたが、そのうちの一人は、長女（庶子）梅子（ムメ、19 年 11 月 28 日誕生、大正元年 12 月 17 日没、享年 27 歳）の母親である。その氏・名も不明であるし、人物の詳細もわからない。ただ「東北の人」、「秋田の人」であることと、「顕義があとで困らないように、ちゃんと約束事で手を切ったはずなのに、何度も来て困った」（前掲『シリーズ学祖・山田顕義研究』第 3 集、23 頁）というぐらいのことしかわかっていない。「何度も山田の許に来たとい

写真13　音羽町邸での幼い頃の山田梅子（前列右端）

う」が、それはお金の無心であったと思う。山田は、この女性を、一旦は妾とし（届出については不明）、梅子まで産ませたが、手を切り絶縁したようだ。この女性が産んだ山田の子梅子（写真13）は、19年11月28日生まれなので、山田はすでに43歳であった。17年8月7日には伯爵となり、12月27日には叙従三位に任ぜられていた。18年12月22日には、内閣制度が発足し、初代司法大臣に就任し、19年10月19日には叙従二位となっていた。多忙な日を送る中で、どこで知り合ったのかもわからないし、山田も明らかにしていない。前述したように、山田には正妻龍子との間に12年7月11日、長男金吉が誕生したが、翌13年3月22日、生後わずか7ヶ月で夭折した。したがって庶子梅子は、金吉の死亡から6年後に誕生したのである。『山田顕義傳』では、この梅子は「里子として他家にあずけられて成長した。松平英夫（会津藩主松平容保（かたもり）の三男、乃木大将の副官、貴族院議員、昭和20年70歳没）が梅子と結婚し、山田伯爵家（第四代）の選定相続人となるにいたって、三十九年七月四日山口県吉敷郡山口町下堅小路百八十二番地、士族前田済三の妹として、一旦前田家に入籍、改めて英夫と結婚したのである」（前掲『山田顕義傳』26頁。（　）内は筆者加える）とあるが、多少異なる説もある。それを述べると、山田は、長女に当たるこの梅子を自分が引き取り、龍子夫人と第二夫人（妾）福田美和に育てさせていた。その後、旧山口藩の下級武士だった前田済三（鉄砲隊足軽）にあずけ、里子（養育料を出して養ってもらう子）として養育してもらっていた。だが梅子が、山田の実の長女であるということは、顕義にとって最も近い血縁者である。長男金吉亡きいまとなっては、梅子が唯一の血統を継ぐ子である。何としても山田家に迎え入れなければならない。そこでさらに井上馨の養女としたのち、山田家に入籍させた、という説である。ただこの説を取ると、龍子夫人も結婚の際、一旦井上の養女となっているので、梅子は龍子夫人の義妹となる。このようなことをしたとすれば、やはり山田は世間体を憚ったからだろうか。

山田伯爵家は、顕義が 25 年逝去した後、養嗣子の久雄（顕義の実弟繁栄の次男）が、第二代伯爵を継いだ（前掲『山田顕義傳』24 頁）。しかし久雄（5 年生まれ）は、26 年 1 月よりヨーロッパに留学したが、宮岡謙二『異国遍路旅芸人始末書』139 頁では、ロンドンで英文学を研究中死去とある。また『井上馨伝』ではベルリンで死去したので、井上が遺骨を持ち帰ったとある。さらに『山田顕義傳』では、帰国して自宅で死んだとある。他に、ドイツから帰国したが自宅に帰る暇もなく日赤病院で亡くなったという説もある。いずれにしても 25 歳の若さで 30 年 4 月 12 日没した。そこで山田伯爵家の存続のため、伊藤博文と井上馨が相談し介入して、河上家を継いでいた顕義の実弟である繁栄（久雄の実父）を、第三代伯爵として相続させた。その後 39 年 3 月、行年 60 歳で繁栄が死去した。そこで、庶子梅子（21 歳）を結婚させて伯爵家を存続させようと、乃木希典（陸軍大将、大正元年 65 歳自刃）が仲介したとする見解もあるが、山川健次郎（旧会津藩相談役、東京大学総長、枢密顧問官、昭和 6 年 79 歳没。なお、兄山川浩は西南戦争時、山田が旅団長で浩が副官の中隊長であった。陸軍少将、貴族院議員、31 年 55 歳没）が奔走し、旧会津藩主松平容保（京都守護職、26 年 59 歳没）の三男英夫を入婿として梅子と結婚させ、山田家に入れて、選定家督相続人として第四代伯爵とした。梅子は、長女千代子（40 年 6 月 1 日生まれ、薩摩治郎八と結婚、昭和 24 年 42 歳没）、長男顕貞（42 年 3 月 18 日生まれ、昭和 20 年 8 月 1 日第五代伯爵、日本大学法学部教授、昭和 48 年 60 歳没）、次男貞夫（44 年 10 月 22 日生まれ、陸軍大尉、昭和 19 年 33 歳没）の二男一女を産み顕義の血統を保持したが、結核にかかり、麻布笄町の新邸（山田亡き後音羽邸より移り、建てた邸宅）の別棟で、ひっそりと隔離生活を送り、子供達ともなかなか会えないまま、大正元年 12 月 17 日没した。行年 27 歳の若さであった。この梅子の母親が、山田と親密に関わった女性の 2 人目である。

山田の女性関係その 3、加藤ひなと風折烏帽子碑の建立

山田が親密に関係した 3 人目の女性は、加藤ひな（ヒナ、雛）である。ひなは安政 4 年生まれで、山田は弘化元年（正確には天保 15 年 10 月 9 日）生まれを称したから山田より 13 歳年下となる。『万朝報』（25 年黒岩涙香により創刊。昭和 15 年『東京毎夕新聞』に合併）によると、「お雛ハ元ハ神田区小川町の有福な小間物袋物商の長女と生れ」、幼時「金にあかして遊芸を仕込まれて、天性の利発さハ、忽

ち師匠も舌を捲く程に上達し、十七歳の時（明治6年、顕義30歳の頃か）何に感じたか親、親戚の制むるも肯かず、俄に仲の町芸妓となったるが、芸ハあり客姿ハよし愛嬌たっぷり何でも来いに早くも一流の姐さんとなり、故山田伯の愛顧を受けて飛ぶ鳥落す勢ひ」であったとある（42年7月6日号。（　）内は筆者加える）。「山田伯の愛顧」については、『国民新聞』にも、「元吉原仲の町で幅を利したおひなは其当時例の山田顕義伯の愛顧を受け、飛ぶ鳥を落す勢であった」とある（42年7月1日号）。この時代の有力者は、芸妓を愛妾とすることが多く、山県有朋は貞子（吉田貞子、新橋芸者）、桂太郎はお鯉（新橋芸者）、伊藤博文に至っては酒色を嗜み、ややもすれば世の指弾を免れなかったが、多くの愛妾を置き、ついには芸妓梅子（新橋芸者）を正妻とした。また木戸孝允も10年死去したが、妻は松子（芸妓名幾松、京都祇園芸者）であった。

　山田が、ひなを愛顧したことについては、そのことを示すものとして、山田から、ひな宛に出された手紙が遺されている。いずれもビジネス上の手紙であるが、たとえば、「小柳　三子　小花をつれて御出可被下候　若御まえさま御さわりならハ金八ニても御つかわし可被下候　九日　ひなさま　音羽」とか、「およふ　中の嶋　一中　長谷川　小柳　小てる　三子　千代　やつ子　小ちよふ　おろく　おミわ　十二月廿日　午後三時より　音羽へ御出の事」とかがあり、芸妓集めの仲介を担っていて、山田には信頼できる女性であった。また「今日司法省の人弐百人ほどまねき能をミセ候ニ付御ひなに候へハおよふ　小やな　金八なと五人はかりつれて御いで司被下候　六月廿八日　おひなさま　やまた」などもある（以上、日本大学図書館所蔵）。「音羽」とあるので、飯田町から音羽町へ移転したのちの、23年、24年頃の手紙と思われる。

　さらに「美人伝」になると「山田伯のおもひものとなり、隅田川下の蘆の洲を埋めたてた小島の、水に添ふた家へ、天下の歴々を引きよせ尽したのであった」（前掲「美人伝」叢書『『青鞜』の女たち』第9巻、178〜179頁）と記述して、ここでは、ひなを「山田伯のおもひもの」と表現している。そして「天下の歴々を引きよせ尽したのであった」として、山田は政治工作の場所として信用できる、ひなの料亭を使用していたことが理解できる。このようなところから、山田とひなは、特別の関係にあったことは明白で、山田は単なる贔屓筋や後援者ではなく、確証はなく推定だが、ひなは山田の妾的存在であったのではなかった

かと思う。ひなは、この「美人伝」に記されているように、「隅田川下の…小島の、水に添ふた家」で、料理屋を営んでいたという。

　そしてさらに『万朝報』をみると、山田の死の直後、新たな料亭を開いたことを伺い知ることができ、「廿六年頃から吉原を退き中洲に辰巳屋と云ふ待合茶屋を開き」とある（42年7月6日号）。26年に、加藤ひなは、すでに37歳になっていた。芸妓としては大年増で引退の時期でもあり、多年にわたり資金を貯めていたものとは思われる。しかし山田が25年11月死去して程なく、26年に新待合茶屋を出店している。ということは、生前の山田から、あるいは死後に山田家から、資金が醸出されている可能性もあり得る。そうだとすれば、山田家の関係者は、ひなを顕義の妾と認識していたと思われるのである。しかし加藤ひなにも、子は恵まれなかった。

　加藤ひなは、山田の逝去後、27年11月山田を偲ぶ三回忌に、葛飾の浄光寺（俗称、木下川薬師、東京都葛飾区東四つ木1丁目5番9号）に、「風折烏帽子碑」を建立した。山田への格別な敬意と愛情を感じさせるが、由縁について次のように刻している。「明治二十三年九月　殿の美濃国なからの川ニ鳥（鵜）飼を御覧せられし時たハむれに唱歌をものして従者の人ニしめしたまひ　又ことさらに画箋といふ紙ニしたためて下し賜ひたれハ永く我家の宝とハなしぬ　然るにわつか二歳をへし明治二十五年十一月十一日殿の生野の雲にかくれたまひし後ハ水茎の跡をなかめ奉りては袖に涙をたゝへつゝありき　されハ今常々御めくみを蒙りたる方ゝのすすめによりて此歌を石にきさみ都ちかき木下川のほとりに建て流れつきせぬ深き御こゝろをいく千代かけてこゝに留むるになむ　明治廿七年十一月　加藤ひな謹てしるす」と刻んだ。そして碑表面に「かさをりゑほし　こしみのつけて　きよきなかれの　なから川　なかれつきせぬいく千代かけて　君にささけん　あゆのうを　ふなはた　たゝゐて　ほほほ空」とあり、山田作の小唄「風折烏帽子」の歌詩を彫りつけている。

　そして建碑参同者の碑は別にあり、「空斎山田伯遺墨碑建設者　明治廿七年十一月　紫野曇叟」と題し、72名の氏名（多くは雅号や屋号）が刻まれている。これをみると、ひなの山田に対する親愛の情を汲み取ることができると同時に、山田の幅広い人間関係が浮彫りにされる感じがする。7段に分けて刻まれ、多くは雅号で記されているが、判明する人物だけを拾い挙げてみたい。また多くの

料亭名もあるが屋号でわかるものを記すと、次のようになる。

1段目には、冷灰（江木 衷。山田が編纂した旧民法典の施行に真向から反対した人で、ここで筆頭に挙げられているのは疑問であるが、妻江木欣々は新橋の元芸者で社交界でも名を知られていた。おそらく、ひなと親しかったのであろう）。殿山（山根正次。医師。司法省にも勤務した。山田危篤の報に接し、龍子夫人と共に姫路へ急行した人物。山口県出身）。播州（岸本辰雄。司法省法律取調報告委員。明治法律学校創立者）。栞艇（栗塚省吾。司法省法律取調報告委員。山田司法大臣秘書官）。都鶴彦（大倉喜八郎。大倉財閥の創始者。戊辰戦争、西南戦争をはじめとし、軍需品の調達で巨利を得る。大倉高等商業学校〔現・東京経済大学〕創立）。梅雪（伊坂国太郎。『時事新報』の劇評記者。加藤ひなが帝国女優養成所次長であった折、所長貞奴に迫りひなを放逐した人）、杉田幸（杉田幸五郎か）であり、他に、山田ほつほ、万寿堂亀翁、不休庵の名がある。

2段目には冨貴楼（横浜の料亭。女将のお倉は一世の女傑といわれた）。河文（名古屋の旅館）。秋琴楼（名古屋の旅館）。ハマ丁常盤家（東京浜町の料亭。44年3月31日の『万朝報』に「桂太郎の政友会招待は浜町の常盤」とあり、政界人がよく利用したことで有名）。松源（東京上野の料亭）、があり、他に、原すゑ、原寿々、桔梗屋兼子の名が刻まれている。

3段目は、宝生九郎（能楽シテ方、宝生流十六世宗家）。堀越団州（九世市川団十郎。明治歌舞伎界最高の名優）。寺島梅幸（五世尾上菊五郎。団十郎と並ぶ名優）。都以中（端唄の名手）。雷権太夫（第十五代横綱梅ヶ谷藤太郎）。清元菊寿翁（清元菊寿太夫。清元節浄瑠璃家元）。桃川如燕（杉浦要助。名人の聞こえの高い講談師）。武田屋とら（歌舞伎座茶屋10軒中の一つの武田屋の女将）。岡田きん（浜町岡田屋の女将）。その他、長谷川寿ゞ、藤屋喜英の名が載せられている。

4段目は、都一中（伊藤梅太郎。一中節〔浄瑠璃節の一つ〕家元）。三遊亭圧遊（円朝の弟子の落語家。ステテコ踊りで有名）。その他、都一広、都一いな、都漁中など一中一門と思われる名があり、さらに若松屋りゑ、山口志ほ、志免、延信、なを、今吉、つね等、新吉原、中ノ町、柳橋の綺麗どころと思われる者達の名が並んでいる。

5段目には、芳町の奴（川上貞奴。本名小山貞。芸妓ののち女優。帝国女優養

成所所長）。小マる（伊井てる。芸妓で貞奴とは昵懇であった）をはじめ、福助、いく、幸吉、まる、小蝶、りき松、小六、玉枝、小花、以ね等、新橋、日本橋、下谷、芳町の芸妓の名が列ねられている。以上の人々が、碑に彫刻されている建碑建設参助者である。この他のことはわからず、たとえば、どのくらいの参助金の醵出や協力を求めたかなどは、不明である。

　そして 6 段目及びその下の 7 段目は、主として建碑建設の実務に携わった人々を記している。まず碑文字筆者として関口夢界、遺墨の臨書者として宇田川暘谷の名がある。その後は当日の完成式典の参助関係者を挙げている。参助者との関連で、式典模様を推定すると、まず追善茶会があり、参加者を癒し、手厚く持て成し、接待した。それを献茶したのが、茶道宗匠の吉田樂叟と中根一竹であった。山田が茶道の愛好者であったことから、このような企画を催したものと思う。絵画の創作もあり、画工の担当は邨田丹陵（村田丹陵。著名な日本画家）で、「長良川鵜飼の図」を描いて披露した。そしてその絵は浄光寺に寄贈されて現存している。

　こののち建立式となったが、式司会と案内役（解説）を担ったのは、三遊亭円朝（出淵次郎吉。明治落語界最大の人物。中興の祖といわれる）で、建碑の由来や、山田についての経歴や逸話について紹介した。そして遺詠独吟に入った。吟詠者として選ばれたのは、清元葉（斉藤葉）で天与の美声の持ち主で、「お葉といえばその夫四代目延寿太夫（斉藤源之助）よりも尊（たっ）とまれ…日本橋、芳町、吉原などにて此家元に就かぬ中（うち）は芸人の仲間入出来ぬ位ゐなり」という程であった（『報知新聞』34 年 5 月 4 日号）。山田の作したどの詩を吟詠したかは、わからず、不明である。何分山田は生涯で 350 首以上の漢詩をはじめ、和歌、短歌、小唄など多数の詩を作っているからである。しかし必ず歌ったのは、小唄「風折烏帽子」であったであろうことはいうまでもない。このため碑を建立しているのであるから、間違いなく、当然歌ったものと思う。そしてその踊りや舞の振りつけは、花柳芳次郎（初代花柳寿輔。振りつけの名手で、当時の各座の振りつけはほとんど、彼の手に因った由である）が担当した。また三味線は、清元梅吉（松原清吉。三味線の名人で、作曲にもすぐれていた）が弾き奏でた。以上錚々たる陣容である。さらに 7 段目には、まず施工業者である彫工田鶴年（谷中住の石工。碑を彫り上げた者）。そして周旋者として村越錬久（きね）（木下川の名家

で碑の建立を浄光寺に周旋した人)。他に三竹てふ、山田豊吉が挙げられており、碑の建立にあれこれ世話をやいた人達である。加えて、浄光寺諶誠(建碑の寺の住職)の名があり、寺の住持で、建立場所の提供者である。最後に、「補助」者として山彦秀爾(山彦秀次郎。河東節の山彦一門の家元。河東節は浄瑠璃の一流派で、主に座敷芸として伝承されたもの)と、「創意」者として式典を演出したのであろう福島桃葉が挙げられている。

　そして発起人として巽家ひな(巽家は辰巳屋の意味。加藤ひなのこと)とある(以上、前掲「風折烏帽子碑考」『法学紀要』第28巻参照)。

　これらをみて思うことは、ひなが山田をどれ程尊敬し敬愛していたかということである。たとえ妾関係(推定)にあったとしても、このような追慕碑建立のことなどが簡単にできるはずはない。余程の決意と情熱がなければできないことである。芸妓であったひなが発起したものであるため、料亭や、同僚芸妓をはじめ、能楽、歌舞伎、浄瑠璃、落語、相撲、女優など、花柳界や芸能関係者が多いが、それは生前の山田が頻繁に利用した料亭であり、趣味の関与者であり、贔屓にした人々であったものと思う。「山田の遊びは常に豪勢だった」(前掲「美人伝」叢書『『青鞜』の女たち』第9巻、179頁)といわれるが、その片鱗をみる思いがする。ただ、碑をみる限り、山田の仕事上の交友関係者は少ない。ひなの発起であることからであろうが、その中で特筆すべきものを挙げれば、民法典論争で真向から対立した江木衷が賛助者の筆頭に名を連ねていることである。前記のように、江木の妻欣々は、元新橋の芸者であったので山田とも面識があり、また加藤ひなと親しかったとも思われるが、筆頭者としたその理由はわからない。加藤ひなの配慮であったとしても、案外、生前の山田と江木衷は、密接な関係を保持していたのではないかと想起させる。何にしろ、江木は山口支藩の岩国藩の出であるからである。また大倉喜八郎という財界の大立者との交友も、ここで明らかになった。しかし全体としては、山田の死後のことでもあり、思う程参助者は集まらず人情酷薄の感は免れない。このようにそれ程多い人数ではないが、ただ、司法大臣として、陸軍中将として、伯爵として、山田が交友した人達は皆超一流の人物ばかりであった。芸能関係で改めてその名を挙げれば、能楽では宝生九郎。歌舞伎では市川団十郎、尾上菊五郎。落語では三遊亭円朝、三遊亭円遊。角界では横綱梅ヶ谷藤太郎。女優では川上貞奴などであり、山

田の趣味の多さや、交際関係が少しくわかるような気がする。

　ついでながら、その後の加藤ひなの動静であるが、「廿六年頃から吉原を退き中洲に辰巳屋と云ふ待合茶屋を開き、卅年頃ハ全盛を極め、当時の顕官富豪の愛顧を受け、北白川宮殿下の御微行もあった程にて数万円の資産を造りしも何うした機会からか、ふと基督教徒となり、信仰余って店を仕舞ひ、今度は語学や宗教の大熱心に知る人の目を驚かし、五年程経て 鳥渡思直し蠣殻町二丁目に再び待合を開業したるも、一年ばかりで廃業し、以来は全く悟り済まして神田区西小川町に瀟洒な家を構へ、師を選んでの勉強怠りなく大分語学も上達」したという（『万朝報』42年11月21日号）。その後、41年9月15日、帝国女優養成所を渋沢栄一男爵の援助により開業した。所長川上貞奴、副所長に加藤ひなが就任した。しかし半年足らずで、加藤ひなが退任し、42年7月には川上貞奴も退任し、7月15日には帝国劇場附属技芸学校となるが、ひなはこのような事業にも一役買った。そして「明治四十二年七月六日横浜解纜の信濃丸で米国に向ひ…着米後お雛ハ 桑港、シアトルを見物し、去九日 紐育 に着きて…数月の後ボストンに赴くが…貿易商松井方に着し、此の家に半歳許り寄寓する筈なりと報じ来りしより、何れも安心し居たりし処、突然一昨夜前記松井方より電報にて、渡米の際世話をした福沢桃介（福沢諭吉の女婿、実業家、昭和13年71歳没、川上貞奴との仲は有名であった）方へお雛ハ去廿日急病にて死去せし由を報じ来りたる…」（『万朝報』42年11月21日号）という報道に接する。ここにひなは42年11月20日、旅先のボストンで急病により客死したのであり、享年53歳であった。奇しくも山田も11月に、それも旅先の生野で死去していることを考えると、何か不思議を感じるのは筆者だけだろうか。

山田の女性関係その4、英国人女性　　そして山田の関係したもう一人の4人目の女性は、英国婦人である。前にも少し触れたが、「キッチナーというボクサーがいるが、彼は山田の子であるという。つまり山田は英国人に子供を産ませているらしいのですよ。これははっきりしているのです。大分県岡藩の大名の娘で、馬屋原のお母さんからそういう話を聞いています」（荒木治談。前掲『シリーズ学祖・山田顕義研究』第3集、34頁）という話もある。

　以上が判明している山田の女性関係である。当時としては、一夫多妻制であったので、先に述べた祖先祭祀の信仰上から、第二妻・第三妻といった妾関係を

結ぶことは、ごく普通のことであった。ただ伊藤博文のような女性関係の無節操さは微塵もなく、山田はかなり控えめであったようである。

5　内務卿時の出来事

参議兼内務卿の就任と伊藤博文の指示　明治 14 年 10 月 21 日、参議省卿兼任制が復活し、山田は参議兼内務卿に就任した（38 歳。14 年 10 月 21 日〜16 年 12 月 12 日まで）。前内務卿伊藤博文の推薦だった。現在、政権の中心にいる参議兼参事院議長の伊藤博文は、憲法調査のため近く渡欧（15 年 3 月 14 日出発、16 年 8 月 3 日帰国）するので、「留守中の国内行政を強力にして、民権運動の攻勢に対処せねばならなかった。彼は山田の知能と手腕に期待すること多く、内務卿に抜擢した」のである（前掲『山田顕義傳』626 頁）。

内務省は、6 年 11 月 10 日太政官布告 37 号をもって設置され、翌 7 年 1 月 10 日から省務を開始した。この時の職制では、「内務省ハ国内安寧保護ノ事務ヲ管理スル所ナリ」と定め、省内に卿官房としての上局（9 年 4 月内局と改称）に、勧業、警保、戸籍、駅逓、土木、地理の 6 寮（局に次ぐ役所、多くは省に付属）と測量司（寮に次ぐ役所）の一司を置いた。その後 10 年 1 月政府機構の改革で、14 局 1 課の構成となった。そしてこの時期廃止された教部省（10 年 1 月 11 日廃止）から社寺行政の事務が引き継がれ、社寺局が追加され設けられた。山田は、15 年 8 月 23 日に至って、社寺局内に皇典講究所（総裁有栖川宮幟仁親王）を設置し、9 月には自ら賛襄（さんじょう）（天皇を助けて政治をするの意で、総裁の次位）に就任した。このことが、後に日本法律学校の創立につながるのであって、不思議な縁でもある。また東京警視庁を廃止して、警保局と併せて警視局を置き、内務卿の警察力に対する権限を強化した。その後も内務省機構は膨張し続け、12 年 5 月山林局、7 月監獄局を新設し、13 年 12 月には 16 局としたが、14 年 4 月 7 日農商務省の新設で勧業行政を分離して 12 局に縮小された。

明治 14 年政変と山田内務卿　山田は、このように、14 年 10 月 21 日内務卿となり、以上の職掌を統轄することとなったが、内務卿に就任したのは「明治 14 年政変」で、11 月 12 日に大隈重信とその一派が政府から追放された時期と同時期でもある。この政変をふり返ってみると、13 年民権派による国会開設請

願運動は頂点に達し、政府は憲法制定と国会開設を決意した。国会開設時期に関して参議兼地租改正事務局総裁大隈重信（東京専門学校創立、大蔵大輔、外務大臣、総理大臣、大正11年85歳没）は即時開設を主張していた。これに対し参議兼参事院議長伊藤博文と参議兼外務卿井上馨は漸進的開設の意見を述べて対立した。14年3月大隈は、伊藤に諮らず、急進的な意見を左大臣有栖川宮熾仁親王を経て上奏した。これを6月末に伊藤が知り大隈との対立が一層激化した。またこの頃黒田清隆等による北海道開拓使の官有物払下げ事件が起こり、民権派の政府攻撃が高まった。反大隈派はこれを大隈が福沢諭吉（慶応義塾創設、明六社社員、34年67歳没）と組んで行なっている政府転覆のための陰謀であると判断した。参議山田顕義は、14年9月18日、密かに京都滞在の右大臣岩倉具視を訪ねる。岩倉は7月6日から休暇を取り、東京から兵庫有馬温泉に向かったが、激しい頭痛と尿道障害のため、京都の青蓮院で静養していた。ここで面会した山田は、大隈追放の了解を取りつけた。10月6日岩倉が帰京、11日御前会議が開かれ、大隈追放を決議した。こうして12日「国会開設の勅諭」が発せられ、同時に11日決定していた開拓使官有物払下げは中止する旨と、大隈の辞表を受理したことを発表した。これを「明治14年政変」というが、こののち、10月21日に山田は内務卿に就任したのである。

自由民権運動の激化と山田内務卿　このような混乱、対立の政情下にあって、山田は内務卿となったが、加えて社会情況は自由民権運動が吹き荒び、騒然としていた。山田内務卿就任の旬日程前の14年10月12日、前出した明治23年を期して国会を開設するという「国会開設の勅諭」が発せられたが、これを契機として、政党の結成が活発化していた。たとえば、その一端を述べるならば、自由党では各派間で主導権が争われていたが、結局土佐派と馬場辰猪（ロンドン留学、『自由新聞』主筆、21年47歳没）らの国友会によって、12月29日新たな自由党が結成された。基盤は、主として地主や有産者であった。翌15年3月14日には、前年政府を追われた大隈重信らが、自由党から分裂した沼間守一（判事、元老院権大書記官、東京横浜毎日新聞社長、23年48歳没）の率いる嚶鳴社や、三田派の東洋議政会や、小野梓（司法少丞、立憲改進党結成に参加、東京専門学校設立に参加。19年35歳没）らの鴎渡会を糾合して、立憲改進党を組織した。基盤は、当時有数の知識人と大商人達であった。また15年3月18

日、福地源一郎（桜痴）は、『東京日日新聞』に党議綱領を発表して、立憲帝政党（政府党といわれた）が発足するといった状況であった。14年10月12日の「国会開設の勅諭」の起草は、井上毅（参事院議官、枢密院書記官長、文部大臣、28年53歳没）が担当したが、最後の部分の文言である「若シ仍ホ故サラニ躁急ヲ争ヒ事変ヲ煽シ国安ヲ害スル者アラハ処スルニ国典（法律）ヲ以テスヘシ、特ニ茲ニ言明シ爾有衆ニ論ス」は、伊藤博文（参議兼参事院議長）が付け加えたものであった。この文言は民権派に対する、政府の弾圧の方針を明らかにしたものと理解されている。そもそも勅諭は、天皇が親しく国民に訓示的に下す言葉である。勅諭にこのような威嚇的な文言が使われるのは、例のないことであったが、政府の最高実力者となった伊藤博文の、「民権派への断固たる攻撃」の意思を表現したものであった。山田は14年10月21日内務卿に就任するに当たり、伊藤からこの意図を幾重にも諭され、指示されたものと思う。

　こうして、「明治14年政変」を契機に、太政官政府は自由民権運動弾圧の体制を固めた。それを担ったのが、山田内務卿であったということになる。このような立場に山田が立たされたのは、時の流れで已むを得ない。山田はただただ「国のため」と思い、自らの米欧知識を封印し、事に当たった。山田には一旦その地位に就き目標を定めれば、これを断固、実行する頑質さがあった（第2章参照）。そして近代法に造詣の深い山田は、ここでもその根拠を法に求めた。山田はまず15年6月3日集会条例（13年布告）を改定し、内務卿に集会結社禁止権限と、政治結社の支社設置禁止権限を与えた。さらに各県令たる地方長官には、当該者に対する、集会での1年以内の演説禁止申し渡し権限や、解社命令の権限を与えた。12月28日には府県議会に対しての規制強化を行ない、議員の連合集会や往復通信の禁止等を規定した。16年4月16日には、新聞紙条例（8年布告）を改定し、発行保証金制度の新設、法的責任者の範囲拡大、身替り新聞の禁止、外務卿、陸海軍卿の記事掲載禁止権の新設、そして行政処分の拡大などを規定して、言論取締強化を行なった。さらに6月29日には、出版条例（2年布告）を改定し、発行10日前に内容の届出を義務づけて、規制の強化をはかった。このように山田は、矢継早に治安関連法を改正して、法制的抑圧体制の強化を断行した。

　また山田は、板垣退助（参議、自由党総理、内務大臣、大正8年82歳没）と

118

後藤象二郎（参議、左院議長、自由党主要党員、逓信大臣、30 年 60 歳没）の洋行問題にも関与した。その思惑は、自由党が政党としての基礎固めの時期にある時、党の指導者を不在にさせて、党勢を弱体化させることにあった。いきさつだが、板垣を洋行に誘ったのは、後藤だったが、計画と資金の調達は、伊藤博文と井上馨ら政府側で準備した。このことについて、15 年 9 月 9 日の『東京横浜毎日新聞』（3 年日本初の邦字日刊紙『横浜毎日新聞』として創刊。12 年『東京横浜毎日新聞』と改称し沼間守一社長となる）が、続いて『郵便報知新聞』（5 年前島密らによって創刊。15 年以降改進党系となる）が、洋行費の出所に疑惑ありと報道したのである。一躍、板垣、後藤の洋行は醜聞事件となった。いわば両人は政府の術中に嵌まったこととなる。しかし板垣・後藤は、自由党内の反対を押し切り、15 年 11 月 11 日横浜を出発し、パリを本拠にヨーロッパを巡り、16 年 6 月に帰国した。このことが直接の原因ではないが、その後自由党は党勢も拡大せず、方向も定まらず、17 年 10 月解党した。このような分裂策にも山田は内務卿の立場で一役買っている。このことに関係したからか、後のことだが 21 年 3 月 2 日、元老院議官尾崎三良（司法省法律取調委員）が、山田の音羽邸に招かれた折、「後藤象二郎…徳川氏政権返上の挙ありしとき、大いに之を慫慂して、王政維新の大業を賛したり云々と云ひたる処、…山田伯赫として怒りて曰く、王政維新の業は我等砲烟弾雨の際に九死を冒して之を成就したり、後藤の…何ぞ与らんと」と激情し、「彼（山田）、突然腕力を以て予に衝き掛れり」ということがあったという（前掲『尾崎三良自叙略伝』中巻、221 頁）。山田には酒乱の癖があったようだが、前述の洋行問題もあって、山田は後藤象二郎という人物を評価せず、反対に彼の政治的手腕を買う発言をした尾崎に対し、酒の勢いもあって、発作的に暴力的行動に出たものと思われるのである。

　山田と酒については、次のような見方がある。「伯は多くの酒に対する行儀は頗る公私の別正然たり。国事公用の時のみならず、平生人に接するや必ず醒面謹厳の態度を守りしか、暇時諸友と宴席に臨むや興に乗し痛飲し、動もすれば酩酊玉山 頽 るるに至ることあり」として、時に飲みつぶれることがあったようである。そして「その豪酒大酔の度を重ぬるに随ひ、酒精の毒素はおのつから次第に伯の病勢を助長して已まさりき。…若し早くより酒を節し深く養生に心を用ひしめしならば、かかる短折の不幸なかるへし。伯は元来強健の体質なるを

以て、必ず相当の老境までは長寿を保ちしならん」と述べて、酒を節制すべきで
あったと残念に思い、山田の短命に対して痛悼の情を述べているものがある（前
掲『空斎山田伯伝』(3)、105頁）。このように山田は酒を好んだようだし、酒豪
でもあったが、飲みすぎる場合も多かったようである。

福島事件と山田内務卿　　また15年12月1日、福島県議会議長で自由党員
である河野広中（福島県議会議長、衆議院議長、農商務大臣、大正12年74歳
没）ら6名を、政府転覆の盟約作成容疑で逮捕する事件が起こった。東京高等
法院は最初の国事犯事件として16年9月1日河野広中に軽禁獄7年、その他
の者には6年の刑に処する判決を下した。これが福島事件関連といわれるもの
の一端である。その経緯を含め事情について述べると、内務省官僚で、土木県令
との異名を持つ三島通庸（教部大丞、栃木県令、警視総監、21年54歳没）は、
15年2月17日、福島県県令として着任した。ここに自分三島は「福島自由党
の撲滅」と、「会津三方道路の開鑿（かいさく）を任務」として赴任したことを宣言した。そ
して早くも10日後には、会津三方道路開鑿計画に着手した。当時の全国道路事
情は劣悪で、峠越えの道は、ほとんど荷車が通行できず、物資流通のさまたげと
なっていた。その改善こそは、時の日本の最重要課題として、内務省の職掌の一
つである土木行政に託されて、山田内務卿が担当していた。道路事情について
ジョルジュ・ヒレール・ブスケ（Georges Hilaire Bousquet、仏国人、パリ控訴
院弁護士、5年2月来日、司法省法学校教師、司法省法律顧問等を務めた。9年
3月帰国した。1846〜1937、91歳没）は、「この国に最も欠けているもの、す
なわち道路の設けられんことを、あらゆる方向への道路、軍事的な道路でなく、
産業的な道路、よく維持され、よく管理された大きい道路、全将来はそれにかか
っている」（ブスケ著、野田良之・久野桂一郎訳『ブスケ日本見聞記』1、222頁、
みすず書房、昭和52年）といっている程だった。したがって道路開鑿は、この
点で国策に沿うものだったし、県民は道路整備に夢を求めていた。しかし問題
は、そのやり方である。三島県令は会津三方道路開鑿のために、工事参加を強制
し、欠席の場合には、工事代夫賃の支払いを、農民達に強制したのである。これ
に対して河野広中を議長とする福島県議会は、5月に県議会を開会し、関連する
全議案を否決した。しかし6月に県令三島は、15歳以上60歳以下の者には、
男女を問わず、2ヶ年間毎月1日の割合で道路工事に従事することを強制し、

欠席や拒否する者には、男は1日につき15銭、女は10銭の工事代夫賃を醵出させると公表した。このことがあって、7月会津地方の農民達は、自由党員宇田成一（会津自由党結成者、福島県議会議員）の指導のもとに、抵抗運動を開始した。8月三島は予算案を、県議会を通さず、直接山田内務卿に具申し、執行許可を得た。工事費は地元負担分37万円、国庫補助分が27万円で、この27万円は、山田が許可した補助金額であった。こうして、8月17日、会津三方道路開鑿起工式が強行された。内務卿山田は、この起工式には出席しなかったし、10月1日に挙行された安積疎水通水式にも出席しなかったが、11月上旬に福島県を訪れている。

　この時期の山田の日程を示すと、内務卿山田は、15年9月11日から11月9日まで、北海道並に陸奥、出羽（奥羽地方、東北地方）の諸県の行政や産業を視察した。まず船で9月14日函館に上陸し（『函館新聞』9月17日号）、江差等の道南を巡り、苫小牧等の胆振地方、そして厚岸、浜中、花咲、根室（根室県庁、警察、病院、学校、罐詰工場）、温根沼、東梅、別海などの道東まで足を延ばした。10月初旬から中旬までは札幌を中心に巡回し、「四日は札幌県庁、裁判所、監獄、農学校、麦酒醸造所、旧屯田事務局等十数か所。五日は綿羊場、藻岩学校、琴似や山鼻の屯田所等十数か所を視察した」（三宅守常「学祖山田顕義関係の碑を読む」(3)『黌誌』第17号、46頁、日本大学企画広報部広報課、令和4年）。そして10月15日は終日休養日で公務なしであったので、確証はないが、山田の所有地140町歩を佐藤金治に売り渡す契約をした。この土地は、10年頃政府から下付された北海道篠路村（現・札幌市拓北山口地区）の土地であった（前掲「山田顕義伝拾遺」『日本大学法学部創立百周年記念論文集』第1巻、45〜46頁）。

　こののち、東北地方の視察となった。10月27日は、岩手県北上で挙行された北上と秋田県横手を結ぶ「平和街道開通式」に出席。10月31日には、宮城県の「野蒜港突堤式」に、さらに11月1日には、山形県の「関山新道開道式」に参列した。このことについて『山形新聞』は、「去る一日は関山新道の開道式にして内務卿山田顕義公は野蒜港突堤式に臨まれし、序でに同所に廻車（ママ）れて右開道式を執行せられたる由」（15年11月4日号）と報道している（松原太郎『学祖扁額の寄贈について』日本大学大学史ニュース第18号、5頁、令和2年2月15日号）。そして後、福島県郡山の「安積疎水」の通水状況を視察し、

第7章　明治政権中枢にあっての出来事　　121

11月9日に帰京している。当時の福島の不穏な社会状況から、内務卿山田の日程は明らかでないが、この機会に県令三島と直接面会し、福島自由党対策や、会津三方道路開鑿についての指示命令を行なったものと思う。

その後、福島事件が起こる。11月25日に至り、道路開鑿の苦役に反対する指導者宇田成一らが逮捕された。このことにより、28日農民数千人（千人余りとする説もある）が集会し、会津喜多方署に押し寄せて釈放を要求したが、翌日より一斉検挙が始まり、58名が拘引された。さらに前述したが、本事件とは直接関係のない河野広中や、福島自由党の中心人物6名が、政府転覆盟約作成容疑で逮捕された。福島事件の一端に名を借りた逮捕であった。このことでもわかるように、県令三島の狙いは、着任時の言葉どおり福島県内の自由党を壊滅させることを目標の一つとした。つまり福島事件は、県令三島らの策動によるものであり、権力によって作り上げられた事件であった。本事件に、内務卿山田がどこまで関与したかは、わからない。しかし「山田内務卿がいかに開明的で穏健な思想の持ち主であったとはいえ、この政府は自分たちが戦火をくぐり、死線をこえて創りあげたのだという自信と自負の念はけっして片時も忘れなかったであろう。ようやく歩きはじめた明治政府を守り育てるのは、自分たちをおいて誰がいよう、と考えたのは当然であったと思われます。したがって、政府を倒そうとする政治的な動きに対しては少しも許すことはできなかった。反政府的な自由党をたたくには、まず東北地方の牙城である福島自由党に手をつけるに限ると考えたのである」（荒木治『山田顕義と日本大学―日本法律学校の誕生―』128頁、大原新生社、昭和47年）と山田の心境を推測するものがある。これを読むと、内務卿山田は、福島事件に深く関与し、県令三島に指示命令していたということになる。

山田はこの頃の心情を、次のように吟じている。「除夜」と題するもので、「歳云暮矣跡悠然（歳云に暮る跡悠然たり）　一喜一憂卅九年（一喜一憂卅九年）人事不須如我意（人事須く我が意の如くならざるべし）　安危畢竟任皇天（安危畢竟皇天に任す）」である。意訳すれば、「今年（15年12月31日）も今日で終りとなったが回顧すればこれまでの事跡が次々と思い出される」。「一喜一憂して三十九年も生きてきた」。「人間のなす事はいつも自分の思い通りになるとは限らない」。「平安、危難は結局天の主宰者に委ねるしか仕方あるまい」という

意味である（前掲『学祖山田顕義漢詩百選』204頁）。本詩には「卅九年」とあるから、39歳となった除夜である明治15年12月31日に詠んだものであることは疑いを挟む余地はなく、確実である。そして、詩文の一節である「人事不須如我意」の文意である「人間のなす事はいつも自分の思い通りになるとは限らない」には、何か内務卿の苦悩が表現されているように思えてならない。

6　司法卿時の出来事

参議兼司法卿に就任　明治16年12月12日、山田は参議兼司法卿に転じた（40歳。16年12月12日〜18年12月22日まで）。伊藤博文はプロイセン憲法を研究し、さらにヨーロッパでの憲法調査を終えて8月3日帰国していた。山田は伊藤の渡欧中、その指示を守り内務卿としての職責を全うしたが、苦悩する部分も多かった。司法卿転任は山田にとって願ってもないことだった。

実はこの時政治状況に変化があった。伊藤帰国の半月前の7月20日、右大臣岩倉具視が死去したのである。享年59歳である。このことは伊藤政治の遂行を容易にした。岩倉の死によって天皇側近政治が後退したからである。政治の実権は伊藤に集中した。そこで伊藤は、参議数名の小規模異動を行なった。伊藤自身は専任参議として憲法編纂に専念することとし、法制通の山田を司法卿に転じさせて、不平等条約改正の前提条件である民法、商法をはじめとする近代主要諸法典の編纂促進に当たらせることとした（ただこの時民法典編纂は文部卿に転じた前司法卿大木喬任が、民法編纂総裁を継続して元老院で行なっていたので、山田の民法編纂は、商法編纂を含めて、20年10月21日の司法省法律取調委員会委員長就任からということとなり少し遅れる）。そして山田の後任に、山県有朋をもって内務卿とし、国内の治安維持に当たらせることとした。これがこの時の主なる人事異動であった。こうしてのち、伊藤博文は、17年3月17日、宮中に制度取調局を置き長官となり、兼ねて参議兼宮内卿（17年3月21日）の地位について憲法及び皇室典範の起草に着手し、立憲君主体制形成へ向ったのであった。

伯爵に叙される　その第一弾が、「華族令」（宮内省達。2年7月25日の旧華族令の改正）の布達であり、17年7月7日のことであった。これは公侯伯子

男の五爵をもって構成し、旧来の華族令の取る家格や身分にかかわらず、爵位を「文武諸臣中興の偉業を翼賛し、国に大功ある者」に授与することとし、男系子孫の世襲とした。さらに付け加えると、少し先になるが、19年4月29日華族世襲財産法を布達し、華族の財産を保護することとした。これらは憲法制定（22年2月11日発布、23年11月29日施行）による、立憲君主政治を遂行していくために、華族を構成員とする議会制度としての貴族院を組織し、民選議院の衆議院に対峙させようとするための施策であった。

山田は、17年8月7日伯爵に列せられた。そして政府は、「勲功」によって新華族となった伯爵76名中の特別功労華族15名に対し、各々金3万5000円を、また子爵327名中の14名に対しては各々2万円を下賜した。これは「家計永続の目的を立て、子孫をして永く世襲の栄を保有せしめたまふ、仍りて金額は公債証書を以て下賜し、内蔵寮に托して毎年其の利子を受けしむ」（宮内省『明治天皇紀』第6、336頁、吉川弘文館、昭和46年）という目的と方法に立つものであり、その身分保持のための経済的援助であった。山田もその栄に浴した。

なお、爵位者の全人数を挙げれば、公爵11名、侯爵24名、伯爵76名、子爵327名、男爵74名の計512名が華族に列せられた（前掲『近代日本総合年表（第4版）』98頁）。ここに山田は、41歳で従三位勲一等、伯爵、陸軍中将、参議、司法卿山田顕義となったのである。この頃から山田は、人間形成への研鑽に一層努力したことはもちろんのことだが、外見では、口辺と顎を覆う鬚を生やし始め、生来の童顔を、伯爵の地位にふさわしい外観風貌に作り上げた（前掲ⅳ頁写真1）。

判事登用規則の布達　ここで山田が、司法卿として執行した中の特筆すべき一例を挙げれば、17年12月26日の判事登用規則（太政官達102号）の布達である。すでに13年に全国統一代言人規則が、またその後24年に、検事登用規則が布達されているが、これまでの裁判官は、地方官や漢学生といった人達が、何の資格基準もないまま、裁判官として裁判を行なっていた。しかし近代国家形成のためには、近代的裁判制度が不可欠であったし、不平等条約撤廃のためには、「泰西（西洋）主義」による裁判が行なわれることが、条約締結当事国から要請されていた。したがってこれからは、司法省明法寮学校（4年創立）や、司法省法学校（9年創立）、そして東京大学（10年創立）等で法曹教育を受けて、

専門知識を学んだ「法学士」に限定して、裁判官に任用することとした。なお検事についても 24 年同様の定を置いた。あるいは、前記した全国統一代言人規則（13 年布達）による代言人試験に合格した「代言人」に限定して、裁判を行なわせることとした。

このように司法卿山田は、裁判所の近代化を推進したが、18 年 4 月 18 日より 6 月 3 日まで、司法卿として、南海、山陰両道及び山口、神戸、大阪、京都、大津、大垣の諸裁判所を巡廻しその実態を視察した（前掲『山田顕義傳』999 頁）。この時山田は、郷里山口に約 1 週間程立寄るが、この帰郷は明治政府に出仕して、東京に在住してから三度目の帰郷であった。

乗馬飼養令と二頭挽き箱馬車　　なお 17 年 8 月 1 日に「乗馬飼養令」が出された。目的は「上下養馬の風を馴致せしめ、馬匹の改良、増加を計り、戦時若しくは事変に際して所要の軍馬を補充せんとするにあり」である（前掲『明治天皇紀』第 6、271 頁）。そしてこの法令から、奏任官（内閣総理大臣などその機関の長官が奏薦して任命する官僚）で月給 100 円以上 300 円に至る者は、乗馬 1 頭を飼養せよ。大臣（太政大臣、左・右大臣の 3 大臣）・参議は 2 頭以上を飼養せよと規定された。山田は 4 年より陸軍少将で、11 年には中将に陞進したが、勅任官（勅令により任命される官僚）の武官であったので、兵部大丞や司法大輔を兼務したが、主に乗馬にて役所まで往来した（推定）。親任官（天皇が直接に任命する官僚）の参議・工部卿就任（12 年 9 月）に至り、馬車を新調した。それも二頭引き箱馬車を誂えた。以後箱馬車をもって往来していたので（推定）、乗馬飼養令が出されても変ることはなかった。しかし、この法令が出されたことで、当該者達にどのような変化があったかである。太政官制度取調議官尾崎三良（のち、内閣法制局長官）のいうところでは、「一頭挽き馬車及び馬具等を購ふ為めに四百余円を投じ、飼養料は月七円位、駆者の給料は七・八円（食料共）位のものなりし」（前掲『尾崎三良自叙略伝』中巻、49 頁）とある。多少の出費を余儀なくされたわけだが、尾崎は「勅任される我々に於ても一頭を飼養する位いは苦痛にあらざりし」と述べている。まして山田は、参議であり卿である。その年俸だけでも 6000 円であるから、月給のみに限定（他に収入多額）すると 500 円であり、馬 2 頭を飼養することくらいは、それ程大変なことではなかっただろう。むしろ二頭挽き箱馬車に乗れることこそ、山田にとってステー

タスシンボルであったのであり、誇りであったと思う。

7　司法大臣時の出来事

(1)　内閣制度の創設による司法大臣就任

司法大臣に就任　　明治18年12月22日内閣制度（太政官達69号）が発足した。山田は伊藤博文内閣総理大臣のもと（第一次伊藤内閣）、初代司法大臣に任命された（42歳）。その後、21年4月30日の黒田清隆内閣でも、22年12月24日の第一次山県有朋内閣でも、さらに24年5月6日の第一次松方正義内閣でも司法大臣に留任した（24年6月1日辞任）。

　内閣制度の導入に、伊藤博文参議兼宮内卿が動き始めたのは、18年春3月のはじめ頃からであった。太政官制では、太政大臣が「庶政ヲ総判シ」、左右大臣は、これを「補佐」する規定であり、まして各省卿の権限は弱体で、三公（太政大臣、左・右大臣の3大臣）の裁決を経て初めて、政治が執行されていた。ところが太政大臣三条実美（大納言、右大臣、太政大臣、公爵、内大臣、総理大臣、24年55歳没）は、この頃政治に情熱を失い調停力もなくなっていた。また左大臣有栖川宮熾仁親王（兵部卿、元老院議官、左大臣、参謀総長、28年61歳没）も、政治に介入することをしなかった。さらに政府内の最大実力者であり、統率者であった右大臣岩倉具視（大納言、外務卿、右大臣）は、16年7月20日、食道癌（胃管狭窄症、享年59歳）で死去したが、代わりとなれる人物は、いなかった。伊藤博文は、このような状態の中で、我が国がこれから成し遂げねばならない「憲法の制定」、「議会の開設」という重大事に、また「不平等条約改正」という難事に立ち向えるかというためらいが生じてきていた。どうしても国家の最高意思決定を、直接行なうことのできる、強力で安定的な政府機構の形成と構築が必要であると痛感していた。そこで伊藤は、ヨーロッパで学んだ憲法理論をもとに、抜本的な制度改革として、内閣制度の導入を決意するが、事はそう簡単には運ばなかった。元田永孚侍講兼皇后宮大夫（明治天皇侍講、24年74歳没）をはじめとする宮中勢と、天皇が反対したからである。三条実美太政大臣も賛成ではなかった。18年5月に至って三条太政大臣より、右大臣補充の提案が出された。岩倉死後右大臣は欠員であったので、天皇も同意であった。

しかも参議からも登用できるとする意見であった。しかし古く律令制で、左右大臣は、「二位」の位を持つ者のみがなれる官職であった。二位は非常に高位で、山田の場合は、生前の24年4月7日に48歳で正二位が贈られたが、これは時代が進んだからである。たとえば10年に死去した木戸孝允（行年44歳）や、11年死去した大久保利通（行年49歳）は、死後に正二位を贈位されたぐらいである。したがって二位の位階を持つ者でなく、また下級武士の出身者が多い参議でも、左右大臣になれることとなり、従来の慣習を破る大胆な意見であった。伊藤博文は内閣制度の導入が目的なので、このような右大臣補充の妥協案には反対であった。しかし伊藤は、5月11日に至り、参議兼内閣顧問黒田清隆を右大臣に推薦した。推薦依頼を受けた太政大臣三条は、11日、黒田右大臣任命につき、諸参議と協議して、承諾を取りつけたが、14日には天皇が、18日には参議兼工部卿佐々木高行（枢密顧問官、43年80歳没）が、「黒田不適当」との意見を太政大臣三条に伝えたのである。つまり右大臣は「徳識名望衆の推す人物」でなければならず、黒田では人望不足であるというわけであった。この風聞を伝え聞いた黒田は21日に就任辞退を申し出た。実は天皇は、伊藤博文の右大臣就任を期待していたが、内閣制度を模索する伊藤は、頑として受けなかった。こうしてここに右大臣補充案が瓦解した。そこで伊藤は、11月末か12月はじめに、日時は明確でないが、太政官制を廃止し、新たに内閣制度を設け、内閣総理大臣を置くことを上奏した。ついに天皇も納得し裁可した。伊藤博文は総理大臣に三条実美を推挙したが、三条は辞退し、かえって伊藤を推挙した。12月7日天皇は、伊藤博文に組閣の内命を下した。伊藤は参議を交え組閣に入ったが、参議兼内閣顧問黒田清隆は出席しなかった。8日参議兼外務卿井上馨は、会議への出席を促すために黒田邸を訪ねたが、黒田は乱酔したあげく、ピストルを出し、井上を追い返したという。このようなこともあって、内閣制度の発足は遅れ、18年12月22日、やっと閣僚名簿が発表された。ここで山田は、司法大臣に任ぜられたのである。そして同日（22日）、「内閣職権」が定められた。1条で「内閣総理大臣ハ各大臣ノ首班トシテ機務ヲ奏宣シ旨ヲ承テ大政ノ方向ヲ指示シ行政各部ヲ統督ス」（前掲『法令全書』明治18年度、第18巻第2号、1044丁）と規定した。ここに内閣総理大臣は「各大臣ノ首班」として、「行政各部ヲ統督ス」ることとなった。こうして、内閣制度を取った政府は、以前よりも

はるかに一体化し、安定的な、政府機構となったのである。

なお19年2月27日、各省官制が公布され、その中の「高等官、官等俸給令」によると、「総理大臣の年俸は9600円であり、各省大臣は6000円で、各省次官は5000円であった」（明治維新史学会編『明治維新の政治と権力』130頁、吉川弘文館、平成4年）。したがって山田は、司法大臣の報酬としては、年額6000円（月額500円）であり、卿時代と変化はなかった。なお参考のため巡査の月俸を示すと、この時期は10円余りであった。

庶子梅子の誕生　19年10月19日、山田は伊藤博文や山県有朋と共に叙従二位に昇進した。きわめて高位である（なお正二位となるのは、24年である）。一位は本来神の位であり（たとえば、正一位稲荷大明神の称もある）。二位はもちろんその次位である。

11月28日には、外で産ませた落し胤の長女（庶子）梅子が誕生した。山田43歳の時の子である。喜びが続いたのであるが、山田の心境は複雑だった。梅子は、唯一の山田の血統保持者として引き取ったが、その母親とは絶縁したからである。離別の原因はもちろんのこと、その他詳細は何もわかっていない。名も伝わっていないのだが、その女性の事柄について、知ることができるのは、「東北の人」、「秋田の人」といったぐらいのことである。このことは前述（107〜109頁）した。

なお龍子夫人には、その後、子は恵まれなかった。この時夫人龍子は、すでに39歳となっていた。子を産むことは困難な年齢となっていた。この頃山田の勧めや影響もあってか、仏語の勉強なども、始めていたようである。このことについて『明治閨秀美譚』を引くと「…夫人常に仏学を修め文辞之に称ふ、一書生あり、夫人の机上数冊の洋書あるを見て問ふて曰く、是れ何の書ぞと把って将に之を抜かんとす、夫人笑って曰く、仏書なり卿等の能く読み得べきものにあらずと、書生慙汗淋漓（恥じて汗がしたたり落ちること）として退ぞく」（前掲『明治閨秀美譚』35頁。（　）内は筆者加える）とある。

そして前述の第二夫人と推定する福田美和にも、子は恵まれなかった。引き取った庶子梅子は龍子夫人と共に福田美和が養育することとなった。その後梅子は英夫（松平から山田へ入婿。108頁参照）と結婚し（写真14）第四代伯爵夫人となるが、その長女千代子は、大正15年4月薩摩治郎八（薩摩財閥の治兵

衛の長男)と結婚し、一時パリに住んだ。また、長男顕貞は、日本大学教授として、仏語を教えた。山田のナポレオン好きといい、龍子夫人の仏学の勉強といい、千代子のパリ在住といい、顕貞の仏語教師といい、山田家の仏国傾倒は続くのであり、何か不思議を感じるのは筆者だけだろうか。

皇典講究所長の兼任 22年1月10日、山田は皇典講究所所長(所長と称したか総裁と称したかであるが、前任者有栖川宮幟仁親王の場合には総裁と呼んだようである)に就任した。すでに内務卿であった折の15年9月には賛襄(総裁〔所長〕の次位で、天皇の徳を助けてその

写真14　山田英夫・梅子夫妻

政治を立派に成し遂げるの意で使用)として、皇典(国典・古典)の講究と祭葬諸儀式の訓練並に府県社以下の神官養成を行なっていた。そして山田はこの時期、近代主要諸法典の編纂に多忙をきわめていた。次節で詳述するが、20年10月24日には司法省法律取調委員会委員長に就任し、民法、商法、民事訴訟法、裁判所構成法などの近代主要法典のことごとくの編纂を取り扱い審議を重ねていた。そして司法省法律取調委員会での審議を議了したのが、21年12月末であった(その後山田の編纂した草案は、元老院や枢密院等で審議を重ねることとなる)。こうして司法省法律取調委員会委員長として、また司法大臣としても一応の職責を果したところで22年1月10日皇典講究所所長を引き受けたのであった。山田は所長就任に際して、1ト月前の21年12月6日、皇典講究所関係者を招いて会合を開き、新たな運営方針として、「法典編纂と皇典講究所の関連」について口演した。これによると山田の皇典講究所の在り方は、司法大臣として推進してきた法典整備や、司法省法律取調委員会委員長として力行してきた法典編纂に連動させて、その基本となる国典の研究を充実させることにあるとした。そしてその使命は、人種・習慣・風俗・言語などの我が国の因って立つ成立要件を明らかにすることにあるとした(山田顕義口述『皇典講究所講演』第1集、1〜14頁、皇典講究所、明治22年)。具体的には、国典・国史・国法の教

育・研究を行なう学校を、皇典講究所の中に創設する計画であると述べた。山田はさっそくこの計画を推進し実行し、法・文 2 校を創立することとなるが、法校は日本法律学校（22 年 10 月 4 日創設）であり、文校は国学院（23 年 7 月創設）であった。なお日本法律学校の創立については、別稿（241 頁以下）で述べる。

貴族院伯爵議員に勅選される　　その他この時期の出来事を述べると、23 年 7 月 10 日、最初の貴族院伯子男爵議員互選選挙が行なわれた。なお公爵、侯爵については全員貴族院議員となることになっていた。伯爵 74 名中 15 名が、子爵 327 名中 70 名が、男爵 74 名中 20 名が貴族院議員に互選された。伯爵グループでは、投票の結果、山田は、25 点で次点となり落選したが、勅選議員に選任されて貴族院議員（終身）となった（前掲『山田顕義伝—日本近代化にかけた五十年—』1001 頁）。互選選挙の様子について新聞は、「今十日上野公園華族会館にて挙行ありたる伯子男爵議員互選会は午前七時より始まりたるが…当日の選挙数は伯爵人員七十四人の内自身投票四十九人、代理十八人（合計六十七人、欠席七人）、その結果は、東久世通禧（七卿落ちの一人、元老院議官、貴族院副議長、大正元年 79 歳没）の五十五点から、井伊直憲（彦根藩知事、35 年 55 歳没）の二十七点まで十五人が当選、その内訳は旧公卿六、旧藩主六、旧藩士等で当選したものはわずかに三、伊藤博文五十三点、松方正義三十三点、勝安房（麟太郎、旧幕陸軍総裁、参議、海軍卿、元老院議官、枢密顧問官、32 年 77 歳没）三十点があるのみであった」（『東京日日新聞』23 年 7 月 11 日号）。なお「伯爵中歴々の次点者を挙ぐれば十三点　板垣退助。十一点　井上馨。十点　西郷従道。六点　佐々木高行。五点　吉井友実。二十五点　山田顕義。廿二点　寺嶋宗則。十九点　大木喬任。十七点　大隈重信。十五点　黒田清隆。同点　副島種臣。十三点　後藤象二郎。三点　大山巌。同点　山県有朋。二点　川村純義　等の諸君なり」（『東京日日新聞』23 年 7 月 11 日号）という結果だったという。

　なお山田は、この頃の、23 年頃から、しばしば病に見舞われている。このことについては後述（147 頁以下）するが、相州（神奈川県）三浦三崎に別荘を建てて養生、安息の場所としていた。

正二位に叙される　　また 24 年 4 月 7 日、山田は正二位に叙された。天皇は山田が司法省法律取調委員会委員長として、民法・商法などの編纂に尽力した

功績を愛でて正二位に叙したのであった。松方正義、黒田清隆、山県有朋ら揃って従二位の中で、年少の山田を陞叙したのである。伊藤博文は、23年憲法制定の功をもってすでに正二位に叙されていた。

なお24年4月9日山県有朋内閣総理大臣は、閣内不一致や、旧商法典施行延期問題等の理由をもって、第一回帝国議会終了を機として勇退を決意し、辞表を提出した。4月27日天皇は伊藤博文に組閣命令を下すが、伊藤は西郷従道や松方正義を推挙する。そして5月6日松方正義第一次内閣が成立し、山田は司法大臣留任となった。

(2) 近代主要諸法典の編纂

山田司法大臣の責務　　山田は前述のように、18年12月22日、内閣制度創設で、初代司法大臣（42歳。18年12月22日〜24年6月1日辞任）となったが、内閣総理大臣伊藤博文からの指示命令は、不平等条約改正を前提とする国内法制の近代化、つまり近代主要諸法典の編纂を行なえという指示であった。司法卿就任時の指示と大差はなかったが、一段と強い命令であった。

山田の担当する部分は、どちらかといえば司法法の分野であった。司法法には、実体法としての民法、商法、刑法があり、またそれを実行するためには民事訴訟法や治罪法（刑事訴訟法）といった訴訟法である手続法がなければならず、これらを運用していくためには、裁判法（裁判所構成法）もなければならない。これらの近代主要諸法典を編纂せよというのが、伊藤内閣総理大臣の指示であり、山田司法大臣の責務であった。

近代法典編纂に対する山田司法大臣の対応　　商法、刑法の編纂については、すでに述べたし、裁判所構成法、民法の編纂については後述するが、ここでは司法大臣となった山田の法典編纂の対応についての概略を、一応みておきたいと思う。

まず民法典の編纂である。人の財産や身分に関する広範な事項を規律する民法典は、条文数も1000条を優に超えると予想される大法典で、その編纂の困難性は当初より予想されるものであった。その難儀を物語るように民法編纂は、明治3年に中弁江藤新平の「民法会議」から始まっていた。6年に至って司法卿大木喬任がその任を受け継いだが、遅々として進まなかった。

第7章　明治政権中枢にあっての出来事　131

その後大木は 13 年 4 月 13 日、民法編纂総裁の任に就くが、ようやく、19 年
3 月 31 日、民法編纂総裁大木喬任は、元老院民法編纂局の閉局（元老院は 23
年 10 月 20 日に廃止されるが、元老院民法編纂局は 19 年 3 月 31 日閉局した）
に伴い、内閣総理大臣伊藤博文に、民法第 2 編財産編第 1 部物権（501 条〜583
条）、第 2 部人権（584 条〜1100 条）と、第 3 編財産獲得編第 1 部特定名義ノ
獲得方法（1101 条〜1502 条）のみの編纂を終了し、頒布を建言した（内閣官房
編『内閣制度七十年史』386 頁、大蔵省印刷局、昭和 37 年）。そして大木は民
法編纂総裁を辞任した。その後、19 年 4 月 12 日、民法編纂事業は、18 年 12 月
22 日に就任していた司法大臣山田のもと、司法省に引き継がれた（山田の民法
編纂の詳細については、別稿 208 頁以下で述べる）。

　山田は直ちに司法省に民法草按編纂委員を置き、もっぱら元老院民法編纂局
で着手できなかった第 1 編人事編（親族法部分）、第 3 編財産獲得編第 2 部包括
名義ノ獲得方法（相続法部分）の起草に当たることとした。

　しかし外務大臣井上馨は条約改正条件である近代法典の編纂を急ぎ、短期間
のうちに完備すべく、19 年 8 月 6 日外務省法律取調委員会を設置し、内閣の承
認を得て、自ら委員長に就任した。このため山田の司法省民法草按編纂委員も、
ここに吸収されることとなった。だがその後、井上馨の条約改正交渉が難航し
て、頓挫し、20 年 9 月 16 日に外務大臣を辞職した。10 月 24 日には外務省法
律取調委員会委員長も辞任となった。

　ここにおいて同日、外務省法律取調委員会は解散となり、再度司法省に移さ
れて、山田司法大臣所管となり、山田は司法省法律取調委員会委員長に就任し
た。11 月 14 日には略則を制定し、民法（別稿 194 頁以下で述べる）、商法（別
稿 12 頁以下で述べた）、民事訴訟法の編纂を担当することとなった。加えて、
刑法（旧刑法については別稿 58 頁以下で述べた）、そして治罪法（96 頁で述べ
た。旧刑法と共に 13 年 7 月 17 日頒布、15 年 1 月 1 日施行）の抵触部分を改正
して新たに起草する裁判所構成法（別稿 133 頁以下で述べる）の編纂を担当す
ることとなった（司法省法律取調委員会略則 1 条）。つまり近代主要諸法典の編
纂をことごとく、担うこととなったのである。そして 11 月 14 日以後「法案を
審議決定する権限」（略則 2 条）を持つ法律取調委員（当初 10 名、のち 14 名）
並に「調査翻訳して会議に報告」（略則 3 条）することを任務とする法律取調報

告委員（32名）を選んだ（具体的人名については第9章209頁で述べる）。こうして山田は、不平等条約改正条件充足のために、また帝国議会開設前に制定することの目標のもとに、編纂を開始した。編纂経緯については、前記のとおり、それぞれ別稿で個別に述べるが、裁判所構成法は、23年2月10日公布（法律6号）され、11月1日施行（上諭）された。民法は、編別の名称が変更されて、次のとおりとなり、財産編、財産取得編第1章から第12章、債権担保編、証拠編は、23年4月21日公布（法律28号）され、人事編、財産取得編第13章・14章・15章は、10月6日公布（法律98号）されて、26年1月1日施行と決定した。しかし25年の第三回帝国議会で、29年12月31日までの延期が議決された。さらに身分法部分については、31年6月30日までの、1ヶ年半の再延期（法律94号）となった。だが、財産法部分、身分法部分とも施行されないまま（29年法律89号）、31年7月16日の明治民法（現行民法）施行によって無期延期（廃止）となった（31年法律9号）。なお民事訴訟法は、23年4月21日公布（法律29号）され、24年4月1日施行（上諭）された。商法は、前述（19頁以下）したように、23年4月26日公布（法律32号）、24年1月1日施行と決定した。しかし23年11月開会の第一回帝国議会で、26年1月1日まで延期され、さらに25年5月開会の第三回帝国議会で、民法と共に29年12月31日まで再延期となったが、25年12月開会の第四回帝国議会で、会社、手形小切手、破産及び商業登記簿、商業帳簿のみの施行が可決し、26年3月6日公布（法律9号）されて、7月1日より施行された。なお治罪法の一部に代わる刑事訴訟法は、23年10月7日公布（法律96号）され、11月1日施行された。山田はこのように、近代主要法典のことごとくを編纂し、公布したのである。何度もいうように山田は我が国「近代法典編纂の父」というべき人物であった。ただ残念なことに、民法のみは、公布されたが施行にまでは至らず、無期延期となった。詳細については別稿（220頁以下）で述べる。

（3）近代裁判法制の確立―旧裁判所構成法の編纂と経緯―

不平等条約改正のための裁判所法の整備　　山田の司法大臣としての重要任務の一つは、以上のように近代主要諸法典の編纂と制定にあった。我が国近代国家建設のためであるが、近代主要諸法典の整備は条約改正の条件でもあった

ので、その目的は、当面不平等条約改正に資することにあった。

いわゆる不平等条約の不平等たる所以は、主として 3 つから成っていた。第一は、片務的な最恵国条項であり、第二は、関税自主権（協定税率）の否定であり、第三は、領事裁判権容認の問題である。

司法大臣の山田が主として対処すべきは、第三の領事裁判権の解消、撤廃にあった。旧幕府は、安政年間の通商航海条約で、17 ヶ国にその特権を与えてしまっていた。明治新政府も、2 年（1869 年）の日普（プロシア）修好通商航海条約で、詳細な規定を設け容認した。これによると日本人が原告（申し立て方）で外国人が被告（相手方）の刑事・民事事件は、すべて領事裁判となる規定であり、我が国の裁判権は条約国によって常に侵害されることとなっていた。適用法規についても、日本国内法の適用は困難で、我が国の主権は侵害され続けることになっていた。司法大臣山田は、このような領事裁判権の解消撤廃のために、国内法の近代化整備を一層推進することを義務づけられ、任務の一つとした。

これら条約上の不平等関係を改めるためには、諸外国からの要請もあって、まず西洋法に倣った裁判関係諸法の、近代的改正を行なうことが条件とされていた。この問題の対処について、それまでの経緯をみてみると、我が国は、まず最初に、4 年 7 月 9 日、司法省を設置した。そして初代司法卿に就任した江藤新平は、司法職務定制（5 年 8 月 3 日太政官達無号）を制定した。裁判所を全国的に配置しようとするもので、我が国司法制度の確立過程においては画期的な規定であった。しかし、その形態は司法機関ではなく、あくまで行政機関として、位置づけるものであった。つまり裁判所を司法省行政の管轄下に置き、省務行政の一端とみる裁判を、裁判所に分担させようとするものであった。そのうえ、裁判所未設置の府県では、地方官たる行政官が裁判を行なうことを予定していた。まさに行政の一機関と位置づけるもので、三権分立の考えは、いまだ未分化のままであった。

その後、山田が司法大輔（7 年 7 月 5 日より 12 年 9 月 10 日まで）に就任して程なく開かれた、通称大阪会議の決断によって、8 年 5 月 9 日大審院が設置（太政官布告 58・59 号）されて三権分立は一歩前進する。ここに大審院は司法省とは別の国家機関として、民事・刑事事件の最終裁判機関として設置された。よって大審院が把持することとなった裁判権は、一応行政権から分離され、近

134

代裁判制度、つまり三権分立構築のうえで大きな基礎となった。ただ、司法法曹の任免権は依然として司法卿に留保されていて、三権分立は不完全なものであった（「大審院諸裁判所職制章程」8年5月24日太政官布告91号）。

　そこで司法省は、まず9年9月13日、地方裁判所を設置（太政官布告114号）し、府県裁判所を廃止するなどの機構改革を行なった。そして大きく近代化を推進することとなるのは、山田が自ら編纂し、公布した我が国最初の近代法典である、旧刑法・治罪法の制定であった。共に13年7月17日に公布され、15年1月1日より施行された。ここに刑法では、犯罪と刑罰に関しての近代化を推進し、前述したように罪刑法定主義を宣言した。治罪法では、刑事訴訟の手続として、犯罪の種類（重罪、軽罪、違警罪）によって裁判所の管轄を分けた。また裁判所の構成としては、治安裁判所及び始審裁判所が単独制、控訴裁判所は3人以上の裁判官の合議制、重罪裁判所は5人の裁判官の合議制、大審院は5人以上の裁判官の合議制、高等法院は元老院議官及び大審院判事合わせて7人の合議制として裁判することを定めた（最高裁判所事務総局編『裁判所百年史』23頁、大蔵省印刷局、昭和35年）。このような治罪法の制定によって、刑事裁判の三審制が確立し、また裁判公開の原則も確定したが、裁判官は司法官に限られず、依然として地方官なども担当し、その他処々の裁判関連事項が、司法卿に委ねられること等には変化がなかった。三権分立は依然未分化のままで、近代的裁判権の在り方に逆行する性質も残されたままであった。

　領事裁判権撤廃に向っての裁判所官制の制定　　その後、16年12月12日に司法卿に就任した山田は、前にも触れたように（124頁）、17年12月26日判事登用規則（太政官達102号）を布達し、裁判官の厳格な任用資格を定めた。実は、15年1月1日の旧刑法施行に際して、近代法に習熟しない「老朽司法官」を裁判所から追放する処置が取られていたところでもあった。

　そして18年12月22日内閣制度の創設に合わせて、司法大臣となった山田は、19年5月5日裁判所官制（勅令40号）を定めた。この裁判所官制は、治罪法を廃止（23年11月1日）し、裁判所構成法（23年2月10日法律6号公布、11月1日施行）を施行するまでの間の司法制度の根幹を定めたものであった。ここでは、裁判所の権限及び裁判官の職務は、治罪法やその他の法令の適用範囲にとどまることは当然だが、新たに新規の規定を多く設けた。特に裁判官

の職務上の独立性を認め、さらに裁判官の身分保障を初めて規定した。司法大臣の裁判所に対する監督権は、従来のままであったが、単なる司法行政機関の行使にとどめ、裁判に関与することはできないこととなり、三権分立制を一歩推進した。

旧裁判所構成法の編纂と制定　20 年 10 月 24 日、司法大臣山田は、司法省法律取調委員会委員長となり、裁判所構成法の編纂も、職務の一つとなった。この時、「裁判所構成法ハ、ルドルフ氏起草済ミ当時司法省ニテ付属法編纂中」(前掲『山田伯爵家文書』5、165 頁) であったが、このルドルフ (Otto Rudorff、プロイセンの裁判官。17 年 11 月来日。20 年 11 月帰国。司法省法律顧問。1845 〜1922、77 歳没) に、裁判所構成法草案の起草を依頼したのは司法卿時代の山田であった。いつ頃依頼したかについては、はっきりしない。ただ 18 年 8 月に、司法省とルドルフは、顧問契約を締結しているので、その直後と考えられ、ルドルフは起草に入った。ところが、19 年 8 月に外務省法律取調委員会が設置され、司法省が管轄していた法典編纂部局が、一時外務省に移管されたことは、前述したが、ここにおいて、ルドルフは、ボアソナード、カークウッド (William Montague Hammett Kirkwood、英国人、弁護士、司法省雇、18 年 5 月〜21 年 4 月) 等と共に、外務省法律取調委員に選任された。そこで、19 年 9 月頃より、すでに出来上がっていた裁判所構成法の、ルドルフ草案を、ボアソナードやカークウッドと審議し、討議を重ね、20 年 1 月の条約改正会議に、草案のまま提出した。しかし残念ながらこの草案提出による、条約改正についての進展はみられなかった。

　その後、20 年 10 月 24 日外務省法律取調委員会は、前述したように司法省に移され、司法大臣山田顕義を委員長とする司法省法律取調委員会となる。11 月 14 日には委員会略則が定められ、ここでも、裁判所構成法はルドルフが草案起草に当たることとなった。そして、民法、民事訴訟法などの草案審議に先立って、原案名を帝国司法裁判所構成法草案 (全 156 ヶ条) と命名して、審議を開始した。山田委員長は、20 年 11 月 14 日から 12 月 2 日まで、読会を開催して審議した。その結果、21 年 3 月 23 日に、名称を帝国裁判所構成法草案 (全 157 ヶ条) と再び改称して、内閣に上呈した。この草案は、すぐに内閣法制局 (6 年太政官内史諸法課、8 年太政官法制局、13 年太政官法制部〔六部の一つ〕、14

年太政官参事院、18年内閣法制局となる）に送付された。なお、山田委員長は、4月6日若干の修正案を追加して、再提出している。その後、条約改正をめぐる反対運動や内閣の交替などの事情もあって、裁判所構成法草案は、やっと22年3月1日元老院に回付された（全151ヶ条）。元老院は、大体可否会の方式で審議し、3月23日多数をもって通過させ、内閣に上申した。内閣はこれを3月25日、枢密院の諮詢に付した。枢密院は、6月13日より7月9日まで逐条審議し、7月15日裁判所構成法草案（全143ヶ条）と、三度名称変更を行ない、内閣に回付した。その後23年1月、公布のための閣議が開かれた。決定していた全143ヶ条の条文に附則（経過規定）1ヶ条を加え、144ヶ条として、23年2月10日裁判所構成法は公布（法律6号）され、11月1日施行となった。ここに司法省法律取調委員会委員長で、司法大臣山田の主導による近代的裁判所法が制定されたのである。しかし「山田の労苦は、必ずしも十分に報いられた訳ではなかった。冒頭の司法権独立を宣明する規定を含む五ヶ条の削除など、司法省案はかなりの部分で修正を余儀なくされた」（前掲『シリーズ学祖・山田顕義研究』第5集、191頁）からである。

(4) 音羽町邸の完成と天皇の行幸

音羽町邸の落成と飯田町邸の賃貸　明治23年3月に、小石川音羽町3丁目（現・文京区音羽2丁目、講談社敷地内に当たる）に豪壮な洋館造りの邸宅が落成し、山田は飯田町6丁目21番地の旧宅より移転した。設計者は帝国ホテルを設計した渡辺譲で、施工は清水組であった。本屋は3階建洋館で建坪は76坪余の広壮な建物である。これまでは、20年に司法大臣官邸が永田町に完成してからは、永田町の官邸と飯田町の私邸を両用し折々の便利に使用してきた。23年3月音羽邸が落成して移転して後は、飯田町旧邸は「司法省法律顧問で、イタリア人アレキサンドル・パテルノストルが住んだ」（前掲『山田顕義傳』910頁）。パテルノストル（Alessandro Paternostro、伊人、伊国大学教授を経て22年来日、司法省法律顧問〔3年契約〕、1852～1899、47歳没）は、夫人と4子を伴い、22年1月20日来日した。このパテルノストルに、空いた飯田町山田旧邸を、22年暮より、司法省雇3ヶ年契約の満了となる、25年12月の帰国まで賃貸することとした。司法省が山田と契約を結び、パテルノストルに貸与

第7章　明治政権中枢にあっての出来事　137

した。家賃は年額1020円（月額85円）で、かなり高額な契約であった。この高額家賃が帝国議会で問題となった。『東京日日新聞』では、「昨廿四日（22年12月24日）午前の予算委員会に於て、司法省の雇外国人パテルノストル氏の住する山田顕義氏の邸宅は家賃年額千五百円と定めあるを以て、山田大臣に向て之を質問せんとせしも、大臣は既に辞表を出したり（22年12月24日、三条実美総理は、大隈外相の免官発令に伴い、総辞職し、山田も当日朝辞表を提出したが、同日夕方、山県内閣が成立し、司法大臣の指名があり就任する）との事に付右家賃を千二十円と修正したり。或は曰く、パテルノストル氏の雇入約定に月々四十円の借家賃を給するか、若くは相当の家を貸与すべしとの文言あるよし参考までに記す」（『東京日日新聞』22年12月25日号。（　）内は筆者加える）という記事があり、家賃の多寡が問題となっているが、パテルノストルに賃貸したようである。その後この飯田町邸は、山田の所有から離れ手放したようだが、仔細は不明である。

音羽町邸の建設経緯　　完成した音羽町邸の建設経緯を述べると、山田は、8年飯田町邸に入居したばかりだが、11年には、約2万坪に及ぶ広大な土地を、小石川音羽町に買い求めていた。『山田顕義傳』では、「明治十七、八年頃には、山田家の所有」と記されているが、山田は、すでに11年には音羽山荘での作と思われる詩を吟じている。「偶作」と題するもので、「柴門無客晝肅然（柴門客無く昼も肅然たり）　孤坐開書懐昔年（孤り坐して書を開き昔年を懐ふ）　愛此萬竿瀟灑竹（愛す此の万竿瀟灑なる竹）　宜風宜雨又宜烟（風に宜く雨に宜く又た烟にも宜し）」（前掲『学祖山田顕義漢詩百選』168頁）と歌っている。また音羽山荘内の庭園を清音園と名づけていたようで「清音園偶作」と題して、次のように詠んでいる。「秋入山村好（秋、山村に入りて好し）　蟲聲與水聲（虫声と水声と）　主賓多少思（主賓多少の思ひぞ）　詩酒有餘情（詩酒余情有り）雲篊老木日（雲は老木を篊めて曰く）　石帯急流清（石は急流を帯びて清し）一去黄塵外（一たび黄塵の外に去り）　風光満目平（風光満目平かなり）」（前掲『学祖山田顕義漢詩百選』170頁）と吟じた。本作の表題中に「己卯冬日於音羽山荘（己卯の冬日音羽山荘に於て）」とある。「己卯」は、明治12年に当たるところから、12年には、すでに所有し庭園を造り楽しんでいたことはこの詩によって確実である。

138

また 18 年 6 月 21 日の『東京横浜毎日新聞』によると、山荘を建てて利用している状況を垣間見ることができる。「音羽なる山田参議の別荘は頗る静閑の地に在りて、其の居廻りは田畑なるより、此頃は毎夜螢狩に来るもの多きよしなるが、同君には昨日午後四時頃より、小松宮（彰仁親王）外御両名の宮方及び土方内閣書記官長（久元。農商務大臣、宮内大臣、大正 7 年 85 歳没）、宍戸（璣）参事院議官等を招請し、右螢狩を一覧かたがた饗宴を張られしとのことなり」（18 年 6 月 21 日号。（　）内は筆者加える）とある。そしてその後、暫くは、庭園を拡大築造していたようだし、邸内の防犯には特に気をつけていた様子であり、次のような報道もある。「山田大臣の音羽の別荘は、平日には取締りの為に、両三名の従僕をおかるるのみなれば、広き邸地の取締りには、不充分なるべしと思ふ人もあらんか、門内には洋犬数頭あり、庭園には馴れたる鹿三頭ありて、始終徘徊し居り、他人の庭園に入るや否や、三頭の鹿は馳せ来って、一喝一声乍ら角を突き掛けんとし、又家の周囲は数頭の犬が守りて、外人の来るを見れば、吠えかかる故、盗児抔はとても邸内に入ることを得ざるべしと、或人は語れり。果して然らば数名の番人をおかるるより、はるかにこの獣類に番せし方が優れたらんか」（『東京日日新聞』20 年 1 月 6 日号）といった様子や状況が述べられている。またこの地は「『地域広濶にして約二万坪を有す、岡邸樹林あり、水流亭樹を繞る。山幽に地静かにして、花鳥風月の楽みあり、尤も雅趣興味に富む』とは、山田伯爵家の記録である」（前掲『山田顕義傳』911 頁）とある。そして静寂で広濶なこの別荘では、しばしば、会食や会合が持たれている。先にも新聞報道の会食模様を挙げたが、その他たとえば 20 年 12 月 13 日、山田は親友で子爵で元老院議官の宍戸璣に「… 然 バ来ル十九日正午、音羽弊荘ニ於テ麁茶進呈仕度、御清暇ニ被為在候はゞ、乍 御苦労御来臨被成下度候…」（前掲『宍戸璣宛、山田顕義書翰集』45 頁）との書面を送り昼の会食に誘っている。また同じ宍戸氏に対し、21 年 1 月 29 日、「…扨て明三十日御閑暇ニ御座候ハゞ、音羽邸荘へ午後一時頃より御貴臨被下まじく哉。大津（光太郎。大津唯雪、旧姓名村田次郎三郎、清風の嗣子の長男、27 年 45 歳没）、野村（素介。茨城県令、貴族院議員、元老院議官、昭和 2 年 86 歳没）、正木（退蔵、松下村塾門下、外務参事官、ハワイ総領事、29 年 51 歳没）抔有招間、可成御繰合御来杖奉願候…」（前掲『宍戸璣宛、山田顕義書翰集』45 頁。（　）内は筆者加える）といっ

第 7 章　明治政権中枢にあっての出来事　　139

た具合で、招待して、音羽山荘を使用していた。

　このように山田は、ここ音羽の地を便宜良く使用していたが、前述のように22年豪壮美麗な洋館建築に着手し、23年3月に落成した。当時としては大変珍しい建物で、のちの24年建立をみた神田ニコライ堂と並び称される洋風建造物であった。山田は母鶴子、妻龍子、養嗣子久雄、長女（庶子）梅子と共に移転した（23年3月か）。その他、第二妻（推定）の福田美和、伯爵家を管理する家令の吉村右衛門（『渡辺惟精日記』。前掲『シリーズ学祖・山田顕義研究』第5集、182頁）、用人で家扶の佐々木、書生の小島奥、下僕の松蔵、そして数人の庭師や馬丁、駆者や、上（奥）・中・下の女中達を引き連れて音羽邸に移った。なお引き取った長女梅子（前掲104頁写真14）は前述したように、龍子夫人と福田美和が養育した。里子に出されたのはこの後と推定する（108頁以下）。

天皇の音羽町邸行幸と山田の最絶頂期　　23年6月26日、山田は音羽の新邸に天皇の行幸を迎えた。明治天皇はこれまでも、9年4月14日木戸孝允染井別邸や、9年4月18日大久保利通邸へ行幸し、その後も18年7月7日伊藤博文高輪邸や、18年10月19日山県有朋麹町区富士見町邸など、功臣が新邸を建造する度に行幸した。このことは天皇が、これらの人々を元勲と認めることを意味したが、山田の新邸にも行幸した。山田への信頼を示す一時例である。山田は感涙に咽びながら、龍子夫人、母鶴子、養嗣子久雄、庶子梅子、実妹河野万須子夫妻などと共に門前に立ち、お迎えした。感慨は無量でようやく恩師松陰のいう「皇国」が安定し、その実現に向って、一途に「忠義」を尽してきたことが、報いられたと実感した。

　『東京日日新聞』は、山田音羽邸への行幸の様子を、詳しく報じている。「予て仰出されし如く音羽町なる山田司法大臣の邸へ昨廿六日午後一時二十分御出門にて行幸あらせられたり…其の御道筋は宮城通用門を出で右へ竹橋を渡り、右へ雉子橋を出で、飯田町通り日本法律学校の前を御通行ありしとき、同校生徒五六十名は門前に整列して拝礼をなし、夫より飯田橋を渡り、右船河原橋を渡り、左へ江戸川端通り同人社の前に至るや、同社生徒四十名程は門前に列して拝礼を為し、夫より半町程進むと江戸川製紙会社の工女と見え、一様に白の服にて四十名計り佇立して拝礼せり。それより右へ左へと小日向水道町右へ、音羽通りへかかり、同町は一町だけ各戸軒先きに国旗を掲げ老若男女は山の如く

集りたり。既に山田伯の邸に御車の間近くなりし折、同区私立持月小学校生徒九十名は整列して君ヶ代三曲を歌ひ、既に同伯の邸に御着輦あらせらるるや、先着の小松宮（彰仁親王）、北白川宮（能久親王）、伏見宮（貞愛親王）、土方（久元宮内大臣）、山県（有朋総理大臣）、西郷（従道内務大臣）、松方（正義大蔵大臣）、大山（巌陸軍大臣）、後藤（象二郎逓信大臣）、青木（周蔵外務大臣）、陸奥（宗光農商務大臣）、樺山（資紀海軍大臣）、芳川（顕正文部大臣）の諸大臣、及枢密院正副議長（大木喬任議長、寺島宗則副議長）及議官、元老院議長（柳原前光）、東京府知事（蜂須賀茂韶）、其の他高官数十名（なお『山田顕義傳』には、徳大寺実則侍従長、吉井友実宮内次官、鍋島直大式部長、杉孫七郎皇太后宮大夫の名がある。さらに三条実美内大臣の名も挙げられている）にて奉迎し、茲に陸軍の奏楽あり。扨て同邸の間口には国旗を交叉し、又門内の左右及庭園に無数の球灯を掛け、陛下の御休息所に御着あらせらるるや、又奏楽あり、其れより能楽（観世、梅若、宝生）の諸役者がこれを勤め、また桃川如燕講談をもって御興を副うところあった（前掲『山田顕義傳』912頁）。これらを御覧あらせられて、右了りて晩餐を召させられたが、『洋食を献せられ』た様である（前掲『空斎山田伯伝』(3)、94頁）。そして午後八時頃御還幸あらせられしと承る」（『東京日日新聞』23年6月27日号。（　）内は筆者加える）とある。こうして山田は、天皇行幸を、とどこおりなく終了させたのである。そして翌27日には皇后・皇太后の行啓を仰いだのであった。山田の生涯で、最高絶頂の時であった。

　この時の様子を元老院議官、司法省法律取調委員尾崎三良は、「六月廿六日午後三時、帝室制度取調局より音羽の山田伯別邸に至る。上、同邸へ臨幸あるを以て招待を受けて参会す（フロックコート着用）。各大臣、枢密顧問官及び勅任官数名、秘書官他宮内官等を合して約百五、六十名参会。能楽、如燕の講演及び西某の琵琶等の余興あり。晩餐を上り各大臣及び宮内勅任官のみ陪食、他は皆別席に於て立食の饗あり。天機麗しく夜八時過、車駕還幸、一同続いて退散。是れ山田伯一代隆盛の時なり」と日記に記している（前掲『尾崎三良自叙略伝』中巻、229頁）。

音羽町邸の売却と笄町邸の建築

なおこの小石川音羽町邸は、顕義逝去後、三代目伯爵繁栄（顕義の実弟、久次郎、宗輔、弘化4年10月1日生まれ、河上家を継いで繁栄と改名する。のち山田伯爵家を継ぐ）が売却し、人手に渡ってい

る。顕義の死後山田伯爵家は、龍子未亡人の養父でもある井上馨が、家政の一切を取り仕切り、山田家の世話に当たっていたが、音羽町の大邸宅の維持は困難であるとして、繁栄伯と相談のうえ、手放し、麻布 笄 町に新邸を建てて、移転した。笄町の家屋の設計は井上馨が担当したと伝えられていて、第三代伯爵繁栄そして第四代伯爵英夫（8年10月21日生まれ、昭和20年5月25日、70歳没。会津松平容保の三男で、顕義長女〔庶子〕梅子と結婚し、山田家を継ぐ。なおこの結婚とは関係ないが、山田は旧会津藩士の窮状を聞き、何とか救助したいと思っていたようである〔前掲『空斎山田伯伝』(3)、105頁〕)、そして第五代伯爵顕貞（英夫と梅子の長男）と過ごしている。そして山田の長庶子梅子はここ笄町の邸宅で肺病のため27歳の若さで、大正元年12月17日死去している。

　なお旧音羽邸は、「大正に至って、講談社社長野間清治（報知新聞社社長、日本雑誌協会会長）の私有となった。野間は行幸を記念して、音羽邸の永久保存の計画を立案中、大正十二年九月一日の、大震災に遇って、修理不可能なまでに損傷したので、保存計画を断念し、敷地内の池畔に、明治天皇を奉安する護国神社を造営し、永くその聖徳を偲ぶこととした。聖駕臨幸の山田邸宅跡に建てられたのが、現講談社社屋である」（前掲『山田顕義傳』912～913頁）ということとなる。

(5) 大津事件と司法大臣の引責辞任

大津事件の発生　明治24年5月11日、13時50分頃、大津事件（湖南事件）が起こる。滋賀県大津町小唐崎町（現・大津市京町）で、警衛中の巡査津田三蔵（名古屋鎮台入隊、西南戦争従軍、除隊し三重県巡査、のち滋賀県巡査となる。「北海道釧路集治監に収監中、24年9月29日午前0時30分絶命」〔『網走地方史研究』謄写版刷り、昭和49年〕36歳病没）が、来日中のロシア皇太子ニコラス・アレクサンドロヴィチ（Nikolai Alexander、のちのロシア皇帝ニコラス2世、1868～1918、革命が起こり銃殺される、50歳没）に切りつけ、頭部2ヶ所を負傷させる事件が起きた。

　津田三蔵は当時36歳、折々精神の狂うようなこともあり、「斯る暴挙に及びし原因は、…妄想より若起したる一の感慨心に出でたるものと云わざるを得ず。

其概略を掲ぐれば、露西亜国は我国と隣国の好みを結ぶも、…未だ嘗て我国に利益を与えたるあらずと妄信しつつある折柄、…皇太子殿下は名を漫遊に仮り、其実、我内地の地理形勢を視察せんが為ならんと思惟し、且…殿下は我内地に入りながら、未だ宮廷に至り天皇陛下に御挨拶もなされざるは、無礼も亦甚しと憤り…」（児島惟謙『大津事件日誌』48頁、東洋文庫、昭和46年）、もって本件を惹起したのであると「予審判事意見書」は犯意を認定し、記録している。

政府の対処と方針に対する裁判所の意向　震撼した政府は、事件当日の5月11日、御前会議を開き、北白川宮能久親王（陸軍中将、死後大将、独逸学協会会長、28年49歳没）、西郷従道内務大臣、青木周蔵外務大臣を京都へ差遣することを決定する。なお明治天皇も、13日京都に行幸し、常盤ホテルで療養するロシア皇太子を慰問した。12日松方正義総理大臣、山田顕義司法大臣、後藤象二郎逓信大臣、陸奥宗光農商務大臣、伊藤博文貴族院議長、黒田清隆枢密顧問官らが会合し、旧刑法116条「天皇三后皇太子ニ対シ危害ヲ加ヘ又ハ加ヘントシタル者ハ死刑ニ処ス」とする「皇室に対する罪」を適用する方針を了承した。その理由は、一途に、政府としては三蔵を何とかして極刑に処したい。そしてロシアに謝罪したいとするものであった。この内閣の方針に対して、19日大審院長児島惟謙（貴族院議員、衆議院議員、41年72歳没）は、旧刑法292条「予メ謀テ人ヲ殺シタル者ハ謀殺ノ罪ト為シ死刑ニ処ス」の「謀殺ノ罪」、そして同112条「罪ヲ犯サントシテ已ニ其事ヲ行フト雖モ犯人意外ノ障礙若クハ舛錯ニ因リ未タ遂ケサル時ハ已ニ遂ケタル者ノ刑ニ一等又ハ二等ヲ減ス」の「未遂罪」の適用意見書を、松方総理大臣並に山田司法大臣に提出した。しかしこれでは、無期徒刑（無期懲役）以上には処せられない。司法大臣山田の立場としては、内閣の方針どおり、旧刑法116条の適用を求め、死刑に処して謝罪し、ロシアとの騒乱を回避したいと考えていた。そこで「我政府は露国に対し、徳義上勉めざるを得ず。故に…公判廷に於ても、検事総長をして、我皇族に対する罪を適用する主義を以て弁論をなさしむるに付、足下（裁判官）等、其意を了せよ」と表明した。

しかし近代法に精通し、旧刑法編纂で罪刑法定主義制定に尽力（前出64頁以下）した山田の態度は、かなり柔軟であった。ここに116条「皇室に対する罪」の適用は難しいという認識を持っていて、「山田大臣曰、裁判官に於て諾せられ

ば、致し方なしと微笑す。…最早一件に付ては、君等裁判官の為すに任するの外なかるべし」（前掲『大津事件日誌』161頁）といった考えと心境であったようである。なおこの日、24年5月19日、意外に軽傷であったニコラス皇太子は帰国の途に就いた。

普通殺（旧刑法27条）適用と司法大臣の辞任　5月27日、公判が開廷された。三好退蔵検事総長（大審院長、弁護士、貴族院議員、41年64歳没）は、刑法116条により、死刑を論告し求刑したが、大審院は、旧刑法292条、同112条未遂罪をもって無期徒刑の判決を下した。そして、旧裁判所構成法は、原則三審制を取るが、50条第2によって「皇族ノ犯シタル罪ニシテ禁錮以上ノ刑ニ処スヘキモノノ予審及裁判」は、「第一審ニシテ終審」とあり、本大津事件は大審院のみで審理され結審となった。経緯を述べると、「本事件は大津地方裁判所の予審判事土井庸太郎が現行事犯を覚知し、検事の起訴をまたず予審を開始していた。またここで協議の上、判事三浦順太郎が当日の出張当番だったので主任者となった。これは予審（事件を公判に付すべきか否かを決定する公判前の裁判官による非公開の手続）で、公判ではないが、大津地方裁判所が担当すべき事件となっていた。ところが、一方内閣では、前述のように、本件を旧刑法116条『皇室に対する罪』で起訴することを決定した。これにもとづいて三好退蔵検事総長は、山田司法大臣に、この方針の閣議決定の命令を求めた。山田大臣は命令を出したので、三好総長は『本事件は大審院の特別事件であり地方裁判所に管轄権がない』として、本件を大審院に移管した。そのうえで三好は、旧裁判所構成法50条にもとづき、皇室に関する罪であるから、大審院において第一審で終審とすべきと申し立てた。大津地方裁判所がこれを容れたので、大審院で予審が始まり即日決定が行なわれたので、いよいよ公判となった。大審院の係判事は、裁判所構成法51条によって23年12月に決まっていたので当然それらの裁判官が公判を担当することとなった。なお大審院は特別必要があれば地方に出張して開廷することが出来ることとなっていたので、児島惟謙大審院長は『大津地方裁判所で大審院を開く』旨の決定をして、裁判が始まり、24年5月27日、旧刑法292条、同112条を適用し、無期徒刑とする判決を下したのである」。ここで司法大臣たる職にある山田は、旧刑法116条による死刑判決とならなかったこと等の、事件における責任の重大さを憂慮し、24年6月1日付をもって

辞職した。通常普通殺をもって処断されたことが、司法大臣の責任になること などは、まったくあり得ないことであるが、残された山田の辞表には、明確にそ の責任による辞職と明記されている。

　こうして山田は司法大臣を辞任したが、山田が司法卿となったのは、16年12 月12日であり、続いて官制改革による内閣制度創設によって司法大臣となった のは、18年12月22日であった。そして24年6月1日をもって辞任するまで、 7年7ヶ月の間、司法省を統轄した。それ以前の司法大輔の期間である7年7 月4日より12年9月10日までの5年間と、専任参議として、太政官司法部並 に法制部を主管した1年8ヶ月間を加えれば、司法、立法に関与した期間は14 年3ヶ月の永きにわたったのであった。山田は司法大臣辞任と同時に前官礼遇 （国務大臣、枢密院議長、宮内大臣、内大臣で功労顕著な者に対し、退官後も在 官当時の待遇を与えること）を賜わった。さらに25年1月28日には、枢密顧 問官に任ぜられたが、辞任時の感慨について、次のように詠じている。「明治廿 四年六月退官閑居」と題して、「江因湖果事紛紛（江因湖果、事紛々たり）　誰 識人間眞理分（誰か識る人間真理の分）　苦業多年松立雪（苦業多年松雪に立 ち）　交情今日友如雲（交情今日友雲の如し）　託身舟楫去垂釣（身を舟楫に 託して去きて釣を垂れ）　絶跡風塵時学文（跡を風塵〔俗世間〕に絶って時に文 を学ばん）　一望香然天地夏（一望香然〔はるか〕たり天地の夏）　杜鵑有聲 隔林聞（杜鵑声有り林を隔てて聞く）」（前掲『学祖山田顕義漢詩百選』240頁） である。この詩の意味を述べると、「明治廿四年六月退官閑居」、すなわち24年 6月退官して家に閉じ込もっていると題して、「江因湖果事紛紛」、近江の国大津 で起こった湖南事件（大津事件）で、社会はごたごたとし、事態は紛々としてい る（旧刑法116条の適用か、292条の適用かで）。「誰識人間眞理分」、いったい 誰が真の摂理を認識しているというのか（旧刑法に罪刑法定主義を導入したの は山田自身であり、本事件を刑法116条で処罰できないことは、充分に理解し ていたからである）。そして、「苦業多年松立雪」、自分は、長年苦難に耐え雪の 中に立つ松のように生きてきた。「交情今日友如雲」、いまでは心を通わす友も 雲のようにたくさんいる。「託身舟楫去垂釣」、これからは舟の楫に身を委ね気 ままに釣糸を垂れて暮らそう。「絶跡風塵時学文」、官界からも退き折に触れて 文学にも親しむつもりだ。「一望香然天地夏」、見渡せば天と地に夏の景色が広

がっている。「杜鵑有聲隔林聞」、ほととぎすの声が林の向うから聞こえてくる、と吟じたのである。これが退官時の心境であった。平静を装いながらも、いかにも山田の淋しさは、拭うべくもない。それは、「苦業多年松立雪」と詠じ、雪の中に立つ松のように、忍耐に忍耐を重ね、我慢に我慢を重ねて生きてきたという表現に表われているように思える。しかしこれからは「託身舟楫去垂釣」として、舟の楫、つまり運命のままに身を委ねて生きていこうと達観した心境を述べる。そして、最後に「一望香然天地夏」と詠んで、夏（「さかん・大きい」の意、『角川最新漢和大辞典』。また「若い・新鮮な」の意も含まれている、『広辞苑』）を用いて、草木の盛んに茂る時期に準えて、希望を捨てていないことを表現している。つまり山田には、まだ将来が夏の景色のように広がってみえていたのであった。山田には為残した仕事があった。それはもちろん、いうまでもなく、我が国の益々の興隆への尽力であり、さらなる法治にもとづく近代国家の建設であったが、差し迫っていた課題の一つは、公布されたままになっている民法を施行することであった。二つは、創立されたばかりの日本法律学校の存続、安定であった、と推定したい。25 年 11 月 11 日の突然の死で、どちらも山田自身の手で充分に成し遂げることは、できなかったが、これらについては後述（191 頁以下）する。

第8章

明治25年の最後の帰郷と薨去
―10月11日から11月17日まで―

1 帰郷の目的について

帰郷の目的の諸説　山田は、明治25年10月11日帰郷の旅に出る。そして11月11日突然薨去してしまう。まさに最後の旅となるのだが、帰郷目的については、病気療養のため、墓参のため、旧藩主及末家先公銅像起工式主催のためなどの諸説がある。さらに近年に至って、山口の「第百十国立銀行が経営難に陥り、その再建のために、株主を説得するため」との説も出てきている（松原太郎「第百十国立銀行の経営再建と山田顕義―明治二十五年山口訪問の理由について―」『黌誌』第10号、日本大学企画広報部広報課、平成27年）。その他、「明治二十五年の第二回総選挙で、山田の盟友である品川弥二郎内務大臣は、民党候補者の再選を防ぐべく、大がかりな選挙干渉を行なったが、その後仕末のため」という説もある（荒木治説。前掲『シリーズ学祖・山田顕義研究』）。

病気療養説と宿痾　帰郷目的について、まず『大日本帝国議会誌』を引いてみると、「二十五年郷里山口に帰省して病を癒す」（1174頁）とあり、帰郷の目的を病気療養のためとしている。

山田はたしかに、22年頃から自作の詩のうちに、しばしば病に触れるものが出てくる。たとえば、「熱海客中偶作」に「養痾二旬日（病を養いて二十日）　諷詠意縦横（詩を詠じて意縦横）…」（22年作）とあり、また「明治廿三年十二月辞官」で「…回顧卅年経歴事（回顧す三十余年経歴の事）　病牀揮涙拝禁城（病状に涙をふるって禁城を拝す）」（23年作）とある。さらに「十月廿九日従鎌倉移三崎漫吟　三首の三」で「絶無俗塵至（絶えて俗塵の至る無し）　山碧水更清（山は碧に水は更に清し）　避世且医疾（世を避け且つ疾を医す）…」（24年作）などとある（前掲『学祖山田顕義漢詩百選』226頁、230頁、242頁）。こ

147

のように明治22年・23年・24年と、宿痾（持病）に苦しめられていることを、自ら告白している。

　その、病状についてだが、いろいろの見方がある。山田は、24年2月8日、宍戸璣子爵に「…小生事七八日前より妻麻質斯ニて胸部を痛候。於今平臥罷在候仕合ニて…」との書状を送っている（前掲『宍戸璣宛、山田顕義書翰集』84頁）。このリューマチの病状について、『山田顕義傳』では「中年に入る頃から、リューマチスの症状があらわれ、やがてそれが痼疾化する」に至っていたという（前掲『山田顕義傳』899頁）。

　また肺病であると伝えるものも多い。穂積陳重（帝国大学法科大学長、貴族院議員、明治民法起草者、大正15年71歳没）の妻歌子（渋沢栄一長女）は、「児島君（惟謙、大審院長。陳重と同郷の宇和島の出身で陳重・歌子の婚礼で媒酌人を務めた。41年72歳没）、お話しに、山田伯は肺患にて重躰のよし」（穂積歌子日記、24年8月29日（土）条。穂積重行編『穂積歌子日記1890-1906—明治一法学者の周辺—』178頁、みすず書房、平成元年。（　）内は筆者加える）と書き残している。

　肺患であることについては、新聞でもしばしば報道されている。『読売新聞』をみると、「山田の肺患と山県の憂慮」との見出しをつけて、「長州の出身先輩多しと雖も山県伯とは又た格別の間柄にして山田伯が昨年肺病に罹りて旦夕（切迫）を測られざるまで危篤に迫らるるや山県伯は殆んど父母兄弟の病気を見るが如く日々三回宛も使を遣はして病状を問はしめ、その返報を得るごとに大息してすこぶる憂色を帯ばれたるほどなり」（25年11月14日号。（　）内は筆者加える）とある。実に山田と山県有朋は、しばしば対立したことがあった。先に述べたように、徴兵制議論でも、商法施行延期問題でもである。しかし2人は長藩の出身で、松下村塾の同門でもある。この頃になると互に協和し合っていた。たとえば金子堅太郎（日本法律学校長、農商務大臣、司法大臣、昭和17年90歳没）は、山田が22年10月4日、日本法律学校を創立する際に、「…共鳴されたのが山県有朋伯であって…」と述べる（「日本大学五十年式典（昭和14年10月4日）講演」、前掲『山田顕義傳』876頁）。そして、23年9月21日の開校式には、総理大臣伯爵山県有朋として列席している。したがって前掲『読売新聞』の記事の、山田の肺患病での危篤に対する山県有朋の憂慮は、万が一の山田

亡き後の算段のためだけではなく、本心から出た心配であったのかも知れない。また『時事新報』は「肺患と橋本主治医の直言」と題して、「昨年（24年）肺病に罹りし際、伯はしきりと誰れ彼れと医師を選びしが、その後橋本綱常（東京大学医学部教授、陸軍軍医総監、42年65歳没。幕末期の志士橋本左内の弟）より、病の重症にて随分一命にも係はるべき勢なれば、何事にもまれ、遺言することあれば述べ置くべしと聞くや、伯は豁然（物事を悟ること）として観念したりと見へ、それよりは少しも騒ぐ色もなく、只命を天に任せて心静かに療養せしにぞ、医師もこれが為め治療上功を奏する速かなるを得たりと云ふ。事に臨み一旦決断すれば動く所なき性質の一斑を見るべしとなり」（25年11月20日号。（　）内は筆者加える）といった記事もみられ、回復の様子も伺うことができる。

　このような「婁麻質斯」か「肺患」で苦しむ状況の中で、本格的な回復に向ったのは、25年春頃からであった。たとえば、「偶成三首　其一」で「…病餘春色更清絶（病余春色更に清絶）　静見梅花満海隦（静に見る梅花の海隦に満つるを）」。其二で「湘南氣暖病将瘳（湘南気暖かくして病将に瘳えんとす）　避世逃寒無所求（世を避け寒を逃れ求むる所無し）…」（25年作）と詠み、さらに「三月十一日家嚴君祭辰恭賦（三月十一日父君の命日に謹んで詩を作る）」で「兒也病全癒（児や病全く癒え）　幸遭此祭辰（幸にして此の祭辰に遭ふ）…」（25年作）と詠んで、回復ぶりと、その、全快を宣言している（前掲『学祖山田顕義漢詩百選』247頁、251頁）。

　しかし、『ベルツの日記』をみると明治25年「三月二十五日（東京）午後、山田伯の全快祝いに出席。伯は重い肺壊疽（肺が腐敗菌のため壊死する病気）から、驚くほど見事に回復した。以前よりも血色がよく、肥えており、自分ではすっかり健康だと思っているが、もちろん、まだそうまではなっていない。伯は今日、芸者入りの盛大な宴を張ったのだが、この宴で自分は花形だった。最後に、出席者は自分を胴上げした」と記して回顧する（前掲『ベルツの日記』第1部上、133頁。（　）内は筆者加える）。人生が残り少なくなると感ずると、命が非常に貴重ですがりつきたくなるものだが、ベルツ（Erwin von Bälz、ドイツの内科医、宮内省御用掛、9年来日、38年帰国、1849〜1913、64歳没）の進言によるものかどうかは、わからないが、比較的温暖の地である郷里山口での療

第8章　明治25年の最後の帰郷と薨去　149

養を進められ、また自らもそうしようと思ったとしても不思議ではない。このようなことでもあり、前出（147頁）の『大日本帝国議会誌』では、「二十五年郷里山口に帰省して病を癒す」として、帰省の目的は病気療養であるといっている。なお山田が健康を害した原因については、法典編纂の多忙が原因であるといい、「法典制定の挙は、実に君が報国的致命の事業なり。…故に一日も速にその制定を急ぎて、日夜奮励その過度の勉強に依り健康を損し、不治の痼疾を獲たるこそ無限の痛恨と謂ふへし」（前掲『空斎山田伯伝』(3)、106頁）と述べているものもある。

墓参説と先祖・先師・知友の供養巡礼　　この療養説に対し、『山田顕義傳』では、「病患もようやく治ったので、十月初旬、かねて思いを寄せていた郷国訪問の旅に出た。…今回のそれは先祖、先師、殉難知友の墓参が主な目的で、確たる日程もなく、…故国巡礼の旅であった」（前掲『山田顕義傳』901頁）とあり、墓参が目的であるとする。『空斎山田伯伝』でも「養生旅行を思い立ち山口県故郷なる祖先の墓参に赴かれたり」((3)、95頁）とある。『朝野新聞』（5年創刊の『公文通誌』を7年改題して発刊。社長成島柳北〔旧幕外国奉行〕、26年廃刊）でも、「一昨日（十一日）新橋一番列車にて神戸に向け出発したる山田伯は神戸着後直ちに郷里山口に帰り墓参を為して一週間ばかり同地に滞在し然る後帰京の途に就かるる筈なれば来る二十七、八日頃には帰京すべしと云ふ」（25年10月13日号）と報道し、墓参説を取る。この墓参し供養したいという熱い心は、山田が生涯持ち続けていた気持である。同じく『朝野新聞』は、この感情について「山田伯の信頼感は、現存する長州人には皆無にして、維新前、非業にして斃れた血族、恩師、同僚の上に在り」（10月13日号）と伝える。山田は恩師松陰への思いはもちろんのこと、常に血族、同僚達が生きていたならば、「このような事態の時は、どうするであろうか」と、思い考え、行動してきた人である。信義を重んじた人である。この度の旅でも墓参を重視していたに違いないことは、いうまでもない。

旧藩主及末家先公銅像起工式主催説　　しかし、「二十五年郷里山口に帰省」した第一の目的は、「旧藩主毛利敬親公及四末家諸先公銅像造築起工式」に、起工式総裁として列席することが、主目的であった。ここに、毛利敬親公とは、12代長州藩主で、明治2年薩摩、土佐の藩主と共に版籍奉還を建白した人物であ

150

る。4年54歳で没し、諡名を忠正と称した。また四末家諸先公とは、旧長門豊浦（長府）支藩主毛利元周（文政11年生まれ、元年5月7日42歳没）、旧長門清末支藩主毛利元純（天保3年生まれ、8年3月12日45歳没）、旧周防徳山支藩主毛利元蕃（文化13年生まれ、17年7月22日69歳没）、旧周防岩国支藩主吉川経幹（文政12年生まれ、慶応3年3月20日38歳没）の四諸公である。帰郷の目的が銅像起工式であったことについては、山田は自ら「銅像造築起工式に参列のために赴き」と書き記しているものを、残している。25年11月1日（推定）に、山口県吉敷郡小郡町（現・山口市小郡）の林有造（勇蔵、大里生、大庄屋）から、詩幅を求められて残すが、その詞書にそう書いているからである（山口県文書館所蔵吉富家文書。おそらく本詩幅が山田最後の詩書か）。同様の見解を述べるのは『東京朝日新聞』（『めざまし新聞』を併合して、21年『東京朝日新聞』を創刊。昭和15年『朝日新聞』に『大阪朝日新聞』と共に統合される）で、「起工式に臨場し旁々是迄寄附金其他同事件に付尽力せし県下有志者の労を慰めんが為め且つハ自家展墓の事を兼ねて来県せしものなり」（『東京朝日新聞』25年10月31日号）と報道している。

　したがって山田は、銅像起工式に総裁として主催・参列することを目的とし、墓参、療養その他を副次的目的として郷里に旅立ったこととなる。

　山田は、東京より4人の従者に付き添いを求め同行を命じていた。以下同行者については、推定だが、1人目は北陸福井の出身で、正妻龍子夫人と共に、山田が外に設けた長女の庶子梅子を育てていた、第二夫人（妾）の福田美和。2人目は、山田家とも、顕義の母鶴子（長藩士熊野徳左衛門の娘）の実家熊野家とも親戚である（前掲『シリーズ学祖・山田顕義研究』第7集、27頁）、書生の小島與（小島家11代政方を襲名）。3人目は、山田の手紙や書面を直接相手方に届け、または、山田が手紙に「別封乍面倒下人松蔵へ御下渡奉願候」（宍戸璣宛書翰、10年3月4日等）と書き、返事についても受け取ることなどもしていた、信頼する下僕の松蔵。そして、4人目は前官礼偶をもって警保局から派遣されていた、S・Pである護衛（推定）の鹿山箭五郎の4名が同行者であった。

　こうして山田は、25年10月11日帰郷の旅に出発。そして11月11日、生野銀山の坑道で突然薨去するが、この時の帰省の日程を、『東京朝日新聞』から拾い挙げ、同時にまた、他の資料等を参照しながら、推測してみたい。何分銅像

第8章　明治25年の最後の帰郷と薨去　　151

起工式の他は、すべてプライベートな旅なので、詳細はわからないことが多い。山田は明治新政権発足後、明治2年より、東京に滞在し、定住することになったが、山田の帰郷は、この23年間で4、5回のみにすぎなかった。先にも述べたが、2年7月箱館(函館)戦争平定の恩賞としての賜暇で帰郷し滞在した2ヶ月間。7年佐賀の乱を鎮圧し、4月15日東京への帰路のついでに、1ヶ月余りの山口滞在。そして18年4月から6月に、司法卿として南海、山陰、山口、神戸、大阪、京都、大津、大垣の各裁判所を視察した折に、山口にも立寄った1週間足らずの滞在であった。

山田のこの度の4回あるいは5回目の帰郷の旅は、まさに「最後の旅」、「死出の旅路」となるのだが、前出の4人の従者と共に出発することになる。

2 帰郷の日程
―10月11日から11月8日まで―

明治25年10月11日に始まる帰郷日程は、おおむね次のようであったと推定している。

10月初旬(4日頃か)の天皇への暇乞い　枢密顧問官・前官礼遇の山田顕義は、個人の資格で、山口に帰郷するので、出発1週間前の10月4日(推定)に皇居に参内して、天皇に暇乞いをした。枢密院は、国務や皇室の大事について天皇の諮詢に答える合議機関だが、顧問官は閑職とあって、山口行きの勅許を得ることができた。

10月11日、東京を出立し名古屋へ　フロックコートに茶色の山高帽子(死後棺に収められた愛用の帽子)(写真15)という軽装で、新橋駅に現われた山田は、見送りの人々にいちいち挨拶して上機嫌だった。

写真15　山田顕義
愛用の帽子

駅頭で見送ったのは、銅像築造起工式副総裁の林友幸(内務少輔、元老院議官、貴族院議員、40年85歳没)、同発起人で親友の宍戸璣ら十数名で、その他龍子夫人、娘の梅子、家令の吉村右衛門、用人家扶の佐々木などであった(推定)。

早朝のためか見送りの人々は少なめである。

　この日は、午前6時の新橋駅発神戸駅行の一番列車で、東京を出発し、午後4時名古屋駅で下車した。そして、名古屋での常宿としていた旅館「河文」に宿泊した。『金城新報』(19年2月発刊、28年9月廃刊)の23年9月12日号に、山田一行は「小田原町の河文と云ふ料理屋の其の又奥の洋々亭と申す、いと奥まりたる処に婢数名を侍べらし三日三夜滞在せられたるとのこと」の記事がある(松原太郎「風折烏帽子再考—明治二十三年岐阜訪問の理由について—」『囃誌』第7号、平成24年)。このようなことから、この時も「河文」に宿泊したと推定するが、あるいは「秋琴楼」であったかも知れない(推定)。なお両旅館共に「風折烏帽子碑」の別碑賛同者碑にその名がある。

　東海道本線は、官営日本鉄道会社によって、22年7月1日、新橋から神戸間の約150里(589.5キロ)が全通していた。新橋駅発神戸駅行の直通は、1日3本のみで、新橋駅発は、午前6時、午前11時40分、午後9時50分であった。なおこの年の、25年5月10日より、トイレも完備された。国産の860型蒸気機関車は、翌26年製造されるが、この時はまだ13年米国から輸入した弁慶号か、5年に英国から10輛輸入した機関車である、151型の陸蒸気に牽引されていた。神戸まで、所要時間は20時間5分(時速約30キロ)で、料金は上等11円28銭、中等7円92銭、下等3円76銭であった。当時巡査の月俸が10円余りであることと比較すると、かなりの高額である。切符の表には行先と料金が、裏面には英・仏・独語で「規則を守れ」と印字されていた。

　伯爵山田顕義一行の旅は、豪勢で、山田はもちろん従者達も皆上等に乗車した(推定)。御付の4人のそれぞれの手にはトランクや柳行李が抱えられていた。当時汽車に乗ることは、特別な楽しみだったので、従者達は大変な喜びようだった。すでに10両編成の旅客列車は、プラットホームに停車していた。乗り込んでみるとベッドにもなる皮張りの大きな椅子が並び、上等乗客のほとんどは、沓や下駄を脱いで、椅子の上に座っていた。山田は乗車5分前の大鼓の合図に促されて乗車し、窓を開けて、見送りの人達と対話を継続していたが、程なく汽笛と共に、定刻発車し出発した。

　そして前述したように、この日は、神戸までの約半分の10時間の乗車とし、名古屋までとした。身体の疲労を考慮してだが、山田は名古屋、岐阜には強い愛

第8章　明治25年の最後の帰郷と薨去　　153

着があったからである。前述したように長良川で「風折烏帽子」の小歌（小唄）を詠んでいる。

10月12日、名古屋より神戸へ　名古屋駅発午前10時40分の列車で出発し午後9時神戸駅着。神戸に宿泊する（『東京朝日新聞』）。

10月13日、神戸より尾道へ　神戸駅発午前11時50分の列車にて尾道駅着。尾道で宿泊する（『東京朝日新聞』）。

私設山陽鉄道から移管された、官営日本鉄道会社によって、24年3月18日神戸駅から岡山駅間の鉄道が開通していた。また岡山駅より尾道駅間は、私設山陽鉄道が通っていた。

『明治天皇紀』（21年1月の項）をみると、「山陽鉄道会社の設立を認可す、明治十九年兵庫県人等相謀り、山陽道縦貫鉄道の敷設を企画し、先づ工を神戸姫路間に起し、漸を以て其の以西に延長せんことを請ふ、政府、鉄道局長官井上勝（文久3年伊藤博文、井上馨らと密行しイギリスへ、ロンドン大で鉄道を研究、貴族院議員、43年68歳没）の意見を参酌し、再三指令する所あり、仍りて二十年九月、発起者等は私設鉄道条例に準拠して会社定款を作り、資本金を千三百万円とし、神戸下関間の鉄道全線の工程を三区間に分ち、前後九ヶ年を以て之れを完成するの案を立てて認可を請ふ、是の日山陽鉄道会社の創立を認可し、以て山陽道縦貫鉄道を敷設せしむ」（前掲『明治天皇紀』第7、3〜4頁）とある。このようなことで、この時期は、官営鉄道はつながっていなかったが、岡山駅より私設山陽鉄道に連結していたので、尾道駅までは、汽車で行くことができた。

10月14日、尾道より三田尻へ　尾道港発午前9時30分の船にて（『東京朝日新聞』）、海路周防大島（屋代島）を右手近傍にみながら三田尻港（宮市、現・防府市三田尻）に着く。三田尻英雲荘御茶屋に宿泊する（推定）。

この頃私設鉄道の全敷設距離は、官営鉄道の2倍を超えていたが、前述のように、いまだ私設山陽鉄道は全面開通していなかったので、尾道より船で出発した。なお官営鉄道として、神戸駅より広島駅まで開通するのは、27年6月10日のことである。

ここ三田尻は、山田も参戦した長州戦争激戦地の一つであった。また山田の本家の給地（藩が藩士に給与した知行地）が周防大島の西側対岸の室津半島にあったこともあり、山田はここらの近辺の地理に明るかった（山口県文書館『防

154

長風土注進案研究要覧』80頁以下、山口県立山口図書館、昭和41年）。

　山田一行は、周防大島を横にみながら海路三田尻港へ着いた。なお周防大島は、「芋島」と呼ばれるくらい、甘藷芋の名産地で、山田も大好物の一つであった（推定）。この三田尻は、慶応2年12月に、山田は、率いた御楯隊の本営を置き、討幕へ向けて発進し、そして凱旋した思い出の地であった。宿泊した三田尻英雲荘御茶屋は、毛利重就（英雲）の別邸（御茶屋）であるが、御楯隊駐屯宿舎として使用したところでもある。また文久3年三条実美ら七卿落ちの折に宿舎としたこともあったところでもある。

10月15日、三田尻より山口へ　　早朝に、三田尻桑山招魂場（社）を参拝した（現・防府市桑山）。同所は慶応2年に、山田が率いた御楯隊の殉難者を祭るために設置された斎場である。山田はこの日、隊と招魂場の由来の碑文を撰し、捧げ読み、かつての部下の霊を弔った（碑の建立は26年8月29日である）。これよりこの日は陸路腕車（人力車）5輌で列をなし、山口へ向い、午後2時山口に着した。そして旅館白石別荘に宿泊した（『東京朝日新聞』25年10月16日号）。ここ山口近隣は牛蒡の産地であり、山田は牛蒡が好物であったので牛蒡の天麩羅を特に所望した（推定）。

　このように三田尻からは陸路である。当時、鉄道未通の地を旅する場合の方法は、徒歩・腕車（人力車）・馬（4年4月18日〔陽暦6月5日〕、平民の乗馬許可・太政官布告）・馬車（主として荷馬車）・駕籠などである。山田は陸軍中将であり、馬に慣れていた。しかも、乗馬には習熟し得意であったが、御付の従者4人（うち1人は女性）がいて、馬は危うしとして、一行は腕車を多く使用したようである。さらに、馬は5里（20キロ）ごとに交替するのが通常であったのに対し、腕車の車夫は、10里（40キロ）でも20里（80キロ）でも平気で走った。したがって腕車の方が、むしろ便利だったからでもある。そして山田の場合は、前官礼遇（国務大臣、枢密院議長、宮内大臣、内大臣で功労顕著な者に対し、退官後も在官当時の待遇を与えること）であるので、政府は通過する町村へ、その予定を逐次報告していた。村の重だった人達は、村の入口で待ち受け便宜をはかることになっていた。山田の旅は、至れり尽せりの部分も多かったが、すでに我が国には陸運会社が整備されていた。徳川期にも問屋場という似たようなものはあったが、「大きな町にはすべて平均五里間隔で、請求次第、その地方で

第8章　明治25年の最後の帰郷と薨去　　155

用いうる輸送手段を旅行者に供することを任務とする、一人の役人のいる事務所がある。これは住民の義務的な賦役によって行なわれるが、勿論充分な報酬が与えられる。人力車、駕籠、馬、人足を請求して見給え、一定の料金表に応じて役人に前払いさえすれば、その便が得られる。これは非常によくできた業務である」（前掲『ブスケ日本見聞記』1、254〜255頁）との紹介文がある。我が国初の司法省法律顧問ブスケ（Georges Hilaire Bousquet、仏国人、パリ控訴院弁護士、5年2月来日、9年5月帰国、1846〜1937、91歳没）は、このように述べて、そのシステムを評価している。山田一行はこれを大いに利用した。特に腕車を頻繁に利用したが、腕車車夫の衣服は、藁縄で結わえる上衣と、ぴったりしたズボンを穿き、頭には手拭をねじって冠り、首には小さな袋を振分けにしてかけ、一方を背に回して、草鞋を1足入れている姿で車を引いた。

　山田一行が乗る早駆け腕車は、1輌につき2人ないし3人がかりで、前を1人、後を1人か2人で押し、次々と交替する。そして、ひどい道も、ものともせず走破する。上り道では、息を切らして仆れそうになったり、下り道では、腰を痛めそうになったりしながら、ある時は汗まみれになり、ある時は雨に濡れながら走り続ける。きわめて簡単に乗車できる便利な乗り物であった。そしてその労苦に対する「報酬は、一人一日五十銭であった」（下川耿史『明治・大正家庭史年表』257頁、河出書房新社、平成12年）。

10月16日、山口滞在　　山口滞在2日目。この日はまず、故毛利敬親公（長〔山口〕藩12代藩主、4年3月28日行年54歳没。銅像建立予定者）の墓に参詣した（山口香山墓地）。続いて藩始祖毛利元就公（初代藩主。山陰・山陽10ヶ国を領有した大大名）の菩提寺の洞春寺を参詣した。そして続いて大村益次郎墓を参拝する。山田の兵学の師である大村益次郎（村田蔵六）は、2年11月5日死去（行年46歳）したが、山田は大村兵部大輔の下で兵部大丞を務めた。大村墓は周防国吉敷郡鋳銭司村（現・山口市鋳銭司）にあるが、その隣に顕彰のための「神道碑」という碑が建立されている。山田は21年6月に、その碑文を撰した。ただこの碑文では三条実美撰文となっている。旅館白石別荘に宿泊する。

10月17日、山口滞在と、第百十国立銀行再建のための株主説得　　山口滞在3日目。この日はまず、山口県庁で「旧藩主毛利敬親公及四末家諸先公銅像造築

起工式」の打合せを行なった（推定）。その後、父山田顕行墓（正福寺。2年1月29日死去、享年47歳。33年東京護国寺山田家墓に移葬）を参詣した。そして山田家の山口での旧宅2ヶ所、いまは無人の早間田旧宅（父顕行逝去の地）と、普門寺旧宅（白石村。母鶴子は顕義逝去後この地に帰り過ごしたこともあったが、再び東京に戻り、麻布笄町邸で33年7月2日75歳で死去した）を見廻った。これらの旧宅は、幕府の指示で長州藩は、文久3年に城下を、萩より山口へ移し、山口中河原御茶屋で政務を開始した。元治元年藩庁（現・山口県庁）の建物竣工と共に、政務を完全に山口へ移した。これに合わせて、家臣も山口へ移ることとなる。この時から藩名は山口藩となるが、山田の父山田顕行一家も、山口に居を移し構えた。その2ヶ所の旧宅を見廻り歩いた。

　そして、午後に、「第百十国立銀行総代・名代会」が開催された（推定）。ここで山田は、伊藤博文・山県有朋・井上馨等から、帰郷直前に依頼された第百十国立銀行（現・山口銀行）の再建のために、株主達への説得に当たった。経緯について述べると、第百十国立銀行は、20年愛知県三河新田開墾事業に多額の投資をしたが、24年10月の濃尾大地震と25年9月の大津波によって壊滅的な打撃を受け、大損失を蒙り、経営危機に陥った。同銀行は士族授産事業の一環として設立された関係上、山口県士族の多くが、株主として出資していた。そこでこの経営危機を救済すべく株主達の説得に当たることとなった。株主達は、役員処罰と、出資金等の返却などを求めて申し立てていたが、山田は当日開催された株主総代・名代会に出席し、名代60名（出資者は1544名）と面会して、善後策として、1. 利子は年4朱以下とする（これまでは年1割2分ないし1割5分であった）。2. 役員選任は任せるという2点について提案した。そして、10月31日の次回総代・名代会までに各株主の承諾を得て来るようにと名代達に伝えた（前掲「第百十国立銀行の経営再建と山田顕義」『鬐誌』第10号、16～24頁参照）。実はこの救済策取り纏めをもって25年帰郷の主要目的であるとする説がある。しかし、旧藩主等の銅像建立については、24年7月以前より計画していたものであり（前掲『宍戸璣宛、山田顕義書翰集』12頁より推定）、帰郷の計画もすでに決定していた。これに対し、第百十国立銀行の経営危機は、25年9月の大津波以後のことであって、山田が10月11日に山口に出立する直前の出来事であった。このことから山田帰郷を奇貨とした伊藤博文等が、山田にその

第8章　明治25年の最後の帰郷と薨去　　157

対策を依頼したものと考えられ、山田はこのことを帰郷の旅の目的の一つとして加えたにすぎない。やはり今回の帰郷の主目的は、総裁としての銅像起工式主催のためであった。なお、この日も旅館白石別荘に宿泊した。

　10月18日、山口より萩へ　　山口を早朝出発。陸路腕車を乗り次ぎながら萩往還道約10里（40キロ）を走行、「忘れ難き生れ故郷」である萩へ向い、昼すぎ萩に着した。山田にとって萩は元治元年この地を離れてから、数えて、28年ぶりである。町並は変らないが誇りと希望の象徴であった萩城天守閣は、7年に解体されひっそりと静かであった（平成27年世界遺産登録）。この日は、出生地の近隣で幼少時に住んだ、山口県阿武郡松本村椿郷東分（現・山口県萩市椿東中之倉）に23年に建てた、萩山田別邸に宿泊した。留守番の老夫婦は、山田は鯛や剣先烏賊（萩名産）が好物であることを知っていて、御作りと煮魚や天麩羅を用意していた（推定）。なおこの別邸は、31年繁栄が売却している。

　10月19日、萩滞在　　萩滞在2日目。旧藩主毛利家菩提寺の東光寺参詣。のち、同寺内にある伯父山田亦介墓を参詣（山田亦介。海防兵学者。元治元年12月19日、野山獄で斬刑に処される。行年57歳）した。そして、これも同寺内にある又従兄竹内（村田）正兵衛墓を参詣（竹内正兵衛。元治元年野山獄で斬刑に処される。行年42歳）した。続いて山田家先祖代々墓を参詣（光明坊、現・光源寺。萩市上五間町）。なお父顕行は12代藩主敬親公と共に山口へ移ったので墓を山口正福寺に定めていた。そして2年1月29日死去し、埋葬されたので山口で17日に参詣したことは前述した。その後この山口の父の墓は33年顕義の眠る東京護国寺の山田家墓地に移葬している。なお13年長男金吉の死に際して護国寺に墓を求めたのは父であり、陸軍中将でもある山田であるが、同寺に墓を定めた理由は、陸軍墓地が護国寺境内にあったためといわれるが、その動機については後述したい。さらに大伯父、村田清風（山田の祖父龔之〔市郎右衛門〕の兄。長藩藩政家、藩の天保改革遂行、安政2年73歳没）の別宅（萩市平安古）を訪問した。そしてこの日も、萩山田別邸に宿泊した。

　10月20日、萩滞在　　萩滞在3日目。吉田松陰遺髪塚参詣（遺髪は萩団子巌にある松陰の実家杉家の墓に納められている。墓は松陰神社、東京都世田谷区若林にある。安政6年刑死、享年29歳）。続いて久坂玄瑞墓を参詣（萩保福寺。遺骸は京都霊山に葬られた。松陰の妹文と結婚、禁門の変で負傷し元治元年7

月 19 日自刃、享年 25 歳）した。その後、萩松本村近隣の人達並に萩在住の有志が主催する歓迎会に出席する。それは山田が、生家跡に建てた萩別邸隣の男爵楫取素彦（小田村元三郎・伊之助。元老院議官、貴族院議員。大正元年 84 歳没）邸跡の野外に、仮舞台を作り、神楽を奏しての宴であった。萩山田別邸に宿泊。

　なお、久坂玄瑞や高杉晋作らが攘夷を誓って御楯組血盟書を作成し、文久 2 年 12 月 27 日山田も血盟した書が（後年の山田らの御楯隊とは直接関係ない）、東京の楫取素彦男爵のもとで保存されていた。山田は 25 年 4 月、この血盟書に再見して、跋文（あとがき）を書いている。

10 月 21 日、萩より絵堂を経て大田へ　　萩より腕車で、陸路山口県大津郡沢江村（現・長門市大隈）へ向い、大伯父村田清風墓を参詣し、村田神社（清風神社）を参拝し、三隅山荘（村田清風旧宅跡）を訪問した。村田清風は、山田の祖父襲之の兄で長藩財政の改革者として著名な人物である。なお山田は、25 年 5 月清風墓の碑に銘文を撰している。

　その後、腕車で絵堂・金麗社を参詣（現・美祢市美東町）し、大田に達する。かつて、奇兵隊総督高杉晋作が、元治元年 12 月 15 日、下関の藩会所を、さらに三田尻の藩海軍局を襲撃し、軍艦 1 隻を奪取した。この挙兵に呼応して、尊王攘夷を主張する革新派である長州正義派の諸隊は、元治 2 年 12 月 10 日（陽暦 1 月 7 日。なお 4 月 7 日慶応元年と改元）絵堂滞在の長藩政府軍を奇襲し攻撃した。つまり幕府に恭順謝罪を主張する保守派である長州俗論派の長藩政府軍を不意打ちにしたのである。これが長州骨肉の内戦といわれる「大田絵堂の戦」の始まりであるが、山田は緒戦には参加しなかったが、この地を思い出深く訪れたのであった。大田の旅館に宿泊する（推定）。

10 月 22 日、大田より吉田へ　　大田より陸路腕車で吉田へ。東行庵及び清水山に葬られている多数の奇兵隊士の墓を参詣し、高杉晋作の墓を参詣（奇兵隊総督、慶応 3 年 4 月 14 日病死、享年 29 歳。厚狭郡吉田村清水山、現・下関市吉田）する。ここで山田は書を残すが、その伝来について、「山田顕義伯は、東行庵にお参りされ、それから東京に戻る途中で亡くなったと聞いています。その際東行庵で梅処尼（晋作の妻）さんのために書いて下さったこの書額が絶筆になったと伝えられています。…書には『素心与月倶静』（素心月と倶に静か）

とあり、脇文に『壬辰秋日　書為楳（梅）處尼　空斎』（前掲『シリーズ学祖・山田顕義研究』第7集、76頁）とある。日付は不明であるが、「壬辰秋日」は、明治25年秋のことであることは明らかだから、参詣に行ったことは確実で、22日と推定したい。東行庵宿泊（推定）。

10月23日、吉田より豊浦へ　　吉田より陸路腕車で豊浦（2年8月7日長府を豊浦と改称、現・下関市長府）へ向い、旧豊浦（長府）支藩毛利元周公墓を参詣（四末家の一人で銅像建立予定者）した。続いて、功山寺を参詣（五卿が一時潜居していた寺）。そして、修善（禅）寺を参詣（山田が御楯隊軍監として隊を率い駐留した寺。現在は廃寺）した。その後、馬関、赤間関（下関）に達し、光明寺を参詣（下関市細江町）した。久坂玄瑞は文久3年4月16日（陽暦6月2日）、光明寺を本拠として攘夷断行のための陣を構え、山田も参陣した。これを光明寺党といい、元治元年8月5日（陽暦9月5日）に米・英・仏・蘭の四国連合艦隊に砲撃したが、これに山田が参戦したかどうかは不明である。その後、桜山招魂場を参詣（桜山神社。奇兵隊隊士を祭る）した。そしてこの日は、下関白石正一郎旧宅（下関竹崎。奇兵隊の後援者。自宅を隊の本陣に提供し、自らも会計方として入隊した。勤王家。13年69歳没）か、大阪屋旅館（下関市稲荷町。山田が高杉晋作と共にしばしば出入した料理屋兼旅館）に宿泊した（推定）。

10月24日、豊浦より船木・吉田を経て小郡へ　　豊浦（下関長府）を午前10時10分出発。陸路腕車で、船木（現・宇部市船木）へ向い、旧清末支藩主毛利元純公墓を参詣（四末家の一人で銅像建立予定者）する。途中再び厚狭郡吉田（現・下関市吉田）を通るので、かつて世話になった造り酒屋倉田家に立寄る。そして依頼により「和神善素壬辰秋日　空斎」の書を残した。これより、小郡（吉敷郡小郡町。現・山口市）へ赴いたが、偶然にも元大里生（大庄屋）林有造（勇蔵、地租改正掛、32年87歳没）と出合った。過ぐる元治2年1月7日（陽暦2月2日）山田等は、小郡勘場（代官所）へと押しかけて、占領し、軍資の醸出を求めたが、すでに藩政府からは「諸隊の者に食物、履物等一切売り渡すまじきこと。威力申しかけられても、米銀等貸すまじきこと。すべて荷担がましきこと仕り候者は、屹度御とがめ仰せつけられ候事」との厳命が下っていた。しかし林有造は貯銀として郡役所が所持していた35貫（両）を差し出し提供したという。すでに28年も前の出来事であったが、これに感謝して、山田はその事実

を仔細に記したうえ七絶（七言絶句）を揮毫し、詩書を贈った。「表題」は、長文なので省略するが、前述したようにこの中に「銅像造築起工式に参列のために赴き」と書き記し、今回の帰郷の目的を明らかにしている。詩は「豈啻田園奏殊勲（豈に啻だ田園に殊勲を奏するのみならんや）　令名今日世人聞（令名今日世人聞く）　不図国賊排除後（図らざりき国賊排除の後）　二十八年重遇君（二十八年重ねて君に遇はんとは）」である。この漢詩が山田生涯最後のものとなった（この後揮毫したものは、以前に作った詩である）。この日は小郡の林有造宅に宿泊か（推定）。なお、顕義と林有造とは「銅像築造起工式」の当日に出会ったとも考えられる。

10月25日、小郡より再び山口へ　小郡より陸路腕車で再び山口へ。山口湯田温泉（現・山口市湯田）瓦屋旅館（現・中国電力湯田荘）に着す。瓦屋は山田の妻龍子（竜子）の実家である。前述のように、龍子は湯田温泉で瓦屋（当時湯田には瓦葺屋根の家は1軒しかなく、石州赤瓦で屋根を葺いていたので、瓦屋と称していた）という旅館を営んでいた鹿島屋喜右衛門の長女である。山田は、久々に妻龍子の両親と会い、大いに歓談できることを楽しみにしていた（妻の両親の没年不明のため推定）。そしてこの時山田が書いた「悒翠楼」（高い建物の意）の扁額が、鹿島家に残っている。

　また山田は、龍子を一旦井上馨の養女にして、妻としたので、近所である山口高田の井上家（長男、五郎三郎が継いでいた）に挨拶に伺った。山口湯田温泉瓦屋旅館に宿泊する。

10月26日〜30日、再度の山口滞在　再び山口滞在。山田の帰省の旅の主目的は、前述のように来たる11月1日、山口で行なわれる毛利敬親公他四公の銅像起工式に総裁として出席することであった。しかし、10月11日東京を発し、14日山口入郷以来、休みなく青春の日々を回顧し、恩師・血族・同僚への墓参の旅を続けてきた。つまりこの度の旅は、「故国巡礼の旅」でもあったのである。また山田は、24年6月1日大津事件での責任を取って司法大臣を引責辞任したが、それ以前（22年頃）より健康もすぐれなかったので、山口という温暖の地で「心身を癒す旅」にもしなければならなかった。そこで山田は、26日より31日まで、龍子夫人の実家瓦屋旅館で、温泉に入り静養した。山口湯田温泉瓦屋旅館宿泊。

第8章　明治25年の最後の帰郷と薨去　161

10月31日、山口滞在と再び第百十国立銀行再建のための株主説得　　山口滞在。この日は、前述した伊藤博文・山県有朋・井上馨らの依頼で、山田が説得に当たっていた、第百十国立銀行（現・山口銀行）再建のための2回目の株主総代・名代会が開かれた。そして、第一回会合の10月17日に提案した善後策を承認するかどうかの意見を聞いた。この時山田は「小生よりは敢て御勧不申」といって代案を求めたというが、代案は示されず山田に任せるということで纏まり、承認を取りつけた。そこで「左様ならば帰京の上各位申合せ運動資金の納達及び役員の選定に尽力可致」として帰京のうえ、伊藤らと協議して運転資金の納達と役員の選定に尽力することを約束し、会は終了した。山田は直ちに伊藤らに書翰を送り25万円の資金が必要となることを伝えた。結果11月30日に大蔵省より25万円の借り入れが実現している（前掲「第百十国立銀行の経営再建と山田顕義」『顕誌』第10号、23頁）。しかし山田は、11月11日に死去しているので、25万円の資金借り入れ実現のことは知らないということとなる。山口湯田温泉瓦屋旅館に宿泊する。

11月1日、旧藩主及末家先公銅像起工式を主催　　山口滞在。吉敷郡山口亀山（現・山口市亀山町、亀山公園）にて、「旧藩主毛利敬親公及四末家諸先公銅像築造起工式」に総裁として参列し、主催挙行する。山田は式典の礼服に、軍装を選んだ（推定）。付き添いの福田美和に軍服を用意させ陸軍中将服で出席した。敬親公との関係は軍事において特に密接であったからである（写真16）。この日の様子について新聞では「市中祝意を表せんとして種々の催しあり、市民恰も狂せるが如し」（『東京朝日新聞』25年11月2日号）と報道している。ここでこの銅像築造計画の経緯を述べると、24年初頭に毛利敬親公（慶親。忠正〔諡名〕。旧長州〔山口〕藩主。版籍奉還の時宰相、中将。贈従一位。追贈正一位。4年54歳没）の銅像建造の発起がなされた。その後24年7月18日発起人の一人である宍戸璣子爵が山田ら

写真16　陸軍中将服の山田顕義
（銅版画）

へ「贈従一位忠正（諡名）公銅像建設之儀ニ付御相談仕度…九段富士見軒エ御来駕被下度」（前掲『宍戸璣宛、山田顕義書翰集』12頁）との書状を出し、有志を集めて銅像建造について具体的な相談をした。この時山田は病気で欠席したが、井上馨が出席

写真17　旧藩主毛利敬親銅像及四末家諸先公銅板

し、相談の結果、敬親公の他、旧豊浦（長府）藩主毛利元周、旧徳山藩主毛利元蕃、旧清末藩主毛利元純、旧岩国藩主吉川経幹の長州支藩の四侯を加え五銅像の建造計画を決定した。

そしてすでに総裁に伯爵山田顕義（山田薨去後は公爵伊藤博文が総裁となり、33年4月15日除幕式が挙行された）が、副総裁に子爵林友幸が就任することに内定していたが、なお実地の指導計画は、伯爵井上馨が担当することとなった。そして銅像（写真17）製作設計者には大熊氏広が指名された。26年靖国神社に大村益次郎像を築造することになっていた作家である。こうして24年、25年は、山口県内外で建造費用調達の募金活動が行なわれた。

この間山田は、24年7月14日宍戸璣に「…此度支藩先公銅像建設ニ付ては、先此、草稿致候…位階并ニ諡号入用ニ御座候処、小生記憶不仕、御存知ニ御座候ハヾ御示被下候…」（前掲『宍戸璣宛、山田顕義書翰集』12頁）との手紙を書いて指導を仰いでいる。

宍戸は長藩家老の宍戸備前の養子であったので、各侯の経歴等に詳しく、精通していると思ったようだ。このような計画のもと行なわれたが、起工式の後、祝賀会があって、山田は郷里の人々と大いに歓談した。山口湯田温泉瓦屋旅館宿泊。

11月2日～4日、山口湯田温泉瓦屋に滞在　　山口滞在。山田の山口湯田温泉滞在を知った人々による来客により、陳情等の依頼多し。瓦屋旅館に宿泊。

11月5日、山口より三田尻へ　　山田は、還暦をすぎた、妻龍子の実父・実母である義理の両親に別れの挨拶をして（生年、没年共に不明のため推定）、山

第8章　明治25年の最後の帰郷と薨去　　163

口を午前中に出発し帰途に就いた。陸路腕車で三田尻へ着す。往路でも宿泊した三田尻英雲荘御茶屋に宿泊する（推定）。

11月6日、三田尻より徳山へ　三田尻を出発し、陸路腕車で徳山へ（私設山陽鉄道未開通部分のため。腕車で、現・周南市徳山へ）。徳山に着き、旧徳山支藩主毛利元蕃公墓を参詣（四末家の一人で銅像建立予定者）した。徳山御茶屋に宿泊（推定）。

11月7日、徳山より岩国へ　徳山を出発し、陸路腕車で岩国へ。岩国に着す。旧岩国支藩主吉川経幹公墓を参詣（四末家の一人で銅像建立予定者）した。岩国御茶屋に宿泊（推定）。

11月8日、岩国より尾道を経て大阪へ、実弟河上繁栄と面会　岩国を出発し大阪へ（推定）。岩国港より出船し、海路、船で、まず尾道港へ。『東京朝日新聞』では、「この頃より感冒の気味あり」と報道している（25年11月5日号）。港と駅は近接しているが、荷物が多いので腕車で尾道駅へ。尾道駅より列車で大阪駅へ。大阪に着す。

ここ大阪で、山田は実弟河上繁栄（顕義の実弟、山田久次郎宗輔。弘化4年10月1日生まれ、慶応3年河上繁治の養子となり河上姓を称す。のち山田に復籍し第三代伯爵となる。39年3月行年60歳で死去。音羽の山田家墓地に埋葬される）と会う。『東京朝日新聞』では、「八日（尾道より）帰京の途に就くべし」とだけ報道しているが（25年11月5日号）、山田は、大阪で実弟河上繁栄陸軍大佐と会ってその後帰京する予定でいた。新聞『日本』（慶応元年柳河春三らが横浜で発刊）に「大坂に於ては伯の実弟野戦砲兵第四聯（連）隊長河上砲兵大佐に面会し、兄弟別後契潤の歓晤を尽されんと、出発の際より日夜楽しみ居り」とある（25年11月13日号）。このように山田は、弟に会うことは最初から予定し、約束し、会うのを楽しみにしていた。そしてのち、帰京の途に就くこととしていた。実弟である河上繁栄は、又従兄の河上弥市（繁義。弥一、弥一郎、南八郎。奇兵隊総督、自刃、行年20歳）が、生野の義挙で死んだ後、その妹の河上梅子と結婚し河上家を継いでいた。逆に繁栄の次男久雄が顕義の養子となっていたが、山田久雄（第二代伯爵。26年1月英国留学、30年1月帰国し、4月死去。音羽護国寺山田家墓地に埋葬）が、明治30年4月12日、享年25歳という若さで逝去する。「死面列伝」（宮岡謙二『異国遍路旅芸人始末書』144頁、中

公文庫、昭和53年）では、文学研究のため英国留学中ロンドンで死去とあるが、病状深刻なため急遽帰国後、自宅にも戻れず東京の日本赤十字病院で死去したのが真相のようである。すると今度は、繁栄が山田家に戻って山田伯爵家第三代を継ぐこととなるが、山田は大阪に立寄り実弟河上繁栄と、その夫人の弥市の実妹の梅子（繁栄夫人も梅子である）と会った。

　ここで山田は、「玉の緒のたとへ絶へなば絶ゆるとも身は大君の勅を捧げん」の辞世を残して自刃した、又従兄の河上弥市が、祭られている山口招魂社（現・山口護国神社内、本務社山口八幡神社）に参詣することを思い立った。山田は「突然、そう考え、そうすることとした」。「一日二日帰京は遅れるが、かまわないと思った」。いまの枢密顧問官の身分は、帰京を急ぐ必要はなかった。しかし枢密院官制によると顧問官の定員は25名であったが、この時の総員は18名にすぎなかった。そして同院の会議は、10名以上でなければ開院（会）することができない規定となっていた。加えて山田が、天皇に暇乞いした時に、申し出た旅行期間は1ヶ月であった（推定）。このようなことでゆっくりできない事情もあったが、一日くらい延びることは許されるであろうと思った。

　兵庫県生野町（現・兵庫県朝来市生野）の近傍で、北へ1里程の山口村（現・朝来市山口）に建立されているのが、山口招魂社である。明治天皇の叔父中山忠光（変名、森秀斉。元治元年長藩俗論派によって暗殺される19歳没）を、主領に仰いだ天誅組を支援するため、文久3年10月に、七卿落ちの一人、沢宣嘉（沢主水正、外務卿、6年41歳没）を擁して義挙したが、敗れて屠腹して死んだ人達17人の志士を祭っている所である。22年山田は、ここに眠る河上繁義（弥市）君の碑を萩、長寿寺の河上家代々の墓前に建立するに際して、「…長野等十餘士。先伏剣死。君従容検之畢。…遂援長剣。自刎而死。…年僅二十一。…」（長野〔熊之丞政明、清助。長藩士〕等十余士、先ず剣に伏して死す。君〔河上弥市〕従容として之を検して畢り…遂に長剣を援って自刃して死す…年わずかに 21）と撰した。河上弥市は山口招魂社の立つ妙見山の麓の岩陰で、隊士達が次々に切腹する中、16人を介錯し、最後に弥市自身が腹を切り、さらに首を刺して死んだという事実を述べたものであった。なお『生野義挙と其人物』（生野町役場の配付物）では、弥市は、同志の戸原卯橘の介錯で切腹とあり、多少異なる。

　山口招魂社には「もう十八年近く詣でていない」。「明治七年に詣でたのみで

ある」。「この機会を逃がせば、いつ参詣できるかわからない」と思い、急遽参詣することとした。ここ大阪で山田は、実弟河上繁栄と、その夫人である弥市の実妹の梅子と、会ったことで、突然帰京を延期し、山口招魂社の参詣を思い立つこととなった。人の一生は、わからない。この時が山田にとって生死の岐路となった。後述するように11月11日薨去するが、もし山口招魂社行きを思いつかなければ、また生野銀山視察をとどまったならば、山田は長く生きられたのであろうか、運命とはいえ恨めしい限りである。

しかし、ここ大阪で実弟の河上繁栄と時間の許す限り深交（親交）を温めた。久々に会った兄弟2人の会話は弾んだ。跡切れることなく続いた。山田の「健康への心配」、「現在の山田の置かれた枢密顧問官の立場」、「為残した仕事」、「人間関係」などに始まり、陸軍軍人の2人は、「軍事状況や国際状勢」なども対話した。そして「山田家や河上家のことなど」の四方山話にも話は及んで、尽ることはなかった。こうして心安い実弟繁栄のもとで1泊し、梅子夫人（弥市の実妹）の持て成しもあって、風邪気味であったが、ゆっくり休息した。大阪、河上繁栄陸軍官舎に宿泊（推定）。

3　山口招魂社への参詣
—11月9日・10日—

11月9日、大阪より姫路へ　　大阪より姫路へ。山口招魂社参拝を思い立った山田は、9日大阪駅発午後2時35分の列車で、姫路まで戻った（『東京朝日新聞』11月10日号より推定するが、この時の大阪出発が、午後2時すぎとなったのは、心安い実弟の家で充分に休息したということもあるが、実は前日8日に、東京で法典施行取調委員会とそれに関する閣議が開かれて、「民法商法施行延期法律案」の天皇上奏が決定したのである〔後述237〜238頁〕。おそらくはこの知らせを、9日午前に受けた山田はその対策を呻吟し出発が遅れたのではないかと推量している）。これに対し「山田伯病状始末概要」として、『北海道毎日新聞』が報じるところでは、「姫路区裁判所（所長）判事山崎慎三氏より山県司法大臣へ上申せし概要というを聞くに、左の如し、但し是れは、山県大臣より伊藤総理大臣（第二次、25年8月8日〜29年9月17日）に申達し、総理大

臣より天覧に供したるものなり」として、次のように報告している。「伯は明治
廿五年十一月九日午後尾ノ道発山陽鉄道汽車にて姫路に向はれ、途中下車せず
して、同七時三十一分姫路に着、直に腕車にて西魚町旅館井上楼に入られた」と
ある（11月22日号）。この報告の記述が正しければ、前日8日の大阪での実弟
河上繁栄との面会はなかったこととなる。そして又従兄河上弥市の祭られてい
る山口招魂社への参詣は、実弟繁栄と会ったことが切掛けではなかったことと
なる。しかし確証はなく推論だが、前出の『日本』の報道（164頁）を信用して、
「大阪で実弟河上繁栄に会い」、「山口招魂社への参詣を思い立った」とみること
の方が、筋道としては通っているように思えるのだが、いかがであろうか。

　いずれにしても姫路に着し、井上楼（旧・姫路市西魚町、現・西野町）に旅装
を解き、宿泊した。井上楼の主人は、山田伯爵の突然の投宿に驚き、また大変な
光栄であるとして、揮毫を願い出た。山田はこれを受けて、「黄葉黄花秋可親（黄
葉黄花秋親しむ可し）　鳥飛雲静少紅塵（鳥飛び雲静かに少紅塵）　一園風物儂
如意（一園の風物儂が意の如し）　立撫孤松惟古人（立って孤松を撫し古人を惟
う）」と書いた（『日本』11月18日号）。なお『読売新聞』では「伯は卒倒の日
の朝、旅館（生野）を出られるときこの詩を吟ぜられしと云う」（11月16日号）
とあり、11日生野の旅館で揮毫したと報道しているものもある。本詩の意とす
るところは、明日10日の山口招魂社への参詣を前にして、生野の義挙で物故し
た河上弥市をはじめ、盟友を追憶して、「古（故）人を惟ふ」と吟じたものであ
った。『読売新聞』は、この詩を「山田顕義伯最終の詩」と伝えるが（11月16
日号）、本詩幅は絶筆となるものではあるが、詩文そのものは、明治11年の作、
「偶吟其一」にみえるものである（前掲『学祖山田顕義漢詩百選』172頁）。した
がって最後となる詩作は、前述（161頁）したように、10月24日に林有造に贈
った漢詩であった。

　なおこの夜は、「予て同楼に設備したる姫路区裁判所判検事並に同地方有志家
数名の発起せし饗筵に臨まれ酒、酣にして懇請に由り揮毫せらるゝと、凡一
時間、同十一時卅分頃散会し間もなく就床せられたり」とある（『北海道毎日新
聞』25年11月22日号）。酒宴中にあっても山田に揮毫を懇請、山田はそれに
応える姿がみられるのである。姫路井上楼に宿泊。

11月10日、姫路より山口招魂社参詣と生野銀山視察の唐突判断　本日の

計画予定は、姫路より出発し、山口招魂社を参詣することである。朝に姫路の旅館、井上楼を出発し、陸路、早駆け腕車で、生野までの12里の間、開通していた舗装道路を出走。生野町を通過、北へ1里程の山口村へ。兵庫山口村に到着し、山口招魂社（現・山口護国神社）参詣の宿願を果してのちに生野町へ戻り、生野の旅館柴橋（柴橋撰次方）に宿泊の予定である。

　この日の日程を「山田伯病状始末概要」では、「十日午前七時卅分頃起蓐せらる。此日伯は河上（弥市）贈従四位の墓前（山口招魂社）に詣でんが為め、但馬国朝来郡山口村に到らんとするの意あり、忽々旅装を整のへ、腕車に乗って旅館を出でられ、随行員と共に途中姫路市西呉服町大庭（寛一）参事官の寓居に立寄られ、又市内神谷（屋）村亡河合惣兵衛氏（宗元。幕末の尊攘家、元治元年48歳没。24年従四位が追贈されたことで碑文の依頼が山田にあったので、その撰文を届けるために立寄ったのである。なお建碑は27年に同市神屋町の外濠公園内に建立された）の遺族を訪ずれて、暫時饗応を享られ、同十時出発播摩国神東郡田原村に於て、暫時休憩せられ、次で同郡屋形村に於て畫餐を喫せられ、爾後降雨歇まず、然れども伯は腕車の幌を用ひず、単に洋傘を翳されたるまま、頻りに路傍の風光を眺めらるるに余念なかりき、既にして午後四時頃但馬国朝来郡生野町の旅館柴橋撰次方に着せられ暫時休憩せられて後、風雨を冒して、山口県河上贈従四位の墓前に詣でられ其際村の有志家等と立談せらるると、少時其より疾風急雨を衝て帰路に就かれ、同九時生野町の旅館に着せらる。間もなく小宴を張られ、随行員及山口村の有志家一名其席に陪す。談偶伯が維新前後の経歴に及び快飲せらるるもの数時、同十一時宴を撤し寝に就かれたり。是より先き伯は感冒に徴候ありとて、沐浴することを停止せられしに、別に異状を見ず」（『北海道毎日新聞』25年11月22日号。（　）内は筆者加える）と、この日の1日を書き記している。この日は、本報告の文章にもあるとおり、天候は生憎の雨模様であったが、山田の体調について、『東京朝日新聞』は、「十日、生野に赴く途上降雨のため、感冒の熱を高めたりと云へり」（11月11日号）と報じている。これに対し、上記のように『北海道毎日新聞』は「感冒に徴候あり」としていて、両新聞は、微妙なニュアンスで違いを報道している。

　この報告を参照しながらさらに付け加えると、姫路の旅館、井上楼に宿泊した山田が、10日朝7時30分頃起床して、旅室の戸を開けさせてみると、外は

雨であった。近くに雨に烟る姫路城がみえた（平成5年世界文化遺産登録）。別名白鷺城の名のとおり、白色の漆喰、総塗籠造りの姫路城がみえた。五層の天守は華麗に聳えていた。

　かつて山田は、文久2年19歳で御楯隊に血判加盟し軍監として活動したが、幕府征長軍を撃退した長藩は、来たるべき幕府倒幕戦に備え慶応3年2月諸隊の再編成を実施した。山田率いる御楯隊は鴻城隊と合併して整武隊となった。これより整武隊は、鳥羽伏見の戦から箱館戦争に至るまで、奇兵隊と共に長藩の主力部隊となる。5月27日山田は整武隊総督（24歳）に就いた。長藩は11月21日東上部隊を編成、ここで山田は諸隊総指揮を兼務した。山田率いる整武隊は三田尻から海路尾道まで行きそこから陸路東上した。明治元年1月9日抗戦してくると予想していた備後福山藩が戦わずして降伏したので、さらに尾道から海路姫路に向ったが、姫路藩も戦わずして降伏し恭順の意を示してきたことがあった（一坂太郎「御楯隊始末記（後）」『シリーズ学祖・山田顕義研究』第7集、137頁）。「もしあの時、戦って城に総攻撃していたならば、この美しい白鷺城と呼ばれる姫路城もどうなっていたか、わからない」。「戦乱にならなくて良かった」、「城は目を見張る美しさだ」と回顧し姫路城を見上げながら、旅館井上楼の玄関前に立った。すでに本日より随行する山崎慎三姫路区裁判所所長と、山田一行を乗せる、早駆け腕車が6輛待っていた。2人引き以上の人力車を早駆けというが、前で引っ張り、後で押す場合もあれば、あるいは一人は、前で紐をかけて引き、他の一人は梶棒を握って引くといった場合もあるが、人力車が用意されていた。鉄道馬車で生野まで行き、さらに、馬に乗り替えて、峠を越え、山口招魂社に行く方法もあったが、人力車で行くこととした。

　山口招魂社の建つ兵庫県山口村（現・朝来市山口）までは、約14里（56キロ）である。「6、7時間はかかるだろう」、「雨だから、もう少しみなければならないか」、「しかし生野までの道路は整備されているはずだが」などと、山田は目論見をしながら、途中、かつて部下であった、大庭寛一宮内省御料局参事官の仮住まいに立寄り（12日山田の遺体を一時安置することとなる寓居）、そしてまた河合惣兵衛（旧姫路藩士。文久3年以降京で尊攘活動に従事。元治元年48歳没）の旧宅に立寄った。前述したように、惣兵衛は尊攘家で元治元年に死去したが、24年従四位が追贈されたので、顕彰碑を建てることとなり、山田に碑文依

頼があった。その文を届けたのである。

　そして我が国初の舗装道路に入った。舗装道路は明治9年に完成していた。姫路飾磨津（港）から生野銀山までの約12里（48キロ）に石畳の舗装がなされていた（平成29年日本近代産業遺産登録）。銀山産出の鉱物をすみやかに港まで運ぶためであることもちろんであるが、港からは銀の精錬に使う塩や石炭を運んだのである。いつの頃からか「銀の馬車道」などと呼ばれることとなる道である。現在では国道の一部や畑沿いの細道になっていたりするが、いまでも断続通行できる。「降雨の中ではあるが、姫路を出発した腕車は、順調に進んだ」。「一度田原村で休憩し、屋形村で昼食時間も充分に取り、午後4時頃生野町へ入った」。「そして本日宿泊することにしている『旅館柴橋』で、一休みした」。

　生野町は、街道沿い南北に列なる町並と、多数の坑夫とその家族の住む鉱山集落に分かれる。街道には人々が行き交い、商店には人が群がっていた。「賑わいがあり」、「活気があった」。危険な地中深く潜り、明日の命もわからない坑夫達は今日の生活を大切にする。得た収入は惜しみなく消費する、これが坑夫達の日常である。「雨の日でこの人出なのだから、晴た日には、もっと人出があるのだろう」。「この活気は、銀の出ること土砂の如しといわれる、生野銀山がもたらすものだ」などと考えながら、不図、銀山に立寄ってみようか、という気持になった」。『空斎山田伯伝』では「好き序なりとてその鉱山を観覧すへし」（(3)、96頁）とある。

　思えば、かつて12年9月10日から13年2月28日まで、わずかに6ヶ月間だったが工部卿の職にあったことがある。太政官は、参議省卿兼任制を改めて13年2月28日参議省卿分離制を取ったので、工部卿を辞任し、専任参議となったことが、6ヶ月の短期間であった理由である。「この工部卿時代に、その管轄下だった生野銀山に、自分は一度も来たことはなかった」。「近年、最新式の設備も完備していると聞いている」。「増産が可能となって、所期の計画をうわまわっているようだ」、「状況を見てみたい」。「明日、立ち寄ってみようか」と思った。

　山田は決断すれば早い。そこで、東京から同行して来ている、書生の小島與を呼んだ。「銀山（御料局生野支庁）まで行って、明日九時頃に立寄りたいと伝えるように」と指示した。突然の判断だった。これが不幸を招くことになろうと

は、思いもよらぬことである。人の判断には喫驚（吉凶）がつきものなのだろうか。

　生野町まで来れば、山口村は、北へ後1里というところである。しかし午後4時半をすぎ、秋の夕暮は早い。ここからは山道である。雨は依然降り続いていて、泥濘もできている。早駆け腕車もスピードが出せない。比較的温暖の地であるここ但馬の地でも、日が落ち始め、山の中に入れば、温度も下がってきている。紅葉は始まって間のない時期だが、所々緑と黄と紅とが混じっているし、雨に濡れて美しい。

　18年前の明治7年3月佐賀の乱平定後、5月15日の帰京までの間に、山口招魂社を訪れた時は、春5月上旬だった。「天気のよい日であった。気持の良い所だった。一年中で一番さわやかな季節であったのだろう。風は多少つめたかったが、日向へ出れば、体も心まであたたまりそうな温かさがあった。山々の展望も絶景であった。北東には朝来群山の山並が見え、西には段ヶ峰が聳え、その東麓には生野高原が広がっていた。空には　鸛　が舞っていた」と記憶しているが、今日は夕暮も近く、また雨でみえない。

　「18年前は、まだ31歳で気力も体力も充実していた」。7年2月12日佐賀の乱に出動し、3月1日鎮定し、賜暇を得て、4月15日佐賀を出発しその後久々に4月18日山口へ帰省した。5月15日の帰京までの途上、ここ山口招魂社へ立寄ったのだったが、それまでの懸案だった参詣ができて、気も心も晴れ、天気や風景までも絶佳と思えたのかも知れない。「しかし今日は生憎の雨である」、「雨が降り続いている」、「少し寒い」、「展望も悪い」、「残念だ」などと思いながら、山口招魂社へ着いた。

　山口招魂社は山の中である。木々に覆われて、ひっそりと建っていた。18年前に訪れた時と少しも変りがない。村人達が良く管理し、落葉なども掃かれ、清められている。この招魂社は、山口村の人々が、明治初年、維新の志士の殉忠を称えようと建立したもので、いまでも村人の尊崇心は篤い。そして今日も、山田の来訪を知った村内有志が多数参集していた。小さな本殿に参拝し、その裏側にある「殉節忠士之墓」に向った。河上弥市（南八郎）をはじめ、同志の名が刻み込まれている墓誌銘碑に花を供え、酒を撒き、焼香した。山田は局面に際して、恩師、血族、同僚達が生きていたならば、「どうするであろうか」と考えて

行動してきた。何度もいうように山田は「信義・信念」の人である。実は山田に
は、生野の義挙に参戦できなかったことが、いまでも負い目になっていた。「そ
のことを墓に向い、何度も何度も詫びた」。「やむを得なかったのだ」。当時自分
は、文久3年8月堺町門の変に参戦し、また強硬攘夷論の三条実美以下七卿が
長藩に亡命する折、兵庫港まで同行護衛した。しかし但馬山口村までは行けず
京へ引き返し、次の事態に備えるため、京都高倉竹屋町大黒屋今井似幽（太郎右
衛門、代々長藩に仕え、判座となって京都に住し、久坂らの謀議に加わり兵站の
事に当たった。10年54歳没）方に潜伏し、長藩の復権に挺身していたのだが、
この時近隣の兵庫港まで来たのに但馬山口村へ助勢に行かなかったことを悔い
ていた。「しかし充分に参詣し、このことを詫びた」。「心の整理は一応ついた」。

　思えば、山田の血縁者には、大義に殉じ、命を捧げた2、3の者達がいる。河
上弥市、竹内正兵衛、山田亦介が、その人達である。長藩には、古く関ヶ原の戦
での領地削減がその下地であるが、幕府に対する反感をあらわにして、開国に
直面する危機感のうちに、激しい改革意見を持って行動した者が少なくなかっ
た。そして尊王の大義に殉じ命を捧げた者も多くいた。山田は、深くそれらの
人々の「信念」や「思想」に感化を受けて成長してきた。特に恩師松陰の幕府を
倒せという教えと、松陰の刑死に対する復讐心が山田の倒幕戦となった。山田
の生涯の信念は、ここに形成された。山田の「信念」の人たる源泉の一つはここ
にある。山口招魂社に祭られている河上弥市は、大義に殉じたうちの一人で山
田の血縁者で従兄である。他には、弥市の伯父で、山田の父顕行の従弟竹内（山
田）正兵衛勝愛は、禁門の変後、長藩俗論党によって元治元年11月斬罪になっ
ている。また、山田の父顕行の実兄で、伯父山田亦介公章は、松陰の兵学の師で
あったが、野山獄で俗論党のために、元治元年12月斬首されている。これら正
兵衛、亦介の両人のことも、頭を過ぎった。今回の帰郷の旅では、すでに萩で墓
参を済ませたが、再び深く冥福を祈った。こうして参詣し、心の内の蟠まりも
解けた。「ああここまで来て良かった」、「山口招魂社まで足を延して良かった」、
「少し遠かったが参詣してよかった」、「明治政府に参画して、尽力できるのも、
この人達のおかげである」と感謝した。

　夜9時に至ったが、生野町まで戻り、旅館柴橋（柴橋撰次方）に宿を取った。
「額に手を当ててみると、熱が出ている」、「体調が悪い」。この時の山田の健康状

態について、前述のように、『東京朝日新聞』は、「両三日前（八日）より感冒の気味なりしところへ、十日、生野に赴く途上降雨のため、感冒の熱を高めたり」（25年11月11日号）と報道している。これに対し「山田伯病状始末概要」として報道する『北海道毎日新聞』は、「感冒に徴候あり」と表現している（25年11月22日号）。

「雨と山中での低温は、風邪を拗らせたようだ」。「早く寝ようと思ったが」、そうはいかなかった。今日も宴会が予定されていた。「山田伯病状始末概要」では、「随行員（姫路区裁判所々長山崎慎三など）及び山口村の有志家一名其席に陪す」（『北海道毎日新聞』25年11月22日号）とある。

そしてまた、これは推定だが、山田の生野来訪を伝え聞いた、神戸地方裁判所所長馬屋原仙一（二郎。欧州留学、函館・神戸・大阪地方裁判所所長、大審院判事、『防長十五年史』を著述、大正4年70歳没）が、神戸から訪ね来ていた。馬屋原は、この晩から東京へ遺体が搬送されるまで付き添うこととなるのだが、喜色満面で飛んで来て、「旅館柴橋」で待っていた。2人の関係は前司法大臣と地裁所長であったということばかりではない。山田と馬屋原との関連はより濃密であった。共に長藩という出自を同じくした2人は、かつて御楯隊で、軍監と中隊長という仲であった。同志として命を賭けた間柄であった。その後馬屋原は、明治3年法学・経済学研究のため、ベルギーに留学したが、山田が岩倉米欧回覧使節団に加わり、ヨーロッパに滞在した時（5年2月から6年5月）、馬屋原は、ベルギー・仏国・オランダで先導役を買って出、通訳の役も果した（推定）。その後馬屋原は8年に帰国する。この時司法大輔であった山田は、司法省入りを推奨した。そして函館地裁所長を経て、現在神戸地裁所長となっていた。こののち大阪地裁所長、大審院判事となるが、30年退職。36年貴族院議員となる。なお「馬屋原二郎撰『防長十五年史』大正4年12月21日」の著作がある。

「伯爵、神戸から飛んでまいりました」、「おお、馬屋原か良く来てくれた」、「久しぶりだ。語り明かそう」。「宴会に加わってくれ」と誘った。熱が出ていたが、山田の几帳面で後輩思いの性格からは、こういう言い方しかできなかった。

同行の書生、小島與に、「芸者を呼ぶようにと」指示した。山田の宴会は常に盛大だった。たとえば『尾崎三良自叙略伝』をみると、明治21年3月2日の条

第8章　明治25年の最後の帰郷と薨去　173

に「山田の別荘音羽を訪ふ…参会せしもの凡そ三十名、芳原、新橋、柳橋等より十数名の絃妓美形来り、杯酌に侍し頗る盛宴なり…」（前掲『尾崎三良自叙略伝』中巻、221頁）などとある。

　山田は酒が強い。それゆえ飲みすぎると酒乱気味になることもあった。「皆曰く、是れ伯の酒癖なり」であったようだ（前掲『尾崎三良自叙略伝』中巻、221頁）。しかしこの日は、山口招魂社参詣という宿願を果して、心は安らかだった。そして、若き日に生死を共にした後輩の馬屋原が来てくれたことで、熱が出ていることも、体調不良のことも忘れて、痛飲した。ただ風邪の所為で、酒が旨いとは思わなかった。午後11時まで歓談、宴会を終え、旅室に戻ってみると、「身体全体が何となく痛い」、「風邪を悪化させている様だ」。山田は、旅行中毎晩同室させ、または次室に控えさせて、憩ませる第二妻（妾）の福田美和から、「お具合が悪いのではないですか、お顔の色が蒼いですよ。医者を呼びましょうか。薬はいかがですか」と声をかけられた。これに対し、「うむ。医者はよい。熱が出ているようだ。薬を出してくれ」と答えた。

　福田美和については、前にも書いた（106頁以下）が、東京音羽の山田邸で同居し生活している。この度の山田の帰郷の旅に同行させている唯一人の女性である。身の回りの世話係として連れてきたが、山田の歴とした第二夫人（妾）であった（推定）。前述したように福井の出で、父が「寺小屋」をやっていたとしかわからないが、山田の子に恵まれなかったので、龍子夫人と共に、山田の庶子である梅子（第四代伯爵夫人）や、その子、つまり山田の孫の、千代子（40年6月1日生まれ、第四代伯爵山田英夫の長女。大正15年薩摩治郎八と結婚。昭和24年3月没、42歳）、顕貞（42年3月18日生まれ、英夫の長男。昭和13年鍋島福子と結婚。昭和20年8月1日第五代伯爵。昭和48年60歳没）、貞夫（44年10月22日生まれ、英夫の次男。昭和19年8月10日ビルマで戦死、陸軍大尉、33歳没）の三兄弟を育てていた。いつごろ第二夫人（妾）になったかはわからないが、前述したように、嫡子金吉が夭折した13年3月22日以後、程なくであったかと推定している。

　何分、自分のことは、まったく書き残さなかった山田である（あったかも知れないが、残っていないのである）。私生活のことはもちろん、自ら成し遂げた業績もである。残されたものといえば、その時々の感懐を披瀝した漢詩や、依頼さ

れて書いた撰文ぐらいである。これら残された詩や文章には才能が溢れている。自らのことも書き残すことは容易であったはずである。しかし自分のことを書き残すことをしなかった。この時代は、自分の業績を過大に表現することが多くあり、「維新史に資料的価値なし」といわれる程、自らなしたことを誇った時代であった。山田はそれをしなかった。山田は恩師松陰から「手柄（功業）を立てるよりも、自分の仕事をやれば良いのだ」、「自分ができることをやれば良いのだ」との教えを受けていて、これを忠実に守っていた。この教えを生涯守った実直な人であった。自分の業績を誇ることを潔しとしない謙虚で潔癖な人であった。まして私生活については、「言わずもがな」、「言わない方が良い」、と思っていたのであろう。したがって、私生活については皆目わからないことが多い。何度もいうが福田美和が第二妻（妾）であることについても推測である。またこの最後の旅に同行したとすることも推定である。

4　生野銀山の視察と突然の薨去
—11 月 11 日薨去の日より 17 日の葬儀の日まで—

11 月 11 日（金）、生野銀山視察と突然の薨去と死因　　生野銀山視察へ。この日は、姫路発午後 5 時 35 分の列車で帰京する予定のため（推定）、生野の旅館柴橋で、午前 7 時起床し、朝食を済ませた。9 時一寸前には、姫路区裁判所所長山崎慎三（前神戸始審裁判所検事）等の迎えの随行者と共に、腕車を連ね旅館を出発。9 時 10 分頃には、生野銀山（宮内省御料局生野支庁。現・兵庫県朝来市生野町口銀谷）に着す。支庁長朝倉盛明（省吾、静吾、田中静洲。慶応元年薩摩藩留学生として英国留学、大正 13 年 82 歳没）や技官山田文太郎等多人数の出迎えを受ける。これらの人達の案内によって銀山各所を視察。太盛山三番坑の坑口に入り、突然卒倒し、再び立つことなく、絶命し、午前 10 時（午後 1 時とする説もあり）、49 歳（数え年）の生涯を終じる（ちなみに当時の平均寿命は 43 歳であった）。

この忌わしい日の様子について、「山田伯病状始末概要」では、次のように述べている。「十一日午前七時蓐を起たれ、餐後彼の有志家等と暫く対語せられ、次で又毫を揮はれ、同九時旅館を発し、御料局生野支庁に到られ、朝倉支庁長と

会話せらるること少頃、鉱内或は工場等を巡視せられんが為めに庁舎を出られ、技師の案内に依り、先ず鉱山の半腹に到らんとせしに、坂路急激なりしが、伯は呼吸促迫せしか、登攀の間に数分時佇立のまま休憩せらるること二次、又雑話の為めに停歩せらるること、一回なりし、随行員等交々伯の労を思い、杖を呈し或は緩歩を勧めしも伯は之を意とせず。随行員等が坑内の巡観を止めて、坑口を距ること凡十間前の処より、工場に回らんことを勧めたれども、伯は兎も角も坑口に到るべしとて、遂に太盛山三番坑の口端に達せらる。支庁長及随行員等は、伯の疲労と鉱内異状の空気の健康を害せんことを恐れて、深く進入せられざらんことを望みしが、伯は敢て聴かず、然れども支庁長は入ると僅かに四百尺の所に到れば、鉱脈あるを以て、其処より帰らんことを勧め、将に坑内に入らんとするに該り、各携帯すべき燈火の準備に着手せり、時に伯は坑口の間際なる中央に佇立せらるる。是より先き伯は曽て石炭砂を一閲せしとあれど、未だ金属坑を実見せしことなしと語られしを以て、考ふれば坑内巡視の熱望なりしは、蓋推測するに余りあり、想うに伯は外形上毫も異状なきが如くなりしも、或は多少痛苦を耐忍せられたる者ならん歟。既にして準備漸く竣らんとするや、伯は頻りに支庁長・技師等に対し鉱内の模様を質問せられ、語尾殆ど収まるや否、卒然転倒せらる。衆驚て伯を扶け起し、畢竟一時眩暈せられしならんと思惟せしに、何ぞ図らん人事不省顔面潮紅少焉にして、蒼白色を呈し、口吻泡沫を吐出し牙關緊急眼球旋転呻吟数回手足拘攣す。随員等愴惶宝丹を指頭に粘して、口中に容れんとするも能はず、或は湿布を頭部に当てて冷却し、専ら力を看護に盡しつつ、先づ病体を近傍の鉱場課に移し、医師数名を招致せしめしに、馳て第一に来りたるものを佐藤英太郎とす。即ち主任治療に従はしむ。次で会せしは丸尾光春、本多潤四郎等にして、皆其事を行はしめ、更に姫路病院長及其他の開業医木村博明に電報して急に来られんことを求めたる。後已に診察せし衆医の鑑定に依れば、伯は死徴確然たりと、由て医師と詮議を了へ、体軀を山田技師の寓所即ち生野町松本麟太郎宅に移し、匆々報を各地に発す。而して伯の発病の場所は別紙図面の如く、其経過の模様は、医師診断書の如く爰に始末の概要を記す（図面略す）」（『北海道毎日新聞』25 年 11 月 22 日号）と記述し、説明している。

　ここには、悲しき日の山田顕義最後の状況について、詳しく述べられている。

さすが公式文書（前述したが姫路区裁判所所長山崎慎三より司法大臣山県有朋へ上申。山県より伊藤博文総理大臣へ申達。伊藤より天覧に供された文書）である。この文書等を参照して、さらにその様子について述べてみたい。

25年11月11日金曜日、空はよく晴れていた。昨日の雨は上がり、快晴である。山田の身体は、熱っぽく体調は最悪だったが、いつものように早朝に起床した。少年時よりの変らぬ習慣である。「昨晩は、酒で風邪を吹き飛ばそうと思って飲んだが、どうもそうはいかなかった」。何度もいうが、3日前の8日、岩国より船で尾道へ向う途中船上で悪寒がした。これが風邪の始まりだった。9日大阪では咳も出た。10日は雨に祟（たた）られた。姫路より山口招魂社参拝へ向い、さらに生野へ戻るまで、一日中降雨に遭った（『東京朝日新聞』）。どうも風邪を拗（こじ）らせたらしい。「大事をとるべきか」。「銀山視察は控えるべきか」とも思ったが、「今日が、この旅の最終日である」。「姫路発午後5時30分発の夜行列車で帰京の予定である」。「東京に帰えってから、ゆっくりしよう」。

山田は律儀である。実直な人柄である。一度約束したことは、変えることをしない性格であった。まして銀山視察は、こちらから申し込んだことである。それも昨日のことである。とても断ることはできなかった。

しかし、山田は近年、体調不良が続いている。昨年は、肺炎にかかり慢性化し、肺患で重体となったこともあった（前掲『穂積歌子日記』178頁。明治24年8月29日（土）条）。「風邪は万病の元である」、「とくに去年煩（わずら）った肺患には悪い」。「気を付けねばならない」。今回の郷里山口帰郷の旅は、前述のように旧藩主毛利敬親公他4名の銅像建立起工式に総裁として列席し主催するのが主目的だったが、温暖の地山口での療養も目的の一つだった。さらに墓参も目的としたが、しかし自らが決めた日程とはいえ、恩師、血族、同僚への墓参巡礼の日程は過密にすぎた。すぎる年、長藩の志士として奔走し、戊辰戦争で活動していた青年期とは違う。いままで、明治新政府創業時から重責を背負い、22年間、寸暇なく係わってきて、もはや49歳であり、体力の減退は覆うべくもない。兵部大丞に始まり司法大輔となり、この間には陸軍少将として、佐賀の乱、西南の役にも出師（すいし）して中将に昇進した。その後、参議、工部卿、内務卿、司法卿、司法大臣を歴任したが、休む暇とてなかった。

「思えば維新前後から、はげしい激動期を、ほとんど第一線に立って、よくも

これを切り抜けてくることができたものだ」と心の中で思った。

　自分は元来身体が丈夫で健康だった。「小柄だが力が強かったので、角力が好きだった。十三歳で入った藩校明倫館で剣道を習ってから修業して、剣術師範馬木勝平師より柳生新陰流の中許を受け、一廉の剣人などとも呼ばれた。鉄砲の猟をするのが好きで、野山も走けめぐった。釣も大好きで寒中、船で網打ちもした。こうして身体を鍛えて来た。身体の丈夫を心掛け、健康と身体の強化に努めてきた」（前掲「故山田顕義伯五十年慰霊祭」）。このことについては前にも述べた。

　しかしこの数年来、身体の調子が悪い、初中終、熱が出る。咳も出る。1日中だるい日が続くようになった。

　身体の変調は今日も明らかなのだ。銀山視察を止めれば良いのだが、山田は強行した。山田という人は、「人生は天の命によって支配される」という思想にもとづく、運命論者であったのかも知れない。それは、「昨年（二十四年）、肺病に罹りし際…橋本綱常（医師）より病の重症にて…遺言することあれば述べ置くべしと聞くや、伯は翕然として観念したりと見へ、それよりは少しも騒ぐ色もなく、只命を天に任せて心静かに療養せしにぞ…事に臨み一旦決断すれば動く所なき性質の一斑を見るべし」（『時事新報』25年11月20日）とするような人物であったことからもそう思ったりする。

　山田は午前9時10分頃、予定どおり宮内省御料局生野支庁へ着いた。元工部卿が巡視されるとあって、旧代官所の総門を移築した正門前には、支庁長朝倉盛明はじめ、技官山田文太郎などの幹部が勢揃いして到着を待っていた。山田は12年9月10日から、翌13年2月28日の辞任まで工部卿として生野銀山を管轄下に置いていた。このことについては、何度か述べた。

　工部省は明治3年閏10月20日（陽暦12月12日）民部省所管の産業行政の一部を引き継いで創設された。逐次機構を整備し、4年8月14日（陽暦9月28日）の官制により、省中に一等寮の工学・勧工・鉱山・鉄道、二等寮の土木・灯台・造船・電信・製鉄・製作等の10寮及び測量司を置いた。その後機構や業務は頻繁に変ったが、一貫して新政府が重視した殖産興業政策を、中でも工業政策を推進する中心官庁であった。山田の工部卿はわずか6ヶ月足らずだったが、それは13年2月28日に参議（内閣）と省卿（各省長官）の分離制が施かれた

178

ためであり、専任参議となった山田は、工部卿を辞したのであった。

　ここ生野銀山の創業は、古く大同2年（807年）と伝えられている。明治25年の今日まで、実に1100年間も掘鑿が続けられてきた。そして永い歳月の間には幾多の変遷があったが、明治維新後には生野銀山の鉱業は、すべて新政府の所管となった。

　経緯を述べると、明治元年12月に鉱山司生野出張所が設置され、3年閏10月20日（陽暦12月12日）の工部省の新設に伴い工部省生野出張所となった。4年8月（陽暦10月）に工部省鉱山分局と改称され、16年9月には工部省生野鉱山局となった。18年工部省が廃省となって、農商務省所属となり、さらに大蔵省に移管となる。その後、23年3月31日宮内省の管轄となり、帝室財産に編入されて、御料局生野支庁となった。

　この時の支庁長朝倉盛明は、薩摩藩士の出身で、田中静洲と名乗った医師であった。藩より慶応元年3月仏国留学を命ぜられるが、幕府の海外渡航禁止令（寛永10年〔1633年〕より慶応2年4月6日〔陽暦5月20日〕まで）があったため、朝倉静吾の変名を使って密行した。帰国後、明治元年6月御雇外国人の仏国人土質学者セアン・フランソワ・コワニー（Jean François Coignet、仏国人、元年6月鉱山局雇傭、11年5月満期帰国）が、生野銀山の調査開発の準備に取り係るに際して、その通訳をしているうちに、鉱山技師の専門知識を身につけた。その後、工部大書記、工部大技長、生野鉱山局長、宮内省御料局生野支庁長となるが、この間、コワニー等の提言をもとに、着々と最新式の装備を誇る工場を完成させ、かつ新鉱脈を発見して業績を挙げた。こうして朝倉は、生野の殿様といわれる程になった。生野銀山の代官は旧幕時代10万石の大名にひとしい格式を持っていたが、同様に支庁長は、代官に代わる権力の座にあったのである。山田は、この支庁長朝倉盛明の案内により、生野銀山内の各所を巡覧したが、途中、「坂路急激なりしが、伯は呼吸促迫せしか、登攀の間に数分時佇立のまま休憩せらるること二次」ありということがあった（『朝野新聞』25年11月17日号。『北海道毎日新聞』25年11月22日号）。この時山田は朝倉に、「一昨年肺病に罹りてより、未だ健全に復せざる気味か、此山に上るに甚だ大儀を覚へり」と語ったという（『日本』25年11月16日号）。武人でもある山田がこのような弱音を吐くことは珍しく、余程の事であったのであろうと思う。さら

に、金塊を採掘する太盛山三番坑に至るが、坑内に入ることは勧められないと、鉱山関係者は強く止めたようだ。しかし山田は強行し、卒倒するに至る。その時の様子を「山田伯病状始末概要」から、再び述べると、前出文と重複するが、「支庁長及随行員等は、伯の疲労と坑内異状の空気の健康を害せんことを恐れて、深く進入せられざらんことを望みしが、伯は敢て聴かず…未だ金属鉱を実見せしことなしと語られ…坑内巡視の熱望なりし」として坑内に降りて行く。そして、山田伯は「頻りに支庁長、技師等に対し、鉱内の模様を質問せられ」元気な様子をみせていたが、「語尾殆んど収まるや否、卒然転倒せらる」という。「衆驚て伯を扶け起」こすが、『北海道毎日新聞』や『東京朝日新聞』の記事では、「随員の一人なる鹿山箭五郎（Ｓ・Ｐ。前官礼遇に対する護衛者か〔推定〕）氏が伯を抱き上げ声を限りに呼びたれど」、その症状は「人事不省、額面潮紅少焉（少したって）にして蒼白色を呈し、口吻（口もと）泡沫を吐出し、牙齦緊急、眼球旋転、呻吟数回、手足拘攣（ひきつけ）す」の状態であった。「時正に午前十時ごろなりし」とある。そこで「随員等愴惶宝丹を指頭に粘して、口中に容れんとするも能はず、或は湿布を頭部に当てて冷却し、専ら力を看護に盡しつつ、先づ病体を近傍の鉱場課に移し、医師数名を招致せしめしに、馳て第一に来りたるものを佐藤英太郎とす。即ち主任治療に従はしむ、次で会せしは丸尾光春、本多潤四郎等にして、皆其事を行はしめ、更に姫路病院長及其他の開業医木村博明に電報して急に来られんことを求めたる」（『東京朝日新聞』25年11月17日号。『北海道毎日新聞』25年11月22日号。（　）内は筆者加える）として、看護に努めたが即死（午前10時死亡）であったようである（ただし、日本大学百年史編纂委員会『日本大学百年史』第1巻、28頁、日本大学、平成9年では、午後1時逝去とある。医師認定の時刻か）。

　なおここには、いうまでもなく、支庁長朝倉盛明が同席していた。前記のように朝倉は若い頃、田中静洲と名乗って医師をしていた。当然脈を取ったものと思う。

　死因については、さまざまな憶測が流れた。多くの新聞の第一報は、「腐骨症」（急性骨髄炎）と報じている。『東京朝日新聞』は、「山田伯薨ず。山田伯危篤の状は別項に記する如くなるが伯の病症は腐骨症にして療養叶はず終に薨去したり。国事多端の今日又一柱を失い国家の不幸と云うべし」（25年11月12日号）

と報道する。『国民新聞』は、「目下兵庫県生野銀山巡視中なる山田伯は、腐骨症にかかりて逝けりと聞く。伯は国家の功臣なり、而して今や亡し矣嗟乎悲夫哉」（25年11月12日号）と述べる。『朝野新聞』は、「山田顕義伯は山口より帰京の途次一昨日姫路より生野銀山拝見の為め太盛まで登りしとき突然腐骨症を発して卒倒し遂に永眠したりと云ふ。嗚呼何等の悲報ぞ」（25年11月12日号）とそれぞれ報じ、同様に腐骨症を死因に挙げている。

しかし『東京朝日新聞』の第二報は、「肺炎」と報じて死因を変更している。「伯はその両三日前より感冒の気味なりしところへ、十日生野に赴く途上降雨のため、感冒の熱を高めいたりと云へり。とにかく冷気殊につよき山地に入り、気候の激変に遭ひ肺炎の一時に再発したるものならんか」（25年11月13日号）と推測している。

また、大町桂月（詩人、随筆家、内務省勤務あり、大正14年56歳没）は、前掲『校補但馬考』（大正11年）で、「毒気説」を挙げている。「大町桂月城崎温泉に遊び、城崎温泉の七日なるものを著はす、言るあり、曰く山田顕義伯、甥（従兄）の南八郎（河上弥市）の亡き跡を弔わんとて、生野銀山に立より、誤りて銀坑に陥りて死せり、されど、伯の如き名士が銀坑に陥るでは相済まざるを以て、病死として世に伝へなるなりと。余は内務省にあり、深く伯の知遇を受け、其為人思慮周密事を為す苟もせず。是れ東北西南戦に於て、一度の敗も取られざりしゆへんならんと思ひ居たり。是を読むに及び、特に銀山の知人数名に質すに此事を以てす。皆曰く銀坑より排出する空気は、一種言ふべからざるの気味ありて、慣れざる人は嚮ひ邁くこと能はざるを例とす。故に心臓等の疾患あるものの不慮の災難にかかるは、怪むに足らず。伯の如きも亦然るのみと。記して其冤を洗ふ」（前掲「山田顕義伝拾遺」『日本大学法学部創立百周年記念論文集』第1巻、68〜69頁参照）と述べて、毒気説を挙げている。

さらに「心臓麻痺」を死因に挙げるものもある。山田の又従弟村田峰次郎（清風の孫、唯雪の次男、村田本家を継ぐ）は、「将に坑口に向ひこれより洞中に下らんとせし際、洞坑中より俄に強き寒風の吹き起りしため、忽ち心臓を圧迫し急に呼吸を止めたれば、その儘地上に卒倒せられたり」（前掲『空斎山田伯伝』（3）、96頁）と述べる。同人は講演でも、「洵に残念なことには僅かに四十九歳にして終ひは外の病ひはありましたけれども、心臓麻痺で亡くなられた」（村田

第8章　明治25年の最後の帰郷と薨去　181

峰次郎『法曹会雑誌』第 20 巻第 2 号、87 頁、昭和 17 年）と発言している。この他「脳溢血」を取る見解もあった。

　しかし昭和 63 年に行なわれた、山田家護国寺墳墓の発掘調査の結果報告の『日本大学学術調査報告書』によれば、死因は右頭部の損傷である可能性が高いという。つまり「右側側頭骨のほぼ中央に 1.8×1.0 センチの骨欠損が認められた。骨縁部の外板および内板は、いずれも外側から内側に向かって倒れ込むように陥没していることから、この欠損は外力が、加わったことによる可能性が考えられる」（前掲『シリーズ学祖・山田顕義研究』第 4 集、197 頁）という。ここから推論すると、山田は、腐骨症、肺炎、脳出血、心臓麻痺、気管支炎等の不全、毒気、疲労など、なんらかの原因によって坑道に転倒、転落し、頭骨に致命傷を受け死亡したと解する他ないようである。ただ致命傷を受けるに至った転倒原因が、腐骨によるものか、脳によるものか、心臓によるものか、肺によるものか、はたまた単に足を滑らせてのことなのかなどについては、わかっていない。

　しかし死亡は現場において明白であった。そこで、「已に診察せし衆医の鑑定に依れば、伯は死徴確然たりと、由て医師と協議を了へ、体躯を山田文太郎、御料局生野支庁技官の寓所、則ち生埜（野）町松本麟太郎宅に移したり」（『朝野新聞』25 年 11 月 17 日号）とし御遺体として取り扱われることとなった。

　こうして山田顕義は、49 歳の生涯を閉じた。しかし山田家は、政府に、この段階では、危篤と届け出ている。いつ死亡の届けを出したかについては、『北海道毎日新聞』は、11 月 14 日に「発喪なりとの届出を為した」と報道している（25 年 11 月 22 日号）。

11 月 12 日、遺骸を一旦姫路へ、夫人との対面　　翌 12 日山田の御遺骸は、安置されていた生野の山田文太郎技官の寓所（松本麟太郎宅、現・SUMCO 生野クラブ）から、「令弟河上繁栄砲兵大佐、馬屋原（仙一）神戸地方裁判所長、野村（維章）大阪控訴院検事長（茨城県令、大阪控訴院院長、36 年 60 歳没）、山田（信道）大阪府知事（農商務大臣、会計検査院長、33 年 68 歳没）、野口（淳吉）兵庫県警察部長その他の人々が護衛して、午後 5 時頃姫路市西呉服町なる大庭寛一（宮内省御料局参事官）方に着」した。そして「同所に待ち受けたる松方正義伯爵（第一次松方内閣で山田は司法大臣を務めた）、高島鞆之助子爵（西

南戦争に別働第一旅団長として出動、山田は別働第二旅団長であった。陸軍大臣）、野津道貫第五師団長（西南戦争では征討第二旅団参謀であった）、周布（公平）兵庫県知事（周布政之助の子、政之助の母は村田清風家より出ている。したがって山田の遠縁に当たる）等門外に迎へ邸内に移せし後、一同ねんごろに回向」した（『東京朝日新聞』11月14日号。（　）内は筆者加える）。そして同夜、あまりに突然で山田の死を信じられないまま急行した山田伯爵夫人龍子（竜子）一行は、養嗣子久雄や、顕義実妹の河野得三（長藩士族、5年結婚）妻益子と、「久しく肺炎症の治療を担当していた」医学士山根正次等を伴って、東京より急行、姫路に着し、御遺体と対面した（『朝野新聞』11月14日号）。

11月13日、遺骸を東京へ移送　　龍子夫人が見守る中、姫路発一番列車（午前8時頃か。推定）で御遺骸を（神戸にて乗り変え）東京へ移送する。

『時事新報』によれば、「黒田清隆（逓信大臣）、山県有朋（司法大臣）、井上馨（内務大臣）の各大臣は昨十二日午前九時前後より永田町伊藤首相官邸に会合したり。右は山田伯病気危篤の報其の他緊急事件に就きての件にて午後は他の大臣も参集したる由」（11月13日号。（　）内は筆者加える）とあり、あるいは山田への贈位、贈官のことが話し合われたとも思われる。

このような中央政界での動きの中、地元姫路の『改進新聞』は、山田の死を探知し「山田伯の薨去」と題しての記事を用意し14日の死亡届提出後15日に次の文章を掲載している。「生野の山風吹き荒び鉱坑の秋霧いと凄し、聞くもうたてや昨日今日都路さして上らせ給ふべしとの噂に引替へて、端なくも悲しき電音を受けぬ。扨ても明治昌代の元勲として朝野の間に聞えさせ給ふ人々多かる中に、春秋殊に富ませ給ひ前途多望の御身にておはし給へば、鳥羽伏見の御功績も物かは武を以て文に代へ、文を以て武に代へて此後多くの年月を国家の為めに尽くさせ給ふは、衆人の予ねて期する所なりしを此の日何の日ぞや、此の時何の時ぞや。其畢生の熱血を注ぎ給ひし法典も尚ほ中宇に迷ふ。今日此頃の哀詞を綴るにも双の袂を乾し敢へず筆の雫さへ滞りぬ」（25年11月15日号）とする故人を偲び、かつ山田の業績を適切かつ端的に回顧する論説を掲げている。

11月14日、桐花大綬章の拝受と発喪の公表　　御遺骸は午前9時15分新橋駅に着した。そして、生前山田が愛用した2頭立て馬車で、東京音羽の山田邸

に帰えり安置された。

　この日も、政府は山田への贈位・贈官のことを協議した。このうち贈位のことは、山田がすでに正二位勲一等という高位のため、陸軍大将贈官のことだけが問題となった。しかし、結果は桐花大綬章のみを賜わることで決着した。「賜わりたる大綬章は、勲等に於ては勲一等に相当し居るも、旭日大綬章の上級にありて即ち大勲位と旭日大綬章との中間に位するものなり。先に伊藤博文伯爵が憲法御欽定に参与し奉りし勲功に依り、憲法発布式ご挙行の当時、下し給はれることあるのみ。今山田伯が多年法典取調べに励精したる勲功に依り、特に之を賜はりたる次第にて、我が国、文武官勲功の士多しと雖も、この栄典に浴せし者は、独り伊藤、山田の両伯あるのみ」（『読売新聞』25 年 11 月 16 日号）であった。こうして桐花大綬章の贈位が決定したので、直ちに山田家は、14 日発喪を公表し薨去の届出を行なった。そこで「十四日午後一時二十分、天皇陛下は、綾小路侍従（有良。御歌所参候雅楽部長）を勅使として、小石川区音羽三丁目の山田邸に遣はされ、桐花大綬章を授与せらる。続いて同二時、富小路侍従（敬直。右京大夫、25 年 51 歳没）を同じく勅使として同邸に遣され御見舞として御菓子を賜わりたり」（『北海道毎日新聞』25 年 11 月 22 日号、（　）内は筆者加える）とのことが取り行なわれた。

　このように山田家は、14 日に至り発喪の公表に踏み切ったが、この遅れについて、『東京朝日新聞』は「山田伯薨去の届出を為さず喪を発せざるは陸軍大将に任命せらるる為ならんといふ」という、記事を書いている（25 年 11 月 15 日号）。そのとおりと思われるが、贈位・贈官の決定を待っての発喪の発表であった。ただ死亡はいつかという議論はある。それは生理的死亡の時なのか、それとも慣習上の発喪をもって死亡とするかの問題である。

　山田家は、発喪の日である 14 日を死亡とする死亡広告を各新聞紙に発表し掲載した。すなわち「正二位伯爵山田顕義病気之處養生不相叶本日薨去候ニ付来ル十七日午後一時自邸出棺仏式ヲ以テ音羽護国寺境内エ埋葬致候此段辱知諸君ニ報告ス　明治廿五年十一月十四日　親戚河上繁栄（実弟）　河野得三（実妹益子の夫）」（『東京朝日新聞』11 月 14 日号）である。つまり山田家は、発喪をもって死亡として公表した。また「この死亡広告と同文のものが、山田家から知己等に郵便葉書で 3700 余通、封書にしたものが 1800 余通も差し出されていると

かいわれています」（前掲『シリーズ学祖・山田顕義研究』第3集、16頁）ということで、山田家はあくまでも14日の発喪をもって死亡日としている。すでに山田顕義は11日に生理的機能が停止していること、明らかであるが、「呼吸が止んでもそれだけでは死とは解せられず、若干の期間をおいて死を確認したのち喪に入った」（前掲『民俗学辞典』620頁）という慣習があった。このように我が国は、発喪をもって死亡とする慣習を維持してきたが、どちらをもって死亡とするかの議論は、この時期にはあったのである。現在では「生理的機能の複合的停止をもって死亡とする」ことを通説としていることはいうまでもない。

11月15日、龍子夫人の悲況　　山田家の家族、親族は、東京音羽の自邸に御遺骸を安置し、冥福を祈り続けた。夫人は「伯薨去後深く憂に沈み悲哀の涙に眼を泣き腫し」（『時事新報』11月18日号）ていたという。前日に死去の届出を受けた天皇陛下は、この日も「午前十時、東園（基愛）侍従を勅使とし、また皇太后宮、皇后宮両陛下は、三宮（義胤。宮内省式部次長、38年63歳没）皇后亮を同じく御使として、同時に同邸に遣はされ伯の喪主久雄氏及伯の実弟河上大佐に対し御慰問あらせられ、三陛下よりは幣帛料を下し賜ひたり」（『北海道毎日新聞』25年11月20日号。（　）内は筆者加える）という。

11月16日、勅使をもって誄を賜わる　　東京音羽の自邸に御遺骸を安置し、多数の人々より焼香を受ける。

この日午前10時、宮中から勅使として、侍従子爵綾小路有良を、音羽の邸に差し遣わされ、下記の勅語（誄・誄詞）を賜い、加えて祭祀料、金五千円と、白絹供物等（白絹3匹、蒸菓子2台、餅菓子2台、干菓子2台、水菓子2台）を下賜せられた。賜わった誄は、「夙ニ王室ノ式微ヲ慨シ遂ニ中興ノ偉業ヲ賛ス勇決難ニ膺リ電勉法ヲ編シ心ヲ秉ル忠誠勲績大ニ彰ル而シテ年未ダ知命ニ迫ハス朕尚其毗翼ヲ望ミシニ遽ニ兪亡ヲ聞ク曷ソ軫悼ニ勝ヘン茲ニ侍臣ヲ遣シ賻贈ヲ齎ラシ以テ弔慰セシム」という勅語であった（前掲『山田顕義傳』905頁）。こうして天皇は、14日、15日、16日と三度も勅使を遣わし、山田の死を深く悼詞（辞）したのである。

また、「同時刻（午前10時）皇太后の御使として、宮内書記官山内勝明、皇后宮の御使として、皇后亮三宮義質を御使として、同邸に差し遣わされ、いずれも祭祀料千円宛を下賜せられた」（前掲『山田顕義傳』905頁）。そして「この日

午後八時大谷光尊（明如上人、36 年 54 歳没）西本願寺管長が、帰教式を行ない『顕忠院殿釈義宣空斎大居士』の法号を付したり」（『北海道毎日新聞』25 年 11 月 23 日号）という。

11 月 17 日、葬儀とその盛大な模様　　17 日は、午後 1 時自邸を出棺の予定である。葬儀は、東京護国寺で、京都西本願寺管長、子爵大谷光尊を導師として仏式で執行されることになっていた。山田家は代々浄土真宗の門徒であったからである。そして特に大谷光尊師に依頼したのは、山田が元治元年 7 月 19 日（陽暦 8 月 20 日）の「禁門の変」で利なく敗走した折、畏友品川弥二郎と共に西本願寺に逃げ込み、僧形となって長藩に帰ったといったことがあって、西本願寺とは特に強いつながりを持っていたからである。

　なおただ、山田は皇典講究所所長として、神道の振興に力を入れていたので、この仏式による葬儀については、喪主も、その事情の説明を行ない、さらに母堂（鶴子。当年 67 歳）の意志であることを伝えている。『東京朝日新聞』には、その旨の広告を出した。「謹告故山田伯の葬儀に付、仏葬式に従ひしは伯生前の志望なりや否や、往々問合はさるる向きも有之候処、伯爵に於ては生前この事に関し志望を述べたること絶てなく、抑々伯爵は我が国体を保全し皇典を講究するを以て志願となせしも、葬祭の如きは祖先以来の家制に従ひ一に仏式に依れり。且老母真淑院は深く仏道に帰依し真宗の信徒たり。故を以て今般伯爵葬儀の式を定むるに就ても、主として老母の志願に従ひその悲嘆を慰むるは伯爵の応に満足する所なるべきを察し、乃ち老母の旨意を奉じ仏葬式に依ることに決定したる次第に有之候。茲にその事由を叙し謹んで伯爵生前の辱知諸君に告ぐること爾り。故山田顕義男山田久雄（養嗣子、実弟繁栄の次男）親戚河上繁栄（顕義の実弟。久雄の実父）」（11 月 16 日号。（　）内は筆者加える）と説明している。

　こうして予定どおり午後 1 時に大谷光尊導師他多人数の僧侶の先導のもとで、自邸から出棺となった。葬列には「柩の左には岡澤少将（精之助、精。侍従武官長、陸軍大将、41 年 65 歳没）、野田監督長（豁通）が、右には滋野中将（清彦。士官学校長、近衛師団長、29 年 51 歳没）、児玉少将（源太郎。参謀総長、39 年 55 歳没）が、正装にて付添い、行列は形の如く、喪主久雄喪服徒歩にて之に従い、二時三十分護国寺仁王門外に着した」（『北海道毎日新聞』25 年 11 月 23 日

号。（　）内は筆者加える）のであった。

　この時の葬儀模様だが、まず龍子夫人については、「送葬の時の如きも下げ髪にて白無垢の衣裳を着し、栗塚省吾氏（山田司法大臣秘書官）に扶けられ漸く馬車より下り立ちたる体、傍らの見る眼も痛はしかりし」（『時事新報』11月18日号。（　）内は筆者加える）という状態にあった。

　葬儀は午後3時より大谷光尊導師、読経に入り、転迷開悟の法語を説いた後、焼香となった。焼香順は、喪主久雄（養嗣子、21歳。実弟繁栄の次男）伯爵夫人（龍子）と共に梅子（庶子、6歳）　河上繁栄（実弟、幼名久次郎、砲兵大佐）河野得三妻益子（実妹）　山田正道（従弟）　河野得三（実妹益子の夫）　河野猪太郎（得三長男）　河上岩槌（河上繁栄長男）　河野一（伯の従弟）　前田愛之助（伯の従弟）　中原義正（伯の従弟）　永田五郎（伯の従弟）　兼重つる（伯の従妹）　村田峰次郎（伯の従弟）　野村幸助（伯の従弟）」（『読売新聞』11月18日号。（　）内は筆者加える）の順番であった。なお、母（鶴子）は、逆縁となるので、欠席した。

　そして会葬者については「其葬儀ハ会葬者数千人ヲ踰ヘ、勅使、国務大臣ヲ始メ、文武ノ高等官、各国公使、貴衆両院ノ議員、代言人、及伯ノ力ヲ致サレタル法律学校ノ教員生徒、幷ニ民間ノ有志ニ至ルマテ、悉ク之ニ加ハリ、伯ノ勇略学識純忠ヲ顕発セリ」（前掲『ボアソナード演説』）と、その状況の盛大な模様を伝えている。特に「葬儀に会葬したる皇典講究所生徒の内には、上下を着けたる者多く、当節柄、人々の目を惹きたり」（『日本』11月18日号）ということで、皇典講究所生徒は正装の 裃 姿で感謝の念を表わし送葬に加わった。放鳥も行なわれ、「山田伯の葬儀の当時放鳥の為め、鳩、雀、目白其の他の小鳥を霊前に贈供せしは、明治法律学校、川上大佐（実弟、河上繁栄）、関兼之（東京始審裁判所検事）、太田実其の他の諸氏にして小鳥の内、最も多かりしは雀、鳩にてありし」（『日本』11月18日号。（　）内は筆者加える）という。そして「挽歌」として、「奥ふかく君はかくれぬ今更にいく野の山の名をうらむかな　泣男」（『日本』11月15日号）等が披露され、吟詠された（推定）。この哀悼歌である挽歌は、『日本』に投書されたものともいわれているが、山田は生前恩師松陰や、美声の持ち主といわれた高杉晋作の影響からか、詩吟を嗜み、「憶昔吟会」を度々開いていたようで詩吟は趣味の一つでもあった。このところから、葬儀の終わ

りに、吟詠されたのである（推定）（憶昔吟会については、24年4月23日〔あるいは25年か〕の『西島青甫（画家）宛山田顕義書簡』日本大学大学史編纂課蔵より推定）。

　こうして、「葬儀は儀式の盛大なること故三条実美公の葬儀（24年2月25日）にも譲らざる有様にて、音羽通り及護国寺近傍は見物人を以て堵を築きし程なりき」（『時事新報』11月18日号）であったという。

　以上のように、葬儀は盛大に、かつ丁重にとどこおりなく取り行なわれた。この時、龍子夫人と第二夫人福田美和は共に落髪の慣習にもとづき髪を断ち、その髪束を山田の眠る遺体の頭部の左右に側えた（前述ⅱ頁）。そして納棺となり、絹の 経 帷子を召した山田の御遺体は、茶褐色の毛布で覆われた。その上に紋付
きょうかたびら
羽織がかけられたのは遺族の配慮であった。つまり、「山田は和服を好んだようだ」。もちろん洋服も着用し、必要な時には爵位服や陸軍中将の正装を纏ったが、それ以外の時はフロックコートを愛用したようだ。しかしここに埋葬の時、羽織を召されたことは、生前和服を好まれた証差ではないかといわれる（前掲『シリーズ学祖・山田顕義研究』第4集、221頁）。その後木棺（内径約173センチ×約80センチ×約50センチ）に納められた。こうして搬送された御遺体は、護国寺の山田家墓地でさらに石棺で保護されて土葬された（前掲『シリーズ学祖・山田顕義研究』第4集、186頁）。こうして25年11月17日、葬儀・埋葬が行なわれたが、秋の日は短く、すでに日没の「午後五時なりしか」（『北海道毎日新聞』25年11月23日号）であった。

　山田家の墓所は、すでに何度も述べたように、葬儀が行なわれた東京音羽の「護国寺」にある。それまでは、長州萩の光明坊（現・光源寺）に先祖代々の墓があったし、長藩が山口に政庁を移し、父顕行も山口に移って死去したので、父顕行の墓は山口の正福寺にあったが、これらの墓も33年に護国寺の山田家墓地に改葬されている。

　前にも述べたように、山田が護国寺の墓地をいつ取得したのかは不明である。おそらく長男金吉が死去した明治13年で、その埋葬のためではなかったかと推定するが、23年、音羽邸完成の頃という話もある。ではなぜ山田が護国寺に墓地を求めたかである。思うに第一には、護国寺墓地は、陸軍省埋葬御用地であるところから、陸軍中将の山田は、ここに決めたものと推測できる。第二には、11

年、音羽町に、邸宅用地として、広大な土地を取得しているが、このこととも関係していると思う。山田はこの音羽の地を終の住処と定め、近接していることをもって、護国寺墓地を取得することとしたのが第二の要因ではなかったかと思う。なお本寺護国寺墓地境内には、三条実美（24年2月18日行年55歳）の墓があった。その他、黒田清隆（33年8月23日62歳没）、山県有朋（大正11年2月1日85歳没）、大隈重信（大正11年1月10日85歳没）なども、ここ護国寺に墓地を求めていた。さらに豊島ヶ岡御陵（明治天皇第一皇子・稚瑞照彦尊、6年9月18日1歳没）とも隣接している。これらのことも決断の理由であったかと思われる。こうして近代法典編纂の父であり、法典伯とか、小ナポレオンとかと謳われた山田顕義は、東京護国寺の山田家墓地に埋葬された。享年49歳の生涯であった。

　そして同所に建てられた墓誌には、次のように刻まれた。「枢密顧問官陸軍中将山田公墓誌　公諱顕義山田氏長門人世々仕毛利候考諱顕行母熊野氏公少好学最精兵事明治中興歴任数官功績顕著至陸軍中将司法大臣叙勲一等賜旭日大綬章列華族伯爵進正二位廿四年以疾辞大臣優詔聴之特以前官礼遇後兼枢密顧問官公以事赴長門帰路罹疾輿帰是日特賜桐花大綬章遂不起実明治廿五年十一月十四日也享年四十有九葬東京城北護国寺塋域　明治廿五年十一月十四日」である。以下、書下し文にすると「枢密顧問官陸軍中将山田公墓誌　公諱顕義、山田氏長門の人なり。世々毛利候に仕ふ。考諱顕行、母熊野氏、公少より学を好み、最も兵事に精し。明治中興に数官を歴任、功績顕著なり。陸軍中将、司法大臣に至り、勲一等に叙せられ、旭日大綬章を賜る。華族に列し、伯爵を授けられ、正二位に進む。二十四年疾を以て大臣を辞し、優詔之を聴れ、特に前官の礼遇を以て待す。後枢密顧問官を兼ぬ。公事を以て長門に赴き、帰路疾に罹る。輿帰是日、特に桐花大綬章を賜る。遂に起たず実に明治廿五年十一月十四日也。享年四十有九、東京城北護国寺塋域に葬る。明治廿五年十一月十四日」で、撰文は長松幹（文輔。太政官正院歴史課長、元老院議官、高等法院予備裁判官、貴族院議員、36年70歳没）であった（前掲『山田顕義傳』906頁。『山田顕義と近代日本―生誕170年記念特別展―』萩博物館、平成26年を参照）。

第9章

刹那の追憶
―死の瞬間のフラッシュバック―

1　死の瞬間の追憶

山田の心残り　山田が楽しみにしていた明治 25 年 10 月 11 日に始まった帰郷の旅は、一転して生涯最後の旅となった。多忙であり、楽しくもあり、辛くもあった一生の最後に、大臣を辞して郷里山口に戻ったのは帰巣であったのか。はるかにいえば「元の北帰」（モンゴル帝国のフビライが、南宋を滅ぼし、高麗・吐蕃を降し、安南・ビルマ・タイを服属させ、東アジア大帝国を建設したが、明に滅ぼされ北のモンゴルに撤退したことをいうが、山田も明治政府にあって法典編纂等を通じ、日本国を盛大たらしめたが、大津事件で引責辞任し、山口に帰郷する姿が相似している）に似ているようにも思える。

25 年 11 月 11 日午前 10 時の死の瞬間、山田は、何を考えたのだろうか、責任感の強い山田はきっと為残した仕事について頭を過ぎらせたのではないか、走馬灯のように駆け廻ぐらせたのではなかったか。山田はこの死の刹那に、何秒の何分の 1 かの間に、どのようなことを思っていたのであろうか。山田の胸中を推し量ってみたい。

山田は 24 年 6 月 1 日、閣僚を離れたとはいえ、死の瞬間まで、国のリーダーとして日本国の理想像を頭の中で絵描き、いかにすれば実現できるかを考えていた。薨去の地となった生野銀山の視察も、これから我が国がなすべき殖産興業を、益々興隆たらしめるための、視察の一環であったに違いない。生死を懸けての見学は、只の単なる見物ではなかったと思う。山田は恩師松陰の理想とする国家である「皇国」実現のために、一心不乱に尽力してきた。それは今日、一応実現し定着した。また山田が目標としてきた立憲君主政体も、伊藤博文の努力による憲法制定（22 年 2 月 11 日発布、23 年 11 月 29 日施行）によって実施

191

された。しかし自らが担当してきた近代主要諸法典の制定は、いまだ完全ならず、近代法による近代国家の形成は、道半ばであった。特に明治政府が選択し採用した資本制社会における最重要な主要法典である、民法・商法は、公布したものの、施行をめぐって論争が続いている。帝国議会は、25年5月28日、「民法・商法施行延期法」を可決した。また、11月8日には、法典施行取調委員会と閣議が開かれて、「民法・商法施行延期法律案」の天皇上奏が決定した。このことを、旅の途中で聞いたが（前述173頁）、天皇はこの「延期法」の裁可、不裁可の断を、いまだ下していない。何とかして「延期法」を不裁可としたい。どうしても延期法を不裁可にまで漕ぎ着けなければならない。

心残りその1、旧民法典施行への模索　そこで死の刹那にあって山田が、第一に考えたのは、このことであったと思う。山田は精魂を尽して編纂し公布した民法・商法の施行を、あくまで実現しなければならないと考えていた。第三回帝国議会特別会での政府党（与党）の劣勢は明らかで、「延期法」は可決されたが、最後の期待は、帝国憲法6条による天皇の不裁可権の行使であり、山田はここに期待し、熱望していた。願わくば、これまで忠義を尽した、山田の生涯を、聖上は理解してほしいと思っていた。何よりも近代民法、近代商法の施行は、条約改正ひいては我が国の近代化という国家の御為である。自分は一筋にこのことだけを考えて編纂し、制定に努力してきた。聖上には御理解あって、御承認いただけるだろうと思っていた。望みを持っていた。しかし残念ながら山田の生存中には、勅令をもって延期法を不裁可とする願は実現せず、反対に山田の死を待っていたかのように、死のわずか13日後、25年11月24日、「民法・商法施行延期法」が天皇によって裁可された。これによって民法・商法施行は、29年12月31日まで延期されることとなった。そして、その後、旧民法は明治民法（現行民法、31年7月16日勅令23号）の施行によって無期延期（廃止）となる。なお商法は、26年7月1日より一部施行される（前述27頁参照）こととなる。

心残りその2、日本法律学校の継続運営への熱望　そして山田にとっての第二の気がかりは、22年10月4日創立されたばかりの、日本法律学校の行く末ではなかったかと推察する。

山田は、恩師松陰からの影響もあって、早くから教育への関心を持っていた。

山田は何よりも若き日、兵馬倥偬に明け暮れて、じっくり書物を読んだりする
時間がなかったことを残念に思っていた。この意識からか、兵部大丞時には、大
阪兵学寮の設立を、また司法大輔時には、司法省法学校の拡充などに関与した。
そして内務卿時代の 15 年 9 月には皇典講究所の賛襄となり、22 年 1 月 10 日
には、所長に就任して、学校教育に直接参画することとなる。

　すなわち、「皇典講究所内に…学校を設け、生徒を教育し、国家特性の元気を
振起し、成徳達才（徳を持ち、広く物事に通じた才能の持主）を以て立国の基礎
を鞏くし、人生の本分を尽さしむるを期すべし。…国法を専修する所を日本法
律学校と称する」とする案を策し、22 年 10 月 4 日日本法律学校の設立認可を
得て発足させる。そして設立目的を、「専ら本邦の法律を講究し…新古を問はず
…また海外法律と雖も我邦法学の参考に供すべきものは、之を参考し、以て近
くは有志の子弟をして日本法律を学ぶの道を得せしめ、遠くは世人をして法学
の正路を知らしめむ…之を要するに日本法律学校は我邦に日本法学なるものを
振起し、以て国家盛運の万一を増進せん」（国学院大学八十五年史編纂委員会『国
学院大学八十五年史』142 頁、国学院大学、昭和 45 年。（ ）内は筆者加える）
としての趣旨にもとづく、創立であった。これが日本法律学校設立の主意であ
る。

　ここにみるように、山田の日本法律学校の設立と、近代法典編纂の関係は濃
厚である。山田は自らが編纂し公布した民法典をはじめとする近代諸法典が施
行された後は、新法典の法解釈や適用が、立法趣旨のもと、正しくなされなけれ
ばならないと考えていた。そのためには法学教育が必要であるとして、「我が国
の法律を講究し、正路を知らしめ、以て国家盛運の万一を増進せん」として設立
したのが、日本法律学校であったが、いまだ 3 年を経たにすぎない。山田には
この学校を物心両面で支えているという自負があったが、設立されたばかりで、
いまだ安定し確固たる運営や組織にはなっていない現状にあった。自分亡き後、
自分の死はどのように影響するのだろうか。建学の精神は継続されるだろうか、
財政基盤は大丈夫だろうか。心配である。これが、山田の気がかりで、思い残す
事柄の第二であったと思う。

　死の瞬間山田はこれら二つのことを考えたに違いない。きっとこれらの為残
した仕事について頭を過ぎらせたのではないか。走馬灯のように頭を駆け廻ぐ

第 9 章　刹那の追憶　　193

らせたのではなかったかと推測している。そこで次に、この山田の死に際の刹那の思いについての至情に少し詳しく馳せてみたい。

2　旧民法典の編纂と施行延期論争（法典論争）
—施行への山田の努力—

(1) 旧民法典の編纂

旧民法典編纂までの全経緯　山田が近代主要諸法典の、立法事業に関与するのは、明治7年7月4日司法大輔に任ぜられて後である。前にも述べたが、8年9月8日司法省刑法編纂委員長、11年2月27日元老院刑法草案審査局委員となり、旧刑法制定に深く関与した。13年2月28日太政官専任参議となり法制部並に司法部主管を務め、14年「憲法按」を左大臣有栖川宮熾仁親王に捧呈し（前掲『山田顕義傳』998頁）、またさらに15年4月には「憲法私案」を右大臣岩倉具視に捧呈した（前掲『山田顕義傳』605頁）。16年12月12日司法卿となり、18年内閣制度創設によって12月22日司法大臣に就任した。この時民法編纂は、大木喬任民法編纂総裁（13年4月30日より19年4月12日）の下で、元老院民法編纂局で行なわれていた。しかし、19年3月31日に、ボアソナードが起草した民法草案、財産編第1部物権、第2部人権と財産取得編第1部特定名義ノ獲得方法の部分のみを、内閣に提出し、編纂局は閉局となり、大木は民法編纂総裁を辞任した。その後を引き継いで、司法大臣山田が、20年10月24日に司法省法律取調委員会委員長となり、民法典編纂その他、商法・民事訴訟法・改正刑法・改正治罪法つまり裁判所構成法の編纂を担当することになるのだが、ここでは山田の民法編纂に限定せず、民法編纂の全体経緯について、次に述べていきたい。

①　江藤新平主導の民法典編纂　思い起こすと、民法典編纂を最初に担ったのは、江藤新平（胤雄・南白。中弁、左院副議長、司法卿、参議。7年41歳刑死）であった。江藤は明治2年11月8日（陽暦12月10日）太政官中弁（弁官に所属し、中弁は次官格。太政官最高首脳の大臣〔左大臣・右大臣の2人〕・大納言〔3人〕・参議〔3人〕宛の書類は、弁官の事前審査が必要とされ、また太政官が発する布告類の法令起案も弁官の任務であった）に就任、翌3年2月

194

30 日（陽暦 4 月 29 日）には、太政官制度局取調専務を兼務し、法令起案の責任者の一人となる。そして 3 年 9 月 18 日（陽暦 10 月 12 日）民法典編纂事業を企画し、太政官制度局で「民法会議」を興した。その理由については、「政治制度上申案箇条（国政改革案、三年閏十月二十六日〔陽暦十二月十八日〕）で『…一体各国とも…民と民との交際は民法を以て相整へ候次第　各国の通義の様相成居　総て国家富強盛衰の根元も専ら国法民法施行の厳否に関係致し候　趣^{おもむき}…』」（的野半介『江藤南白』下、345 頁、南白顕彰会、大正 3 年）と述べる。つまり、民法制定は、国民の法的立場を確定させ、経済活動の意欲を振起させ、ひいて国の富強を期すという目的に立つものであった。

民法決議三草案の起草　　設置した民法会議は、「中弁江藤新平主任トナリ、大学大（中か）博士箕作麟祥仏国民法翻訳講義ヲ為シ、権大史生田精会務ヲ掌ル、三・八ノ日ヲ以テ会日ト為シ、翻訳数葉成ル毎ニ書記ヲシテ数部ヲ謄写セシメ、会員ニ分カツ。会員左（次）ノ如シ、神祇官少副福羽美静、集議院判官神田孝平、刑部官大判事水本成美、大学大丞加藤弘之、兵学大教授赤松則良、民部省地理司杉浦譲、大蔵省少丞渋沢栄一、右ノ外納言参議臨席シ、局中大史楠田英世、同中大史元田直、同権大史長谷川深美、同少史長　茨^{ちょうひかる}、同少史金井之恭、同権少史蜷川弐胤列席ス」（前掲『続明治法制叢考』211 頁。（　）内は筆者加える）といった構成員での発足であった。

そしてそのやり方は、箕作麟祥（開成所教授見習、翻訳局長、太政官大書記官、元老院議官、司法次官、貴族院議員、30 年 52 歳没）に仏国民法を翻訳させ、それを原案として、我が国の民法典を編纂する方針を取った。つまり江藤新平は、「日本と欧州各国とは、各其風俗習慣を異にすと雖ども、民法無かる可からざるは、則ち一なり、宜しく仏国の民法に基きて日本の民法を制定せざる可からず」との考えに立ち、箕作が翻訳に渋滞すると「誤訳も亦妨げず、唯速訳せよ」と激励した。そして「訳稿が二葉あるいは三葉に至れば、直ちに会議にかけるという性急な審議ぶりであった」（前掲『江藤南白』下、106 頁）という。

こうして 4 年 7 月か 8 月頃に起草されたのが、「民法決議第一」、「民法決議」、「民法決議第二」の民法決議三草案の作成であった。ここに起草した部分は、仏国民法人事編中の、第 1 編私権の享有及び喪失、第 2 編身上証書（身分証書・民生証書）、第 3 編住所、第 4 編失踪、第 5 編婚姻までに相当する部分にすぎな

い。しかし我が国最初の民法草案として、また仏国民法そのままを翻訳して「身上証書制」（戸籍制とは異なる）を採用していることにおいて、注目すべきものであった。

御国民法草案やその他の草案の起草　続いて、この民法決議三草案を修正、増補した「御国民法」草案が起草された。成案時期については、諸説があるが、その内容が、「民法決議第二」の第5編婚姻、第5章婚姻ヨリ生スル義務に続くものとして、「御国民法」を位置づけて、第6章夫婦ノ権及ヒ義、第7章婚姻ヲ解クコト、第8章再婚ノ事。そして第6編離婚、第1章離婚ノ原由、第2章定マリシ原由アル離婚ノ事として、末尾に55ヶ条を追加したものにすぎないところから、本草案も太政官制度局民法会議で起草されたものと考えられる。

　その後、4年7月14日（陽暦8月29日）廃藩置県に伴う太政官三院制（大納言を廃し太政大臣を置き、正院、左院、右院に分けた）の実施によって、弁官が廃止された。変って7月29日（陽暦9月13日）立法諮問機関の左院が設置され、太政官制度局は左院に移管された。江藤はこの左院制度局で、民法編纂会議を継続するが、江藤の本属は、7月18日（陽暦9月2日）弁官から文部省所属となり文部大輔に就任した。しかし、わずか17日にして、8月4日（陽暦9月18日）左院一等議員に転出し、8月10日（陽暦9月24日）には左院副議長となった。そこで江藤は8月18日（陽暦10月3日）民法会議を左院に移した。しかしここ左院の民法会議は低調で、「字句論があったばかりで、事柄のことは何とも論はありませんでした」（大槻文彦『箕作麟祥君伝』90頁、丸善、明治40年）といわれている。それでも江藤が左院副議長時代の成果として伝えられるものに、「家督相続法并贈遺規則草案」（全93条）がある。なお後述のように江藤が5年4月25日（陽暦5月31日）司法卿となり、左院を去って後も、左院での民法編纂は依然継続され、8年4月14日の左院廃止までに、「養子法草案」（全10ヶ条、明治6年）、「後見人規則草案」（全34ヶ条、明治6年4月）、「婚姻法草案」（全59ヶ条、明治6年）、「後見人規則草案確定案」（全21ヶ条、明治7年1月）が起草されている。

　江藤新平は、5年4月25日（陽暦5月31日）司法卿に任ぜられた。そして「議長（左院）後藤象二郎ト協議シ、本会（民法会議）ヲ司法省ニ移ス」こととし、民法起草は司法省明法寮で行なうこととした。明法寮は、4年9月27日（陽

暦11月9日）に設置されて、当初は司法官の養成と教育を目的としたが、5年7月5日（陽暦8月8日）の章程に「法律ヲ申明スル」を追加して、「新法ヲ議スル所」ともなった。ここ明法寮で起草されたものに、「改刪末定本民法草案」（全9巻1190ヶ条）、「民法第一人事編草案」（全148ヶ条）、「皇国民法仮規則草案」（全9巻1185ヶ条）がある。司法卿江藤新平は、これら明法寮民法草案を、できる度ごとに精査したが、いずれにも満足できなかった。特に江藤が推奨する「個人を単位とし、出生、婚姻、離婚、縁組、死去といった身分変動あるごとに、本人または代理人が、公的機関に届出て個別に編成される制度」の、身上証書（身分証書・民生証書ともいう）制が否認されていることには、我慢ができなかったようである。

　そこで江藤は、5年10月15日（陽暦11月15日）民法会議を司法省明法寮から司法省本省に移し、司法卿である自分が直接関与して、新たな出発を始めることとした。会議は、毎月3、5、8、10の日に開催することとし、ブスケ（Georges Hilaire Bousquet、仏国人、5年司法省雇、明法寮教師、前パリ控訴院弁護士、9年帰国、1846〜1937、91歳没）を、助言者とし、太政官正院大外史兼司法省御用掛箕作麟祥、司法大輔福岡孝悌、権大判事松本暢、大判事玉乃世履、中議官細川潤次郎、明法権頭楠田英世、警保頭島本仲道、大検事得能良介をもって民法会議構成員とした（前掲『続明治法制叢考』216頁）。ここでも箕作麟祥が仏国民法の翻訳に当たったが、これまでと違いブスケという協力者がいたし、すでに箕作は『仏蘭西法律書民法』として仏国民法の翻訳書を刊行していた。本書は全16冊の木版刷本であり、前4冊（仏国民法1条から710条まで）は、4年5月頃大学南校より刊行。他の12冊（仏国民法711条から2281条まで）は、4年9月から12月までに文部省より刊行されていた。なおこの時期より、箕作は、箕作麟祥口訳、辻士革校正『仏蘭法律書』（文部省蔵版、須原屋茂兵衛等発兌　3年〜7年　木版美濃判32冊）（前掲の民法の他、「憲法1冊58ヶ条、6年8月」、「商法5冊648ヶ条、7年3月」、「訴訟法（民事）1042ヶ条、出版年不詳」、「治罪法5冊643ヶ条、7年4月」、「刑法5冊484ヶ条、3年」）を出版している。

　したがって、ここ司法省本省民法会議での箕作の存在は益々大きなものとなっていたが、反対する者も多くいた。たとえばこの会議について、大法官津田真

道（真一郎。オランダ・ライデン大に留学、我が国初の西洋法学紹介書『泰西国法論』出版。元老院議官、衆議院議員、貴族院議員、36年74歳没）は、江藤の翻訳民法編纂方針に終始一貫、反対したが、箕作の存在を次のように指摘した。「江藤新平が司法卿として居たが、麟祥先生の翻訳した五法（民法・商法・刑法・治罪法・訴訟法〔民事〕）を種本として、日本の法律を拵へようとした」（前掲『箕作麟祥君伝』123頁）と述べ、民法編纂についても民法以外の法典編纂についても箕作の訳本をもとにして編纂しようとした事実を明らかにしている。ただ翻訳が間違いだらけだったので、ブスケの助言を得て、民法会議を進行し、草案を起草することとした。そしてここでも江藤は民法編纂の目的を「国民の位置を正す」こと、つまり、全国民に一律に適用する法を制定して、封建主義的身分制度を改めることにあるとして、「婚姻、出産、死去の法、厳にして、相続贈遺の法、定り、動産、不動産、貸借、売買、共同の法、厳にして、私有、仮有、共有の法、定り、而して聴訟始て敏正、加え国法精詳、治罪法公正にして、断獄、初て明白、是を国民の位置を正すと云ふなり」と述べている。さらに、司法卿就任以来の自らの実績も加えて書き記し、「民法草案の儀は、殆ど、三度迄押返し取調候次第にて、…已に民生証書（身上証書・身分証書）の草案丈は無程出来の筈に相成申候」と記している（江藤は6年1月24日司法省に対する大蔵省の予算削減に抗議して辞表を提出するが、本文はその文中より抜粋し引用した）。辞任は認められなかった（前掲『江藤南白』下、6頁、10頁）。

民法仮法則の起草　　そして6年3月10日「民法仮法則」（全9巻88ヶ条）草案を作成した。これはブスケ案をも参看した、意欲的な民法草案であった。ただ民法仮法則とはいうものの、この草案は身上（分）証書の部分だけである。身上（分）証書は民法というよりも、実質戸籍法であった。我が国の戸籍法は、「戸を単位とし、その戸に属する戸主及び家族の身分に関する事項を戸主又は代理人が届け出て戸別に編成する公文書制度である」が、これとは本質的に異なるもので、前述のように、「個人を単位とし、出生、婚姻、離婚、縁組、死去といった身分変動あるごとに、本人または代理人が公的機関に届出て個別に編成される制度」で、仏法にもとづき江藤がこれまでの民法草案編纂において一貫して主張し推進してきたものであった。

　司法省は、江藤卿の意を帯して、民法仮法則を施行すべく、6年3月13日太

政官に対し、7月1日より施行したいと上申した。しかし太政官は、これに回答しなかった。なぜならば、いま述べたように、民法仮法則は、その内容が身上（分）証書制部分のみで、いわば戸籍法類似であり、我が国は近代に至って初めての戸籍法を4年4月4日（陽暦5月22日）「全国惣体戸籍法」（壬申戸籍）として公布し、5年2月1日（陽暦3月9日）に施行していたからである。

　その後、江藤は6年4月19日、司法卿から参議に昇進した。この時「立法ノ事務ハ正院ノ特権」（6年5月2日正院事務章程）とされていて、参議たる江藤自身が民法編纂を担えることとなっていた。ところが、6年6月24日「左院職制及ヒ左院事務章程」で、「本院ノ事務ハ会議及ヒ国憲、民法ノ編纂、或ハ命ニ応ジテ法案ヲ草スコトヲ掌ル所ナリ」となり、民法編纂は左院の権限となって、参議江藤による、正院での民法編纂は、その根拠を喪失したのである。なお江藤は、6年10月24日征韓論に敗れ下野し、7年2月4日、佐賀の乱を起こし、4月13日梟首の判決を受けて刑死する。ここに明治政権は才能ある惜しむべき江藤新平という人材を失ったのであった。

②　大木喬任主導の民法編纂　　江藤新平の後を受けて、明治6年10月25日司法卿となったのは、参議大木喬任（民平。民部卿、文部卿、教部卿、司法卿、元老院議長、枢密院議長、司法大臣、文部大臣。32年67歳没）である。この時民法編纂は、6年6月24日の左院職制で「国憲と民法を編纂する」と定められていて、左院で行なわれていたことは、いま述べたばかりである。8年4月14日に至って、大阪会議の結果、元老院が設けられ（8年4月14日立憲政体の詔書、25日元老院職制並に事務章程定める〔太政官布告〕、7月5日元老院開院式）、左院が廃止された。元老院は、立法上の諮問機関で、法案を議定修正するだけの機関であり、法案の起草はしない定めなので、民法起草は、江藤司法卿時代に続いて再び司法省で行なわれることとなり、大木司法卿が担当することとなった。しかし司法卿大木は、9年6月まで、ほとんど民法編纂に着手せず、休止していた。

　ただ、準備は進めていた。まず、第一の準備と思われるものは、6年11月15日に来日したボアソナード（Gustave Boissonade de Fontarabie、仏国人、パリ大学教授。6年司法省雇、司法省法学校教師、司法省・外務省等顧問。28年帰国。1825〜1910、85歳没）に、7年4月9日から、司法省で仏国民法の講義

第9章　利那の追憶　　199

を開講させたことである。その目的は、司法省官員に民法知識を教授し、やがて、民法編纂に協力させるためであった。ただ、この時期、7年4月頃は、民法編纂は、左院で行なわれていて、司法省が担当することにはなっていなかったが、民法編纂の準備につながるものとしてこれを挙げておきたい。次に第二の準備としては、前述のように8年7月5日左院が廃止されて、民法編纂は司法省が担当することになった。そこで司法省は、8年9月18日機構改革を行ない6局22課とし、新設の第六の翻訳課を含む局長と、第四局の民法課を含む副局長に、箕作麟祥を迎えた。箕作は、これまで一貫して、仏国民法の翻訳に当ってきたからである。この組織改革と人事も、民法編纂のための準備であった。第三の準備は、8年6月22日、大木司法卿は、三条実美太政大臣に司法省法学校生徒募集拡充に関する伺書を提出した。これまで、司法官僚を養成する機関として設置されていたのが、司法省明法寮学校であったが、規模が小さく、わずかに15名の定員であった。そこで新たに規模を拡大した司法省法学校を創設し、普通学4年、法律学4年、計8年の正則科に、学生百余名を募集することとした。この他3年履習の、変則生を募集する伺と共に、合わせ上申した。本伺は、8年12月23日に聞き届けられて、9年9月開校した。この司法省法学校の創立も、民法編纂に直結するものではないが、民法典施行後に必要となる、実務者である、判事・検事・弁護士の司法官育成のための準備であった。第四の準備は、9年5月に大木司法卿は、司法省に地方慣例取調局を置いた。これは我が国の民事慣習を収集させるためであり、その目的は民法典編纂に反映させる準備であった。ようやく慣行や習俗を調査し、これを仏国民法典と対比させつつ、我が国にふさわしい民法典の編纂を目指そうとする方針が芽生え、そして台頭したのである。

明治11年民法草案の起草　こうした準備の下で、9年6月1日司法卿大木は、司法大丞箕作麟祥並に司法権大丞牟田口通照（司法大書記官、大審院判事、38年52歳没）に、新たな民法草案起草を命じた。この時大木司法卿は、次の6項目にわたる人事法（親族法・相続法）編纂の方針を示したと新聞は報道している。「一、家名相続の習慣を廃し財産相続の法を設けらるる事。一、従前の養子法を改め仏国の養子法の如く大に制限を立てらるる事。一、婚姻法は先づ仏国の法に依り稍簡易に法立てられ、尤も離婚は禁ぜざれど大に制限を設け仏国の

旧法（現今は離婚の法なし全く之を禁じたり）の如く設けらるる事。一、隠居の習慣を廃せらるる事。一、妾の従前の二等親たるを止め法律上妾と云ふ者を公認せざる事。一、身上証書の法を設け現行の戸籍法は止めらるる事。右は伝聞の侭なれば確と知れ難しけれども、とにかく民法の御制定は此上も無き結構の事なり」（『東京日日新聞』9年6月15日号）と伝えている。以上の編纂方針は、明らかに我が国の慣習と異なるものであり、かえって仏国民法の基本原理を継受するものであった。したがって保守主義者、国権主義者の評判の高い大木喬任司法卿の方針というよりも、仏法に造詣が深い箕作・牟田口両委員の編纂方針というべきである。こうして9年6月1日に開始された民法典編纂は、早くも6ヶ月後の12月13日には、第1編「人事ニ関スルモノ」470ヶ条、第2編「財産及ヒ財産所有ノ種類」155ヶ条の計625ヶ条が起草されて、大木司法卿に提出されている。そして第3編「財産所有権ヲ得ル方法」（第1巻〜第18巻）の、第1巻財産相続と第2巻遺贈の部分は「現下竣稿ニ関スル各条ノ更ニ刪改訂正ス可キモノ多キニ因ル」（献辞）として末起草だが、他第3巻から第18巻の計887ヶ条を起草して、11年4月17日に提出された。これを「明治11年民法草案」と呼んでいる。

　本草案については、「内容のほとんどが仏国民法の『敷写』程度のもので、そのまま無批判に直訳して、いまだ封建色の濃厚な、我が国に施行せんとしたもので、我が国在来の旧慣いささかも省みられず、また立法技術的にも幼稚拙劣なものである」と多数人より終始一貫批判された。

　この批判に、司法省部内がどのような対応をしたかについて伝えられる資料は見つかっていないが、「大木司法卿は、明治十一年民法草案の不採用を決断するに際して、ボアソナードの意見を徴したことは疑いないが、仏国の書を翻訳し、ただちにわが国に施行することについて、反対の意見をもっていた大木はその草案の内容に失望し、ボアソナードにあらためて民法典の編纂をゆだねる方針に急速に傾いていった」（向井健「新たなる民法人事編草案—明治十一年草案と、その周辺—」『法学研究』第58巻第7号、9頁、昭和60年）とされる。

ボアソナードへの民法草案起草依頼　こうして「明治11年民法草案」に対する、手厳しい批判を受けた司法卿大木喬任は、改めて新たな民法草案を起草することを決意する。そして「明治十一年の暮から十二年の春にかけて大木司

第9章　刹那の追憶　　201

法卿が民法編纂と云ふものを起した。其編纂の事に従事して起草掛と云ふものに命ぜられたのが箕作（麟祥、司法大丞）先生と僕（磯部四郎、大審院検事）、それから起草掛の外に、尚起草委員と云ふものができた。これはただ議するのだ。それが牟田口通照（司法権大丞）だの、西成度（東京上等裁判所所長心得）、池田弥一（東京始審裁判所所長）、水本成美（元老院議官）、鶴田皓（司法大書記官兼太政官大書記官）、それに木村正辞（大審院判事）、杉山孝敏（司法権少書記官）などで、各々掌る所は違ったが、専ら法理に関係する所はボアソナードに起草させて、僕等は其翻訳をやった。十二年に司法部内でやっていた」（前掲『箕作麟祥君伝』112 頁。（　　）内は筆者加える）というのであり、新たな民法編纂会議が結成されたということとなる。これを司法省民法編纂局という。

　　ここで注目されるのは、「専ら法理に関係する所はボアソナードに起草させて、僕等は其翻訳をやった。十二年に司法部でやっていた」とする所であり、ボアソナードが中心となって民法草案起草が行なわれることとなったのである。それでは、ボアソナードが、いつ民法草案起草の命を受けたかであるが、これには諸説がある。明治 13 年説もあるが、前出の『箕作麟祥君傳』の文中にもあるように、12 年であったと考える。つまり「11 年民法草案」を不採用と決断した大木司法卿は、12 年 3 月ボアソナードに新たな民法草案の起草を命じたのであり、ボアソナードはこれより 23 年まで大木喬任から山田顕義へという会議主体の変遷はあるが、民法草案起草に尽力することとなる。

　　元老院民法編纂局の設置　　その後参議兼司法卿大木は、13 年 2 月 28 日の参議省卿分離制の実施によって、司法卿を辞任し参議兼元老院議長に任ぜられた。この時の事情について「十三年の春だったか、参議は各省の卿をやめて、各省の卿は卿専務となり、参議は、太政官に行って仕舞ったことがあった。其時司法卿は田中不二麿（13 年 3 月 12 日〜14 年 10 月 21 日）で、山田顕義さんと大木さんが参議専務になって、法制局主管になった。そこで又更に民法編纂局と云ふものを起した」（前掲『箕作麟祥君伝』112 頁）という。つまり大木喬任は、13 年 2 月 28 日参議兼司法卿から参議兼元老院議長となったが、参議の職責としては法制部主管となって民法編纂を引き続き担当することとなった。そこで、議長を兼務する元老院に、民法編纂局を移し、民法編纂総裁（4 月 30 日辞令）となって、元老院民法編纂局運営（5 月 26 日許可）に当たったということとな

る。

　この元老院民法編纂局は、13年6月1日に開局し、翌2日に「民法編纂局章程」を定めて、三条実美太政大臣に届け出ている。章程によると、総裁の下に、「会議ニオイテ討議論説スル」ことができる「討議員」を置き、「総裁ノ命ヲウケテ編纂事務」を担当させる委員で、「会議デハ担任事項ニツイテ発言シ討論」する委員である「分任員」とを選任することができるとした。そして、その分任員を第一課から第四課に分属させた。委員の構成をみると、「分課人員御究メ候」として届けられた『公文録』（『司法省公文録』明治13年太政官、未刊行国立公文書館蔵）によれば、討議員には、玉乃世履（元老院議官兼司法大輔）、楠田英世（元老院議官）、水本成美（元老院議官）、津田真道（元老院議官）、西成度（東京上等裁判所所長）、池田弥一（東京始審裁判所所長）の6名が任命された。分任員は、第一課、仏文にて起草及ヒ翻訳を任務とする分任員に箕作麟祥（元老院議官）、黒川誠一郎（司法権大書記官兼太政官大書記官）、磯部四郎（太政官権少書記官）、ボアソナード（司法省御雇、元老院・外務省顧問）の4名を配属。第二課、翻訳語彙の編成を任務とする分任員に杉山孝敏（司法少書記官兼太政官少書記官）。第三課、条文の文字を修正し及び民法註解の作成の任に当たる分任員に木村正辞（大審院判事兼太政官権少書記官）。第四課、従来の我が国、民法の慣習を集収する分任員に、生田靖（司法省御用掛兼太政官御用掛）が、それぞれ配属された（星野通『明治民法編纂史研究』71〜82頁、復刻信山社、平成6年参照）。

　こうして、「元老院民法編纂局」は大木民法編纂総裁の下に発足し、編纂を開始した。本局は、何度も述べるように、ボアソナードが中心となり草案起草を行ない、民法編纂が行なわれる会議体であったが、当初は思う程進展しなかった。13年6月1日の開局以来1年3ヶ月を経て、また12年3月にボアソナードに民法草案起草を命じてから数えるならば、2年6ヶ月を経た、14年9月7日の『東京日日新聞』(5年創刊、福地桜痴主筆、44年大阪毎日新聞の経営下に入る)は、「民法編纂進捗せず」との見出しをつけて、次のように報道した。「…聞くところによれば、民法の編纂は実に容易ならぬ事にて、第一条に始まり第二千四、五百条に終るべしと。しかるにこれまでの調査は未だ五百条に満たず…」と報じている始末である。だがこれは真実を伝えるもので、14年3月には、350条

の条文と註釈が出来上がっていたにすぎなかった。この状況に対し、第一課分任員の磯部四郎は不満で、もっと能率を上げるようにと、ボアソナードに要求した結果、9月に至って報道のように500条を作成したといわれている。なお『東京日日新聞』に、「民法編纂局の経費は一ヶ年七千二百円に過ぎざれば、一ヵ月六百円の割合なれども、月給に至りてはボアソナード氏が千二百円、委員の月給は二千円ほどにて、委員の分は皆、兼務なれども、兼務がかえって本務同様なり。何にもせよ刑法治罪法の編纂に比すれば、数倍の年月と費額を要せざるべからずと…」（14年9月7日号）の記事を載せている。

その後太政官は、14年10月21日、参議省卿兼任制を復活させたので、大木喬任は再び参議兼司法卿に就任することとなった。しかし民法編纂については、変化なく、これまで同様に元老院民法編纂局で、大木民法編纂総裁の指揮のもとに、ボアソナードを中心に継続された。

元老院民法編纂局は、15年9月にボアソナードの起草した、民法財産編第1部物権、313ヶ条を、大木民法編纂総裁に提出した。また16年4月には、同財産編第2部人権、287ヶ条を提出している。

その後、16年12月12日に太政官は、若干の官制改革を行なうと同時に、人事異動も行ない大木司法卿を参議兼文部卿に転出させた。同日後任の司法卿には、参議山田顕義が任命された。他に法制局長である参事院議長山県有朋が内務卿に転じ、福岡孝悌（文部・司法大輔、元老院議官、参議、文部卿参事院議長、枢密顧問官。大正8年84歳没）が参事院議長となった。このように立法・司法部署の長官が、こぞって移動したが、山田が司法卿に就任し、大木が文部卿に転出した後も、民法編纂総裁は、大木が続け、元老院民法編纂局で、引き続きこの時点でも、ボアソナードを中心に、民法編纂を続行した。しかし16年も17年頃も、以前と同様進捗状況は、一進一退であった。第一課分任員の磯部四郎は、その状況について、「明治十六、七年頃で有ったが…一向捗らぬ処から頻りにボアソナード氏に催促をした。処が西洋人は兎角出版をするのに是れでは紙質が悪いだの、是れでは活字が鮮明でないだのと兎角降らない処に気を配って肝腎な事務が運ばない処から…大木卿に面会を致して、斯くの如き状態である…と申した処が、大層叱られました。して大木卿は『お前あれ（ボアソナード）に一ヶ年どれ程金を拂ふか知って居るであろう、一万五千円（月額一二五〇円）拂ふ

て居るではないか、随分高い入費であるが…国家の急務であるから此の高金を拂ふて仕事をさせるのである…肝要な仕事を前に置きながら、区々たる理屈の為めに事務が沈滞する様にては却て不為めである』と云はれた」と述べている（磯部四郎述「民法編纂ノ由来ニ関スル記憶談」『法学協会雑誌』第31巻第8号、1399頁、大正2年。（　）内は筆者加える）。このようなこともあったというが、ボアソナードを「腫物に触れるように」、「ご機嫌をそこなわないように」扱っていたことを伺い知ることができる。

　なお前引用文に、17年のボアソナードの給料は年俸額1万5000円（月額では1250円とあるが、14年の新聞には1200円とあり、17年には少し増俸となっている）とあるが、ちなみに太政大臣の年俸額は9000円（月額800円）であるところから、倍額に近く、日本一の高額報酬所得者であった。お雇い外国人に支払われる給料は、17年時については判明しないが、「明治元年から五年には、国家予算の3.98％に及んだ」といわれている（山住正己『日本教育小史』31頁、岩波新書、昭和62年）。

　その後の民法草案起草の進捗状況だが、17年後半から18年前半の新聞報道では、大いに進捗していると伝えるものが多い。たとえば18年2月24日の『朝野新聞』（5年創刊の『公文通誌』を7年に改題して発刊。成島柳北社長、末広鉄腸主筆、26年廃刊）では、「過般脱稿したる民法草案中売買篇（財産獲得編第一部特定名義ノ獲得方法）・財産篇（財産編）の両部は完全なるものと定まり、先ごろ仏国に廻送して一見せしめられしに、同国にても大に賞讃して止まざりしと、右に付、同法は本年発布せられる可き筈なりしに…尚修正を加へらるる事となりたれば、来十九年中には施行せらる可しとの説あり」（18年2月24日号）と報道している。

　しかし、18年9月6日の『朝野新聞』は、「…聞く所に拠れば又々大に修正を加へらるるとの事なれば其発布の期をも延引せられしとか云ふ」として、民法公布がまた遅れると報道している。この時期も民法編纂は一進一退を繰り返していたのであった。

　その後18年12月22日、太政官制が廃止され、新たに内閣制が創設された。ここで大木文部卿は、再び元老院議長に任ぜられた。ちなみに元老院は、帝国議会開設まで、立法機関として継続することとなっていた。したがって23年10

月 20 日まで存続する。なおこの時の元老院議長の年俸は 5000 円であった。総理大臣は 9600 円、各大臣は 6000 円で、元老院議長は各省次官と同額の 5000 円であった（角田茂「太政官制・内閣制下の元老院」明治維新史学会『明治維新の政治と権力』130 頁、吉川弘文館、平成 4 年）。したがって、その地位も次官相当ということになるのかは、わからないが、民法編纂総裁がプラスされて、大臣格相当であったのであろうと思う。こうして民法編纂は変化なく、大木民法編纂総裁によって依然継続した。

元老院民法編纂局草案の起草　　そして 19 年 3 月 31 日、民法草案のうち、財産編第 1 部物権（501 条〜813 条）、第 2 部人権（814 条〜1100 条）と、財産獲得編第 1 部特定名義ノ獲得方法（1101 条〜1502 条）だけであったが、ボアソナードによる起草が完了したので、この両編の草案（未起草のその他の編については、ボアソナードが継続して起草に当たることとなっていた）を伊藤博文内閣に上呈し、公布を願い出た。これを「元老院民法編纂局草案」という。

そしてこの草案の上程と同時に、元老院民法編纂局は廃止となり、大木は 4 月 12 日民法編纂総裁を辞任した。

ふり返れば、これまで述べてきたように大木喬任による民法編纂は、明治 9 年に始まり、19 年 3 月に終わるのであるが、通計 10 年の永きにわたったのであった。

③　山田顕義主導の民法編纂。直ちに司法省民法草按編纂委員を置く　　この後、民法典編纂は、司法省に移され、山田顕義司法大臣（18 年 12 月 22 日就任）の下に引き継がれた。

司法大臣山田は、さっそく、大木民法編纂総裁辞任の当日である 19 年 4 月 12 日、司法省内に民法草按編纂委員を置いた。そして元老院民法編纂局で着手できなかった人事編（親族法）部分と、財産獲得編（相続法）部分の草案起草を行なうこととした。担当者として、4 月 12 日には、磯部四郎（大審院検事）、高野真遜（司法省参事官）、熊野敏三（司法省参事官）が、22 日には、菊池武夫（司法大臣秘書官）、小松済治（司法省書記官）、今村信行（東京控訴院評定官・判事）が、24 日には、南部甕男（司法省民事局長）が、27 日には、井上正一（司法省書記官）、光明寺三郎（大審院検事）が、それぞれ任命された。そして人事編（親族法）並に財産獲得編第 2 部包括名義ノ獲得方法（相続法）の草案起草に当た

らせることとした（法務大臣官房司法法制調査部監修『日本近代立法資料叢書』第 28 巻、3〜4 頁、商事法務研究会、昭和 62 年。（　）内は筆者加える）。なお大木喬任の元老院民法編纂局で起草に至らなかった人権担保編、証拠編の財産法部分は、先の決定方針どおり、引き続きボアソナードが起草することとなった。

そしてボアソナード（写真 18）が起草し、すでに 19 年 3 月 31 日伊藤博文内閣に上呈されていた、前述の、元老院民法編纂局草案の財産編並に財産獲得編第 1 部特定名義ノ獲得方法は、11 月

写真 18　ボアソナード

に元老院で議定されることになっていたが、内閣（法制局、18 年 12 月 23 日設置。長官山尾庸三）に返付されることとなった。その原因は、19 年 5 月から条約改正の協議が外務省において再開されたことによる。

井上馨による外務省法律取調委員会の一時設置　　条約改正交渉は、4 年の岩倉米欧回覧使節団をもって始まるが、とうていなし得るものではなかった。その後 9 年 1 月に至り、寺島宗則（長野藤太郎、松木弘庵〔安〕。英国留学、外務大輔、外務卿、文部卿、法制局長、元老院議長、駐米公使、枢密院副議長。26 年 61 歳没）外務卿が交渉に着手するが、長い談判となる。紆余曲折の後、15 年に至り、4 月 5 日の第 9 回条約改正予議会、並に 19 年 5 月 1 日の第 1 回条約改正会議で、井上馨外務大臣は、「我が国は泰西主義に則り、司法上の組織及び成法（裁判所構成法、刑法、治罪法、民法、商法、海商法、手形法、訴訟法、破産法など）を確定する」との条件を明示し、近代諸法典の制定を確約した。しかしこの時期我が国において施行されていた近代法典は、刑法・治罪法（13 年 7 月 17 日布告、15 年 1 月 1 日施行）のみにすぎず、短期間のうちに条約改正案中の条件を充足しなければならないこととなった。外務大臣井上馨は、19 年 8 月 6 日外務省に法律取調委員会を設けて、自ら委員長となり、法典編纂の準備に着手した。そして 20 年 4 月に、これまでの法典編纂会の中止を求め、「民法案の元老院会議議定中止、商法編纂委員の同法編纂の中止を内閣に稟議して承認を得た」（前掲『明治文化史』(2)、513 頁）。この後、法典草案起草は外務省法律

第 9 章　刹那の追憶　　207

取調委員会で行なわれることになったが、諸外国と確約した近代諸法典の制定には遠く及ばず、20年7月に井上外務大臣は、改正条約調印の無期延期を関係当事国に提議せざるを得なくなって、9月16日外務大臣を辞任した。その後も井上は、外務省法律取調委員会委員長の職にとどまったが、約1ヶ月後の10月24日辞職した。

司法省法律取調委員会の設置と委員長山田の民法編纂　このような経緯を経て、20年10月24日（前掲『山田顕義傳』では10月21日とある）、外務省法律取調委員会は、司法省に移されて司法省法律取調委員会となり、司法大臣山田顕義が委員長に就任した。山田委員長は、11月1日委員会規則を内閣に上申し、14日法律取調委員会略則を制定した。第2章2でも述べたが、この略則では、1条で法律取調の対象を「民法、商法、訴訟法（民事）」とし、2条で「刑法、治罪法中裁判所構成法ノ草案ニ抵職スルモノノ改正」も法律取調委員会の責任（任務）とした。そしてその審議は「草案条項中実行シ能ハサルモノアルヤ、又他ノ法律規則ニ抵触スルコトナキヤヲ審査スルニ在リ」として、「法理ノ得失実施ノ緩急文字ノ当否ハコレヲ論議スルヲ許サズ」（1条）と制限した。議事促進のためである。そして6条で「総テ法案ノ起草者ハ外国委員ヲ以テ之ニ充ツ」としたが、「人事ノ部ハ司法省審査委員ニテ起草シ、ボアソナード氏ニ審査セシムヘシ」として、慣習尊重の必要から民法「人事編」については日本人起草とした。担当の外国人委員は、「民法財産法はボアソナード（仏国人）。商法はロエスレル（独国人）。民事訴訟法はテツヒョー（独国人）。改正刑法はボアソナードの草案を基とし、ロエスレル、ルドルフ（独国人）、カツクード（英国人）、グナイスト（独国人）の意見を参酌する。治罪法・裁判所構成法はルドルフが、その任に当った」（前掲『山田伯爵家文書』5、164～165頁。（　）内は筆者加える）のである。またいま述べたように人事法部分（親族法・相続法）は日本人が担当し起草することとなったが、このことについては、元老院民法編纂局民法草案上申副申書も同様に述べている。

　こうして司法省法律取調委員会略則制定の20年11月14日以後、委員が任命された。委員は2条の「法案を審議決定する権限」を持つ法律取調委員と3条の外国人の起草した草案を「調査翻訳して会議に報告」する法律取調報告委員とに分けたが、次のような構成員であった。

［法律取調委員］元老院議官箕作麟祥、司法次官三好退蔵、元老院議官細川潤次郎、元老院議官槇村正直、元老院議官清岡公張、元老院議官鶴田皓、大審院長尾崎忠治、元老院議官尾崎三良、東京控訴院院長西成度、元老院議官渡正元、元老院議官村田保、大審院民事第二局長松岡康毅、司法省民事局長南部甕男、東京控訴院検事長北畠治房。

　［法律取調報告委員］法制局参事官今村和郎、法制局参事官本尾敬三郎、司法大臣秘書官栗塚省吾、大審院評定官寺島直、大審院評定官奥山政敏、大審院評定官岡村為蔵、法制局参事官岸本辰雄、外務大臣秘書官都筑馨六、外務省取調局次長加藤高明、司法省参事官井上正一、司法省参事官本多康直、司法省民事局長小松済治、控訴院評定官長谷川喬、控訴院評定官今村信行、控訴院評定官工藤則勝、控訴院評定官三坂繁人、大審院検事磯部四郎、大審院検事光明寺三郎、司法省参事官熊野敏三、司法省参事官高野真遜、司法省書記官出浦力雄、仏法学者黒川誠一郎、司法省刑事局長河津祐之、法制局参事官長森敬斐、東京控訴院評定官進十六、仏法学者黒田綱彦、法制局参事官渡辺廉吉、法制局参事官木下周一、司法省参事官亀山貞義、司法省参事官宮城浩蔵、司法省参事官波多野敬直、司法省参事官曲木如長（前掲『続明治法制叢考』256〜257頁。役職は筆者加える）である。

　そしてこのうちの報告委員を「数組ニ分ケ民法商法及訴訟法（民事）ノ草案下調ヲ分担」（4条）させる規定であった。「民法組合には『今村和郎、栗塚省吾、井上正一、寺島直、奥山政敏、工藤則勝など』が任命された。商法組合には『本尾敬三郎、岸本辰雄、岡村為蔵、長谷川喬、加藤高明など』が任命された。民事訴訟法（裁判所構成法を含む）組合には『小松済治、本多康直、三坂繁人、今村信行、都筑馨六など』が、それぞれ任命され、外国人委員の起草した草案の下調べに当った」（前掲『ボワソナード民法典の編纂』147〜148頁）。さらにこれら組合の下に小組合もあったと考えられる。つまり民法組合には、すでにボアソナードが決めた民法編別にもとづいて、人事編小組合、財産編小組合、財産獲得編第1部（特定名義ノ獲得方法）小組合、第2部（包括名義ノ獲得方法、相続法）小組合、人権担保編小組合、証拠編小組合の6小組合に分かれていたものと思われる（推定）。

ボアソナードによる財産法部分の起草完了と審議　　こうして民法草案起草

第9章　刹那の追憶　　209

は、新たに発足した山田の司法省法律取調委員会によって行なわれることとなったが、前述のように財産編と財産獲得編第 1 部特定名義ノ獲得方法は、ボアソナードが 12 年 3 月から起草し、すでに 19 年 3 月 31 日に、内閣総理大臣伊藤博文に上呈されていた。そしてその上申書には、人権（債権）担保編、証拠編についても引き続き起草に当たっていると記述されているので、財産法部分については、継続してボアソナードが起草に当たり、それ程遠くない時期に出来上がったと推定されている。石井良助氏の文献を引用すると、「法務図書館が所蔵するフランス語で書かれたコンニャク版の『民法典草案』に記入されている日付によれば、人権担保編並に証拠編の条文起草に着手したのが、二十年十一月一日で、翌二十一年二月十九日には、証拠編までの条文を完成させている。ついで二十一年三月四日、人権担保編の、註釈（コンメンタール）を書き始め、その夏に終了し、九月二十日には証拠編の註釈に着手して、翌二十二年三月二日に全部を完成させている」（前掲『明治文化史』(2)、513 頁）ということである。そして、いずれも報告委員がこれを下調べして手を加え、この案が委員会に提出された。これを受けて、山田の司法省法律取調委員会の審議は、「20 年 12 月に、財産編（501 条より）から開始され、第 1 部物権の部は 21 年 2 月 7 日までの 22 回で、第 2 部人権の部は 2 月 8 日の第 23 回より 3 月 27 日の第 41 回までに審議を終了した。財産獲得編は 3 月 28 日の第 42 回より 7 月 16 日の第 71 回までに終了した。なお第 45 回より 48 回までは財産編中用収権（用益権）に関する審議に終始した。人権担保編は 7 月 17 日の第 72 回より 9 月 25 日の第 84 回で終了した。証拠編の審議もこの後引き続き行なわれたと考えられるが、日取りは判明しない。報告委員は右の議事の結果にもとづいて再調査案を作成し、その審理のために再調査委員会が開かれ、同年 12 月 25 日に 44 回をもって終了した。そして同月 27 日（21 年 12 月 27 日）に議定された草案は、山田委員長より黒田清隆内閣総理大臣に提出された」とある（前掲『明治文化史』(2)、513〜514 頁参照）。

　この時の法律取調委員会の様子について、英国留学の経験を持つ、元老院議官で、法律取調委員尾崎三良（「英国で明治三年（1870 年）より法律学を為さんと欲し、英人法学博士パリストル某に就きて学ぶ、凡そ一年半親炙（親しくその人に接して感化を受ける）し、英法の大意を習得し、後オックスフォード大学

に一年程入り講義を聞いた」。前掲『尾崎三良自叙略伝』上巻、109頁。（　）内は筆者加える）は、次のように述べている。民法草案は「仏人ボアソナード氏の原案に付き、議するに当り、条項中我人民に適用すべからざること多し。我々委員に於て、其有害となるべき部分は、悉く之を削除し、又は修正を加へたり。然れども、委員長たる山田伯は、只管原案を維持せんとして、時々大臣の威権を以て、我々の論を圧せんとする気味あり。又報告委員は、多くは仏国学者にして、中にはボアソナードの徒弟もあり、益々気を得て強弁して、原案の論理を主張したるに依り、我等委員の地位は甚だ困難なりし。或は時としては大臣を敬するの意より、無用なる箇条も人民に利害なしと認めて、存したるもの多しといへども、其極めて人民に有害なりと認めたるものは、委員共同して之を排除し、先づ不十分ながらも我民法としては、有益にして害はあらざるべしと、信ずる程に、修正加除して内閣へ呈出したり。山田委員長は、時に或は大臣風を吹かし激論し、委員を圧倒せんとし、為に談論長引き、燭を用ゐたること数々なりしも、短日月の間に、兎に角、成案を具して内閣に呈出するに至りたるは、同氏の熱心と勉励との効力に帰せざるを得ず」（前掲『尾崎三良自叙略伝』中巻、194頁）と回顧している。ここには、ボアソナード起草の翻訳民法に対する反対論、英法派と仏法派の対立、年配者の多い法律取調委員と、若年者の多い報告委員との対峙、保守派と進取派の対論など、そして断固として帝国議会開会前までに民法典を公布・施行したいとする委員長山田の会議促進の姿勢などを、読み取ることができる。

　こうして、ボアソナード起草の財産法部分である財産編、財産獲得編第1部特定名義ノ獲得方法、人権担保編、証拠編の各草案は、21年12月27日に、山田委員長より、新たに発足していた黒田清隆内閣（21年4月30日〜22年10月25日）に上呈された。内閣は、翌22年1月24日、本民法財産法草案を（商法草案及び裁判所構成法草案と共に）、元老院の議に委ねるべく回付した。こののち不平等条約改正の必要から、また議会開会後の混乱を見据えて、帝国議会開会前の民法典編纂を急いでいた政府は、山田委員長の提案もあって、逐条審議を取り止めて、大体可否会とするようにとの奉勅命令を、内閣総理大臣名で、元老院に下達した。

　元老院での審議　　内閣より下達命令を受けた元老院は、22年3月4日「大

体可否会議仮規則」を制定し、3月7日仮規則にもとづいて、大体可否会議を開催した。この時、元老院議官加藤弘之、同津田真道などの有力元老院議官から、かなりの不満が表明された。しかしこれらの反対意見は否決され、37名の圧倒的多数をもって、民法財産法（同時に商法・裁判所構成法についても）の審査選考委員の選出がなされた。さらに投票により民法審査委員として7名が選ばれた。元老院民法審査委員会の審議は、約4ヶ月半にわたって続けられた。ここ審査委員会では、大体議ではなく、詳細な逐条審議が行なわれ、修正案が作成された。修正案は、内閣に提出され、7月末再び元老院会議の大体可否会議の議に付され、7月31日に元老院で可決された。

枢密院での審議　　こうして、22年7月31日に元老院を通過した民法財産法草案は、23年3月11日並に3月25日に、枢密院（21年4月30日設置。重要な国務並に皇室の大事に関し天皇の諮詢に応える合議機関。議長・副議長・顧問官で組織し国務大臣及び成年以上の親王も出席できた）の議に付されることとなった。しかし枢密院議長に転じていた大木喬任（22年12月24日就任）は、反対派の提案を予想して、会議を3月11日から25日に先延ばしし、11日から枢密院臨時協議会総委員会（非公式）を開き、反対派の枢密顧問官を慰留する工作を行なった。そして25日の枢密院会議では、「大体可否会」で行なわれたが、「格別の意見発表もなく、提出された法案全部が一括して可決された」（『朝野新聞』23年5月26日号）。

旧民法財産法部分の公布　　以上の経緯をもって、23年3月27日、民法中、財産編第1部物権、第2部人権及び義務、財産取得編第1章〜第12章（財産獲得編第1部特定名義ノ獲得方法の名称変更）、債権担保編第1部対人担保、第2部物上担保（人権担保編の名称変更）、証拠編第1部証拠第2部時効の各財産法部分は、法律28号で公布された（4月21日官報号外掲載）。そして2年半の公布期間を置いて、26年1月1日より施行することとなった。2年半以上に及ぶ長期の公布期間（熟知期間）を置くことについては、枢密院での審議の際に慎重論者から提案され、内閣が承認し、山田司法大臣兼法律取調委員会委員長も渋々承諾した結果であった。

旧民法身分法部分の編纂　　次に、いまだ公布されていない身分法部分の編纂であるが、まず問題となるのは、人事編（親族法部分）並に財産獲得編第2部

包括名義ノ獲得方法（相続法部分）の起草に、ボアソナードが関与したかどうかである。前述した山田委員長の司法省法律取調委員会略則6条では、日本人が起草し「ボアソナード氏に審査セシムベシ」と規定されたが、これまでこれら身分法部分は、財産法部分に比して、我が国の習慣を考慮する必要があるため、日本人委員のみが立案起草しボアソナードはまったく、一切、関与しなかったようにいわれていた。しかし山田の前任者として民法編纂を担当していた大木喬任民法編纂総裁が、19年3月31日、元老院民法編纂局草案を上呈する際提出した副申書に、以下の記述がある。「第一編（人事編）ニ就テハ…我民情ヲ照鑑セサル可ラサルニ因リ、特ニ此案及第三編（財産獲得編）第二部（包括名義ノ獲得方法）ニ関スル起草ヲ我編纂委員ニ於テ分担シ、其案日本文、仏文、成ルノ後、ボアソナード氏ト討議シ協定ノ上、同氏更ニ正稿ヲ成シ、此ヲ訳訂シテ以テ全部ノ落成ヲ期セシナリ、是ハボアソナード氏ト当初協議ヲ経ル所ナリ…」（前掲『内閣制度七十年史』386頁。（　）内は筆者加える）とある。つまり、ここ大木総裁の元老院民法編纂局において、ボアソナードは、人事編並に財産獲得編第2部包括名義ノ獲得方法の草案起草こそしなかったが、日本人委員の起草した草案は、ボアソナードと討議し協議したうえで、ボアソナードが正稿（成稿）を起草することになっていたということが理解できる。よってこの点は、山田の司法省法律取調委員会での編纂においても同様であり、何度もいうように、略則6条「人事ノ部ハ司法省審査委員ニテ起草シ、ボアソナード氏ニ審査セシムヘシ」と規定し明言したものといえる。

　したがって、まずもって、次の日本人委員達が下書き草案を担当した。「人事編については、熊野敏三が『法令第一条乃至民法第二六五条、第四〇二条乃至四三五条』を、光明寺三郎が『第二六六条乃至第三九一条』を、黒田綱彦が『第三九二条乃至第四〇一条』を、高野真遜が『第四三六条乃至第五一〇条』を草稿し作成した」。また「財産獲得編第二部包括名義ノ獲得方法については、磯部四郎が『第一五〇一条乃至第一八三六条』を、井上正一が『第一八三七条乃至第一九六八条』の草稿を作成した。そしてボアソナードと協議して、成稿としたが、この草案を『人事編第一草案』といっている」（前掲『続明治法制叢考』262〜263頁）。完了時期については明らかでないが、本草案の意見を聴取するために、各裁判所等（大審院長、検事長、裁判所長、上席判事、府県知事）に送付した日付

が、『民法草案人事編理由書』（熊野敏三・光妙寺三郎・黒田綱彦・高野真遜。上・下、活版美濃判。6冊）によると、21年10月6日と記されているところから、完了したのはその少し前と考えられている。

　こうして22年12月末まで意見聴取が行なわれた後、司法省法律取調委員会の開催の前に「研究会」と「読会」を行なって後、委員会が開かれて、「第一草案」、「第二草案」、「再調査草案」、「最終草案」と、審議して議了し、人事編草案は23年4月1日に山県有朋内閣（22年12月24日〜24年5月6日）に上呈された。また財産取得編第13章・14章・15章草案（財産獲得編第二部包括名義ノ獲得方法の名称を変更）は、4月21日に同内閣に上呈された（磯部四郎、井上正一『民法草案財産獲得編第二部理由書』3冊参照）。ただその前々日である、19日の法律取調委員会では、「第一草案」の段階より議論のあった、家督相続と均分相続とのどちらを原則にすべきかについて、大議論があったという。法律取調委員尾崎三良は次のようにいっている。「…我古来の慣習なる長子家督相続法を無視して、仏国法の数子平等分派法を根本として立てたる草案を見て、我々其意外なるに驚きたり。尤も全くの仏国流にあらざりしも、大半は其精神全く之に帰着することを発見せり。…我々は我国古来の習慣法たる長子家督相続を為し…家の祖先を尊崇し、生家家名を永続的に維持することに務むるは子孫たるものの義務なり…然るに今此古来の精神を廃して、仏国流の親が死せば其数子が其財産を平等に分配して、皆ちりぢりに分散して、我家族制度を根底より破壊し、祖先を祭るものも無き社会に誘導しようとは、実に大胆と言ほうか無謀と云ほうか、其結果実に恐るべきものあらんと極力草案に反対し、我古制たる長子家督相続法を保存せんことを論じたり。委員中多数は我論に賛成したり。然るに若手の法律家は皆仏国流に僻（へき）し、我古来の長子相続…野蛮固陋の風なりとして極力抗弁したり。尤も報告委員は…可否の数には入らず、我々委員の多数に依って決すべき規則にして（略則第四条）、我々の議は已に多数なること判然したれども、委員長の山田司法大臣が若手の論に賛成したる為め容易に裁決を為さず、黄昏まで論じたれども終に決せず其まま散会せり。山田の此論に傾きたるは、彼少しく仏国法律書を読み、我邦の一子相続法は封建の余習にして、則ち野蛮未開人の残物なりと云ふ論を信じ、文明開化を修飾するには必ず仏国流の法理に依らざるべからずと信じたるらしく、何ぞ知らん、同じく

文明開化を以て人も許し自らも誇る英国には、長嫡子家督相続の法今猶厳然と存することを。故に仏国法律学者計りでなしに、英国の法律学者をも報告委員に採用せん事を数々建議したれども、用ゐられざりしは頗る遺憾なりし。さて山田委員長は如何する積りなりしか、此論を中止したるは、或は内閣の議を以て我々委員の多数を圧抑するにあらずやと疑念を懐きたるに依り、若し其様のことありては大変と考へ、閣員の誰彼を訪問し、我々の精神を開陳し、圧制の予防を為したり。是に於て次の会議に於て我々の主張論に決し、只少し仏国流、英国流を加味して、更に草案を修正して提供することと為れり。則ち戸主にあらざる者の遺産は遺産相続として数子平等に分配することとし、戸主の財産は家督相続とし、無遺言の時は悉皆長子之を相続し、但し遺言を以て全財産の半額まで之を自由に処し得ることとして、漸く此一件を落着せり。是れ我今の現行法なり。此時の議論は随分囂しく、一時は殆んど摑み合はん計りの勢ひなりしも、先づ我々の論旨の過半行はれたるは国家の為めに賀すべし」（前掲『尾崎三良自叙略伝』中巻、192〜194頁）と記述している。

　以上みたように、均分相続を取る草案に対し、我が国の長子単独相続の慣習から、多数の反対論が提言、主張された。そこで部分的改正の別案として、財産獲得編第2部（包括名義ノ獲得方法）の「再調査草案」が作成されたという（前掲『明治文化史』(2)、515頁）。そしてこの再調査草案は、再度法律取調委員会の議に付せられて必要な修正が加えられ、結果長子単独相続制を主体とする草案が採用されることとなった。

　こうして、「最終草案」の決定をみて、前述したように、財産取得編第13・14・15章（財産獲得編の名称変更。相続法部分）は、23年4月21日山田委員長より山県有朋内閣総理大臣（22年12月24日〜24年5月6日）に上呈された。

身分法部分の元老院並に枢密院での審議と公布　　内閣は5月に、これを元老院の議に付した。その時の様子について、再度、尾崎三良法律取調委員の言を引くと、「内閣は更に之を元老院の会議に付し、且つ勅令を伝へて曰く、各条に付いて修正を為すべからず、唯大体に付いて可否を決すべし。但し修正の意見あらば、別に案を具して法律取調委員と協議を為すべしとのことなり。随分圧制の命令なれども、当時未だ憲法実施せられず、元老院も勅命に従はざるを得ず。是に於て元老院は別に委員楠本（正隆。外務大丞、東京府知事、元老院議官。

35 年 65 歳没）、井田（譲。大蔵大丞、陸軍少将、元老院議官、22 年 52 歳没）、加藤（弘之。文部・外務大丞、帝国大学総長、貴族院議員、枢密顧問官。大正 5 年 81 歳没）、小畑（美稲。赤坂喰違事件主任判事。元老院議官、貴族院議員。大正元年 84 歳没）等の七名を選び、逐条審議の末、加除修正を為し、更に法律取調委員と協議を尽したり。其結果、前に予等委員の削除せんと論じたるも余儀なく存せし箇条は、元老院に於て予に同意して削除したるもあり、其他修正加除したる箇条ありしも、要するに元老院の意見は我々委員の説と暗合するもの多く、結局元老院の意見を加味して又一の成案を制定す。此時我々大多数にて決したる中に、如何にしても山田委員長の熱心に維持したる箇条にして、予等のどうしても同意せざりしものあり。遂に山田は、委員は少数なりとも結局は閣議にて之を定むべしとの論なり（この時閣議は無上権利あり）。依って我々は、斯かる箇条を内閣が山田の言のみを聴取して専断せられては由々しき大事なりとし、委員各々手別けして内閣大臣を訪問して、我々の論旨を説明して山田の論に盲従せざらんことを予防した。就中予は大隈（重信）、松方（正義）二伯を訪ひ、我々と山田と論旨の分るる要点を挙げて審かに之を疏明してありし故であったが、山田伯が閣議に持ち出して弁じられたれども閣議の容るる所とならず、終に我々多数者の決定に依り定案と為った」（前掲『尾崎三良自叙略伝』中巻、195 頁。（　）内は筆者加える）という。

　こうして、はじめ非常に進歩的であった相続法部分の財産取得編 13・14・15 章草案は、法律取調委員会並に元老院の議において、きわめて保守的に修正されたが、23 年 9 月に元老院はこれを議定し天皇に上奏した（なお元老院は 10 月 20 日廃止となる）。その後、枢密院の議を経て、10 月 6 日法律 98 号として、民法人事編、財産取得編第 13・14・15 章が公布され（10 月 7 日官報号外掲載）、財産法部分と同じく 26 年 1 月 1 日より施行することが決定した。

　旧民法の構成とその内容　　この民法典を、旧民法典というが、インスチチチュオーネス方式（Institutiones Methode）の編別のもとに、次のような内容を規定するものであった（以下項目のみを挙げる）。

　人事編は、第 1 章私権ノ享有及ヒ行使、第 2 章国民分限、第 3 章親属及ヒ姻属、第 4 章婚姻、第 5 章離婚、第 6 章親子、第 7 章養子縁組、第 8 章養子ノ離縁、第 9 章親権、第 10 章後見、第 11 章自治産、第 12 章禁治産、第 13 章戸主

及ヒ家族、第 14 章住所、第 15 章失踪、第 16 章身分ニ関スル証書、の各章から構成され、さらに多くの節に分かれて全編 293 ヶ条で構成されている。

　財産編は、総則財産及ヒ物ノ区別。第 1 部物権。第 1 章所有権、第 2 章用益権、使用権及ヒ住居権、第 3 章賃借権、永借権及ヒ地上権、第 4 章占有、第 5 章地役。第 2 部人権及ヒ義務。第 1 章義務ノ原因、第 2 章義務ノ効力、第 3 章義務ノ消滅、第 4 章自然義務から構成され、さらに多くの節に分かれて全編 572 ヶ条で構成されている。

　財産取得編は、総則、第 1 章先占、第 2 章添附、第 3 章売買、第 4 章交換、第 5 章和解、第 6 章会社、第 7 章射幸契約、第 8 章消費貸借及ヒ無期年金権、第 9 章使用貸借、第 10 章寄託及ヒ保管、第 11 章代理、第 12 章雇傭及ヒ仕事請負契約、第 13 章相続、第 14 章贈与及ヒ遺贈、第 15 章夫婦財産契約、の各章から構成され、さらに多くの節に分かれて、全編 435 ヶ条で構成されている。

　債権担保編は、総則。第 1 部対人担保。第 1 章保証、第 2 章債務者間及ヒ債権者間ノ連帯、第 3 章任意ノ不可分。第 2 部物上担保。第 1 章留置権、第 2 章動産質、第 3 章不動産質、第 4 章先取特権、第 5 章抵当、の各章から構成され、さらに多くの節に分かれて、全編 298 ヶ条で構成されている。

　証拠編は、第 1 部証拠。第 1 章判事ノ考慮、第 2 章直接証拠、第 3 章間接証拠。第 2 部時効。第 1 章時効ノ性質及ヒ適用、第 2 章時効の抛棄、第 3 章時効ノ中断、第 4 章時効ノ停止、第 5 章不動産ノ取得時効、第 6 章動産ノ取得時効、第 7 章免責時効、第 8 章特別ノ時効、の各章から構成され、さらに多くの節に分かれて、全編 164 ヶ条で構成されている。

　以上、旧民法典編纂の経緯について述べてきたが、ここに山田が主導した民法典編纂は、20 年 10 月 24 日の、司法省法律取調委員会委員長発令に始まり、24 年 5 月 5 日の委員会解散によって終了した。それはわずか 3 年 7 ヶ月という短期間であった。その他この間担当し、編纂したのが、旧裁判所構成法（23 年 2 月 10 日公布、11 月 1 日施行）。旧民事訴訟法（23 年 4 月 21 日公布、24 年 4 月 1 日施行）、旧商法（23 年 4 月 26 日公布、24 年 1 月 1 日施行が、26 年 1 月 1 日まで施行延期となる。さらに 29 年 12 月 31 日まで施行延期となるが、26 年 7 月 1 日一部施行となる）、旧刑事訴訟法（23 年 10 月 7 日公布、11 月 1 日施行）であった。山田顕義は、このように、近代主要法典のことごとくを編纂し

て、結実させ、制定したのである。民法については江藤新平や大木喬任といった前任主導者の努力があったとはいえ、驚異的スピードでの制定であったという他はない。「準備を重視する性格の山田」としては、実に短期間であったが、「一旦決断すれば動くところなき性質」（『時事新報』25 年 11 月 20 日号）は、いかんなく発揮されたのである。

山田委員長の民法編纂方針と姿勢　　なお、山田の民法典編纂業務への参画決断の覚悟を顧みると、山田は 6 年岩倉米欧回覧から帰国してから、立法に対する関心をはっきり示すようになった。それは、米欧法治国の実際に触れてその優秀さに感心したこと、条約改正の前提条件が近代諸法典の制定にあること、山田が傾倒したナポレオンのコードナポレオン（Code Napoléon）制定に影響されたこと、そしてこの立法・司法の分野が、これからの法治国日本にとって最重要で等閑りにできない重大な意味を持つものであることなどを認識した結果からである（前述 32 頁）。このようなことから山田は 7 年司法大輔に就任して、旧刑法・治罪法の編纂・制定に尽力したのであった。しかしこの明治 20 年時の司法大臣山田顕義は、当初、民法典編纂等の業務の引き受けには警戒的であった。前述のように井上馨が外務省法律取調委員会委員長を、20 年 10 月 24 日辞任し、同日山田が、司法省法律取調委員会委員長に就任するが、委員長発令の 5 日前の 10 月 19 日、山田は総理大臣伊藤博文に次の書面を送っている。「小生司法行政の事務多端を極め…此上事務の増加を冀望するの念、毛頭無之候間、其辺は万々御諒察被下、誰敷相当の人物御選定被下候半は、大幸に奉存候」（前掲『山田顕義傳』752〜753 頁）として、山田の生涯の天職ともいうべき法典編纂の辞退を申し出ている。これはどうしてか、民法編纂の困難性を示すためのポーズか、それとも伊藤総理への多大の側面援助を請うためか、あるいは、真実の辞退なのか、どう解すべきであろうか。しかし、ひとたびその任に就くと、責任感の強い山田のやり方には、激しいものがあった。「初メ山田伯ノ委員長ニ任スルヤ、一年ヲ以テ三法（民法・商法・民事訴訟法）ヲ議了セシ事ヲ期シ、廿三年十月ニ至テ其事業ヲ果セリ、此間伯自ラ委員ヲ総督シ常ニ議長ト為リ、夜以テ<ruby>晷<rt>ひかげ</rt></ruby> ヲ継キ或ハ <ruby>旦<rt>あした</rt></ruby> ニ達セシ事アリタシト云フ」（前掲『民法正義』巻之壱、34 頁）という姿勢と覚悟で臨み貫いた。つまり、ここにあるように山田委員長は、1 年以内の明治 21 年中に、民法等の草案起草を完了して、内閣に上呈することを受

218

け合っていたのであった。実際は 3 年かかっているが、民法典ばかりではない
が、近代諸法典編纂を急ぐ目的は、明治政権を通しての最大の懸案事項である
不平等条約を改正するためだったことは、何度も述べた。また「法典の発布若し
国会の開設後となりて議院の討議に付する様の事となれば、其討議修正等は幾
千の時日を費やすも測らざるを以て、斯くは施行を取急がるる内議なりとか言
ふ」(『東京朝日新聞』21 年 7 月 31 日号)という記事もあるように、内閣より
大きな圧力がかかっていて、帝国議会開会(23 年 11 月 29 日)前の諸法典制定
を急いだのであった。このような目標にもとづいて委員会審議も、「草案條項中
実行シ能ハザルモノアルヤ否ヤ、又他ノ法律規則ニ抵触スルコトナキヤ否ヤヲ
審査スルニ在リ」として、「法理ノ得失、実施ハ緩急、文字ノ当否ハコレヲ論議
スルヲ許サズ」(略則第 1 条後段)と制限した。こうした動きの中で、委員の活
動も益々激化し増大したのである。たとえば「司法省構内法律取調局と云ふ所
へ日々午前九時より午後四時まで之に参会して…取調べ、時として一ヶ条議論
の為め終に夜に入ることも度々あり」(前掲『尾崎三良自叙略伝』中巻、177 頁)
で、作業や審議は、深夜から朝を迎えることも少なからずあったともいわれる
のである。そして「義務感の強い山田は『法典伯』の名に背かず、この頻繁に行
なわれた審議会に必ず出席して『やりませう』の語を以て開会を宣し、終始熱心
に討議をリードしてゐる」(前掲『明治民法編纂史研究』100 頁)と評されてい
た。さらに、会議以外においても、山田は、「国事のための緊急の公文書類を調
査するに当りては、住々数昼夜を徹して倦むことなし。殊に法典取調に関せる
ものの如き、他人の数旬を以て読了せしものをも、君は僅に一週間にして能く
精査せりと云ふ」(前掲『空斎山田伯伝』(3)、104 頁)といわれていて、山田委
員長の法典編纂への精励ぶりは、形容を絶する程のものがあった。

　そしてそのあまりに熱心な審議の指揮ぶりについて、法律取調委員尾崎三良
の回顧では、「委員長山田は大臣風を吹かせての拙速主義と泰西主義だけを根本
として、専心突き進んだ」と書き記し、批判している(前掲『尾崎三良自叙略伝』
中巻、194 頁)。たしかに元来真面目であり職務に忠実な山田だけに、その傾向
が皆無であったとはいえない。しかしそれは一面だけを誇張した批判であるこ
とも注意すべきである。何しろ尾崎は、慶応 4 年から明治 6 年まで、英国に滞
在し、この間英法を学んだのであって、「慣習法尊重の立場に立つ歴史法学派に

第 9 章　利那の追憶　　219

属する人」であった。つまり、「時の古今、地の東西を問わず普遍妥当する法を理想とする自然法学派」の仏国人ボアソナードの起草する翻訳民法には、そもそも学派も異なり、反対だったのである。

そして、「山田は、大臣風を吹かせて強引な審議をした」というが、委員長としては致し方なかった面もあった。草案起草者ボアソナードは、委員会での大幅修正に大不満であったし、委員の中には、ボアソナード案の修正に消極的な者も少なくなかった。たとえば、21 年 7 月 5 日の法律取調委員会民法組合会議では、「箕作麟祥、松岡康毅（東京控訴院院長、内務次官、農商務大臣、日本大学総長、大正 12 年 77 歳没）等ノ別ニ調査スル所ノ民法草案ヲ会読シ、ボアソナード起草ノ草案ヲ棄テテ別調査案ヲ用ユベキヤ否ヤニ付討論アリ」とあるが、しかし多くの委員は「ボアソナードノ意ニ忤ハン事ヲ恐レ」て、賛成者は、たった 2 人であったという（尾崎三良著、伊藤隆・尾崎春盛編『尾崎三良日記』中巻、210 頁、中央公論社、平成 3 年）。このように山田の司法省法律取調委員会の審議には、さまざまな主張や思惑が渦巻いていたのである。

しかしこれに対し、後年になるが、25 年の貴族院での「民法商法延期法律案」審議の論戦で、法律取調委員箕作麟祥は、ボアソナード草案に拘束されたわけではなく、各委員は充分に議定の自由を持っていたと主張している。つまり「或ハ一章ヲ削ラウ…或ハ数条ヲ削ラウト云ウ論ガ段々出マシテ…若シモ今日其修正ガ行ハレナカツタナラバ、中々今日ノ民法ハ是レドコロノ条数デハナイ」のであると弁論し、大幅な修正が行なわれたのであって、自由な議論と自由な議決権が認められていたのだと反論している（『帝国議会貴族院議事速記録』第 11 号〔第 3 回議会〕、101 頁以下、東京大学出版会、昭和 54 年）。

(2) 法典論争（民法典論争）の勃発

学界での法典論争　こうして編纂され公布（23 年 3 月 27 日財産編・財産取得編〔第 1 章～第 12 章〕、債権担保編、証拠編公布〔4 月 21 日官報掲載〕。10 月 6 日人事編、財産取得編〔第 13・14・15 章〕公布〔10 月 7 日官報掲載〕）された民法典を、旧民法典というが、26 年 1 月 1 日施行をめぐって、施行延期を主張する延期派と、予定どおりの施行を主張する実施断行派との間で、国論を二分する激しい論争が起こった。この論争が民法典論争といわれるものであ

り、また法典論争とも呼ばれているものである。結果は、実施論が延期論に敗れ、25年11月24日の「民法商法施行延期法」（25年5月28日貴族院可決、6月10日衆議院可決）の天皇裁可（25年11月22日）をもって、旧民法典の全部について、他の付属法と共に修正を行なうために、29年12月31日まで施行が延期される。そしてその後、明治民法（現行民法）が施行されて（29年4月27日〔総則・物権・債権〕、31年6月21日〔親族・相続〕公布、31年7月16日施行）、無期延期（廃止）となるという、立法史上注目される、古今未曾有の大事件が起こるのである。

　この時の論争についてみてみると、旧民法典の施行を急ぐことに反対する気運は、公布以前からすでにあった。それを代表し延期論の口火を切ったのは、22年5月の法学士会春季総会で発表され、6月1日に論文として掲載された「法典編纂ニ関スル法学士会ノ意見ヲ論ス」（『法理精華』第2巻第10号）である。ここにいう「法学士会」とは、東京開成学校（6年設立）及びその後身である東京大学法学部英法科（10年設立）、並に帝国大学法科大学英吉利法科（19年名称変更）の出身者で組織する、英法学派の集団をいうが、この学派が延期論を主張した。そしてその意見を、延期派論文掲載の役割を任った学術誌の一つである『法理精華』（18年設立の英吉利法律学校の機関誌。23年7月「新法典概評」で政府の忌避するところとなり発禁処分となって、24年4月より『法学新報』となる。なお本校は、22年10月東京法学院と改称し、38年中央大学となる）に登載し、内閣諸大臣及び枢密院議長に開陳することとしたのである。目的は、黒田内閣（21年4月30日〜22年12月24日）が旧民法典を帝国議会開会前（23年11月25日召集）に公布する意向を持っていることを察知し、それを阻止するための意見具申であった。いまだ旧民法典公布前のことであったが、この論文は民法典論争の導火線となったのみでなく、結果、醇風美俗にそぐわないという法典施行慎重派からの延期論を主導して、旧民法典を延期に持ち込んだ最初の提言となったものである。ただ本論文は、「政府ガ法典編纂委員ヲ設ケテ法律取調ニ従事セシメラルルハ、我々ノ非義スル所ニ非ラス」として、民法典の編纂そのものに反対するものではないことを、前提とする。また編纂の方法として、「専ラ欧洲ノ制度ヲ模範トスル」ことも、「旧慣、故法ヲ参酌スルコト殆ント有名無実」の程度にとどまることも已むを得ないとして、仏国民法継受

第9章　利那の追憶　221

の民法草案起草を認めるものでもあった。しかし当時の、明治中期という変化のきわめて激しい時代に、欧州諸国でも容易に行なわれ難い民法典制定を達成することは、法典と現実生活との齟齬による弊害の大なることを予想させるものであるから、「法典ヲシテ円滑ニ行ハシメント欲セハ、須ラク草案ノ儘ニテ之ヲ公ケニシ、仮スルニ歳月ヲ以テシテ、広ク公衆ノ批評ヲ徴シ、徐々ニ修正ヲ加ヘテ完成ヲ期スヘキナリ」（前掲『明治民法編纂史研究』350～351頁）と、主張するのみであった。つまり慎重のうえにも慎重を期し、起草した草案を公にして一般の批評を聴取し修正を加えて完成すべきであると論ずるにとどまるものであった。

ただ本論文が発表されると、旧民法典の公布を待たず、この趣旨に賛同呼応し、拙速とみる公布、施行に反対する主張が相次いだのである。たとえば、22年10月には、増島六一郎（英吉利法律学校校長）の、「法学士会ノ意見ヲ論ス」（『法理精華』第4巻）や、江木衷（警視庁、司法省、外務省勤務。農商務大臣秘書官。大正14年68歳没）の、「民法草案財産編批評」（『法理精華』第4巻）などが、さっそく発表されて、延期論が主張された。そしてそれは、次第に延期派、断行派の双方からの、個人攻撃や感情論に発展していくのである。江木の論文に対しては、司法省法律取調報告委員で、仏国留学の経験を持つ磯部四郎（司法省法学校卒、仏国留学、大審院判事、衆議院議員、貴族院議員、弁護士。大正12年73歳没）が、23年1月「法理精華ヲ読ム」（『法政誌叢』第99号）を発表して、江木の無学と論文の誤謬を指摘して嘲笑し翻弄したりしている。そして、ここに掲載誌である『法政誌叢』（14年設立の明治法律学校〔36年明治大学となる〕の機関誌）は、断行派が実施論を展開主張した、論文発表の舞台とした、学術誌の一つである。なおその他実施断行論を掲載して、声援を送った論文誌を挙げると、『法治協会雑誌』（明治法律学校校友が、「法典ノ実施ヲ速カナラシメ」、「我カ国ヲシテ完全ナル法治国タラシムル」ために組織した法治協会が、24年7月に創刊した学術誌）や、『法律雑誌』（13年創立の和仏法律学校〔36年法政大学と改称される〕の学術誌）や、『明法誌叢』（和仏法律学校校友が結成した明法会から、25年創刊した学術誌）などがあり、これらが断行派論文掲載の拠点となった。

このような状況の中で、旧民法は、財産法部分が23年4月21日に官報掲載

され、身分法部分が、10月7日に官報掲載されて公布されると、民法典論争は、一層激しさを増した。この時期の両派多数に上る論文のうち、延期論を主張した代表的なものの一つに、穂積八束（独国留学、東京帝国大学教授、貴族院議員、陳重の弟。大正元年53歳没）の「民法出デテ忠孝亡ブ」（『法学新報』第5号）がある。24年8月25日発表のもので、「…我国ハ祖先教ノ国ナリ…一男一女情愛ニ由リテ其居ヲ同ウス之ヲ耶蘇教以後ノ家トス…嗚呼極端個人本位ノ民法ヲ布キテ三千余年ノ信仰ニ戻ラントス」（前掲『明治民法編纂史研究』415～417頁）と主張する。つまり我が国が、キリスト教国と同じ極端な個人本位の民法を公布・施行し、一夫一婦制を取ることは、3000年来の「祖先教」、つまり祖先祭祀にもとづく「家」制度を、弊履のごとく捨て去ろうとしていることとなるのだと批判した。しかし本論文は、具体的条文について指摘したり、論証することはせず、抽象的批判に終始して、ただただ「民法出デテ忠孝亡ブ」（このネーミングは江木衷の考案といわれる）というセンセイショナルな表現をもって、世論に訴え、政治的効果を狙った論文にすぎなかった。

　この時政権を任っていたのは、民法、商法両法典の公布を行なった山県有朋内閣（第一次。22年12月24日～24年5月6日）であった。同内閣は、23年12月27日「商法及び商法施行条例施行延期期限法」を公布して、2年間商法施行を延期した。この時山田は三度辞表を提出し抵抗したことは前述した（22頁）。これを機に山県は第一回帝国議会通常会（23年11月29日開会、24年3月7日閉会）の後に、総理大臣の勇退を決意し、24年4月9日辞意を表明し、5月6日辞任した。

　代わって、24年5月6日松方正義内閣（第一次。25年8月8日まで）が成立した。山田顕義は、司法大臣として、そのまま再任となったが、5月11日に起こったロシア皇太子傷害事件の「大津事件」（前述第7章7（5））で、責任の一端を負って、6月1日辞任した。前述のように、旧刑法116条「皇室に対する罪」による死刑判決を得られなかったこと等の責任を考慮しての辞任であった。何度もいうが、当事者以外の裁判所の判決が、司法大臣の責任となることなどは、まったくあり得ないことであるが、残された辞表には、その旨記載されている。

山田の司法大臣辞任と田中不二麿の就任　　辞任した山田に変って司法大臣

に就任したのは、田中不二麿（文部大丞、岩倉米欧使節団に理事官として随行、司法卿、参事院副議長、42年64歳没）であった。田中はこの時、入閣の条件として、民法、商法両法典を必ず断固施行することについて、内閣の確約を取っての入閣であった（前掲『秘書類纂、法制関係資料』上巻、385〜403頁）。

　したがって、この条件を飲んで田中不二麿を司法大臣とした総理大臣松方正義も、断行派ということになるのだが、その他の閣僚では、文部大臣大木喬任、外務大臣榎本武揚らが断行論を主張していた。

　なお司法大臣田中不二麿が率いることとなった司法省には、大審院を中心として、多くの断行論者が連なっていた。それは、山田が養成してきた法曹達であった。つまり「曩キニ山田伯カ司法大臣ノ椅子ヲ去ラルゝニ臨ミ、其股肱ノ郎党ハ之ヲ高等ノ裁判所ニ転セシメ、隠ニ其勢力ヲ保有セリ…殊ニ大審院ニ至リテハ、仏流ノ判事大多数ヲ占メ」ていたという（和仏法律学校『法律雑誌』881号、前掲『明治民法編纂史研究』506頁）。山田は民法施行のためあらん限りの力を発揮し準備したが、このように辞任前に断行派の判事を多く昇進させたりもした。この山田人事も民法施行のため、特に諸新法典施行後の円滑な裁判進行、運営のための対策であった。

　なお25年5月15日、大審院は、院長児島惟謙他判事29名が連署し、民法典実施断行の建言書を提出している（前掲『明治民法編纂史研究』507〜509頁）。あるいはこれも大臣辞任後ではあるが、山田の意向を忖度しての建言であったかも知れない。

　こうして、山田の生命（25年11月11日薨去）と、旧民法典の運命を決する明治25年を迎えるのである。

　山田顕義は、24年6月1日大津事件の引責で、司法大臣を辞任した後、前官礼遇を賜わったが、無役となり、宿痾もあって鎌倉材木座や、三浦三崎等の別邸で静養しながら詩文の創作に耽る生活を送っていた。『学祖山田顕義漢詩百選』（日本大学）に掲載されているものだけでも8作ある。この間、民法典施行のことについては一日も失念することなく、対応策について各所に指示を送っていた。それは、日本の近代化のため、そして民法を編纂し公布した責任大臣として施行は責務と思っていたからに外ならない。さらに自ら再び官職に就いて発言力を確保する必要を痛感していたところ、25年1月28日枢密顧問官に選任さ

224

れた。この時の枢密院の民法施行に対する態度を推定すると、枢密院議長は、英国滞在の経験があり、仏法派を否定する英法派の伊藤博文（文久3年5月～元治元年1月まで英国滞在。明治4年11月～6年9月まで岩倉米欧回覧副使。15年3月～16年8月まで憲法調査のため欧州滞在）であった。枢密院書記官長伊東巳代治（第一次伊藤内閣首相秘書官、農商務大臣、東京日日新聞社長、昭和9年78歳没）も、伊藤博文の憲法調査に同行して欧州に滞在した英法派の人であった。また伊東巳代治と共に伊藤博文の帝国憲法起草に参画した枢密顧問官井上毅（太政官大書記官、参事院議官、内閣法制局長官、文部大臣、28年53歳没）も、最初仏法を学んだが、のちに独法派となった人である。これらの人達がいて、多く英法派や、独法派であり、歴史法学を主張する延期派の立場に立っていた。したがって、仏法派にもとづき、自然法学を主張して、民法典を断固施行したいとする山田とは、立場を異にし、説得は厳しい状況にあった。

法典論争の最高潮　こうした中で、延期派は、25年4月中旬、有名な「法典実施延期意見」（『法学新報』第14号）を公表する。本意見は江木衷、高橋健三（大学南校卒、内閣官報局長、内閣書記官長、31年43歳没）、穂積八束、松野貞一郎、土方寧（英国留学、東京大学教授、貴族院議員。昭和14年80歳没）、伊藤悌治、朝倉外茂鉄、中橋徳五郎、奥田義人（農商務省勤務、文部次官、法制局長官、司法大臣、衆議院議員、貴族院議員、大正6年59歳没）、山田喜之助、岡村輝彦（英国留学、英国上級裁判所員、大審院判事、中央大学学長。大正3年61歳没）の英吉利法律学校（東京法学院、のちの中央大学）関係者の共著で、英法学派の人々が連名で発表したものであった。これによれば、民法典の施行を延期すべき理由として「一、新法典ハ倫常ヲ壊乱ス　一、新法典ハ憲法上ノ命令権ヲ減縮ス　一、新法典ハ予算ノ原理ニ違フ　一、新法典ハ国家思想ヲ欠ク　一、新法典ハ社会ノ経済ヲ撹乱ス　一、新法典ハ税法ノ根原ヲ変動ス　一、新法典ハ威力ヲ以テ学理ヲ強行ス」の7項目を挙げる。そして、その結果「其法理ノ欧州法律ニノミ偏倚シタル法典ハ寧ロ我国体及社会ヲ破壊スルノ性分ヲ含ムモノトシテ其播種ヲ欲セザルナリ」（前掲『明治民法編纂史研究』466～479頁）と主張した。要約すると、「旧民法典の法理論は、ヨーロッパ法のみに片寄ったもので、法典は我が国の国体と社会を破壊する性質をもつもので、その萌芽は希望しない」と結論づけるものであった。これらの内容は、これまでの延期派の

第9章　刹那の追憶　　225

発言や主張を集約したものといえるが、いずれも人目をそばだてずにはおかない激越な辞句が並べ立てられている。特に冒頭の「新法典ハ倫常ヲ壊乱ス」という項目は、その物々しさで「民法出デテ忠孝亡ブ」と並び、人々の注意をひきつけたのである。しかしいわんとするところは、実は「是レ徹頭徹尾誤謬ノ妄言タルニ過ギズ…蓋シ我ガ人事編ニハ、戸主アリ家族アリ隠居アリ養子アリ庶子アリ離婚アリ、毫モ従来ノ習慣上ニ存スルモノヲ廃セズ」(梅謙次郎「法典実施意見」『明法志叢』第3号。前掲『明治民法編纂史研究』530頁)、というのが正しいのであり、長年月培ってきた我が国の慣習に背戻するものは一つもなかったのである。

　これらの延期論に対し、民法草案の起草者であるボアソナードは、25年4月30日断行派の条約交渉担当大臣である外務大臣榎本武揚に、次の3項目にわたる意見を具申した。すでに山田司法大臣は、24年6月1日辞任していたからである。「第一　新法典ニ反対スル人々ノ種別ハ如何。第二　新法典ニ関スル大体上ノ反対ニ就テ。第三　延期ニ反対スル理由」であり、内閣が断行の態度を貫き、施行を揺るぎないものとするための理論補強に資するための意見書であった。まず第一の「新法典ニ反対スル人々ノ種別」では、反対者の法官、代言人、大学及び法律学校の教員、商人、新聞人等を挙げて、それぞれ慣習尊重の立場に立って、英法派に属するといった「一身上ノ利害」にもとづく一部の人々による反対意見であるとした。そしてそれらの人々は政府攻撃(政争)の手段として、民法典反対を叫んでいるにすぎないのだと断定した。第二の「大体上」の反対については、延期派は総じて歴史法学の立場から、民法草案は慣習に反すると批判するが、「所有権、義務、契約、担保及ビ証拠等ニ関スル事項ニ就テハ、新法典ハ総テ文明国ノ多数ニ行ハレヽ法理、道理及ヒ経済ノ主義ニ従フテ之ヲ編セリ、故ニ日本ハ、今日右等ノ主義ニ背反スル法律又ハ習慣ヲ遵守スル国ナリト云フハ、即チ日本ニ害アルモノナリ」と論破した。そのうえで、日本は民法規定と異ならない慣習を持つが、「唯ダ封建制ノ行ハレシ以来、其統一ヲ欠キシノミ」であると指摘した。第三に、さらに加えて延期ニ反対スル理由を述べた。いわく「天皇陛下ノ大権」をもって公布した民法典を、施行に当たって、欠点ありとして、帝国議会の判断で修正に付することは、「天皇陛下ノ威厳」を損することになる。まずは施行して、数年後裁判所に諮問して改正案を提出することにすれ

ば、この問題は解消すると論じた。続いて「一定一様」の法典を全国に統一して施行することは、国民の皆が渇望しているところである。一旦延期してしまうと、改正案が出来上がるまでには積年を必要とする。そうなると、我が国の社会上、商業上、経済上の進歩を阻害することとなりかねないのだと主張した。さらに条約改正の条件の一つは、民法典の施行であり、施行時期は、すでに、26年1月1日と決定されていて、明日に迫っているというのに、なぜこれを延期しようとするのか。これぐらい「自家撞着」のはなはだしく、矛盾に満ちた言動はあるだろうかと、延期論者を厳しく批判する意見を述べたのであった（国学院大学日本文化研究所『井上毅伝外篇　近代日本法制史料集』第9巻　ボアソナード答議2、219〜225頁、東京大学出版会、昭和62年）。

　このような対立の渦中にあって、断行派は、さらに25年5月11日法治協会名で「法典実施断行ノ意見」（『法治協会雑誌』号外。『法律雑誌』第883号）を発表し、実施断行論を主張した。これは、岸本辰雄、熊野敏三、磯部四郎、宮城浩蔵（以上、司法省法律取調報告委員）、本野一郎（リヨン法科大学卒、外務省入省、ベルギー、仏国、ロシア公使、外務大臣。大正7年57歳没）（外務省翻訳官）、杉村虎一、城数馬（以上、明治法律学校関係者）らの、仏法派の人達が執筆したものである。民法典は必ず施行しなければならないとし、もしも施行されない場合には、次のような事態が生ずると指摘した。すなわち、法典ノ実施ヲ延期すれば、「一、国家ノ秩序ヲ紊乱スルモノナリ　一、倫理ノ破頽ヲ来スモノナリ　一、国家ノ主権ヲ害シ独立国ノ実ヲ失ハシムルモノナリ　一、憲法ノ実施ヲ害スルモノナリ　一、立法権ヲ抛棄シ之ヲ裁判官ニ委スルモノナリ　一、各人ノ権利ヲシテ全ク保護ヲ受ケル能ハサラシムルモノナリ　一、争訟紛乱ヲシテ叢起セシムルモノナリ　一、各人ヲシテ安心立命ノ途ヲ失ハシムルモノナリ　一、国家ノ経済ヲ撹乱スルモノナリ」の9項目を建てて延期派に反論を加えて、断行論を主張した。その反論趣旨を、本意見から拾い上げて要約すれば、今日、日本固有の倫理はすたれ、西洋の文物は入り「我国人ノ倫理道義ノ一大波瀾ヲ起シ古来遵奉セラレタリシ神儒仏教ハ殆ンド将ニ千尋ノ海底ニ沈淪セン」としている現況にある。したがってここにおいては、「教育感化ノ道ヲ盛ニスルト同時ニ法律ヲ以テ外部ヨリ之ヲ制裁シ之ヲ維持セザルヲ得」ないのである。このようなところから民法施行を延期すれば、「人各々其適帰スル所ニ惑迷セハ

即チ社会国家ハ侵奪争闘ノ一修羅場タラン」こととなるであろうと論駁し、主張した。また本意見では、延期論者を呼んで「痴」といい、「狂人」といい、「国家ヲ賊害スル者」といい、「特リ怪ム、是時ニ当リテ敢テ法典ノ実施ニ反抗セントスル者アルヲ、此輩畢竟不法不理ナル慣習ノ下ニ於テ其奸邪典策ヲ弄セントスル者ノミ、咄何等ノ猾徒ゾ」と罵倒した（前掲『明治民法編纂史研究』510頁以下）。ここに旧民法典論争は、いよいよ白熱化して、さらに一層感情的なものにさえなってきたといえる。

重ねてさらに実施断行派は、25年5月25日に、「法典実施断行意見」（『法律雑誌』第884号）を発表した。これまでの断行論とほぼ同様であるが、まず冒頭で「古来ノ慣習故例ハ維新革命ト共ニ既ニ泯滅ニ帰シ去リ」と述べ、しかも「其今日ニ遺存」し、「今日ノ人事ニ適応スルモノ果シテ幾干カアル」といいたいと指摘する。こうして国民は権義の所在を知らず「適従スル所ニ迷フ、其適従スル所ニ迷ヘハ即チ相争闘ス…国家ノ秩序ヲ紊乱シテ社会ノ安寧ヲ損傷」（前掲『明治民法編纂史研究』515〜516頁参照）することにならざるを得ないのだと論述した。ここでは万人に対する争いを解釈するための「法」として、時の古今、地の東西を問わず普遍妥当する法を理想法とする「自然法学」が強調されている。つまり慣習尊重という延期派の主張である「歴史法学」を一応容認しても、しかしいまの事態に適合する慣習が、我が国にはないのではないか、というのが反論の要旨であった。

帝国議会における法典論争と延期法の可決　こうした学界での激しい論争は、当然政界にも反映することとなる。25年5月6日、第三回帝国議会特別会（5月2日召集、6月14日閉会）が開会された。5月16日に貴族院議員、元司法省法律取調委員村田保は、貴族院議員二条基弘公爵他114名の賛同を得て、民法・商法の「其修正ヲ行フガ為、明治二十九年十二月三十一日マデ其施行ヲ延期ス」という、「民法商法施行延期法律案」を貴族院に提出した。すでに23年4月26日公布の商法は、第一回帝国議会の23年12月27日の延期法可決で、24年1月1日施行を、26年1月1日まで施行延期と決定していた。今度は、この商法と共に、26年1月1日施行の民法（財産法部分〔23年4月21日公布〕。身分法部分〔23年10月7日公布〕）をも、延期しようとする法案である。村田保は、前年の24年2月、第一回帝国議会通常会（23年11月29日開会、

24年3月7日閉会）で、貴族院議員小畑美稲（孫次郎。司法省入省、判事。元老院議官、貴族院議員。大正元年84歳没）など86名の賛同を得て「民法及び商法の修正に関する委員会設置の建議」を提出していた。貴族院はこれを大多数で可決したが、委員会の設置を実行しなかった。そこで今度は、第三回帝国議会特別会に「民法商法施行延期法律案」として提出したのである。

　貴族院での論戦は、25年5月26日に始まり、27日、28日の3日間続けられ、延期論と断行論との激論が戦わされた。議院法（22年法律2号公布）27条は、「法律ノ議案ハ三読会ヲ経テ之ヲ議決スヘシ」とする三読会方式の規定を定めていた。最初の第一読会で全体的に検討し、ついで第二読会で各条を審議し、最後の第三読会で再び全体的に検討して議決するのが制度であった。

　5月26日の第一読会では、総理大臣松方正義他8閣僚の出席（陸軍大臣高島鞆之助は欠席）と、政府委員として内務次官白根専一（司法省入省、愛知県令、逓信大臣。31年48歳没）、司法次官三好退蔵（司法省入省、大審院判事。41年64歳没）が出席する中で、議案提出者貴族院議員村田保が次のような提案理由を述べた。まず自分は司法省法律取調委員であったが「此法律取調の方法と申しまするものは甚だ軽率になりましたが故に、委員中にも初めより不同意の者が多くありましたことを説明いたすのが必要かと存じます」と口火を切った。そして「大体議」による法律取調べが、法理論、実施の緩急の程度、使用文字の当否等の議論を一切許さず、強引急速に審議がなされた。このようなきわめて不充分、不完全な審議であったので、延期法律案を提出したとの理由を説明した。そのうえで民法が、「倫常を紊<ruby>紊<rt>みだ</rt></ruby>すこと」、「慣習に悖<ruby>悖<rt>もと</rt></ruby>ること」、「法律の体裁を失すること」、「法理が貫徹しないこと」、「他の法律と矛盾すること」などの理由を挙げて、民法典の不備を指摘した。

　これに対して司法大臣田中不二麿（24年6月1日〜25年6月23日）が登壇して、「政府は延期には断じて同意できない」とする旨を表明した。続いて貴族院議員渡正元、同鳥尾小弥太（兵部省入省、陸軍中将、近衛都督、枢密顧問官、貴族院議員。38年59歳没）、文部大臣大木喬任、外務大臣榎本武揚、貴族院議員、元司法省法律取調委員箕作麟祥が断行論で反論した。これに対して、貴族院議員加藤弘之、同宮本小一が延期法律案に賛成する演説を行ない、第一日目は終了したが、舞台裏では、両派の票集めの運動が活発に行なわれていたことは、

いうまでもない。なおこの日の、帝国議会議場の模様を、翌5月27日の『朝野新聞』では、「鐸鈴轟き…檀に現れたるは提案者村田保君なり、君諄々として商法民法中不整備のケ条、数条を挙げて修正せざるべからざるを説く」。これに対し「大木（文部）大臣登壇し…熱心に手を挙げ水呑コップを動かして駁撃をなし…伯が演説は意気甚はだ切迫して言辞に尽す能はざるものの如く熱情満場に溢れたり…」（25年5月27日号）と報じている。また同日の『東京日日新聞』の報道内容を抜粋し要約してみると、「大木喬任文部大臣登壇し…村田（保）君の説明を聴くに、財産は権利なりとするは不都合なりとか、収益権、使用権は習慣に反すると云われたり。…自然義務のことを規定せしが、悪しきと云われたり。…また相続法について財産相続と家督相続と二主義をとりたる如く云われたる。…占有規定…後見人規定…親族会…夫婦間の子についても非難せられたる。…段々反対論あるのみならず、随分誤謬の意見もある様なるをもって、一言その誤謬の点を正さん」（25年5月27日号）として、大木喬任文部大臣は、一つ一つの指摘に反論を加えたと、報道している。いうまでもなく、また何度も述べたように、この時民法典生みの親である山田顕義は、24年6月1日大津事件の責任の一端を負って、司法大臣を辞任し閣内を去っていた。そこで、山田の前任、司法卿を務め、また永く民法典編纂に総裁として携わっていた、時の大木喬任文部大臣は、法典編纂に、ほとんど関与する機会のなかった、田中不二麿司法大臣からの依頼であったというが（西尾豊作『子爵田中不二麿伝』私家版、昭和9年）、帝国議会に出席し、このように「民法商法施行延期法律案」に反論したのである。

　翌5月27日の2日目にも、第一読会が開かれ、政府側から文部大臣大木喬任、外務大臣榎本武揚、逓信大臣後藤象二郎、海軍大臣樺山資紀（警視総監、陸軍少将、海軍大輔、台湾総督、内務大臣、文部大臣。大正11年86歳没）、司法大臣田中不二麿、内務大臣副島種臣（太政官制度事務局判事、参議、外務卿、枢密顧問官。38年78歳没）の、6名の国務大臣が出席し、政府委員としては司法次官三好退蔵、逓信次官河津祐介（仏国留学、元老院大書記官、大阪・名古屋控訴院検事長、司法省刑事局長。27年45歳没）の2名が出席した。そして午前の部の冒頭に貴族院議員谷干城（陸軍中将、農商務大臣。44年75歳没）が延期法律案に賛成する演説をして、「文部大臣の演説は定て倫理上の事ならんと思

いしに、豈図らんや、司法大臣の説を弁護したるに過ぎさりき…」と、前日の大木大臣をはじめとする断行論に反駁した。午後には、貴族院議員三浦安（大蔵省入省、左院四等議官、元老院議官、東京府知事。43年82歳没）が登壇し、延期法律案に賛成する主張をした。これに反論したのが貴族院議員岡内重俊（司法省入省、元老院議官。大正4年73歳没）、同清浦奎吾（司法省に入り治罪法制定に従事、司法次官、司法大臣、枢密院副議長、内閣総理大臣。昭和17年92歳没）で断行論の立場から論陣を張った。直後に、貴族院議員浜尾新（東京大学副総理、東京大学総長、文部大臣、元老院議官、枢密顧問官、大正14年76歳没）が特別委員会設置の緊急動議を出したが、否決された。その後、参考人として出席した、帝国大学法学部長富井政章が独法を考慮していない法典には大反対であるとの延期論を述べて、2日目を終了した。

　5月28日の3日目にも第一読会が継続され、政府側からは、文部大臣大木喬任、外務大臣榎本武揚、司法大臣田中不二麿の3国務大臣と、司法次官三好退蔵、逓信次官河津祐介が政府委員として、変らず出席した。まず貴族院議員黒田長成侯爵が、続いて榎本大臣、大木大臣、三好次官が断行論を述べ、貴族院議員、第一高等中学校長木下廣次（パリ大学留学、文部省入省、東京大学教授、京都大学総長。43年60歳没）が延期論の立場で発言した。この後表決に移り、記名投票の結果、「民法商法施行延期法律案」は、123対61の大差で可決された。その後、直ちに第二読会に入り、起立者多数で通過、続いて第三読会を開き、ここでも起立者多数で延期法律案を可決した（以上『第三回帝国議会貴族院議事速記録』貴族院本会議第11号〜第13号、明治25年5月26日、27日、28日より抜書き、東京大学出版会、昭和54年。前掲『大日本帝国議会誌』第1巻、1596頁、1634頁。前掲『明治民法編纂史研究』133〜137頁。前掲『日本近代法の父　ボワソナアド』179頁）。こうして「民法商法延期法律案」は、貴族院を通過した。

　なおこの時に、延期論主張の先導者の一人である内務大臣秘書官、東京法学院講師江木衷の書状中に次の一節がある。「法典延期案ガ貴族院ニ於テ可決したる当日（25年5月28日）より山田伯ハ非常ノ熱心ヲ以テ運動シツヽアリ　同伯ノ言ニ貴族院ノ敗北ハ全ク手ノ附方ノ遅レタルタメナレハ此度ハ大ニ敏捷迅速ニ運動スルトノ事ナリ　何分必死ノ勢ニテ殊ニ政府部内ノ有力者及次官…遊

説シ同志糾合中ナレハ油断ヲスルトヒドイ目ニ逢サルヘシ…山田伯ニ縁故アル吏党（政府党ともいわれる。帝国議会議員の政府支持議員）ハ情実上ヨリ悉ク喰取ラルヘシ」と書き送っていたという（高梨公之『山田顕義小引』31頁、日本大学広報部、昭和58年。（　）内は筆者加える）。山田はすでに司法大臣を辞任していたが、23年7月10日貴族院議員となっていたので（前掲『山田顕義傳』1001頁）、議会内外の裏面で、民法施行のために必死に奮戦、奮闘していたのである。

　この貴族院を通過した「民法商法延期法律案」は、5月28日直ちに、衆議院に廻送された。すでに衆議院では、5月26日に中間派の衆議院議員河野広中（福島県選出、自由党などに所属。大正12年74歳没）、同島田三郎（神奈川県選出、進歩党結成に参加。大正12年71歳没）が、民法中の人事編全部（親族法部分）と財産取得編中の一部（13章・14章・15章、旧包括名義ノ獲得方法。相続法部分）を、27年12月31日まで延期し、他は断行すべしとする「民法中一部延期ニ関スル法律案」が提出されていた。この他に延期派の衆議院議員鳩山和夫（東京都選出、立憲改進党などに所属。44年55歳没）他6名から「民法商法施行条例及法例施行期限延期法律案」が提出されていた。衆議院では、この2つの法律案と、貴族院より廻送されてきた「民法商法施行延期法律案」を、特別委員会に付託し審議することとした。そこで衆議院は、6月4日に「民法商法施行延期法律案審査特別委員会」を設置し、6月6日委員長に河野広中、理事に三崎亀之助（香川県選出、立憲自由党〔弥生倶楽部〕所属）を選任し、5日間審議して、貴族院案を適当とすることに決定した。そこで6月10日衆議院本会議を開き、まず特別委員会委員長代理、理事三崎亀之助が、特別委員会での審議内容を報告し、延期法律案を可とする旨を述べた。これに対して、司法大臣田中不二麿は、断行論を展開し、「断々乎」実施すべしとする演説を行なった。その後、衆議院議員安部井磐根（福島県選出、大成会所属）、同三崎亀之助、同末松謙澄（福岡県選出、大成会所属）が、延期論を述べた。これに対し衆議院議員加藤政之助（埼玉県選出、立憲改進党所属）、同宮城浩蔵（山形県選出）、同島田三郎（神奈川県選出、立憲改進党所属。大正12年71歳没）が断行論を弁じて、互に気焔を吐いた。こうして第一、第二読会ののち、第三読会を開催し、152対107の多数で延期法律案は可決されたのである。ここに衆議院での論戦は、25

年 6 月 10 日の 1 日限りで終了した。衆議院での議論は貴族院に比べきわめて低調で、大木、榎本両大臣は発言せずに終わっている。

この結果、同日の 6 月 10 日衆議院より、「衆議院ハ両院ノ儀ヲ経タル民法商法施行期限法律案ノ裁可ヲ奉請ス」として、帝国憲法 6 条にもとづき、天皇裁可を求め「民法、商法延期法律案」が内閣に提出された（星野通『民法典論争史―明治家族制度論争史―』214 頁、河出書房、昭和 24 年）。

(3) 旧民法典施行への山田の期待

新司法大臣田中不二麿の断行意見論　　しかし内閣総理大臣松方正義は上奏の手続を取らなかった。その理由は、司法大臣田中不二麿が強硬な断行論を曲げず、6 月 18 日、松方総理大臣に、「民法商法施行延期法律案ニ対スル意見」並に「民法商法修正審査委員ヲ設ケルノ建議ニ対スル意見」を提出し、内閣は、延期法律案の裁可奏請を天皇に求めるべきではないと主張したからである。

この意見書では、第一に、大日本帝国憲法 6 条の「天皇ハ法律ヲ裁可シ其公布及執行ヲ命ス」の定めによって、法律の裁可権のみならず不裁可権も天皇大権に属するので、政府（内閣）は、天皇に、裁可の奏請を行なうべきでないと論述した。第二に、議院法 32 条は「両議院ノ議決ヲ経テ奏上シタル議案ニシテ裁可セラルルモノハ次ノ会期マテニ公布セラルヘシ」と規定されているので、法定期間内である「次の会期マテニ」裁可されない場合には、自動的に失効となるから、政府は奏請を行なうべきではないとした。第三に、民法商法の両法典の施行を 26 年 1 月 1 日としたのは、「今日ノ政府（内閣）」ではないか、もしその同じ政府が帝国議会の延期決議に従って延期するということにするのであれば、政府は「前日ノ措置」が不適当であることを認めることとなる。また議会が延期を議決したので仕方なくこれに従ったということであれば、政府は議会に盲従して国家の利害を無視することになるのであって、「政府ノ為スヘキ所ニ非サルナリ」との理由を挙げて、政府は従来の方針どおり民法並に商法の両法典を、断固として、26 年 1 月 1 日に施行すべきであるとの断行論を主張したのであった。

しかしこの司法大臣田中の意見は、取り入れられなかった。「帝国議会を通過した法案を不裁可とすることは以ての外である」との閣内での強弁な反対論も

あったが、田中不二麿はこの意見書を提出した5日後の25年6月23日、突然
辞表を出し司法大臣を辞任したからである。その真相ははっきりしないが、優
柔不断で「後入斎」（後で揃えるの意）とあだ名された松方正義総理大臣の態度
に業をにやしたとも、「弄花事件」の引責が理由だともいわれている。実はこの
弄花事件は、実施断行派にとって大きな痛手であった。25年5月15日に大審
院判事29名が連署して、法典実施断行の建議書を提出していたことは前に触れ
た。その中の有力判事である大審院長児島惟謙（福島上等裁判所所長、名古屋裁
判所所長、大阪控訴院所長）をはじめ、同院判事の磯部四郎（明法寮卒業、仏国
留学、大審院検事）、中定勝、栗塚省吾（大学南校卒業、仏国留学、司法大臣秘
書官）、加藤祖一、高木豊三（明法寮卒業、独国留学、福島地方裁判所所長）、岸
本辰雄（明法寮卒業、仏国留学、司法省参事官、明治法律学校校長）、亀山貞義
らが、しばしば芸妓を交え、花札金銭賭博をしたということで新聞に書き立て
られて、大問題となった。旧刑法261条「賭博罪」は、現行犯以外には処罰の
対象とならないので、刑事訴追は問題とならなかったが、「醜陋卑穢」（みにく
く、いやしく、下品で、俗悪である）事件として喧伝されたため、懲戒裁判が開
かれた。結果は全員免訴となり裁判手続打ち切りとなったが、この中には磯部
四郎、栗塚省吾、岸本辰雄、亀山貞義などの元司法省法律取調報告委員（24年
5月5日解散）で、法典実施断行派の驍将が多数含まれていた。そのために
この1件で、断行派の信用は一挙に失墜し、先に述べた帝国議会の表決（5月
28日貴族院、6月10日衆議院共に「延期法律案」可決）にも悪影響を及ぼし、
ついには、6月23日に田中不二麿司法大臣の辞任（いまだ三権分立完全ならず、
監督責任を問われて）にまで至ったといわれている。

　なお松方正義内閣自体も、品川弥二郎内務大臣が選挙干渉問題を起こし糾弾
されていた。25年2月15日の第二回臨時総選挙で、政府が官憲を用い、公然
と民党（野党）候補者に圧力をかけた結果、各地で騒擾が起こり、死者25名、
負傷者388名を出す事件があった。選挙結果は、弥生倶楽部（自由党94）、議
員集会所（立憲改進党38、独立倶楽部31）の民党及び、準民党は総計163名の
当選者を得た。これに対し中央交渉部（95）、諸派無所属（42）の与党、準与党
（政府党）の当選者は、計137名であった。政府はあらゆる手段を用いて、選挙
干渉をしたが、民党勢力の勝利であった（前掲『年譜考大木喬任』503頁）。山

田顕義の「25 年帰郷の旅」の目的は、この選挙干渉問題の後始末のためであったという説があるが、前述した第 8 章 2 で山田の日程を辿ってみても、そのような動きはみられなかった。このようなこともあってだが、松方総理大臣は、閣内不統一を理由に、25 年 7 月 27 日辞意を表明し、8 月 8 日辞職した。こうして民法・商法典施行断行の方針であった第一次松方正義内閣は瓦解したが、後任内閣が注目された。8 月 2 日の『朝野新聞』は「新内閣の組織如何」という予測記事を載せて、「伊藤博文内閣が組織され、大木伯、榎本子が法典断行論を抱くが為めに伊藤伯の延期説と相容れざるべし」(『朝野新聞』25 年 8 月 2 日号)と報道した。英国渡航や、独国留学の経験があり、英法派や歴史法学派に親近感を持ち、延期論を取る伊藤博文が、次期内閣総理大臣となり、実施断行論者の大木、榎本等は、閣外に排除されるのではないかとする、予測記事であった。

延期論優位の中での山田の心情　ここに延期論が有力になる中で、山田顕義の失望落胆ぶりは、一時きわめて深刻であったが、次の詩にはいまだ余裕も感じられる。この 25 年頃に詠んだと思われるものに、「鷸蚌」(シギとはまぐり。漁夫の利の故事)と題するものがある。「毎会乾沙上(乾沙上に会ふ毎に)早已開争端(早くも已に争端を開く)　終日何所作(終日何の作す所ぞ)　気沮而力殫(気沮けて力殫く)　海面風波悪(海面風波悪し)　漁夫含笑看(漁夫笑ひを含んで看る)」である(前掲『学祖山田顕義漢詩百選』252 頁)。つまり「乾いた砂の上(議会)で出会うたび」、「出会い頭に喧嘩(法典論争)の口火が切られる」、「一日中いったい何をしているのか」、「気力もくじけくたびれ果てるだけ」、「海面は風が吹き波が激しい」、「漁師(山田自身)が笑いながら見物している」、という意であるが、側目すると山田には、まだ余裕もみえる。この詩は「戦国策燕策」の「鷸蚌の争い」を引例としたものである。つまり「鷸と蚌とが争いに夢中になっている間に、両方とも漁師にとられたという故事から、二人が利を争っている間に、第三者にやすやすと横どりされて共倒れになるのを戒めた語」(『広辞苑』)から引いたものである。誰が漁夫の利を得るかは明らかでないが、我が国がこのような争いをしている間に、不平等条約改正もできぬまま、米欧諸国が利益を貪っていると指摘し、この状態に山田自身を第三者の漁師になぞらえて、「漁夫含笑看」として、漁師が笑いながら見物していると詠んだものと思われる。また次の新聞記事は、23 年の司法大臣在任中の、山田

全盛時のものであり、大臣辞任後の25年のものではない。したがって話は前後するが、23年当時の山田の気概は充実していた。あえて引用すると、「山田空斉氏は、なほ未だ伏櫪の志を絶たず、遂に国家主義と国射（威）論とを調和して、政治世界に縦横せんとするものか。今や保守党（革新系の野党である民党ともいわれる自由党や立憲改新党に対する、政府党をいう）の策士は隠々密々の間に画策を事とし、一朝風雨に乗じて、猛然として出て来らんとす」（『国民新聞』23年4月8日号。（　）内は筆者加える）とする意気込みがあると報道している。山田は軍人としての戦術策以外には策士とは程遠い性格なのだが、かつてこのように保守党の策士などといわれたこともあった。25年現在でもその伏櫪の意志が、前出の「鷸蚌」の詩から感じ取ることができる。

旧民法施行延期法の天皇不裁可権行使への期待　　そして山田は、帝国議会で可決された「民法商法施行延期法律案」が、いまだ上奏されていないこともあって（前述のように上奏決定は、25年11月8日である）、たとえ上奏されても天皇は裁可しないであろうと、期待していた。山田は絶対に、天皇は不裁可権を行使してくれるものと思っていた。信じて疑わなかったが、天皇不裁可権を進言したのは、ボアソナードであった。ボアソナードは、「ナポレオンが民法典（Code Civil）を制定しようとしたとき、フランス代民院で猛反対が起ったことがあった。このときナポレオンは、抵抗する代民院の二十名、立法院の六十名の議員を追放した。これを『共和十年の清掃』というが、このような強引な改革でやっと目的を達したのである。このぐらいの非常手段を持ちいなければ、法典などというものは成立しないのだ」といって、不裁可権行使の提言を要請したというのである。このことについて、補足すると「仏国共和八年（1799）の憲法で法律制定権は政府にあった。ということは第一執政官のナポレオンが握っていた。立法は参事院と代民院と立法院が関係していたのだが、参事院は、ナポレオンが任命した八十人で構成され、法案を討議して第一執政官ナポレオンに上奏するのが役割であった。代民院は百人の議員で法案を論議して賛否を表明するのが役目であった。そして立法院は約三百人の議員から成っているが、ここでは評議しないで、採決だけを行なうだけの機関であった。非常に政府に都合の良い組織構成であったが、それでも代民院では議論があり、コードシビルは『ローマ法と古い慣習法との卑俗な模写』にすぎないのではないかとの反対論が

起った。この反対論を突破するためにナポレオンは『共和十年の清掃』を行ない、1803 年から 4 年までの間に三十六編の規定を採決し、法典に統合したのであった」（高梨公之談、前掲『シリーズ学祖・山田顕義研究』第 1 集、67 頁）という故実を引いて、ボアソナードは山田を励ましたといわれている。

　しかし次の詩になると苦悩が滲んでくる。25 年の作に、「書維新前諸士往復書翰之後」（維新前の諸士の往復書翰の後に書す）と題するものがある。「人生空一夢（人生は空しき一夢〔ひとつのゆめ〕）　成敗豈徒然（成敗は豈に徒然ならんや）　字字艱難跡（字々艱難の跡）　回頭廿六年（頭 を回らせば廿六年）」である（前掲『学祖山田顕義漢詩百選』254 頁）。つまり、「人生ははかない夢である」、「成功も失敗もそれなりの理由があってのこと」、「一文字一文字が苦難の跡である」、「思いを巡らせば 26 年たってしまった」と吟じたものがある。何度もいうように山田は常に、恩師、血族、同僚に思いを馳せながら行動してきた。「先人達が生きていたならば、どうしたであろうか」と、考えながら行動してきた。最初倒幕に参戦して、苦難の道を歩んだが、慶応 3 年 12 月 9 日（陽暦 4 年 1 月 3 日）の王政復古の大号令を起点として、数えれば、早くも「26 年」たってしまったと、まずふり返った。そしてこれまで、いったい何をして来たのか、という反省を回顧しながら、「成敗豈徒然」と詠んだ。つまり「成功も失敗もそれなりの理由があってのこと」と作したのである。このようにいうあたりは、何か敗北感も滲み出ていて、寂しさも感じられる。「民法商法施行延期法律案」の帝国議会議決で厳しい現実を突きつけられ、これを直視しての感慨を、こう詠んだのであると思う。

　しかし山田は、いまだ希望と期待を持っていた。新皇国体制である立憲君主の天皇制を樹立したのは、自分達であるという自負心からか、山田は最後の最後の瞬間まで、天皇は延期法律案を裁可しないであろうと期待していた。したがって民法施行は確実で間違いないものと思っていた。それ程山田は天皇を信頼していた。だからこそ 25 年 10 月 11 日には、安心して、長期にわたる郷里歴訪の旅に出たのである。11 月 1 日旧藩主銅像起工式を総裁として主催することは、以前より予定されていたことであった。だが 1 ヶ月に及ぶ永い帰郷の旅は、法典論争で心労が募る混乱の帝都、東京を離れて、聖上陛下の裁断を待つということであったのかとも想像する。さらに予定になかった、山口招魂社参拝

や、生野銀山の視察歴訪は、天皇陛下の裁断を待つための牛歩戦術であったのかも知れない。つまり予定になかった日程を追加して、山田はひたすら天皇の不裁可権行使の決定を故郷の旅の空の下で、待ち続けたのであった。

(4) 延期法の成立と旧民法典の無期延期

山田の死と旧民法典延期法の裁可　しかし山田は、25年11月11日突然薨去してしまう。天皇は山田の死によって、もはや、何の躊躇もなく、11月22日「民法商法施行延期法」を、裁可した。このことによって、24日に延期法は官報掲載となり、29年12月31日まで施行は延期されることとなった。

　経緯を述べると、延期法の天皇上奏裁可を最終的に決定し、願い出たのは、伊藤博文内閣である。前述したように、第一次松方正義内閣の閣内不統一による辞意表明にもとづく瓦解によって、25年8月8日第二次伊藤博文内閣が成立する。伊藤内閣総理大臣は、民法商法の施行を延期するかそのまま断行実施するかを審議決定するため、「10月7日賞勲局総裁西園寺公望（ソルボンヌ大学卒、参事院議官、文部大臣、総理大臣、元老。昭和15年91歳没）を、民法商法施行取調委員長に任命した。そして、判事本尾敬三郎（元司法省法律取調報告委員。断行派）、司法省参事官横田国臣（延期派）、判事岸本辰雄（元司法省法律取調報告委員。断行派）、判事長谷川喬（元司法省法律取調報告委員。断行派）、司法省参事官法学博士熊野敏三（元司法省法律取調報告委員。断行派）、第一高等中学校長法学博士木下廣次（延期派）、帝国大学法科大学教授法学博士富井政章（延期派）、同穂積八束（延期派）、同梅謙次郎（断行派）、判事松野貞一郎（延期派）、従三位小畑美稲（延期派）、従四位村田保（元司法省法律取調委員。延期派）を、民法商法施行取調委員に任命し、10月8日に法典施行取調委員会を設置した。本委員会は審議のうえ、11月8日延期法律案の上奏裁可を乞うことを決定した」（前掲『続明治法制叢考』391頁参照。（　）内は筆者加える）。山田は、この時点では、まだ生存していて、この動向については伝え聞いていたはずであるが（前述166頁）、最後まで天皇の不裁可権行使を信じていた。しかし山田は、11月11日薨去し、11月17日には葬儀もとどこおりなく挙行されたということもあってか、11月22日には上奏され、同日この延期法律案は、天皇により裁可された。そして24日には、官報に掲載されて延期法となり、民法・商

法は、その施行が 29 年 12 月 31 日まで延期されることとなった。つまり内閣は 11 月 22 日を上論の日付とし、「民法商法施行延期法」（法律 8 号）を、11 月 24 日の官報に掲載して公布し、即日施行したのである。なお「裁可奏請の書類は、すでに十一月八日に閣議に供されている。つまり十月十三日、民法・商法施行取調委員会の会議で、民法商法施行について同委員会での取扱いが決定され（可否同数）、これを受けて、内閣では十一月八日までに民法商法典の施行延期を決断したわけである。施行延期を決断した主体は、同委員会ではなく内閣であった」（前掲『ボワソナード民法典の編纂』307 頁）という見解もある。したがってこの見解からすれば、伊藤博文総理大臣の意向が反映したこととなる。前述したように伊藤は歴史法学派の意見に傾倒して延期論に立っていたからで、そう想像できる。いずれにしても、ここに、民法・商法は施行延期となったが、これ以前の山田には次のような期待もあった。前述したが、議院法 32 条には、「議院ノ議決…ハ次ノ会期マテニ」裁可されない場合は、自動的に失効となるとする規定があった。これも期待の一つであった。第四回帝国議会は、25 年 11 月 25 日に召集され、29 日開会し、26 年 2 月 28 日閉会したが、延期法は、召集 3 日前に天皇裁可があったのである。したがってこの期待も成就しなかったが、ここに論戦開始後、足かけ 4 年にもわたった「法典論争」は終止符を打ち、山田の努力と期待はすべて水泡に帰した。こうして、何度も述べるように、民法・商法は、延期法の天皇裁可によって、まず 29 年 12 月 31 日まで施行延期となった。山田はこれを知らずに死亡した。ある意味仕合せであったかも知れないが、死の刹那にあっても、民法典の行く末を心配しながら死亡したのである。

　なお山田が委員長として、司法省法律取調委員会で編纂した法律案のうち、施行されなかったのは、この民法だけである。旧民法はいま述べたように延期法（25 年 11 月 24 日官報掲載）によって、29 年 12 月 31 日まで施行延期となったが、さらに身分法部分についてのみ 29 年 12 月 29 日に再延期法が成立し、さらに 1 年半の 31 年 6 月 30 日まで延期となった。この間伊藤博文内閣は、26 年 4 月 12 日法典調査会を設置し、旧民法の修正に入り、帝国大学教授梅謙次郎、同穂積陳重、同富井政章の 3 人を起草委員に任命して、新たな民法草案を起草した。そしてパンデクテン方式（Pandekuten Methode）の編別のもとで、総則、物権法、債権法の財産法部分は、29 年 4 月 27 日法律 89 号で公布し、親

族法、相続法の身分法部分は、31 年 6 月 21 日法律 9 号で公布し、共に 31 年 7 月 16 日勅令 23 号で施行した。これを明治民法典（現行民法典）というが、ここに山田の編纂公布した民法典（旧民法典）は、施行されないまま無期延期（事実上の廃止）となったのである。

山田が旧民法典で画いた日本と、現行民法典の日本　　これは山田にとって誠に残念な出来事だった。しかし今日、山田が蘇り、生き返って再度日本を訪れたなら、山田は自分の描いた国の型を見い出し、あるいは、かえって、戸惑うことであろうと思う。山田は、旧民法財産法の基本原理に、近代法の取る、所有権絶対・契約自由・過失責任の諸原則を定めた。これらの原則は、明治民法（現行民法）の基本原理としても踏襲されて、今日の日本の、資本主義社会を形成してきた原理なのであるが、まさに山田が夢みた国の型であった。

　これに対し、旧民法身分法（23 年法 98 号）は、人事編第 4 章で、近代法の取るところの一夫一婦制（31 条）が採用され規定されたが、財産取得編第 13 章では、家督相続制を基本とする長子単独相続制が規定された。このことから、旧民法典は「半封建的民法であった」（手塚豊『明治民法史の研究』（下）、342 頁、慶応通信、平成 3 年）といわれているが、家督相続制は外国法に例がなく、我が国の習慣と仏法の遺産相続法・贈遺法（ボアソナード著、デブスケ訳『佛朗西遺物相続史』発兌人阪上半七、明治 13 年）を折衷して定めたものといわれている。しかし、旧民法編纂の渦中の第一草案財産獲得編第 2 部包括名義ノ獲得方法には、家督相続の他に、「男女・嫡庶子・養子や出生の先後を問わない」均分相続も起草されていた。前述したように山田の司法省法律取調委員会の編纂過程や元老院審議の中で大議論があり、結果的に削除となった。山田はこの均分相続を極力推進したのであった。その後、明治民法（現行民法）旧相続法（31 年法 9 号）は、家督相続を原則としたが、現在に至って、現行昭和民法 900 条（昭和 22 年 12 月 22 日公布、23 年 1 月 1 日施行。昭和 22 年法 222 号）で諸子均分相続制が、実現している。このことについて山田は感嘆するだろう。まさに山田が描いた国の型で、権利能力平等が実現しているからである。

　山田の死後、130 年の間に、日本社会の外貌は驚く程変った。特にテクノロジーの発展は、社会を一変させたが、これに比して山田が目指した旧民法編纂中の、特に草案起草の段階の規定と、現行昭和民法親族法・相続法の規定は、類似

240

する部分が多い。このことを山田は知ることととなり、満足することであろう。山田は自らの先見性のもとに、日本人の法的生活をいかにすべきかを模索しながら民法典編纂を行ない（ボアソナードの力によるところは多大だが）、苦心のもとに描いた理想社会が、ついに現行昭和民法において現出していることを知り驚喜することであろうと思う。あるいは民法典編纂を通じて、我が国近代社会が、こうなることを予想して、その到来を見定めていたとすれば、案外驚かないかも知れない。山田の「先見の明」をみる思いがする。

　なお商法も、前述（27頁）したように、民法同様29年12月31日まで施行延期となったが、25年経済界の不況は頂点に達し、商法実施の緊急性が求められて、山田編纂の商法の一部である「会社」、「手形小切手」、「破産」の部分、及び「商業登記簿」、「商業帳簿」が、26年7月1日から施行された。その他山田が編纂した民事訴訟法は、23年4月21日法律29号で公布され、24年1月1日より施行された。刑事訴訟法は、23年10月7日法律96号で公布され、11月1日施行された。裁判所構成法は、23年2月10日法律6号で公布され、11月1日施行された。このことは先にも書いた。

　このように、近代主要諸法典のことごとくを編纂し、公布し、施行した山田顕義は、「法典伯」の尊名にふさわしく、また、「小ナポレオン」の異名にふさわしい人物といえるのである。まさに山田は、「我が国近代法典編纂の父」であった。

3　日本法律学校の設立と運営継続の熱望

日本法律学校の創立とそのメンバー　　繰り返して述べるように、山田は25年11月11日突然薨去した。その死の刹那にあって、山田の心残りとする第二は、22年10月4日に創立されたばかりの、日本法律学校の行く末ではなかったかと推察している（前述192頁）。

　日本法律学校の学祖は、山田顕義である。山田は出自が武士であったので、はじめ軍人として身を立て、続いて立法者として大成したことについては、これまでに縷々述べてきた。そして山田の業績として、もう一つ忘れてはならないものに、教育がある。現在に与えている最も大きい影響は、この教育なのである。

写真19　宮崎道三郎

日本法律学校、のちの日本大学は、明治22年10月4日に、高崎五六（猪太郎。岡山県令、参事院議官、元老院議官、29年61歳没）東京府知事の認可を得て創立された。公文書（東京都）に残された記録で、「創立者」は法学士宮崎道三郎（帝国大学法科大学教授。日本法制史、比較法制史、ローマ法）（写真19）を総代として含む、11名で、文学士穂積八束（帝国大学法科大学教授。憲法。著書『憲法大意』、『憲法提要』、『憲法制定之由来』）、ドクトル本多康直（司法省民事局参事官。民事訴訟法。著書『民事訴訟法註解』、『孛独司法制度』）、米国法律学士金子堅太郎（枢密院書記官兼議長秘書官。行政法。著書『政治論略』）、法学士上條愼蔵（元老院参事官。刑事訴訟法。著書『刑事訴訟法原理』）、文学士添田寿一（大蔵省主税官。理財学。著書『政通論』）、法学士長森（野田）藤吉郎（東京始審裁判所検事試補。町村制度論）、法学士斯波淳六郎（内閣法制局参事官。行政学、憲法）、法律学士平島及平（司法省民事局判任官。民事訴訟法。著書『訴訟法原理』）、法学士樋山資之（司法省参事官。民事訴訟法、裁判所構成法）、文学士末岡精一（帝国大学法科大学教授。行政裁判及び訴願法。著書『比較国法学』）である（前掲『日本大学百年史』第1巻、83〜84頁。（　）内は筆者加える）。

この中に山田顕義の名はない。山田が「学祖」といわれるようになるのは昭和19年1月10日の『日本大学新聞』からであるとされる（前掲『日本大学百年史』第1巻、5頁）。それでは学校設立時山田はどのような立場に在ったのか。資料では、「評議員」21名中の筆頭に位置づけられているだけであった。『日本大学百年史』をみると、「この法律学校の創立を、はじめに企画したのは、若い燃えるような情熱にあふれた人々であった。多くは帝国大学法科大学の現職の教授か、現職の司法官であって、若さと学識のほかは、人脈といい資金といい、私立学校の創立に必要な条件を備えてはいなかった。したがって彼らには創立の主導権を握るような盟主が必要であり、その役割を荷ったのが時の司法大臣山田顕義であった。かくて、日本法律学校は、山田顕義の尽力なくしては創立し

えなかった。事実、山田が急逝したとき、日本法律学校はその存在の基礎が動揺して廃校決議までしたほどであった」（前掲『日本大学百年史』第1巻、7頁）とある。

山田顕義は学祖ではあるが創立者ではなく評議員にとどまった理由　このように創立時において、山田の存在意義は多大であったが、公式文書をみる限り、「評議員」筆頭にとどまり、「創立者」とは表示されていない。なぜか、このことについては、それなりの理由が考えられる。

第一の原因理由は、宮崎道三郎ら11名が、自らを「創立者」として公表したのち、賛同者を募ったが、山田の参加は設立申請の直前と推測されることから、もはや時期的に創立者に加えることはできなかったという理由である。

第二の原因理由は、当時司法大臣の山田は、皇典講究所（神道の研究教育機関。15年設立、内務省管轄）所長も務めていて、同所内に国文研究に国法研究を加えて、法律学校を設立する構想を持っていた。このような皇典講究所で山田自らが推進している法学教育構想と、宮崎道三郎らの日本法律学校設立の趣旨とが同一であることを確知して、山田は所内に法律学校を設けることを決意したのである。山田はこの計画実現のために皇典講究所の所内を何とか説得しなければならなかった。「事を行うに当たり準備を大切にする」のが、山田の信条であったので、慎重に進めたことから、22年10月の日本法律学校設立申請の段階までには、説得できなかった。よって申請書類には、創立者として届け出ることはできなかったという理由である。なお皇典講究所内の説得が完了したのは、23年5月5日であり、皇典講究所議会は、山田の意を受けて、「…本所ハ学校ヲ設ケ、生徒ヲ教育シ、国家特性ノ元気ヲ振起シ、成徳達才（すぐれて立派な徳を持ち、広く物事に適した才能の持主）ヲ以テ立国ノ基礎ヲ鞏クシ、人生ノ本分ヲ尽サシムルヲ期スベシ、一、本校中、国法科ハ其ノ科目数少カラザレハ、独立ノ一科トシテ之ヲ教授スベシ、一、本校ヲ国学院ト称シ、其ノ国法科ヲ専修スル所ヲ日本法律学校ト称ス」ることを決議するに至るのである（高梨公之「日本法律学校創立前後」『日本大学法学部創立九十年記念論文集』4頁、昭和54年。（　）内は筆者加える）。そして22年10月4日設立許可を得た日本法律学校が、翌23年9月21日皇典講究所内での開校式（臨時科外講義が開始されたのは5月19日であった）まで約1年を要したのは、取りも直さず、ここ

に述べたように、所内の説得に時間がかかった事情によるものと推測すること
ができる。また日本法律学校評議員に皇典講究所関係者を含んでいないことは、
賛成者が少なかったことと関係していて評議員ならともかく、山田が創立者と
なることは遠慮すべき状況にあったと思われるのである。

　第三の原因理由は、山田は当時現職の司法大臣であった。現職大臣が公然と
私立法律学校の創立者を名乗ることは、何かと憶測が働き批判の対象となった
のであり、憚るべきことであったことが理由の第三である。事実噂されていた、
司法省からの特別保護金の下附問題と、文部省の特別認可学校の認可問題につ
いての風説は、世間の耳目を　敬てていた。たとえば『読売新聞』をみると「頃
日世上風説を伝ふる者あり　曰く今度設立される日本法律学校に対し司法省は
五万円の保護金を与へ　且同省の版権及び書籍売下代金を下附したり。而して
文部省は従来設立以来三年を経過せざる学校に特別認可を与へざる習慣なるに
拘らず　特にこの学校に限りて設立の始より特別認可を与へんとす…現在認
可学校の校友諸氏が頻りにこの事に就て奔走する跡を見れば全く無限なりとも
思はれず」（23年4月18日号）と掲載し、これらの風説あることを警戒感を込
め、さらに反対の意を含めて報道している。また「他の認可学校（専修、明治、
東京専門、和仏、東京法学院）校友中有志の士は大不平を抱き、去る九日神田錦
町三丁目の重の井に集会を開きたるよし」（『読売新聞』23年4月11日号）と
報じ、反対運動といったものも起こっていて、現職の司法大臣が法律学校を設
立することに世間の眼は厳しかったのである。したがって創立者を名乗ること
は憚られたのであった。

　第四の原因理由に、山田は「評議員」21名の筆頭者として掲載されていて、
「創立者」11名と明確に区別されている。評議員は、22年5月頃、創立者達が
「日本法律学校設立主意書」をもって賛成員を募り、「資金ヲ出シ、若クハ其他ノ
方法ヲ以テ賛助セラルゝ者」に評議員就任を要請したのであった。評議員をみ
ると司法省関係者が多いし、山田が委員長を務める司法省法律取調委員会の委
員が多数であり、司法大臣山田とのつながりを強く感じ取ることができる。山
田が積極的に評議員を推挙したことの現われではないか。そしてここに、評議
員は従四位以上の顕官で構成されていて、創立者と比較して、官職上の身分が
高いのである。したがって評議員選任には山田の指示や介入があったものと思

われるのである。一方の創立者は、金子堅太郎の奏一等従五位が最高で、それ以下の官職者が並んでいる。これは、創立者選任の段階では、前述したように山田はまだ学校設立に介入協力していない時期であった。山田はその後の評議員選任の段階から日本法律学校設立に関与することとなったとみられるのであって、その結果がここに現われている。そして山田が創立者ではなく、評議員に名を列ねているのは、先に述べたように創立者と評議員選任の時期の問題ばかりではなく、ここに述べる官職上の身分の高下で区別したことも一因であったようにも思われるのである。23年3月時の評議員を挙げると、従二位伯爵山田顕義（司法大臣、司法省法律取調委員会委員長）、従三位井上毅（内閣法制局長官）、従三位細川潤次郎（元老院議官、司法省法律取調委員）、従三位法学博士箕作麟祥（司法次官、司法省法律取調委員）、従三位男爵槇村正直（元老院議官、司法省法律取調委員）、従三位子爵清岡公張（元老院議官、司法省法律取調委員）、従三位文学博士加藤弘之（元老院議官）、従三位渡辺洪基（帝国大学総長）、従三位尾崎忠治（大審院長、司法省法律取調委員）、従三位尾崎三良（元老院議官、司法省法律取調委員）、従三位西成度（東京控訴院院長、司法省法律取調委員）、従四位渡正元（元老院議官、司法省法律取調委員）、従四位村田保（元老院議官、司法省法律取調委員）、従四位松岡康毅（司法省第二民事局長、司法省法律取調委員）、従四位辻新次（文部次官）、従四位名村泰蔵（司法省第二刑事局長、検事長）、従四位西岡逾明（司法省第一刑事局長）、従四位南部甕男（司法省第一民事局長、司法省法律取調委員）、従四位北畠治房（司法省第二民事局評定官、司法省法律取調委員）、従四位高木秀臣（東京控訴院検事長）、従四位渡辺国武（大蔵次官）の21名であった。

　以上述べてきたように、およそ4つの理由から山田は評議員の筆頭ではあるものの創立者にはならなかった。しかし山田と、とりわけ司法大臣の山田と日本法律学校の山田との関係は、創立時から切っても切り離せない関係にあるとみられていたし、そうみて良いと思う。山田は、実質上の創立者で、「学祖」と呼ばれるにふさわしい人物であった。たとえば『読売新聞』は、「山田司法大臣総裁となりて日本法律学校といふを設けらるゝ」（23年4月8日号）と伝える。また『朝野新聞』は、「山田伯は時事に感ずる所ありて日本法律学校を設立し」（23年4月9日号）と喧伝している。両新聞とも、山田が日本法律学校の設立

者であることを、報道している。そして『国民新聞』は、「日本法律学校は、山田伯の機関にして…百万周旋して此学校の創立せらる…」として、創立者である司法大臣山田とのつながりを誇張し表現するものであるが、同時にそのつながりを批判し、次のように述べている。「伝ふるもの曰く日本法律学校は、山田伯の機関にして将来国家主義、専制主義の本堂となるべし。曰く特別認可学校の性質は、已に久しく世に成立して、効験あるものにあらずんば、容易に此認可を与へざるの制なるに、山田伯は百万周旋して此学校の創立せらるゝや、特別認可学校となすべし、曰く司法省中の蔵版書籍、別途金等を之に下附して基本金となすべしとの約束已に調ふたり　曰く日本法律に関する著述は将来一切同校に於て負担出版して、少なくとも十万円の基本金を作るべし、之がため法律書を著述して山田伯に序題を請ふものあるも伯は一切之に応ぜずと、曰く山田伯は私かに茲に鞍を置き、子弟を養ひ、一朝退官の後は、茲より切って出つべしと、是れ伝ふるものの言なり…」（23年4月8日号）と報道している。

本報道では、文部省の「特別認可学校」と司法省の「特別保護金」とを混同し、「山田伯は百万周旋して此学校の創立せらるゝや、特別認可学校となすべし、曰く司法省中の蔵版書籍、別途金等を之に下附して基本金となすべしとの約束已に調ふたり」というが、この2つは明確に区別されなくてはならない。文中「特別認可学校となすべし」は、文部省の認可に係ることであり、「司法省中の蔵版書籍、別途金等を之に下附して基本金となす」は、司法省の特別保護金のことである。

司法省特別保護金の対象校への名乗り　　まず、司法省の「特別保護金」だが、司法省は、かねてから私立法律学校あるいは法律を教授する学校に対し、補助金（保護金）を与えて奨励することがあった。その趣旨は、司法の要員を確保するためであり、効率的、経済的な方法ですらあったとされていたのである。しかしこの特別保護金問題は、第一回帝国議会衆議院予算委員会において問題視され議論されている。

なぜ、私立法律学校に補助金を出すのかについての疑問に答えて、箕作麟祥司法次官は次のように答弁した。「成るへき丈は帝国大学で法律学を修業致したものを取りまして、判事・検事の候補者と致さんと欲します。所が此の判事検事の補闕が沢山要りますから、大学を卒業したものばかりでは十分に足りませぬ、

それであるから遂に私立の法律学校にも補助金を下附することになりました」。そして同じ趣旨で帝国大学には、「分科大学に三十名、大学院に十名の生徒を養成する丈の貸費を与へます。それで本年度の要求金額は四千九百五十円に成って居ります」（24年2月14日。前掲『大日本帝国議会誌』第1巻、912頁）と特別保護金の予算額とその目的の趣旨と経緯を述べていた。

さらに続いて同人の箕作司法次官は、「判事検事の欠員を補ふ為に、帝国大学…貸費生徒…では中々足りませぬから、英吉利（法律学校。18年創立。のちの中央大学）、仏蘭西（東京仏学院。13年創立。のちの法政大学）、独逸（学協会学校。16年創立。のちの独協大学か）の此の三学校に、司法大臣が補助を与へて、法律学士を養成するのであります。只今俄に此の補助費を止めると云ふと、折角是迄養成しつつある所の生徒も俄に之が為に其の学を廃することになるかも知れませぬ、殊に独逸学協会の如きは、司法大臣より教師は外国人を雇入れろと云ふ命令が御座ります」（24年2月27日。前掲『大日本帝国議会誌』第1巻、946頁）と、答弁している。

このようなことで、司法省は特別保護金の補助を行なっていたが、日本法律学校も司法大臣山田の後立を得て、その対象校に名乗りを挙げたのである。ところが、これに対し、設立されたばかりの日本法律学校を、司法省特別保護金の対象校とするのは不適当とする反対意見が相次いだのである。新聞も不適合と反対して、報道するものが多数に上り、先に引いた『国民新聞』（23年4月8日号）の報道も、その一つであった。さらに『読売新聞』をみると、「嗚呼日本法律学校は山田伯の学校なるべきも司法大臣の学校ならず。然るに司法省は何ヶ故に保護金五万円を与へたるぞ。版権及び書籍売下代金をこれに与へたるぞ。日本法律学校は日本法律を教ふべき唯一の学校にあらざるに、司法大臣は何ヶ故に特にこの学校のみに斯厚き保護を為す歟。日本法律学校を保護することは公私を混合する嫌無らん乎。而して日本法律の教授を奨励するという口実無きや論を俟たず。或は曰く、司法大臣は日本法律学校を優等の学校なりと認めてこれを保護したるなり。他の特別認可学校よりも優等なる学校なりと見做してこれを保護するなりと。然れども日本法律学校の起れるは昨今にあり、焉んぞ其結果の挙らざるに先んぢ、優等なると劣等なるとを差別するを得んや…司法大臣は公平なる御方なり…公平ならざる可からざる御方なり。元来公平なる御

方、公平ならざる可からざる御方にして、一日本法律学校に対し偏頗の保護を
与へ給ふ筈あるべからず。余輩は日本法律学校保護の一事虚伝なることを信じ
且望む者なり」（23 年 4 月 18 日号）と報道している。ずいぶん皮肉を込めた言
い様でもあるのだが、日本法律学校は、山田の学校ではあっても、司法省の学校
ではないので、特別保護金 5 万円を支給したとすることは、公私混同であると
して、力を込めて反対している。

　しかし、実はこれらの報道がどこまで真実であったのか疑問なのである。た
だ世間では、司法大臣山田が何らかの形で司法省の公金の中から日本法律学校
に、格段の配慮をもって別格の資金援助をしているという憶測を捨てなかった
のであった。しかし実は、「五万円の保護金の下附についても、司法省の版権に
ついての真偽も不明である。これらに関する直接的資料は、まったく見つかっ
ていない」（前掲『日本大学百年史』第 1 巻、154 頁）のである。すでに第一回
帝国議会開会中の 24 年 1 月の時点で「司法省の予算は決定していたし、予算、
決算は大蔵省が広報で発表しているが、この中に日本法律学校への保護金支出
は見当らない」のであって、風聞にすぎなかったようである。

設立資金について　　　このように司法省「特別保護金」の下付はなく、司法省
の版権についての真偽も不明であるとすると、それでは、日本法律学校の開校
並に開校後の当面の運転資金は、どのように準備されたのであろうか。「当時、
私立の法律専門学校を創設し開校するには、文部省当局のみるところでも創設
費約三万円、一年間の維持経費約一万円を要した」（『明治二十三年公文雑纂』文
部省、三十一ノ上）というのである。「日本法律学校設立主意書」では、資金調
達の手段として、賛成員を置き、1 株 25 円の株金を賛成員から募り、賛成員を
評議員に加える規定であった。しかし設立認可を受けて公表されているものの
書類の中に賛成員という項目はないのである。また、先にみたように評議員は
従四位以上の高官ばかりで、司法省の顕官で構成されているが、これは前述し
たように、司法大臣山田の介入と指示があってのことであったと思う。したが
って、山田が賛成員に資金の提供を要請し、拠出してもらい、そのうえで評議員
就任を懇請したものと考えられる。ただ「若干の寄付はあったかもしれないが、
それは設立資金といえるほどのものではなかったであろう」（前掲『日本大学百
年史』第 1 巻、159 頁）とされるが、評議員就任の際は、それなりの資金拠出

を、お願いしたのではなかったかと思われるのである。

　もちろん山田自身は、多額の運営資金を用意し援助した。確証はないが、山田の金離れには定評があり、豪快であったことは、今泉定助（定介。神宮奉斉会会長、日本大学皇道学院院長）の証明するところでもあって、「城北中学を作るとき…大金をポンと投げ出され…私財をなげうっても面倒を見てくれた」と語っている（「山田伯五十年祭追悼演説」『山田顕義傳』833 頁）。このことからみても、山田は私財から多大の資金を用立てたであったろうと推測したい。ただ具体的に、どれ程の資金を用意したかなどは、まったく不明である。何分この 22 年 23 年頃の山田は、プライベートで、金繰りに困っていた事実もある。たとえば親友の宍戸璣に出した手紙の中に、次のようなものがある。「…拝借金三百円之口…例ノ営繕意外之入費ニて困却之餘…来月廿五六日比迄、返済延期相願候訳ニハ相叶間敷哉、申上試候…四月廿一日（明治二十二年か）　来月ハ屹度間違不申　実ハ小田吉兵衛頼母子、来月取当ニ御座候也」（前掲『宍戸璣宛、山田顕義書翰集』18 頁）である。ここに「営繕意外之入費ニて困却」とある。豪華美麗な洋館造りの音羽新邸への移転は、23 年 3 月である（推定）。宍戸への本書翰は 22 年 4 月と推定できるところから、営繕費である建物建築費に多大の費用を要している様子を垣間見ることができる。そして 23 年 6 月には天皇行幸を御迎えし最大、最高の歓迎をしている。さしもの莫大な収入のある山田も（この時各省大臣の年俸は 6000 円で、総理大臣は 9600 円であった。前掲『明治維新の政治と権力』130 頁）、資金繰りが厳しかったようである。このような中にあっても、実直であり、俠気に富む山田は、精一杯の自己資金をもって、日本法律学校を援助したと思われるのである。

文部省指定特別認可学校への名乗り　　次に山田は、先発の同僚法律学校と比べて、後発の日本法律学校を、何としても創立時より「特別認可学校」の指定を受けることで、他の法律学校と肩を並べさせたいと考えていた。そこで、文部省の「特別認可学校」のメンバーシップを得るについての種々の対策を講じた。この認可の効果は、徴兵猶予並に高等文官試験受験資格と結びついていたからである。文部省の訓令では、その資格要件を、創立後 3 年の経過、及びその間の成績を、みることになっていた。創立草々の学校には与え難いとしていたのである。しかし日本法律学校は、22 年 10 月 4 日東京府知事より設立認可を得

てより、3日後の、10月7日「特別認可学校認定申請書」を文部大臣榎本武揚に提出した（23年5月17日榎本に代わり芳川顕正が文部大臣に就任し交代する）。このことについて、『日本大学百年史』は、次のように記述している。「山田所長（皇典講究所）は日本法律学校を創立すると共に専門学校としての特別認可を得んと欲し、同二十二年十月八日（七日か）を以て文部省に認可を申請した。併し特別認可学校の指定に就ては文部省としては種々の疑義を持っていた。当時、文相芳川顕正氏が閣議に具申した所では、『特別認可学校ナルモノハ、十九年八月判事登庸規則ニ依リ、判事ノ任ニ充ツヘキ法学生徒ヲ養成スルノ目的ヲ以テ特別監督条規ヲ設ケタルニ始マリ、爾来、多少ノ沿革ヲ経テ現在独逸学協会学校・東京法学院・和仏法律学校・東京専門学校・専修学校・明治法律学校ノ六校ヲ見ルニ至レリ』（司法省の「特別保護金」と混同するような文章だが、文部省の「特別認可学校」の認定はこの趣旨にもとづいている）、しかしこれら私立法律学校の実態は、資金が足りず、管理が悪く、設備も劣り、教育は英・仏・独に偏り、教員は片手間、学生の品行、言論は憂慮に堪えないといった背景もあって、日本法律学校の照会に対して文部省は回答しないのである。そこで山田皇典講究所所長は、司法大臣名をもって文部大臣に『皇典講究所ヲ以テ日本法律学校ト見做シ、若クハ法律学校ノ資格アルモノト看認メ難キ理由ハ無之ト思考致候』と抗議した。そして『十九年二月に、皇典講究所規則を改正し、さらに二十年四月一日からカリキュラムを改定して、皇典講究所内で法学教育を行なってきた実績がある』ことを強調したのである。つまり、『本科三年の間、毎週三十時間の授業時間のうちで六時間を法制の授業に割き、古代法制・令式格律・有識類を三級（一学年）で、中古法制・徳川禁令類・有識類を二級（二学年）で、近代法制・刑法・治罪法の類を最後の一級（三学年）で教授するカリキュラムを組んでいた。また、国史・語学（国文学・作文）と法制を各々週六時間ずつあて、残り十二時間に物理及化学・博文・哲学・政治学・礼式・体操などの教科を教える内容であった。』として、充分要件を満していると主張した。ここに、この皇典講究所での週六時間の法制講義の時間数や教科内容と三年間の実績を踏まえて、日本法律学校は、文部省に特別認可学校の要件を満しているとして、認可を申請したのである」（前掲『日本大学百年史』第1巻、112〜113頁）。しかし芳川顕正文部大臣（教育勅語を発布し小学校から大学までの教育行

政の統一化に努力。43年3月より44年2月まで国学院大学学長。大正9年79歳没）は、承服しない。「明治二十二年当省（文部省）第一号訓令末項、即チ設立以来三年ヲ経ベキ条項ヲ適用スベキ成規…アリトセハ　…皇典講究所ノ学科中法律学ニ関スル一・二科目ハ、決シテ法律学ト称スベキ一学科ヲ代表シ得ルモノニ非ス…其卒業者ハ代言人ノ試験ニ要スル科目ヲモ修メサル事実ヨリスレハ、亦法律学ヲ修得シタル者ト認ムルヲ得サルナリ」と回答した。そして上記文部省第一号訓令は、徴兵延期を認められる中学校相当以上の学校認定についての要件で、特別認定学校について直接なされたものではないが、徴兵延期等の扱いを受ける点では同じであり、「二種学校ノ権衡ヲ保チ、其利益ヲ彼此同一ニ制限スルハ、行政ノ取扱上…当サニ為スヘキノ事タルベシ」といい、「日本法律学校ハ此際認可セラルルコトヲ止メ…其相当ノ成績ヲ現ハス」をまって「文部省ハ其成績ヲ認メ、然ル後之ヲ認可スルモ敢テ遅シトセサルナリ」と拒否する旨の、文部省判断を示したのであった（前掲「日本法律学校創立前後」『日本大学法学部創立九十年記念論文集』21頁）。こうして日本法律学校の特別認可校問題は、23年7月に文部大臣より却下された。ここで一旦中断するが、その後も認可運動は続けられたが、日本法律学校が特別認可学校となることはなかったのである。もっとも、日本法律学校の第一回卒業生が出た26年には、特別認可学校制度そのものが廃止された。山田の死後のことであった。さらに、判検事登用試験受験資格の変更（26年10月9日司法省令16号）も行なわれ、司法大臣認可指定校制度は変更となった。そして、12月14日には、司法省告示91号によって、日本法律学校を含む9校が判検事登用試験指定校（日本・明治・和仏・慶応・東京専門・専修・東京法学院・独協・関西）となる。日本法律学校の22年創立より4年後のことであった。

日本法律学校開校式　このような状況にあったが、日本法律学校は、23年9月21日開校式を挙行した。22年10月4日設立が認可されてから約1年後のことである。

　会場は、皇典講究所の大講堂であった（麹町区飯田町5丁目8番地）。この講堂は、音羽護国寺別院の建造物を譲り受けて移築したもので、破風造り屋根の堂々たる建物であった。そして「門内一個の緑門に国旗を交叉し、庭の中央に数十個の球灯を吊して」装飾となした（『日本』23年9月22日号）。また「玄関

の右側には楽隊所を設けて絶えず奏楽したり」(『東京新報』23年9月23日号)とする演出がなされた。

当日は「連日の風雨始めて晴れ、涼風時に苦熱を払ひ、天実に本校の為めに此良日を設けたる者の如し」(『臨時科外講義録』第7号、日本法律学校発刊、23年10月4日。前掲『日本大学百年史』第1巻、183頁)で、昨夜は降雨があったようだが、昼は晴天だった(『松岡康毅日記』23年9月21日条、日本大学、昭和61年)。

「午後一時より来賓馬を馳せ、車を走らし来て本校に集る、講師創立者一同之を玄関に迎へ一々式場に案内す、此日の来賓には、山県(有朋)総理大臣、山田(顕義)司法大臣、土方(久元)宮内大臣(元老院議官、枢密顧問官、大正7年85歳没)、佐野(常民)枢密顧問官(大蔵卿、元老院議長、農商務大臣、日本赤十字社社長、35年81歳没)、西(成度)大審院院長、辻(新次)文部次官(大学南校校長、帝国教育会会長、大正4年74歳没)、箕作(麟祥)司法次官、加藤(弘之)帝国大学総長を始め、代議士には島田三郎(自由民権運動を指導、衆議院議長、大正12年71歳没)、元田肇(逓信大臣、鉄道大臣、衆議院議長、枢密顧問官、昭和13年81歳没)の諸氏、其他朝野貴顕紳士法律家及ひ本校生徒等無慮(およそ)七百余名にして場内立錐の地を余さず」(前掲『臨時科外講義録』第7号。前掲『日本大学百年史』第1巻、183頁。( )内は筆者加える)との盛大さであった。「其他朝野貴顕紳士法律家」の中には、ボアソナード(『大同新聞』23年9月23日号)や、松岡康毅(東京控訴院院長、第二代日本法律学校校長、初代日本大学総長、農商務大臣、大正12年77歳没)も出席していた(前掲『松岡康毅日記』第3巻、23年9月21日条)。ここでは出席者数を生徒(学生)を含めて「無慮七百余名」とあるが、人数については、各新聞報道で異なっていて、「内外の貴賓百数十名」(『大同新聞』23年9月23日号)、「無慮二百名の来賓あり」(『時事新報』23年9月23日号)、「貴顕紳士の来会せるもの三百余名」(『朝野新聞』23年9月23日号)、「其数無慮四百名ほど」(『東京新報』23年9月23日号)など、さまざまに伝えられている。教職員や入学生200名程を入れるか否かで異なると思うのだが、正確な出席者数はわからないが、只ならず、相当に盛会裡であったものと推測できる。

そして武典が始まった午後2時「既にして奏楽あり、一同着席するや創立者

総代法学士宮崎道三郎氏創立の趣旨を述べ、次に校長金子堅太郎氏（創立者）の演説あり、夫れより山田司法大臣（評議員）の演説、辻文部次官（評議員）の祝辞、加藤大学総長（評議員）の演説あり、次に校員某氏渡辺大蔵次官（評議員）の贈られたる祝辞を朗読す」といったことが行なわれて、後、「於是式全く畢を告げ」（前掲『臨時科外講義録』第7号。『日本大学百年史』第1巻、183頁。（　）内は筆者加える）て、開校式はとどこおりなく終了した。

開校式での演説とその要旨　開校式での演説内容について、散見してみると、まず冒頭、第一番目に壇上に立ったのは、創立者総代宮崎道三郎（帝国大学法科大学教授、昭和3年74歳没）である。そして日本法律学校の創立目的を次のように述べた。「…我が日本人民が、日本人民として、先づ第一番に知らなければならぬ法律を、教へると云ふ旨趣で御坐います。則ち日本人民の第一に知らなければならぬ言葉は、日本の言葉でありますが、其れと同じことで、日本人民が第一に知らなければならぬ法律は、日本の法律であります、この日本法律を専修する所として、日本法律学校は立てたので御坐います」と話し始め、続いて「モウ一つ申し上げますのは、日本法律学校を立てたのは、新法典の発布の際に当ッて居りましたから、日本法律学校の計画に就いて事情を御存じの無い方は、本校は新法典に促されて設立したのでは無いかと、言ふ人も有りませうが、私共は新法典が出来たのみで立てることにしたので無く、此の学校の如き学校を立てやうとしたのは、数年前からのことでありました」（前掲『臨時科外講義録』第7号。『日本大学百年史』第1巻、184～187頁）と述べた。わざわざ創立者総代の宮崎が、「新法典が出来たのみで立てることにしたので無く」と断ったのは、実際上の創立者である評議員、司法大臣山田が、「…山田伯は私かに茲（日本法律学校）に鞍を置き、子弟を養ひ、一朝退官の後は、茲より切って出つべしと、是れ伝ふるものの言なり」（『国民新聞』23年4月8日号）といわれている風聞を捉えての、断わりの言であったと思う。つまり日本法律学校評議員、司法大臣山田は、自らが編纂した法典を施行した後は、本校で養成した司法官をもって裁判に当たらせて、裁判所をリードし、支配しようとしているとの批判を考慮しての発言であった。

　この時山田が、生涯を懸けて編纂した近代主要諸法典のうち、裁判所構成法は23年2月10日に、民事訴訟法は4月21日に、商法は4月26日に、それぞ

れ公布されていた。民法は、財産編、財産取得編第1章から第12章、債権担保編、証拠編の財産法部分が4月21日に公布された。また来たる10月7日には、身分法部分である人事編・財産取得編第13・14・15章が公布される運びとなっていて、22年に始まっていた法典論争は、施行をめぐって弥が上にも高まっていた。このような微妙な時期であったので、わざわざ断わりを入れたのであろうと思う（民法典論争については、本章2 (2)で述べた）。しかもかつて山田は、司法大輔時に、法典編纂後の司法官育成を目的として、9年3月5日明法寮学校を増強して、司法省法学校の設立に尽力したが、山田にとって、日本法律学校創立も、後れ馳せながらそれと軌を一にし、方向を同じにする考えに立つものであると世間はみていたからである。事実、山田は多くの法曹を養成した。何度も述べるように、この約1年後の24年に、大津事件引責で大臣を辞職するが、前掲したように「山田伯カ司法大臣ノ椅子ヲ去ラルゝニ臨ミ、其股肱ノ郎党ハ之ヲ高等ノ裁判所ニ転セシメ、隠ニ其勢力ヲ保有セリ…殊ニ大審院ニ至リテハ、仏流ノ判事大多数ヲ占メ」（前掲『明治民法編纂史研究』506頁）るに至っていたのである。

　続いて創立者の一人で校長に就任した金子堅太郎（ハーバード大学卒、農商務大臣、司法大臣、昭和17年90歳没）が式壇に立った。曰く「明治二十三年は我邦法律の世界に於て実に前代未曽有の時代と云はざるを得ず、憲法及び憲法準拠の法律を初めとし、民法、訴訟法、商法の編纂発布を終り、府県制、郡制、市制及び町村制は或は公布せられて実施を待つものもあり、或は已に実施せられたるものあり、大にしては国権の基礎を確定し、小にしては町村の組織権限を明示したるものと云ふべし、然らば則ち本年以降は日本人民たるもの、宜しく其法典を繙き其精神を研究し、以て国法の如何を熟知すべきものなり、又た従来法律の成典となりたるものなきが為めに、学校に於て本邦の法律を講究するに当り之を遺憾とし、一時止むを得ず仏法に依り又は英法に則り、或は独法に倣ふ等頗る不便を感ぜしが、今や法典の編纂発布ありて始めて其遺憾とせしことも、昔日の夢の如く消散したり、…故に後来、日本法律学校は、一方に於ては日本古来の法令を編纂研究し、我国固有の国体を保守し、一方に於ては欧米改進の精神を採用し、以て法律を講究せんと欲す、己を顧みて人を学び、本を忘れず末に奔らず、本邦固有の美風と、欧米文明の原素とを折衷調和し、以て長を

取り、短を捨つるの、学風を漸次養成せんことを希望す…」（前掲『日本大学百年史』第1巻、188頁、192頁）との校長告辞を述べた。ここに金子校長は、明確に、新法典を「繙き其精神を研究し、以て国法の如何を熟知すべき」場が、日本法律学校であると明言した。そして注目したいのは、「本を忘れず末に奔らず」という言葉である。その意味は、「何事にも『本』（基本）が重要であることは、学問にもいえることであり、徒らに『末』（応用。取るに足らないことの意を含む）に奔る（逃る）ことは、学問の本質を誤ることになる」として、基本の習得の重要性を学生に訴えたものであった。

　そして満を持して、3番目に壇上に登ったのは、山田司法大臣（評議員）である。新聞では、「次に顕はれたるは山田顕義伯にして、不相変砂利路の上に車を糺らす如き訥弁にて述べられたるが」（『東京日日新聞』23年9月23日号）とあり、山田は演説が不得手であったようだが、司法大臣祝辞として、次のような式辞を述べた。「…則ち本校は古、王世のこと及び覇府の政権を擅にした時代から、延いて今日に至るまでのことを研究教授し、之を補ふに欧米諸国の学問を以てする訳であります、其法律の天然に基き（自然法学の立場を基本とし）、人為の之を補ふ（歴史法学で補足する）と云ふことは上、神代より、下、目今に徴しても明々瞭々であります、自然のものは決して人為を以て廃絶することは出来ず、又慣習は自然進化に依るに非ざれば変更の出来ぬことは、古来の歴史を逐って見れば、決して間違ひも無い所の事実であります、然れば其事実と理由とを講明し、然る後欧米諸国の法律及び碩学の論説を探求し、其の我が国に適応するものを採択して参らねばなりませぬ、之を一身に譬へて見るに、若し其身の憑拠（よりどころ）する所確かならずして、漫に他の物を採取するときは、飢た腹に食を得たるが如き有様で、甘いも辛いも分別が無く、決して国家の滋養とはならずして、却て害となりましょう、我が国の我が国たることを知って、然る後に甘いものなり辛いものなりを、択んで食はなければなりませぬ、是れ我が国の臣民たる者の、将来に向て最も注意し怠ってはならぬことと考へます…」（前掲『日本大学百年史』第1巻、193〜194頁）と演説した。ここに山田は、まず日本法律学校の行なうべき、学問研究の基本的立場を「…本校は古、王世のこと及び覇府の政権を擅にした時代から、延いて今日に至るまでのことを研究教授し、之を補ふに欧米諸国の学問を以てする訳であります」として、我が

国を徹底研究し、足りない部分を欧米の学問で補うことにある、とした。これを言い換えると、「日本固有法を基礎とし、欧米継受法をもって補足することにある」としたものであって、他の法律学校が、それぞれ仏法（和仏法律学校）、英法（英吉利法律学校）、独法（独逸学協会学校）を研究し、これをもって主体としていることへの批判でもあったわけである。ただし、この年の 23 年 9 月 9 日、帝国大学法科大学は日本法典の教育を主とし、外国法を参考科とすることを決定し、山田の考えと一致するといった動向もみられていた（前掲『近代日本総合年表（第 4 版）』125 頁）。

そしてこの時、すでに大論争となっていた法典論争に対して、山田は司法省法律取調委員会委員長としての立場を、この機を奇貨として披瀝したようで、「其法律の天然に基き、人為の之を補ふと云ふことは上、神代より、下、目今に徴しても明々瞭々であります」と述べた。つまり法というものは、自然法学（時の古今、地の東西を問わず共通する法）を基とし、歴史法学（歴史的、社会的事実にもとづく法）を従とすべきであるとして、山田自ら編纂した近代主要諸法典の立場と根拠と精神を明らかにしたのであった。

さらに付け加えると、ここで特に、健全な学校運営に徹することを求めたのである。この発言は、一評議員としてというよりは、事実上創立を任った「学祖」としての自負と責任から発せられた言葉であったに違いない。すなわち「…本校に向って最も注意を仰ぐべきことがあります、これは別事でも無いが、学校の営利的に流れぬ様に致すことであります」（前掲『日本大学百年史』第 1 巻、194 頁）といったのである。新聞では、この発言は「聴者も暫時は呆然たりし」（『東京日日新聞』23 年 9 月 23 日号）であったというが、その裏には、前述の文部省による特別認可学校問題があった。21 年 5 月に特別認可学校制度が始まり、そこに指定された学校には高等文官試験の受験資格が与えられた。このことについては、前述した。しかし認可学校の中には、「各監督学校生徒は卒業大試験の際、教員が引くとか試験問題を洩すとか、其人に拠りては、大に幸不幸ある抔苦情を唱へ、中には其筋へ上書する者もあり、教員に迫る者もありて、中々騒ぎ居る処なるが…」（『国民新聞』23 年 4 月 7 日号）ということがあって、不正が横行していた。文部省は 23 年 3 月に、特別認可学校の入学試験を厳格に実施するための、規則の改正を行なっていたが、これから特別認可学校の資格を

得ようとする日本法律学校にとって、このことは特に注意すべき点であった。したがって、「健全な学校運営に徹すること」を、山田はあえてこのように発言し、日本法律学校関係者に釘を刺したのである。

ついで次に、評議員でもある辻新次文部次官（評議員、大日本教育会会長、大正4年73歳没）の祝辞があり、「勉めて我日本法律を講明して、適実堪能の人物を養成し、以て国家の進運を賛襄せんことを期すへからず」（前掲『日本大学百年史』第1巻、194頁）との、文部省用意の、官用演説があった。

そして続いて、加藤弘之帝国大学総長（評議員）が式壇に登り、次のような祝辞を述べた。「日本法律学校も今年から日本の法律を以て学習することが出来、エウロッパの法律は先づ参考として研究すると云ふ様に、日本の法律が粗々備って来ました。然るに其の法律の性質は如何なるものなりやと云へば、日本古来の風習習慣より出て来たものとは言ひ悪くして、重もにエウロッパの法律に拠ったものと言はねばならぬ、抑々法律と云ふものは習慣によって成り立つもので、他国から資本を借りて来て立てることは出来ぬと云ふのが今までの公論である、然るところ日本の新法律は日本の習慣と違ふから、竹に木を継いだ様なものであると云ふ如き論まで出て来ました。竹に木を継いだと云ふのは極端論で、ちと甚しきに過ぎた譬喩の様であるが、併し新法律にはさういう様な性質が無いとは申されぬ…」、「…今日の日本の開化では、法律ばかり昔の習慣で居らうと云ふ訳には参りません。…故に只習慣に拠るが宜いと云ふことも言ふべくして、行ふべからざるの論と云はねばなりません、併しながらエウロッパのものを其のまゝ持って来て宜いと云ふことも言はれません。…試験して見た上でなければ何とも申す事は出来ません、今度発布の新法律はエウロッパのものを其のまゝに持って来たと云ふ訳ではなく、斟酌してあるに違ひないが、何にせよエウロッパのが多分になって居るに違ひありますまい、仮令ひエウロッパの種子が多からうが少なからうが、日本の法律になった上は日本の法律であるから、学生は之を研究し、当路の人は之を実施し試験して、適当不適当を見て、不適当なものは改める様にしなければならぬと考へます。先づ是れだけのことを申して今日の祝辞にかへます」（前掲『日本大学百年史』第1巻、195頁、197頁）と述べた。山田が編纂に当たった自然法学にもとづく新諸法典を、加藤自らの因って立つ歴史法学の立場から、辛辣に批判したのである。

この発言は、法典論争の渦中にあった山田には、黙視できない意見であった。ことに、「日本の新法律は日本の習慣と違ふから、竹に木を継いだ様なものである」といった発言は特に問題であった。したがってこの演説を直かに聞いていた山田は、これをどのように捉えていたのであろうか。生命を懸けて近代主要諸法典の編纂に全力を傾注してきた立場の責任者として、山田はどのように聞いていたのか。

　このことについて、新聞『日本』では、「氏（加藤弘之）が演説の中、時々山田伯の面上青筋を見たるは異観なりしと云へるものあり」（23年9月23日号）と報道し、怒り心頭に発した山田の表情を伝えている。これに対し『東京日日新聞』は、「次に出でしは加藤弘之氏にて、新法典が、諸外国法律の粋を抜たる出来栄なり、と言ふにも係はらず、吾は羅馬種のみにて、組立てられたる者なり、と断言せんと云ふより説き起し、若し敢て、新法典を以て、我国の習慣を宗として、諸外国法を以て、之れに補助を加へ、製造せし者なりと言はば、吾は木に竹を継ぎたる者なりと断言せん、又曰く、如何に今日の新法典は、不完全なりと云ふも、最早や致し方なし、六日の菖蒲十日の菊なり（5月5日の菖蒲の節句、9月9日の菊の節句の時期に遅れて役に立たない物事のたとえ）、されど後来法律を以て立つ者は、此の不完全の法律を改良するの義務あり云々と述べらるるや、拍手四方に起り、列席の山田伯は微笑しつつ居られたり」（23年9月23日号。（　）内は筆者加える）と、山田の余裕あるところを伝えて、前記の『日本』新聞と真逆に報道している。両紙区々で異なるニュアンスの報道であったが、この加藤の行なった演説は、単なる祝辞ではなかった。日本法律学校開校式での祝辞とは思われないものであった。司法省法律取調委員会委員長でもある司法大臣山田が出席し、面前にいる機会を狙っての、直接的発言であったからである。つまり民法典論争（法典論争）で延期論に立つ、加藤弘之の意図的、伏線的な発言であった。

　ところがこの確信的、計画的な発言を含む演説で、山田の怒りを買ったと思った加藤弘之本人は、23日付の新聞に、新法律を誹謗したように伝えられているが、それは誤報であるとして、異例の訂正の申入れを『時事新報』に送ったのである。「（拝啓）小生一昨二十一日、日本法律学校の開校に於て演説之節、日本新法律を誹謗致候様に他の新聞に記載せし由なれども（貴社新聞には評論なし）、

小生の意は決して左様にはあらざりしことにして、…小生之演説の大意を、左に申述候間、何卒…御記載被下候はば難有存候也」として、次のように釈明した。「…日本の新法律は…重もに欧法によらるゝことなることは明かなり、夫れ故、此新法律が日本の人民に適するや否は、容易に之を断定すること能はず、…（しかし）今日に方り、日本の新法律を欧法によりて制定したるは、蓋し已むを得ざることと云ふの外なきなり、加え最早日本の新法律…なり、…就ては今日以後法律学をなす学生にありては、其学習中並に卒業後に於て、或は学理の研究上、又は実地上につき、日本新法律の実に吾邦に適する部分と、或は適し難たき部分等を、研究するは甚だ必要にして、今日以後の法律学生の責務と云ふも可なる程のことなり、学生は宜しく法律上の試験をなす心得にて、是等のことを研究し、以て将来日本法律の益々完全に至らんことを希望して勉強せざるべからず…。九月廿三日　加藤弘之」（23 年 9 月 25 日号）という、弁解文であった。ここに演説内容の訂正という珍現象が起きたのである。山田の力の大きさと、加藤の腑甲斐なさが目にみえるような出来事であった。

　最後に渡辺国武大蔵次官（評議員、大蔵大臣、逓信大臣、大正 8 年 73 歳没）が、公務で欠席のため、寄せられた祝辞の代読があった。「…今や新法典既に頒布せられて、法律先つ独立し、法律学の一科も亦将に日本一種特有の色を生して独立せんとするに際して、此日本法律学校開校の盛典を挙くるを得るに至りたるは、実に其時を得たる者と云ふへきなり」（前掲『日本大学百年史』第 1 巻、198 頁）というものであった。

　こうして、山県有朋総理大臣をはじめ、高官多数の来賓者が臨席する中で、開校式が挙行された後、「来賓一同を樓上に請して立食の饗応を為す、此間絶へす楽を奏し余興を添へ、主客歓を尽して散会せり」（前掲『臨時科外講義録』第 7 号。前掲『日本大学百年史』第 1 巻、198 頁）とする祝宴が開かれ、5 時すぎに終了し、散会した（『日本』23 年 9 月 23 日号）。なお、「生徒にまで赤飯を与へらる」（「北井波治目自叙伝」『日本大学七十年略史』73 頁、日本大学、昭和 34 年。北井は日本法律学校第一回卒業生、弁護士、代議士）といったこともあり、大変盛会裡に行なわれた模様であり、その様子が目にみえるようである。

日本法律学校の順調な発足と程なくの運営危機　こうして盛大な開校式と祝賀パーティーを挙行した日本法律学校は、山田の強力な物心両面の援助によ

第 9 章　刹那の追憶　　259

って順調に滑り出した。まず資金だが、前述のように明確ではないが、『日本大学百年史』は、「開校および開校後の当面の運用資金は山田顕義が用意し、援助したという以外には考えられない。それでは山田はどこからその資金を用意したのであろうか。巷間では彼が司法大臣であるところから、司法省の金を使うのではないかとの風評があったことは事実であるが…その確証はない。山田は長州系政治家の中枢に位置する、時の政府部内の有力政治家である。その有力政治家がどこからどれほどの資金を用意したのか、現在となっては全く不明」であるとする（前掲『日本大学百年史』第1巻、159頁）。したがって前述したが、山田の私財からの支出であったと思う。しかし音羽邸建設（転居移住は23年3月と推定している）や、天皇行幸（23年6月26日）があって多額の費用を消費した時期と重なり、山田の資金は潤沢ではなかったことは前述した。

　ただ日本法律学校は皇典講究所所長でもある山田の配慮から、皇典講究所施設を使用し、利用することが、できることとなったので、校舎の新築費などは計上しないで済んだし、また「創業費として七〇〇円を皇典講究所から借りていた」（前掲『日本大学百年史』第1巻、157頁）といったことがあり、開校時には、皇典講究所の助力に拠るところ多大であった。これらは、皇典講究所所長山田の存在があったからこそなし得た事柄であったことは、いうまでもない。

　しかし程なく、運営の厳しさが表面化するのである。学校経営を圧迫した要因の一つに講師料問題があった。授業は、23年5月19日より「臨時科外講義」として開講された。具体的に述べると、「本尾敬三郎（内閣法制局参事官、司法省法律取調報告委員、著書『商法註解』）は商法第一編第六章の商事会社の部分より講義を開始し、木下周一（内閣法制局参事官、司法省法律取調報告委員、著書『商法注解』、『万国公法』、『宇漏生国法論』）は商法第三編の破産法を担当した。民事訴訟法は、本多康直（創立者。司法省参事官、司法省法律取調報告委員、著書『民事訴訟法註解』、『宇独司法制度』）が第一編（総則、第1章裁判所、第2章当事者、第3章訴訟手続）を、今村信行（内閣法制局参事官、司法省法律取調報告委員、著書『民事訴訟法解疑』、『民事訴訟法講義』、『民事訴訟法註解』）が二編以下五編（第2編第一審ノ訴訟手続、第3編上訴、第4編再審、第5編証書訴訟及ヒ為替訴訟）までを担当している。出浦力雄（司法省書記官、司法省法律取調報告委員）が裁判所構成法、水野遵（法制局書記官、著書『英国地方制

度及税法』）が府県制、郡制を、林田亀太郎（衆議院書記官、著書『英国憲法及政治問答』、『衆議院議員選挙法釈義』）が議院法を担当した」（前掲『日本大学百年史』第1巻、165頁。（　）内は筆者加える）。このうちの、本尾・木下・本多・今村・出浦の各講師は、前記したように山田が司法省で委員長として主導した司法省法律取調委員会内の報告委員であった。これら新進気鋭の有力学者が日本法律学校の講師となり得たのは、偏に山田のこの委員会の人脈からであった。

　講師に対する謝礼（講師料）は、他の法律学校が1回の講義で1円のところ、日本法律学校は格段に高く、1時間6円という高額であったという（前掲『日本大学百年史』第1巻、153頁、165頁）。これが学校経営破綻の一因ともいわれるが、山田の教学尊重にもとづく学校運営の一端をみる思いがする。

　このように、最大の支援者である山田が、司法大臣である間や、生存中は、その存在だけで、学校運営は人的にも物的にも維持し得たのである。しかし山田は、24年6月1日「大津事件」で引責し、司法大臣を辞任した。あり得ないことなのだが、大審院特別法廷で、犯人津田三蔵に普通人謀殺未遂（刑法292条、112条）の判決が出たことで（24年5月27日）、責任を取り、司法大臣を辞任した（前述144頁）。退官後山田は、鎌倉材木座や三浦三崎の別邸に俗塵を避けて、リューマチを癒すために静養していたが、25年11月11日兵庫県生野銀山の視察中に、突然薨去した（前述180頁）。ここに日本法律学校は、その柱石を失ったのであった。

山田顕義の死と廃校決議　　山田という巨人に依存し切っていた日本法律学校は、その死に直面し組織の存立に関わる危機的状態に立ち至った。「日本法律学校には財政基盤を支える支持団体もなければ、山田の亡き跡を継いで行こうとする責任感溢れる人物もいなかった。評議員や創立者には、特筆すべき大人物や実力者が少なからずいたが、引き受けてやってみようとする人物はいなかった。そうした中で、26年6月の職員会で廃校を決議するに至るのである」（『稿本日本大学五十年誌』81頁、草稿本につき未出版）。理由の最大のものは、運営資金の欠乏であった。年間予算を計算してみると、資料が残っているのは、明治31年度のもので、少し遅れるが、「授業料収入は、一人、月額一円であり、在学生三六〇名と考えると、月額合計三六〇円、年額三九六〇円（十一ヶ月分）であ

る。副科生の聴講料を加えても、約四〇〇〇円程度であった。『講義録』の購読料収入はまったく不明だが、これを含む雑収入として約二〇〇〇円が計上されているのを参考にすると、主要な年間収入は、六〇〇〇円程度であったと推定できる。

　これに対し支出は、同じ三十一年度を参考にすると、事務局給与一二〇〇円、雑給（旅費手当・諸備給を含む）二三五〇円、その他校費（備品費・消耗品費・図書費等）が約六七〇円である。加えて講師給与は、一回六円（一時間六円ではなく）で計算すると、各学年月三〇〇時間、年二七〇〇時間の授業があり、全学年で年間計八一〇〇時間であるので、各講師が一回の出校で二時間の講義を担当したとして、年額二万四千三〇〇円となる。すべてを総合計すると、年支出は二万八千五二〇円となり、収入の六〇〇〇円を勘案しても、毎年二万二千五二〇円の赤字となる。このような経営状態が実体であったと思われるのであり、二十六年六月の職員会で『廃校決議』に至ったものと考えられる」（前掲『日本大学百年史』第１巻、380〜381頁）のである。

　しかしこの事実を公表することなく、26年7月16日に、日本法律学校卒業式が挙行された。式典には第一回卒業生46名（正科生43名、副科生3名）が、顔面希望を漲らせて列席していた。学校側からは、創立者宮崎道三郎（幹事）、同樋山資之、同本多康直、評議員松岡康毅、来賓総代清浦奎吾、講師中村元嘉等が参列した。校長金子堅太郎は、前日7月15日に無慈悲にも辞任し、姿はそこになく、卒業証書は幹事宮崎道三郎より手渡された。晴れがましい式典だったが、悲しくも、また寂しい校長不在の卒業式だった。

日本法律学校の再興運動と運営の継続　　この卒業式の直後に、「廃校決議」がなされたことを伝え聞き、学校が、危急存亡の状態にあることを、知った卒業生達は愕（おどろ）き怒りながら、再校（興）運動を始めた。そしてやっと、8月下旬に評議員松岡康毅（前大審院検事総長、著書『訴訟手続大意講義』、『独逸訴訟法講義総説』。日本大学総長、農商務大臣、大正12年77歳没）に校長就任を要請し、ようやく内諾を得た。その後、松岡康毅校長は学長となり、総長となって「前後三十年に互り…立派な講師を揃え、独立校舎を完成、そのほか講義録を広めるために、下級の役人に対し割引制を定めるなど巨細に亘って骨を折られ、…」、「日本大学を本当に独立できるものにしようとして、千苦万難努力をされ

た」（前掲『シリーズ学祖・山田顕義研究』第1集、63頁、64頁）のであるが、松岡康毅に二代目校長就任の承諾を得ることができたのである。こうして日本法律学校は、血脈を保ち、26年9月18日新入生を迎えて新年度を開講した。

　学校再興運動は、このように第一回卒業生の愛校心が、難局打開の原動力となった。なお第一回卒業生は46人（入学者は二百数人）で、このうち荒川五郎（広島）、佐々木文一（岐阜）、八束可海（愛媛）、北井波治目（静岡）の4人が衆議院議員になっている。ついでに述べると、30年までの4年間に378人の卒業生をみるのであるが、その中で高等文官に6名、判検事が18名、弁護士が13名、高等武官が11名で、大体1割は高等官に任官しているということとなる。その他判任文官が49名、新聞雑誌の記者が7名、銀行・会社員が23名で、合計127名の就職先が判明している（前掲『シリーズ学祖・山田顕義研究』第1集、59頁）。そして日本法律学校再生復活に賛意を表わし熱心に尽力したのは、「創立者では、幹事長森（野田）藤吉郎（東京大学卒業、東京控訴院次席検事、大蔵省官房長、大正9年61歳没）、本多康直（独国ゲッチンゲン大学卒業、司法省参事官、大審院判事、33年45歳没）、斯波淳六郎（東京大学卒業、独国ベルリン大学留学、帝国大学教授、内務省宗教局長）。評議員では、松岡康毅。また創立後評議員に加わった中村元嘉、野村維章（茨城県令、大阪・東京控訴院長、36年60歳没）、春木義彰（検事総長、東京控訴院長、貴族院議員、36年59歳没）であり、講師では今村信行（東京控訴院部長判事、大審院判事、42年70歳没）、清浦奎吾（司法大臣、農商務大臣、内閣総理大臣、著書『治罪法講義随聴随筆』、『明治法制史』。昭和17年92歳没）、高木甚平、石渡敏一（東京大学卒業、独国ベルリン大学留学、内閣書記官長、貴族院議員、日本大学第一中学校設立、著書『独逸帝国民事訴訟法同施行条例註釈』、昭和11年79歳没）、磯谷幸次郎であった」（前掲『日本大学百年史』第1巻、380頁。（　）内は筆者加える）。

　ここに山田の建学の意思・精神は辛くも継承された。山田の存在は偉大であり、絶大であった。山田なくして日本法律学校の運営は難しかった。なぜならば人脈も資金も山田頼みであったからである。このことは前述した。

　山田は、本章冒頭で述べたように、死の刹那に際して、気がかりなことの一つとして、開校したばかりの日本法律学校の行く末を心配し憂慮したと推測した

い。その後、日本法律学校は、明治36年日本大学と改称された。大正9年旧大学令によって、我が国初の私立大学8校（慶応大学・早稲田大学〔2月5日〕・日本大学・明治大学・法政大学・中央大学・国学院大学・同志社大学〔4月15日〕）中の一つとなった。そして昭和24年の学校教育法によって、新大学制による大学となっている。創立から135年を経た現在では、学部数16、付属校等を含め学生数約11万名、専任教職員7700名、卒業校友は120万名を数えている（令和6年4月現在）。山田顕義の教育への先見の明は、我が国最大の総合大学に発展し、開花している。

終　章

山田顕義終焉の思い

山田顕義の最後の状況と思い　　山田は、明治 25 年 11 月 11 日午前 10 時頃、生野銀山太盛山三番坑の、坑道口から少し入った所に休止して休息していた。奥を覗いてみると、細いトンネルを垂直にしたような果てしない坑道が、下に向っていて、暗闇が続いていた。仄（ほの）かにみえる地底では、ダイナマイト発破を繰り返しながら、銀鉱石を採掘し、トロッコに積み込んで馬が曳き、地上へ引き上げていた。山田は休息を終えて、その現場へ足を踏み入れて、下へ降りて行こうとした時、突然転倒した（転倒原因は不明。182 頁）。そして頭部を突起した岩や石にぶつけながら、わずかに坑道の暗闇に落ちていったが、かろうじて転倒場所付近にとどまった。参観する採掘現場までの距離が長ければ長い程、足を踏み外すことは、死を意味していたが、山田は坑道口に止まった。しかし転倒時の頭部損傷は、陥没が烈しく、回復不能の重傷で、死を覚悟しなければならない状況であった。ここに山田は死を悟ったが、死という九泉（あの世・奈落）へ堕ちて行くこの時の気持は、身体状況とは逆に「生きよう」として、しがみつく「生」への挑戦者だった。明日につなげて生きようとする祈念者であった。

　山田は司法大臣の職を辞し、宿痾に苦しみながらも、いまは枢密顧問官（25年 1 月 28 日任官）の閑職にあるが、自分はまだ日本に必要であるという自負を持っていた。公布した民法・商法を担当大臣として、何とか施行したい。さらに法学教育を充実させ、立法解釈を正しく運用させて、近代日本を一層推進し、建設していかなければならないというリーダーとしての強い思いを持っていた。坑道の真っ暗な闇に放置されれば、正気は失われるし、石に当たった頭部外傷が重症であることは自身で理解できたが、自分の志向や展望と、現在のこの坑道の闇の中に横たわる現実の自分とを重ねながら、光を求め、明かりを求めて、生存を希求し、行く末を模索していた。生きなければならない。生きたいと強く

265

思っていた。生命は残り少なくなると、非常に貴重で、すがりつきたくなるが、しかし身体状況はもはやそれを許さなかった。

　山田は恩師松陰の「起承転結論」を瞬時に考えていた。松陰は『留魂録』（松陰は安政 6 年 10 月 27 日江戸伝馬町の刑場で処刑されたが、その前日に、留魂録を含む「二十六日黄昏に記す」を書いた）で、人の一生というものは、100 歳まで生きても、20 歳で死んでも、あるいは 14 歳、15 歳で死んでも全部起承転結がある。季節でいえば、春夏秋冬があるんだといっている。吉田寅次郎という 29 年の一生は一個の完成されたものなんだ、悔いはない、というようなことを書いている（山口県教育会「留魂録」『吉田松陰全集』第 4 巻、499〜514 頁、岩波書店、昭和 9 年）。この論を山田は瞬時に思った。自分は若年時から多くの戦陣に参加したが、幸いにも生命は保持された。幾多の同志が、新しい社会を望み、夢見ながら斃れていった。自分は 49 歳のここまで生を全うすることができた。恩師松陰のいう皇国実現に尽力できたのは幸運だった。24 年 6 月 1 日、大津事件の責任の一端を取って司法大臣を引責辞任したのは、恩師松陰のいう「冬」に入ったからなのか。そして 25 年 11 月 11 日の今日、転倒し頭部損傷の状態が烈しく死に直面している。死を受容しなければならないことを悟らざるを得ない。「死ぬことは怖くはない」。いやむしろ「死を怖れてはならない」。武人として、陸軍中将として、常に意識して生きてきたことである。死に際して心残りはあるが（前章で扱った、民法・商法の施行や、日本法律学校の行く末など）、悔いはない。49 年の完成された人生を歩むことができたことに、深く思いを馳せ感謝した。そして「それにしても、私の生涯は何というロマン（小説）であろう」（オクターヴ・オブリ編、大塚幸男訳『ナポレオン言行録』244 頁、岩波文庫、昭和 58 年）といったという、ナポレオンの言葉を思い出し、「小ナポレオン」たることを望み、軍人としてまた立法に関与し、ナポレオンと相似する人生を歩むことができたことを回顧した。

　瞬時にこのような思いを廻らせたが、頭部外傷はもはや回復不能の重傷であることを同時に悟ってもいた。

　これからは、彼世で、この 1 ヶ月の間に郷里で墓参した、「先祖・恩師・知友と、共に語り明かそう」。山田顕義は、こうして永い眠りに就いた。

主要参考文献

I　全体を通しての参考文献

(1)　山田顕義に関する伝記・研究など

『山田顕義傳』日本大学、昭和 38 年。

高梨公之口述『山田顕義伝―日本近代化にかけた五十年―』日本大学豊山中・高等学校、
　　平成 6 年。

荒木治『山田顕義と日本大学―日本法律学校の誕生―』大原新生社、昭和 47 年。

村田峰次郎著、松原太郎翻刻「空斎山田伯伝」(1)(2)(3)『鸞誌』第 12、13、14 号、平
　　成 29 年、30 年。

日本大学大学史編纂室編『山田伯爵家文書』1・2、日本大学、昭和 59 年。

日本大学大学史編纂室編『山田伯爵家文書』3・4、日本大学、昭和 59 年。

日本大学大学史編纂室編『山田伯爵家文書』5・6、日本大学、昭和 60 年。

日本大学大学史編纂室編『山田伯爵家文書』7・総目録、日本大学、平成 4 年。

『山田顕義関係資料』第 1 集、日本大学精神文化研究所・同教育制度研究所、昭和 60 年。

『山田顕義関係資料』第 2 集、日本大学精神文化研究所・同教育制度研究所、昭和 61 年。

『シリーズ学祖・山田顕義研究』第 1 集、日本大学、昭和 57 年。

『シリーズ学祖・山田顕義研究』第 2 集、日本大学、昭和 61 年。

『シリーズ学祖・山田顕義研究』第 3 集、日本大学、昭和 63 年。

『シリーズ学祖・山田顕義研究』第 4 集、日本大学、平成 2 年。

『シリーズ学祖・山田顕義研究』第 5 集、日本大学、平成 4 年。

『シリーズ学祖・山田顕義研究』第 6 集、日本大学、平成 7 年。

『シリーズ学祖・山田顕義研究』第 7 集、日本大学、平成 13 年。

『宍戸璣宛、山田顕義書翰集』日本大学広報部、昭和 63 年。

『学祖山田顕義漢詩百選』日本大学、平成 5 年。

(2)　山田顕義に関する研究論文

高梨公之「民法典論争と日本法律学校」『松山商大論集』第 17 巻第 6 号、昭和 41 年。

高梨公之「日本法律学校と五大法律学校」『日本大学法学部創立八十年記念論文集』昭和
　　45 年。

高梨公之「五大法律学校とその実態―明治三十年における―」『日本法学』第 38 巻第 3 号、
　　昭和 48 年。

高梨公之「山田顕義伝小資料」『法学紀要』第 16 巻、昭和 50 年。

高梨公之「日本法律学校創立前後」『日本大学法学部創立九十年記念論文集』昭和 54 年。

高梨公之『山田顕義小引』日本大学広報部、昭和 58 年。

高梨公之「風折烏帽子碑考―山田伯遺墨碑―」『法学紀要』第 28 巻、昭和 62 年。

高梨公之「山田顕義伝拾遺」『日本大学法学部創立百周年記念論文集』平成元年。

松原太郎「風折烏帽子再考―明治二十三年岐阜訪問の理由について―」『鸞誌』第 7 号、平成 24 年。

松原太郎「第百十国立銀行の経営再建と山田顕義―明治二十五年山口訪問の理由について―」『鸞誌』第 10 号、平成 27 年。

（3）山田顕義が主人公の小説

早乙女貢『志士の肖像』上・下巻、東京新聞出版局、昭和 64 年。

もりたなるお『後生畏るべし』講談社、平成元年。

古川薫『剣と法典―小ナポレオン山田顕義―』文藝春秋、平成 6 年。

佐藤三武朗『日本巨人伝　山田顕義』講談社、平成 23 年。

（4）日本法律学校（日本大学）に関する文献

『日本大学五十年史』日本大学、昭和 14 年。

『日本大学七十年略史』日本大学、昭和 34 年。

『日本大学法学部史稿』日本大学法学会、昭和 34 年。

『日本大学九十年史』全 3 巻、日本大学、昭和 57 年。

『日本大学百年史年表』日本大学、平成元年。

『日本法律学校関係年表』日本大学法学部、平成元年。

『日本法律学校の淵源とその周辺の人々』日本大学大学史編纂室、平成 2 年。

日本大学百年史編纂委員会『日本大学百年史』第 1 巻、日本大学、平成 9 年。

日本大学百年史編纂委員会『日本大学百年史』第 2 巻、日本大学、平成 12 年。

日本大学百年史編纂委員会『日本大学百年史』第 3 巻、日本大学、平成 14 年。

日本大学百年史編纂委員会『日本大学百年史』第 4 巻、日本大学、平成 16 年。

日本大学百年史編纂委員会『日本大学百年史』第 5 巻、日本大学、平成 18 年。

（5）その他全体を通しての参考文献

『旧法令集』有斐閣、昭和 43 年。

『日本人名大事典』第 1 巻～第 6 巻、平凡社、昭和 53 年。

『日本近現代人名辞典』吉川弘文館、平成 13 年。

『明治維新人名辞典』吉川弘文館、平成 18 年。

『幕末維新大人名事典』上・下巻、新人物往来社、平成 22 年。

『山田顕義と近代日本―生誕 170 年記念特別展―』萩博物館、平成 26 年。

Ⅱ　各章の参考文献（全体を通しての参考文献、及び前掲文献を除く）

序文にかえて

大久保泰甫『日本近代法の父　ボワソナアド』岩波新書、昭和 52 年。

加太邦憲『自歴譜』岩波文庫、昭和 6 年。

尾崎三良『尾崎三良自叙略伝』上・中・下巻、中公文庫、昭和 55 年。

第 1 章

大日本帝国議会誌刊行会『大日本帝国議会誌』第 1 巻（第一至第三議会）、大日本帝国議会誌刊行会、大正 15 年。

柳田国男『民俗学辞典』東京堂出版、昭和 26 年。

第 2 章 1

内閣官報局『法令全書』明治 5 年度、6 年度、国立印刷局、明治 19 年。

梅渓昇『お雇い外国人―明治日本の脇役たち―』日経新書、昭和 40 年。

内閣記録局『法規分類大全』第 1 編兵制門、復刻原書房、昭和 53 年。

明治文化研究会『明治文化全集』第 26 巻　軍事篇・交通篇、日本評論社、昭和 5 年。

石井良助『明治文化史』(2) 法制編、洋々社、昭和 29 年。

松下芳男『改訂　明治軍制史論』上、国書刊行会、昭和 53 年。

第 2 章 2

伊藤博文『秘書類纂・法制関係資料』上巻、秘書類纂刊行会、昭和 8 年（復刻原書房、昭和 44 年）。

星野通『民法典論争史』日本評論社、昭和 20 年。

金子堅太郎「明治初期の法典編纂事業に就いて」『法曹会雑誌』第 11 巻第 1 号、大正 8 年。

大久保泰甫・高橋良彰『ボワソナード民法典の編纂』雄松堂、平成 11 年。

志田鉀太郎『日本商法論』有斐閣書房、昭和 8 年。

『東京日日新聞』明治 24 年 3 月 27 日号。

『近代日本総合年表（第 4 版）』岩波書店、平成 13 年。

『時事新報』明治 23 年 7 月 10 日号。

宮内省『明治天皇紀』第 7、吉川弘文館、昭和 47 年。

前田蓮山『歴代内閣物語』上、時事通信社、昭和 36 年。

第 3 章

徳富猪一郎（蘇峰）『近世日本国民史』時事通信社、昭和 41 年。

『国民新聞』明治 25 年 11 月 12 日号。

『ボアソナード演説』曲木如長訳「明治二十五年十二月十一日仏学会演説」、19 日印刷（明治 25 年 12 月 11 日の日仏学会総集会の席上、名誉会員ボアソナードは山田伯追悼の演説を述べる。その原稿を曲木如長が「伯の歴等ニ徴シテ補訳」し 12 月 19 日に本文 13 頁の小冊子として発行した。印刷者は六法全書でなじみ深い長尾景弼である。以下『ボアソナード演説』として引用する）。

三宅雪嶺『同時代史』第 2 巻、岩波書店、昭和 25 年。

『法学新報』第 1 号、明治 24 年。

小早川欣吾『続明治法制叢考』山口書店、昭和 19 年。

星野通『明治民法編纂史研究』ダイヤモンド社、昭和 18 年。

尾佐竹猛『日本憲政史大綱』上、日本評論社、昭和 13 年（復刻宗高書房、昭和 63 年）。

『日本たいむす』明治 18 年 11 月 12 日号。

今村和郎他『民法正義』巻之壱、新法註釈会、明治 23 年。

『広辞苑（第 5 版）』岩波書店、平成 10 年。

主要参考文献　　269

第4章1

桜井良翰輯、桜井勉校補『校補但馬考』桜井勉発行、大正11年。

『国民新聞』明治23年4月8日号。

『時事新報』明治25年11月20日号。

『東京日日新聞』明治23年9月22日号。

東京大学史料編纂所『保古飛呂比　佐佐木高行日記』第4巻、東京大学出版会、昭和44年。

日本大学広報部『桜門春秋』第24号、昭和60年。

大日本水産会編『村田水産翁伝』大日本水産会、大正8年。

村田保「法制実歴談」『法学協会雑誌』第32巻第4号、大正3年。

第4章2

長谷川時雨「美人伝」叢書『『青鞜』の女たち』第9巻、不二出版、昭和61年。

鈴木光次郎『明治豪傑譚』東京堂書店、明治24年。

石井研道「明治事物起原」『明治文化全集』別巻、日本評論社、昭和44年。

鈴木光次郎『明治閨秀美譚』東京堂書店、明治25年。

『万朝報』明治42年11月24日号。

第5章1

小早川欣吾『明治法制史論』公法之部下巻、巌松堂書店、昭和15年。

杉村虎一述、大谷美隆記「拷問廃止とボアソナード氏の功績」『法律及び政治』第6巻第8号、昭和2年。

第5章2

『読売新聞』明治25年11月13日号。

島内嘉市『年譜考大木喬任』アピアランス工房、平成14年。

明治法制経済史研究所『元老院筆記』第8巻、刊行会出版、昭和39年。

宮内省『明治天皇紀』第5、吉川弘文館、昭和46年。

『朝野新聞』明治12年7月23日号。

近藤圭造編著『皇朝律例彙纂』巻6、木版刷、明治9年。

中川善之助・宮澤俊義「法律史」『現代日本文明史』5、東洋経済新報社、昭和19年。

外岡茂十郎『明治前期家族法資料』第2巻第2冊上、早稲田大学、昭和44年。

石井良助『明治文化資料叢書』第3巻　法律篇上、風間書房、昭和34年。

第6章1

大鳥圭介「南柯紀行」『旧幕府』第6号、明治30年。

末松謙澄『防長回天史』下、末松春彦出版、大正9年。

第6章2

柳田国男「名字の話」『定本柳田国男集』第20巻、筑摩書房、昭和40年。

『日本百科大辞典』復刻名著普及会、昭和63年。

明治文化研究会「公議所日誌」『明治文化全集』第1巻　憲政篇、日本評論社、昭和3年。

『太政類典』第 1 編、第 80 巻、太政官記録局記録課、明治 4 年。

小林忠正「名の法をめぐって」『日本大学法学部創設 120 周年記念論文集』第 1 巻、平成 21 年。

第 6 章 3

法務大臣官房司法法制調査部監修『全国民事慣例類集』復刻商事法務研究会、平成元年。

瀬川清子『婚姻覚書　三通婚圏』「家族・婚姻」研究文献選集 16、クレス出版、平成 3 年。

小林忠正「日本の結婚」『日本家族法史論』成文堂、平成 15 年。

橋浦泰雄『民間伝承と家族法』日本評論社、昭和 17 年。

柳田国男・大間知篤三『婚姻習俗語彙』民間伝承の会版、昭和 12 年。

第 7 章 1

秦郁彦『戦前期日本官僚制の制度・組織・人事』東京大学出版会、昭和 56 年。

太政官『明治六年日本政表』明治 9 年。

第 7 章 2

堀内静宇『維新百傑』成功雑誌社、明治 43 年。

池田忠五郎編『新内閣大臣列伝』東京金玉堂、明治 19 年。

宮内省『明治天皇紀』第 3、吉川弘文館、昭和 44 年。

『朝野新聞』明治 25 年 11 月 13 日号。

トク・ベルツ著、菅沼竜太郎訳『ベルツの日記』第 1 部上、岩波文庫、昭和 54 年。

第 7 章 3

『東京日日新聞』明治 12 年 11 月 10 日号。

第 7 章 4

穂積陳重『祭祀及礼と法律』岩波書店、昭和 3 年。

史官編纂『法例彙纂』民法之部第 1 篇人事第 2 巻、博文本社、明治 8 年。

『万朝報』明治 42 年 7 月 6 日号。

『国民新聞』明治 42 年 7 月 1 日号。

『報知新聞』明治 34 年 5 月 4 日号。

『万朝報』明治 42 年 11 月 21 日号。

第 7 章 5

『東京横浜毎日新聞』明治 15 年 9 月 9 日号。

『郵便報知新聞』明治 15 年 9 月 9 日号。

ブスケ著、野田良之・久野桂一郎訳『ブスケ日本見聞記』1、みすず書房、昭和 52 年。

『函館新聞』明治 15 年 9 月 17 日号。

第 7 章 6

宮内省『明治天皇紀』第 6、吉川弘文館、昭和 46 年。

第 7 章 7

明治維新史学会編『明治維新の政治と権力』吉川弘文館、平成 4 年。

山田顕義口述『皇典講究所講演』第 1 集、皇典講究所、明治 22 年。

『東京日日新聞』明治 23 年 7 月 11 日号。

内閣官房編『内閣制度七十年史』大蔵省印刷局、昭和 37 年。

『東京横浜毎日新聞』明治 18 年 6 月 21 日号。

『東京日日新聞』明治 20 年 1 月 6 日号。

『東京日日新聞』明治 23 年 6 月 27 日号。

児島惟謙『大津事件日誌』東洋文庫、昭和 46 年。

第 8 章

穂積重行編『穂積歌子日記 1890-1906—明治一法学者の周辺—』みすず書房、平成元年。

『読売新聞』明治 25 年 11 月 14 日号。

『時事新報』明治 25 年 11 月 13 日号。18 日号。20 日号。

『朝野新聞』明治 25 年 10 月 13 日号。11 月 12 日号。17 日号。

『東京朝日新聞』明治 25 年 10 月 12 日号。13 日号。14 日号。15 日号。11 月 2 日号。5
　　日号。8 日号。11 日号。12 日号。13 日号。14 日号。15 日号。16 日号。17 日号。

山口県文書館『防長風土注進案研究要覧』山口県立山口図書館、昭和 41 年。

下川耿史『明治・大正家庭史年表』河出書房新社、平成 12 年。

『日本』明治 25 年 11 月 13 日号。15 日号。16 日号。18 日号。

宮岡謙二「死面列伝」『異国遍路旅芸人始末書』中公文庫、昭和 53 年。

『北海道毎日新聞』明治 25 年 11 月 22 日号。

一坂太郎「御楯隊始末記（後）」『シリーズ学祖・山田顕義研究』第 7 集、日本大学、平成
　　13 年。

井上馨侯伝記編纂会『世外井上公伝』内外書籍、昭和 9 年（復刻原書房、昭和 43 年）。

『国民新聞』明治 25 年 11 月 12 日号。

第 9 章 1

国学院大学八十五年史編纂委員会『国学院大学八十五年史』国学院大学、昭和 45 年。

第 9 章 2

的野半介『江藤南白』下、南白顕彰会、大正 3 年。

大槻文彦『箕作麟祥君伝』丸善、明治 40 年。

『東京日日新聞』明治 9 年 6 月 15 日号。

向井健「新たなる民法人事編草案—明治十一年草案と、その周辺—」『法学研究』第 58 巻
　　第 7 号、昭和 60 年。

『東京日日新聞』明治 14 年 9 月 7 日号。

磯部四郎述「民法編纂ノ由来ニ関スル記憶談」『法学協会雑誌』第 31 巻第 8 号、大正 2
　　年。

山住正己『日本教育小史』岩波新書、昭和 62 年。

『朝野新聞』明治 18 年 2 月 24 日号。9 月 6 日号。

角田茂「太政官制・内閣制下の元老院」明治維新史学会『明治維新の政治と権力』吉川弘
　　文館、平成 4 年。

法務大臣官房司法法制調査部監修『日本近代立法資料叢書』第28巻、商事法務研究会、
　昭和62年。

『朝野新聞』明治23年5月26日号。

『東京朝日新聞』明治21年7月31日号。

尾崎三良著、伊藤隆・尾崎春盛編『尾崎三良日記』中巻、中央公論社、平成3年。

『帝国議会貴族院議事速記録』第11号（第3回議会）、東京大学出版会、昭和54年。

国学院大学日本文化研究所『井上毅伝外篇　近代日本法制史料集』第9巻　ボアソナード
　答議2、東京大学出版会、昭和62年。

『朝野新聞』明治25年5月27日号。

『東京日日新聞』明治25年5月27日号。

星野通『民法典論争史―明治家族制度論争史―』河出書房、昭和24年。

田中子爵『談話筆記』国立国会図書館憲政資料室蔵。

佐々木克『日本近代の出発』日本の歴史17、集英社、平成4年。

『国民新聞』明治23年4月8日号。

第9章3

『読売新聞』明治23年4月8日号。11日号。18日号。

『朝野新聞』明治23年4月9日号。9月23日号。

『国民新聞』明治23年4月7日号。8日号。

『日本』明治23年9月22日号。23日号。

『東京新報』明治23年9月23日号。

『松岡康毅日記』第3巻、23年9月21日条、日本大学、昭和61年。

『大同新聞』明治23年9月23日号。

『東京日日新聞』明治23年9月23日号。

『時事新報』明治23年9月25日号。

終章

山口県教育会『吉田松陰全集』第4巻、岩波書店、昭和11年。

オクターヴ・オブリ編、大塚幸男訳『ナポレオン言行録』岩波文庫、昭和58年。

写真提供

日本大学広報部広報課……写真1。写真3。写真7。写真10。写真11。写真12。写真13。
　写真14。写真15。カバー写真。

萩博物館……写真2。写真4。写真6。写真9。写真16。写真17。写真19。

皇居三の丸尚蔵館……写真8。

明治大学史資料センター……写真18。

『吉田松陰遺墨帖［普及版］』……写真5。

あ と が き

　これまで山田顕義の生涯を概観してきた。特に後半生に焦点を当てて概説してきた。少年期から青年前期の「兵馬倥偬」（戦争のために、いそがしく落ち着かないこと）の時代については、ほとんど触れることはなかったが、明治政府に出仕したのちに力点を置いて、叙述してきた。もちろん幕末時の「用兵の天才」と謳われた征討軍陸海軍参謀山田市之允時代のなし得た役割が、大きかったことはいうまでもないが、この部分は割愛した。本書を『近代法典編纂の父　山田顕義』と命名したが、山田の立法事業に注目し執筆することにしたからである。山田顕義は、明治2年以来、20年以上明治政権中枢にあって、兵部大丞、司法大輔、工部卿、専任参議、内務卿、司法卿、司法大臣の顕職を歴任し、我が国の近代化に尽力したのであって、その功績は実に偉大であり、これまで縷々述べてきたとおりである。

　そしてこれらの公務部分については、残された資料も多く、山田を客観的に認識することができる恰好の部分であった。したがってここからは、山田を中心とする、その時代の人々の生活、その時々の事柄、その事柄によって生じた社会への働きかけ、社会の変動といったものを客観的に考えることになった。だが、今日では多くの歳月を経ていて、いかなる事実であったかということを追求するだけでも容易ではなかった。しかし一応、主なる事績、業績は不充分ながらも書き切ることができたと思っている。

　これに対して、山田の事に対応した精神とか気持とか情緒とかといった、主観的、内心的な面を汲み上げることは、資料が乏しく、特に山田自身の書いたものが少ない以上、これを推し量ることには難渋した。本来山田は、「如何に繁忙なる時と雖も、私交上の書幹を代筆せしめたることなし。また官務用の尺牘（手紙）にても事の簡単なるものは、大抵自ら書し、その多量急用に属するもののみ秘書官に代筆を命じたり」（前掲『空斎山田伯伝』(3)、104頁）の、日常であったようで、私生活についても書き記したものが多数あったものと思われる。しかし山田の死後、伯爵家を続いた子や孫達が居住した麻布笄町の邸宅は、戦災のため焼失している（前掲『空斎山田伯伝』(1)、39頁）。このことによってか、

残念ながら、資料のほとんどは伝わっていないので、非常に難しかった。しかし、山田の内心、内面に及ばないで人間山田顕義を書き記すことは、充分な態度とはいえない。つまりその事実を遂行した気持とか、意図とか、精神とかを考えて、どのように引き起こされたものであるかを考察する必要があった。ただ、いま述べたようにこの部分についてはみるべき記述が残されていないので、そのままの精神の実態や在り方を明らかにするということは、そもそも困難なことであった。したがって、およそ、そういうふうに考えたであろう、たぶんこうであったろうと、私達の視点、時点から正しく反正したり、想像したりすることが、主となったのである。精神の実情、精魂の実態を、そのまま明らかにできるものではなかった。わずかに、その欠を補う数少ない材料として、山田は詩作という絶好の資料を残してくれた。350首に及ぶ人生（生涯）折々の漢詩は、山田の精神史を辿（たど）るための好材料であった。本書では各所にその漢詩を取り入れ、挿入し、山田の考えを紹介した。明治初期の文芸の中では、漢詩に最もみるべきものがあるといわれている。江戸期の教育を受けた人々に漢詩は耳馴れたものであった。そしてさらにいえば、明治政府の正文は、漢文書き下し文であり、官僚知識層達が心緒を述べたのは、圧倒的に漢詩によるものであった。山田も漢詩を能くし、その詩文には心情がよく表現されていて、人柄や思考を推測しやすい。山田の漢詩は、「山田がいかに誠実な人であったか、そしていかに調和のとれた感性の持ち主であったかが分かる」と、その滲み出る人柄と共に評価されている。さらにその筆跡については、「山田の書には、書家のような流麗さも無ければ、禅僧のような強烈な個性も無い。しかし、きどらない温厚な人柄を偲ばせる柔らかい文字は、見る者に懐かしく語りかけてくるはずである」（前掲『学祖山田顕義漢詩百選』v～vi頁）とされて、その凡庸さが指摘される。しかし山田は、書を「喜へる嗜味の中に於て字を書くことを最も楽みと為せり」とし、「故に世に遺されたる多くの揮毫には、往往古人を圧倒すべしと思わるる優秀の筆蹟を視ることあり。世人の遺寶として珍蔵する宜ならすや」（前掲『空斎山田伯伝』（3）、105頁）と評価するものもある。明治天皇習書御用掛をも務めた长谷三州（長茨。山田は藩校明倫館で指導を受けた。文部大丞、東宮侍書。28年63歳没）に習った山田の書は流麗であると思う。たしかに山田は、西郷隆盛や大久保利通や黒田清隆や伊藤博文のような、強烈な個性を持つ人物ではないし、

書字自体にも、それ程の個性はない。また、専業の書家でも詩人でもない。しかし、昭和 59 年に、また 63 年に、山口県が催した記念展「山口県百年の先覚者展」では、山田顕義は、軍人や政治家の分野ではなく防長文化人の中の 6 人の筆頭に挙げられて（山田顕義。日本女子大学総立者成瀬仁蔵。陸軍中将長岡外史。社会思想家河上肇。言語学者新村出。法律学者末川博の 6 名）、関係資料が展示されていた。山田は、能書家として、また漢詩の詩人としての撰文依頼も多く、各地各所に碑文を書き残していて、文化人としての評価も高いのである。また文化向上に、山田が関与した文化事業は、頗る多いのである。たとえば、「大日本衛生会、東京地学協会、大日本赤十字社、日本美術協会、龍池会、国家学会、保勲会、仏学会、言語取調所、出雲大社保存会、大日本帝国水難救済会、星岡茶寮、その外諸会の名誉会員、若くは特別会員に推選せられたり」（前掲『空斎山田伯伝』(3)、106 頁）等であった。

　さらにこのような文化人であったのみではない。前述したように、日本法律学校を創設し、国学院を興したように、高等教育に関心を持ち、幾多の学校を援助した教育者でもあった。たとえば「司法省より、特別の費用を、独協や和仏（法政大）、法学院（中央大）、ほか大阪兵学寮、司法省法学校（東京大）、京都第三高等中学校（京都大）に与えていた。わずかの関係なら工部省大学校（東京大）や、札幌農学校（北海道大）にもである」（前掲「山田顕義伝拾遺」『日本大学法学部創立百周年記念論文集』第 1 巻、58 頁）という。その他、明治（明治大学）の名誉校員に推され「我校ノ為ニ深縁アリ」といわれたりしている（前掲『山田顕義小引』2 頁）。

　つまり山田顕義という人物は、戊辰戦争で功を成し、佐賀の乱や西南戦争で、戦勝、勝利に導くなどして、「用兵ノ天才」と謳われた、驚くべき将師であった。また「近代法典編纂の父」ともいうべき、先駆的な近代主要諸法典の編纂に携わった端倪すべからざる立法家であった。また書を嗜み、漢詩を作し、数多くの文化事業を手掛けた文化人でもあった。そして高等教育に多大の関心を寄せる教育者であった。

　以上、縷々本書で繰り返し述べたように、山田顕義は、生来の才能と努力のもとで、武官として、文官として、また文化人として、そして教育者としての側面を持って、縦横にその才能を発揮した人物であったのである。

あとがき　277

いま私は、この偉大な「山田顕義」を書き終えて、安心している。心掛けて果せなかったものを上梓できて、ほっとしている。実は若い日に恩師高梨公之先生より、山田顕義研究へのお誘いを受けたことがあった。先生は、「山田先生のことをちょっと調べようと思い立っても、手頃ですぐ手に入る伝記のようなものは全然出版されていませんから、手がかりがつかめないのです。学生諸君などにも山田先生を知る手頃なものが供給されていてしかるべきものでしょうね」（前掲『シリーズ学祖・山田顕義研究』第1集、23頁）と常々仰しゃることがあった。そのようなお考えがあってのことであると思うのだが、山田顕義研究へのお誘いは、昭和61年頃であり、日本大学100周年を目前に控えた時期であった。早や37年も以前のこととなる。ありがたいお話だったが、その時には手をつけていた他の研究があり、失礼してしまった。ようやく遅蒔ながら、いま本書を上梓できて、その御恩に感謝し、多少ともお返しができたと安堵の胸をなでおろしている。

　私は、令和3（2021）年1月をもって75歳となり、3月、大学院も含めて、日本大学停年制規則ですべて停年となった。最後の1年は、コロナウィルス感染拡大という未曽有の事態が生じ、大学院でも対面授業はできなかったが、昭和46（1971）年、助手となって以来、丁度50年の研究教員生活を無事終えることができた。その後、山田顕義没後130年、生誕178年を期に本書を書き始めて、生誕180年の本年、いまここに『近代法典編纂の父　山田顕義』を上梓することができた。これも尊敬し、敬愛してやまない亡き恩師、日本大学名誉総長、故高梨公之先生のお導きと感謝している。本書を高梨公之先生に奉呈し、捧げたい。

令和6年11月18日　山田顕義伯生誕180年に寄せて

小林　忠正

山田顕義略年譜

和暦	西暦	齢	関係事項	一般事項
天保15 弘化元	1844	1	11月18日（旧10月9日）、山田市之允顕義は、父顕行（長州藩士）、母鶴子（熊野徳左衛門娘）の長男として誕生（一説に10月21日〔旧9月10日〕誕生の説あり） 誕生地は、長門国阿武郡萩郭外松本村字梶治ヶ原であったが、幼少時に同村椿郷東分字中之倉諏訪台（現・山口県萩市椿東中之倉）に移転した	木戸孝允12歳、井上馨10歳、山県有朋7歳、伊藤博文4歳、品川弥二郎2歳
3	1846	3	8月14日（旧6月23日）、日本法律学校第二代校長松岡康毅誕生	
4	1847	4	11月10日（旧10月1日）、山田実弟第三代伯爵繁栄（久次郎宗輔）誕生	
嘉永2	1849	6	この年（月日不明）、山田の妻となる龍子が、山口湯田温泉（現・山口市湯田）に、父鹿島屋喜右衛門の長女として誕生	
6	1853	10	3月11日（旧2月4日）、日本法律学校初代校長金子堅太郎誕生	7月8日（旧6月3日）、ペリー、浦賀に来航
嘉永7 安政元	1854	11	4月24日（旧3月27日）、松陰、密航を企て江戸伝馬町の牢舎に入れられる 9月、松陰、江戸から長藩野山獄に送られる	3月31日（旧3月3日）、日米和親条約調印 10月14日（旧8月23日）、日英和親条約調印
2	1855	12	5月、山田大伯父村田清風病没、73歳	1月30日（旧12月23日）、日蘭和親条約調印
3	1856	13	3月、山田、藩校明倫館に入学、書を講師長谷三州に、剣術を師範馬木勝平に学ぶ	
安政4	1857	14	6月、山田、松下村塾入門、吉田松陰門下となる。助講富永有隣に漢詩を学ぶ	

5	1858	15	4月、山田、元服し烏帽子名を顕孝とする 5月、松陰、「示山田生」とする詩を賦して山田に与う 9月29日（旧8月23日）、山田祖父顕政、没す、61歳 11月25日（旧10月30日）、長藩は松陰を再び野山獄に投ず	7月29日（旧6月19日）、日米通商条約調印
6	1859	16	6月25日（旧5月25日）、松陰、江戸に護送される 11月21日（旧10月27日）、松陰、処刑される。29歳。江戸千住小塚原に埋められる	5月9日（旧4月7日）、松陰、「草莽崛起」論を北山安世に送る
安政7 万延元	1860	17	3月14日（旧2月7日）、松陰百日祭、頭髪を実家杉家の団子岩の墓地に埋める。山田、「松陰先生墓下作」とする漢詩を作す 12月28日（旧10月27日）、松陰一周忌、山田、「松陰先生墓下作」（5首）、「[題注]時会小祥祀」と題する漢詩を作す	3月24日（旧3月3日）、桜田門外の変起こる 蕃書調所で加藤弘之等ドイツ学始める
万延2 文久元	1861	18	2月6日（旧12月27日）、山田、御楯組血盟書に加わる 2月、山田に対し、馬木勝平剣術師範より中許免許が与えられる	7月17日（旧6月10日）、蕃書調所にフランス科を設置
2	1862	19	1月11日（旧12月1日）、山田、久坂玄瑞の「一燈銭の申合」に署名し参加する 山田、狙撃隊を結成し隊長となる 1月15日（旧12月5日）、山田、長藩より剣術修業のため御暇差許され、京都に在住す	6月15日（旧5月18日）、蕃書調所を洋書調所と改称
3	1863	20	1月20日（旧12月10日）、山田、諸国志士50名と共に京都本願寺において尊王攘夷についての方策を議論する 4月、長藩政庁を萩より山口に移鎮し、山口藩と称す 10月1日（旧8月19日）、山田、七卿落ちに同道したが、兵庫より引き返し京都に潜伏す 10月11日（旧8月30日）、山田の従兄河上弥市、生野にて屠腹す	6月27日（旧5月12日）、伊藤博文、井上馨、井上勝、山尾庸三、遠藤謹助が、英国留学の途に就く（密出国）

			12月2日（旧10月22日）、山田、大村益次郎の普門塾で実践兵学を講ずる 12月3日（旧10月23日）、山田、山口藩遊撃隊御用係となる	10月11日（旧8月29日）、洋書調所を開成所と改称する
文久4 元治元	1864	21	3月6日（旧1月28日）、山田、高杉晋作と共に脱藩する 8月20日（旧7月19日）、禁門の変起こり、山田は幕軍と交戦する、利なく品川弥二郎と共に西本願寺に逃げる 9月5日（旧8月5日）、山田、馬関戦争に加わり英・米・仏・蘭の四国連合艦隊と交戦する	この年、開成所翻訳方の箕作麟祥、加藤弘之などが幕府直参となる 8月20日（旧7月19日）、久坂玄瑞戦死、25歳
元治2 慶応元	1865	22	1月7日（旧12月10日）、山口藩内戦の「大田絵堂の戦」始まる 6月、第二次長州征討あり、山口藩、幕軍を撃破する	
2	1866	23	7月23日（旧6月12日）、山田は、丙寅丸砲隊長となり第二次征長の役で幕軍と交戦する 7月・8月（旧6月・7月）、山田、御楯隊司令となり芸州口で交戦する（第二次征長の役）	2月13日（旧12月28日）、津田真道、西周、オランダ留学より帰国、開成所教授となる
3	1867	24	6月29日（旧5月27日）、山田、整武隊総督となる 10月23日（旧9月26日）、山田、山口藩出動の征討軍第一陣の総隊長となる この年、山田、龍子と出会い、急速に接近する	5月17日（旧4月14日）、高杉晋作死去、29歳 11月9日（旧10月14日）、大政奉還を上奏
慶応4 明治元	1868	25	1月27日（旧1月3日）、山田は、山口藩の総隊長として京伏見口で幕府と交戦する（鳥羽伏見の戦） 1月28日（旧1月4日）、山田、征討総督副参謀となる 6月17日（旧閏4月27日）、山田、軍艦丁卯丸司令となる 9月7日（旧7月21日）、山田、征討軍海軍参謀となり北越で戦う 12月22日（旧11月9日）、山田、青森口陸軍参謀（軍務官辞令）となり函館攻略の準備に入る	1月3日（旧12月9日）、王政復古の大号令を出す 1月25日（旧1月1日）、戊辰戦争始まる 3月16日（旧2月23日）、太政官日誌創刊 4月6日（旧3月14日）、五ヶ条の誓文公布 9月3日（旧7月17日）、江戸を東京とする 10月8日（旧8月23日）、会津若松城包囲、 11月6日（旧9月27

				日）、会津若松城開城し降伏する 10月23日（旧9月8日）、明治に改元
2	1869	26	3月11日（旧1月29日）、山田の実父顕行没（行年46歳） 5月15日（旧4月4日）、山田、陸軍参謀兼海軍参謀（函館総督府辞令）となる 6月27日（旧5月18日）、函館五稜郭開城、榎本武揚、大鳥圭介等降伏する 7月18日（旧6月10日）、山田、函館戦の功績で、朝廷より永世600石賜わる（旧9月14日の説あり） 8月15日（旧7月8日）、山田、兵部大丞となる 8月19日（旧7月12日）、山田は、賜暇を得、品川港より帰藩の途に就く 8月20日（旧7月13日）、山田ら、遠州灘で暴風雨に遭遇し清水港に避難する 9月14日（旧8月9日）、山田、三田尻に帰港する 9月15日（旧8月10日）、山田は、山口に帰藩し、山口藩小参事となる 9月24日（旧8月19日）、山田は、顕義の一名とする旨届け出る 9月25日（旧8月20日）、山田、山口藩軍政主事となる 10月8日（旧9月4日）、兵部大輔大村益次郎、京都で襲撃される。旧9月16日、藩は山田に見舞を命ずる。11月5日（旧10月2日）、大村益次郎、没（45歳） 10月中旬（旧9月中旬）、山田は、龍子（21歳）と結婚し式を挙げる	7月25日（旧6月17日）、版籍奉還始まる 8月15日（旧7月8日）、明治新政府は、神祇官、太政官、民部省、大蔵省、兵部省、宮内省、外務省及び開拓使、集議院等を設置
3	1870	27	3月9日（旧2月8日）、山田兵部大丞は、京都・大阪に出張し兵学校等の軍事施設の設置を推進する 4月（旧3月）、山田は、山口知藩事より永世30石下賜さる 4月14日（旧3月14日）、山田、従五位下に叙される 5月（旧4月）、山田は、軍服制定に際し西洋式を主張し採用される	7月19日、普仏戦争始まる

			10月26日（旧10月2日）、兵部省は、陸軍は仏国式、海軍は英国式と決定する	10月13日（旧9月9日）、平民苗字使用許可 11月2日（旧10月9日）、新律綱領成り、4年2月9日（旧12月20日）、頒布される 12月12日（旧閏10月20日）、工部省設置
4	1871	28	9月12日（旧7月28日）、山田は、任陸軍少将（陸軍少将に任じて兵部大丞を兼官となす）となり、駿河台紅梅町に転居する 12月15日（旧11月4日）、岩倉米欧回覧使節団理事官に任命される 12月23日（旧11月12日）、岩倉使節団に随行し横浜より出航する（6年6月24日帰国）	5月22日（旧4月4日）、全国惣体戸籍法頒布（5年2月1日施行） 6月27日（旧5月10日）、新貨条例定められ旧1両を新1円とする 8月29日（旧7月14日）、廃藩置県の証書出る 9月2日（旧7月18日）、文部省設置 9月11日（旧7月27日）、民部省廃止 9月12日（旧7月28日）、兵部省に陸軍部、海軍部を置く 9月13日（旧7月29日）、太政官を正院・右院・左院とする 9月22日（旧8月8日）、神祇官を神祇省とする 9月24日（旧8月10日）、納言を左右大臣と改める 10月4日（旧8月20日）、集議院を左院所属とする 10月7日（旧8月23日）、華士族平民通婚ノ許可を布告

				11月9日（旧9月27日）、司法省に明法寮を設置する（8年5月4日廃止）
5	1872	29	1月15日（旧12月6日）、山田、岩倉使節団と共にサンフランシスコに着す 2月29日（旧1月21日）、山田、岩倉使節団と共にワシントンに着す 3月24日（旧2月16日）、ブスケが来日し、民法編纂に協力す 4月4日（旧2月27日）、山田、兵部大丞を解任される 生誕月日不明、実弟繁栄の次男久雄誕生。17年山田の養嗣子となる（第二代伯爵、30年4月12日没、25歳） 12月28日（旧11月28日）、山田が反対する徴兵令、徴兵告諭が布告される	2月4日（旧12月26日）、東京裁判所を司法省に置く（裁判所設置の始め） 3月29日（旧2月21日）、『東京日日新聞』（現・『毎日新聞』）創刊 4月5日（旧2月28日）、兵部省を廃し、陸軍省・海軍省を置く 4月21日（旧3月14日）、神祇省を廃し、教部省を置く 5月6日（旧3月29日）、江戸城を皇居とする 6月11日（旧5月6日）、品川〜横浜間の鉄道開業する（片道上等1円50銭、中等1円、下等50銭） 8月8日（旧7月5日）、明法寮学校に法学生を入れる（司法省法学校とも称する） 9月5日（旧8月3日）、司法職務定制を定める（公証人・弁護士・司法書士の制度） 11月25日（旧10月25日）、教部省を文部省に併合 12月9日（旧11月9日）、太陰暦を廃し、太陽暦を採用する（5年12月5日を6年1月1日とする）

6	1873	30	1月10日、山田が反対する徴兵編成並概則が告示される 6月24日、山田は、米・英・仏・ベルギー・オランダ・スイス・露・独・オーストリアの各国で、諸制度・軍事・ナポレオンの事績などを研究調査して、岩倉本隊よりも一足早く帰国する 6月25日、山田、正五位に叙される 7月7日、山田へ東京鎮台司令長官の辞令が出る 9月12日、山田、岩倉米欧回覧使節団の理事官参加による理事官報告書を提出（下士官養成の必要を説き徴兵令実施の延期を提言する） 9月13日、岩倉使節団本体が帰国する 11月13日、山田、諸兵操練総指揮官に任命される 11月15日、ボアソナード（48歳）が来日し、民法をはじめとし、我が国近代法編纂に尽力する 11月24日、山田へ特命全権公使清国在勤が任命される（佐賀の乱勃発により赴任せず）	1月18日、妻・妾以外から産まれた子は私生児とする布告出る 3月14日、外国人との結婚を許可 5月15日、妻からの離婚請求認める 6月13日、改定律例頒布。7月10日施行 10月24日、征韓論で西郷隆盛他参議4名辞任する 11月10日、内務省を置く
7	1874	31	2月12日、山田、特命全権公使清国在勤を免ぜられ佐賀の乱平定のため九州出張命ぜられる 2月19日、陸軍少将山田顕義、内務卿大久保利通等と共に博多に着す 3月1日、山田ら鎮台兵、佐賀県庁を奪還する 3月29日、江藤新平、土佐にて捕縛される 4月13日、江藤に斬罪梟首の判決下りる。山田、大久保と共に同席する。即日処刑される 4月15日、山田、佐賀を発し郷里山口へ、賜暇1ヶ月を得て、5月14日帰京する 5月、山田の母鶴子上京し顕義、龍子と同居する 6月4日、山田ら、勅語を賜わり戦功を嘉賞される 7月5日、山田、司法大輔に任ぜられる 7月、山田、駿河台北甲賀町に転居する 8月5日、山田ら、台湾征討（2月6日閣議決定）に反対し、辞表を提出するも聴許されず 11月5日、山田、従四位に叙される	1月17日、江藤、板垣、副島、後藤ら8名による「民選議院設立建白書」が左院に提出。18日に『日新事誌』に掲載される 2月4日、江藤新平等の佐賀士族、乱を起こす 2月19日、江藤ら佐賀県庁（佐賀城）を占領す 4月9日、ボアソナードやブスケが明法寮にて講義を開始する 9月23日、『朝野新聞』発刊 11月2日、『読売新聞』創刊
8	1875	32	9月8日、山田、司法省刑法編纂委員長に就任	2月11日、木戸孝允、大久保利通、板垣退

山田顕義略年譜　285

			9月頃、山田、麹町区飯田町に新邸落成し、転住する（9年説あり）	助、伊藤博文、井上馨等、大阪会議を行なう 4月14日、立憲政体（元老院・大審院・地方官会議を設ける）の詔勅出る 5月4日、明法寮学校が廃止され、司法省学校が司法省直轄となる 7月3日、正院に法制局設置 7月31日、元老院に明法局設置 11月27日、各宗教に対し信教の自由を口達する
9	1876	33	2月22日、山田司法大輔、代言人規則を編纂し制定する。4月1日より免許を必要とする	3月5日、司法省法学校に仏国法律学科を置き学生募集（初めて法学校を称する） 3月28日、廃刀令出る 4月1日、満20年をもって丁年（成年）とする布告出る 6月7日、独国人医学者ベルツ来日 6月10日、改定律例318条を改正し、断罪は証拠によると規定す 9月6日、元老院に勅語をもって、国憲起草を命ずる 9月13日、府県裁判所改め地方裁判所を置く 10月、元老院は、「日本国憲按」の第一次草稿を作成

				10月24日、神風連の乱起こる 10月27日、秋月の乱起こる 10月28日、萩の乱起こる
10	1877	34	3月18日、西南の役勃発し山田に長崎出張の命下る 3月19日、山田に別働隊第二旅団司令長官の命下る 4月11日、山田旅団の先鋒が熊本城の連絡に成功す 4月18日、山田へ、別働隊第一、第二、第三、第四旅団の総轄を任ず 6月1日、山田旅団、人吉を占領する 9月24日、西郷隆盛（51歳）、城山で自刃し西南戦争終わる 9月27日、政府軍の西南の役での諸兵解体の命下る 9月29日、山田、鹿児島の駐屯地を発し、金川丸にて帰京の途に就く 10月4日、帰京する 10月16日、山田は、静養のため伊香保温泉に向かう。10月下旬まで滞在する（コレラ感染とも） 11月9日、山田、西南の役の戦功により勲二等に叙せられ旭日重光章を授けられ勅語を賜わる 12月15日、山田、年金600円下賜される	1月19日、教部省廃止で、内務省に社寺局を置く 1月30日、鹿児島の私学校生徒、政府の弾薬庫を襲う（西南戦争の発端） 2月19日、賊徒征討の詔出る 4月12日、東京大学創立（東京開成学校と東京医学校を合併）。法・理・文・医学部を置く 5月26日、木戸孝允没、44歳 5月、長森敬斐・生田靖編『民事慣例集』司法省より発刊 8月、コレラ伝播し、罹病者1万3816人、死亡8027人 12月25日、太政官に刑法草案審査局を置く（総裁伊藤博文、11年1月開局）
11	1878	35	2月27日、山田、元老院議官となり、元老院刑法草案審査局委員となる 11月20日、山田、陸軍中将となる	3月12日、東京商法会議所設立許可（8月1日初会合） 5月14日、大久保利通、刺殺される（49歳） 7月22日、郡区町村編制法、府県会規則、地方税規則を制定する この年、人力車、全国で11万3921台

山田顕義略年譜　287

12	1879	36	4月18日、山田、東京地学協会議員となる 7月11日、山田の長男金吉誕生する 9月10日、山田、参議兼工部卿となる 11月1日、山田、勲一等に叙される 11月8日、工部卿山田、工部大学校第一回卒業式に出席し祝辞を述べる 11月15日、山田、正四位に叙される 12月、太政官は、各参議に立憲政体に関する意見書提出を命ずる。山田は、13年6月建議書を提出する	1月4日、梟首刑を廃し斬罪に改める 3月、司法卿大木喬任、ボアソナードに民法草案起草を命ず 8月31日、大正天皇誕生 9月10日、井上馨、外務卿となる 10月8日、拷問に関する全法規を撤廃
13	1880	37	2月28日、山田、専任参議となる(省卿兼任禁止で) 3月3日、山田、太政官法制部・司法部を所管する 3月22日、山田の長男金吉死去(生後7ヶ月) 4月5日、山田、集会条例制定に関与す 6月、山田、立憲政体に関する建議を提出 7月17日、山田が司法省刑法編纂委員長として(8年9月8日〜)また元老院刑法草案審査局委員として(11年2月27日〜)制定に尽力してきた旧刑法(罪刑法定主義にもとづく近代刑法)と治罪法(刑事裁判手続、裁判所の種類、構成を規定)を布告(15年1月1日施行) この年、山田、元老院の「日本国憲按」(第三次)の修正を検討する	2月28日、有栖川宮熾仁親王を左大臣に任命 3月3日、太政官のうち法制・調査の2局を廃し、法制・会計・軍事・内務・司法・外務の6部とし、参議10人で担当する 6月1日、元老院に民法編纂局開局(総裁大木喬任) 11月、山田が贔屓にした落語家三遊亭円遊が、浅草並木亭で「ステテコ踊り」を披露し流行する 12月8日、明治法律学校創立
14	1881	38	4月、山田、専任参議法制部主管として、内閣法律顧問ロエスレルに商法草案起草を命ずる 5月、山田、立憲政体意見書を提出 9月、山田、「憲法按」を左大臣有栖川宮熾仁親王に捧呈する 10月21日、山田、参議兼内務卿に任ぜられる	4月7日、農商務省を設置 4月16日、芝公園に能楽堂が建てられ、山田が贔屓にした宝生九郎ら出演す 7月9日、松方正義内務卿、皇典講究所の設立を申請

				10月11日、14年の改変が起こり、開拓使官有物払下げ中止、大隈参議罷免決定 10月12日、明治23年に国会開設の詔書出る 10月18日、自由党結成（総裁板垣退助） 10月21日、太政官六部制が廃止され、参議省卿兼任制復活となる。太政官に参事院を設置（初代議長伊藤博文） 12月3日、布告、布達、達、告示の区別規定制定される
15	1882	39	4月、山田、「憲法私按」を右大臣岩倉具視に捧呈す 6月3日、山田内務卿は、13年制定の集会条例を改定する（地方長官に1年以内の演説禁止申し渡し権限、解社命令権限。内務卿に集会結社禁止権限、政治結社の支社設置禁止権限などを与える旨の追加規定を加える） 8月21日、皇典講究所設立願が山田内務卿に提出される 8月23日、皇典講究所設立（総裁有栖川宮幟仁親王、賛襄山田顕義）が認可され、9月1日より同所で授業が開始される 9月、山田は、北海道視察を実施する。そして、その帰途、10月27日、岩手平和街道開通式、10月31日、宮城野蒜港突堤式、11月1日、山形関山新道開道式に出席し、その後、福島安積疎水を視察し、11月9日、帰京する	1月25日、第一回条約改正予議会始まる 2月1日、立憲政党結成（総理中島信行） 2月8日、開拓使廃止 3月1日、『時事新報』創刊 3月3日、参議伊藤博文、憲法調査のため欧州出張を命ぜられる。3月14日東京発、5月〜16年2月ベルリン、ウィーンにてグナイスト、シュタイン、モッセーらについて学び16年8月3日帰国する 3月18日、立憲帝政党結成（代表福地源一郎など） 4月16日、立憲改進党結成（総理大隈重信） 5月12日、福島県議会は会津三方道路工

山田顕義略年譜　289

				事施行に反対し地方税議案否決す
				10月21日、東京専門学校開校
				11月28日、福島県民数千人、会津三方道路事業中止要求と総代逮捕に抗議し、警官と衝突する
				12月1日、福島自由党河野広中、逮捕される（福島事件）
16	1883	40	4月16日、山田、改正新聞紙条例を編纂し、改定する（発行保証金制度の新設、法的責任者の範囲拡大、身替り新聞の禁止、外務卿、陸海軍卿の記事掲載禁止権新設、行政処分の拡充等の改正を行なう） 6月29日、山田、改正出版条例を編纂し、改定する（発行10日前に内容の届出、罰則強化など定める） 12月12日、山田、参議兼司法卿に就任する	7月2日、「官報」を発行する 7月20日、太政大臣岩倉具視没、59歳 7月25日、岩倉の国葬が行なわれる 8月3日、伊藤、憲法調査して欧州より帰国 10月22日、独逸学協会学校創立
17	1884	41	8月7日、山田、伯爵を授かる 12月26日、山田、判事登用規則を編纂し、制定する（判事の登用は、法学士と試験合格者に限定） 12月27日、山田、従三位に叙される 年月日不詳、久雄（山田の実弟繁栄の次男、第二代伯爵）を養嗣子とする	1月、ロエスレル、商法草案を作成する。旧東大法学部関係者、「法学協会」を設立（3月、『法学協会雑誌』創刊） 3月17日、宮中に制度取調局を設置（長官伊藤博文）し、憲法並に皇室典範の起草に着手する 7月7日、華族令を定める（8月7日、公爵11・侯爵24・伯爵76・

				子爵 327・男爵 74 人に授爵） 7 月、山田が贔屓にした三遊亭円朝の『怪談牡丹燈籠』の好演や、桃川如燕の『講談速記本』の刊行あり 12 月 12 日、司法省法学校正則科が文部省に移管され東京法学校となる。その後、18年9月29日、東京大学法学部仏法科となる
18	1885	42	4 月 18 日より山田は、南海・山陰両道及び山口、神戸、大阪、京都、大津、大垣の諸裁判所を巡廻する 12 月 22 日、内閣制度が創設される（太政官制を廃し、内閣総理大臣はじめ宮内、外務、内務、大蔵、陸軍、海軍、司法、文部、農商務、逓信の各大臣を置き、宮内以外の大臣で内閣を組織することを定める）。そして内閣職権を規定する（総理大臣の権限を内閣の首班として行政各部を統督すると規定するが、軍機事項は陸海軍大臣より報告を受けるにとどまるとする統帥権の独立を法文化した） 12 月 22 日、山田、第一次伊藤博文内閣の司法大臣に任命される 12 月 23 日、内閣法制局が置かれる	9 月 10 日、英吉利法律学校（中央大学）開校
19	1886	43	4 月 12 日、山田、元老院民法編纂局の閉局に伴い、司法省に民法草按編纂委員を置き、第 1 編（人事編）第 3 編第 2 部（財産獲得編包括名義ノ獲得方法）の身分法部分を編纂続行する 5 月 5 日、山田、裁判所官制を編纂し、制定する（治安・始審・重罪・控訴院・高等法院・大審院の各裁判所体系と職務権限を規定） 8 月 6 日、外務省法律取調委員会（委員長井上馨）を設置し、条約改正のためすみやかなる近代諸法典の制定を目指す。このため、山田の司法省民法編纂委員も一時ここに吸収される 8 月 13 日、山田、登記法、公証人規則を編纂し制定する 10 月 19 日、山田、従二位に叙される	2 月 26 日、公文式公布（法律、勅令、省令、閣令の形式や公布手続などを定める） 2 月 27 日、各省官制公布（大臣以下の職務権限を定める） 3 月 2 日、帝国大学令公布（東京大学を帝国大学に改組し、法・文・理・医・工の各分科大学をもって教育する）

			11月28日、山田の長庶子梅子が誕生 12月1日、山田、九州地方を視察し、23日帰京する	3月17日、高等官（勅任官、奏任官）の、官等俸給令公布 3月31日、民法編纂総裁大木喬任、民法第2・3編草案を内閣に上呈して元老院民法編纂局を閉局する 4月29日、華族世襲財産法公布
20	1887	44	3月、高杉晋作（東行）の跋文を作る 10月21日、山田、司法省法律取調委員長に就任する この年、山田、大日本私立衛生会会頭となる	4月20日、大仮装し舞踏会が首相官邸にて開催される（鹿鳴館ではしばしば開催され欧化主義として非難される） 4月22日、第26回条約改正会議開催（批准後2年以内に日本内地を開放、西洋主義による法典編纂、外国人の判検事任用などを提案する） 4月30日、ロエスレル、「憲法私案」を法制局長官井上毅に提出 6月1日、ボアソナードは、4月22日の条約改正案に反対する意見書を内閣に提出 6月、伊藤博文総理、金子堅太郎・伊東巳代治（のち井上毅参加する）は、憲法草案の検討を開始。8月、修正憲法草案を作成す 7月29日、井上馨外務大臣、条約改正会議の無期延期を各国に通告す 9月9日、帝国大学法科大学法律学科に独

				法科を置き、英法、仏法、独法の3科編成となる 9月16日、井上馨が外務大臣を辞任する。伊藤首相が、外務大臣兼務となる 10月15日、伊藤・井上・伊東・金子、憲法草案を討議す
21	1888	45	4月30日、山田、黒田清隆内閣の司法大臣となる 6月、大村益次郎の円山墓碑銘を作る（ただし三条実美撰文となっている） 12月、山田、日本法律学校設立のため金子堅太郎（憲法起草委員）、宮崎道三郎（帝国大学教授）に協力を求める 12月、山田の司法省法律取調委員会での審議が終了し、元老院、枢密院の審議に移る	1月4日、山陽鉄道会社創立（11月1日、神戸〜明石間開通） 4月25日、市町村制公布（22年4月1日施行） 4月30日、枢密院官制公布 5月5日、文部省、特別認可学校として、専修、明治、東京法律、東京専門、英吉利、独協、東京仏学校の7校に高等文官試験受験資格を与える 5月8日、枢密院が開院となり、5月25日〜6月15日、皇室典範草案が審議され、6月18日〜7月13日、憲法草案が審議される 7月10日、『東京朝日新聞』発刊
22	1889	46	1月10日、山田、皇典講究所所長に就任する 5月、法学士会（帝国大学の英法学派）が法典編纂に関する意見書を提出し山田の編纂する民法施行の延期を主張し、民法典論争始まる 6月、山田は皇典講究所に、金子堅太郎、宮崎道三郎、穂積八束を招き、日本法律学校設立を協議する 8月17日、山田、現行法律規則調査委員長となる	1月3日、『朝日新聞』を『大阪朝日新聞』と改題する 2月11日、大日本帝国憲法発布。皇室典範（官報登載なく）制定。議院法公布。貴族院令公布。衆議院議員選挙法公布（直接国税15

	23	1890	47		

			10月4日、日本法律学校（日本大学）創立（麹町区飯田町5丁目8番地） 10月7日、日本法律学校、文部省に特別認可学校（高等文官試験受験資格校）の申請書を提出するも認められず 12月24日、山田、第一次山県有朋内閣の司法大臣に任命される この年、従兄、故河上弥市の碑文を作成する（萩長寿寺境内建立）	円以上で25歳以上の男子に選挙権、30歳以上の男子に被選挙権を与える） 7月1日、新橋〜神戸間全通（1日1往復、片道20時間） 9月9日、東京仏学校と東京法学校を合併し和仏法律学校（法政大学）を創立 12月24日、内閣官制（内閣職権は廃止）公布 この年、官有鉄道の走行距離は880キロ、私鉄は840キロに達する この年、ドイツ民法第一草案成る

| | 23 | 1890 | 47 | 2月10日、山田が編纂した裁判所構成法公布（区、地方、控訴、大審院の4裁判所を置く、11月1日施行）
3月、山田、音羽邸落成し転居する。なお飯田町邸は司法省顧問パテルノストルに賃貸する
3月19日、山田、陸軍中将として愛知県下の大演習に出張
3月27日、山田が編纂した民法財産編、財産取得編（12章まで）、債権担保編、証拠編を公布（4月21日官報掲載、26年1月1日施行、しかし延期となる）
4月21日、山田が編纂した民事訴訟法公布（24年4月1日施行）
4月26日、山田が編纂した商法公布（24年1月1日施行、しかし延期となり26年1月1日施行）
6月26日、山田音羽邸へ天皇行幸
6月27日、山田音羽邸へ皇后行啓
7月10日、山田、貴族院伯爵議員となる（勅選議員）
7月、山田、国学院を皇典講究所内に創立する
9月11日、日本法律学校入学試験（〜12月）行なわれる | 2月1日、『国民新聞』創刊（徳富蘇峰）
2月8日、外務大臣青木周蔵の条約改正方針（外国人判事の採用と、外国への法律編纂の公約止める）を閣議決定する
3月31日、生野銀山、大蔵省より皇室財産に編入（29年、三菱に払い下げ）

7月1日、第一回衆議院選挙（大同倶楽部55人、立憲改進党46人、愛国公党35人、保守党22人、九州同志会 |

			9月21日、日本法律学校開校式（皇典講究所大講堂で挙行。入学者200余名）、山田、祝辞を述べる 10月6日、日本法律学校、授業開始 10月6日、山田が編纂した民法人事編、財産取得編（第13・14・15章）公布（10月7日官報掲載、26年1月1日施行、しかし延期となる） 10月7日、山田が編纂した法例公布（26年1月1日施行、しかし延期となる） 10月7日、山田が編纂した刑事訴訟法公布（11月1日施行、治罪法廃止） 12月15日、商法及商法施行条例延期法律案、衆議院で可決する。山田司法大臣、辞表を提出するも慰留され撤回する 12月22日、商法及商法施行延期法律案、貴族院で可決する。山田司法大臣、辞表を提出するも山県総理あずかりとなる 12月24日、山田司法大臣、三度目の辞表を病気理由で提出するも天皇認めず。大木喬任を臨時司法大臣に任命し、病気療養を命じられる 12月27日、「商法及び商法施行条例施行延期期限法」（26年1月1日施行）が施行される 12月の『明治天皇紀』の条に山田を「法典伯」と呼んでいる	21人、自由党17人、無所属その他104人、計300人） 9月15日、立憲自由党結党 10月20日、元老院廃止 10月24日、貴族院議長に伊藤博文が任命される 11月29日、第一回帝国議会通常会が開会される（24年3月7日閉会）
24	1891	48	1月、山田、三浦三崎の別邸で療養する 2月8日、山田、病気回復したとして司法大臣に復帰する 4月7日、山田、正二位に叙される 5月5日、山田の司法省法律取調委員会が解散となり、委員長山田も辞任する 5月6日、山田、第一次松方正義内閣の司法大臣に就任する 5月11日、滋賀県大津で巡査津田三蔵が来日中のロシア皇太子に切りつける大津事件が起きる 5月12日、司法大臣山田は、政府首脳と会談し、大津事件に刑法116条「皇室に対する罪」を適用する方針を立てる 5月27日、検事総長三好退蔵は、津田三蔵を刑法116条により死刑に処すべきと論告するも、大審院は292条、112条、113条1項を適用し「謀殺未遂罪」により無期徒刑と判決する	2月18日、内大臣三条実美没（55歳）。2月25日国葬 4月9日、山県有朋総理大臣、辞表提出 5月6日、松方正義（第一次）内閣成立

山田顕義略年譜　295

			6月1日、山田、大津事件で刑法116条の適用ができなかった責任を感じ司法大臣を辞任する 6月、山田は前官の礼遇を賜う その後、鎌倉、三浦三崎等の別邸において静養し、詩作等に耽る 7月、山田、イタリア国より勲賞を拝受する	8月25日、穂積八束、「民法出テ忠孝亡ブ」（『法学新報』）を著述する
25	1892	49	1月28日、山田、枢密顧問官に就任する 4月、山田は、久坂玄瑞、高杉晋作らの手書誓約書の跋文を作る 5月、山田、村田清風の墓碑銘文を撰す 5月28日、第三回帝国議会貴族院で、「民法及び商法施行延期法」が可決する。6月10日、衆議院でも可決する 10月11日、山田、郷里山口へ出発する。その目的は11月1日の旧藩主銅像起工式主催のためであった 10月15日、山田、桑山招魂場の碑文を撰す 11月11日、山田、生野銀山視察中に薨去する 11月12日、山田を、小ナポレオンと称するの記事あり（『国民新聞』） 11月13日、山田の遺骸が東京に帰る 11月14日、旭日桐花大綬章を賜わる。山田家、喪を発する 11月16日、故山田、聖上より誄詞を賜わる 11月17日、故山田、前官礼遇をもって音羽護国寺の墓地に埋葬される（戒名、顕忠院殿釈義宣空斎大居士） 11月24日、「民法及び商法施行延期法」が官報掲載され、29年12月31日まで延期となる（22日天皇裁可）。なお、29年12月29日、民法人事編、財産取得編第14・15・16章を31年6月30日まで再延期とする	2月15日、第二回衆議院議員選挙（自由党94人、改進党38人など） 4月、大審院長児島惟謙ら裁判官弄花事件で起訴される（7月12日免訴の判決） 5月11日、岸本辰雄ら、「法典実施断行ノ意見」（明治法律学校『法治協会雑誌』号外）を発表 5月17日、梅謙次郎ら、「法典実施意見」（和仏法律学校『明法誌叢』号外）を発表 5月25日、「法典実施延期意見」（東京法学院『法学新報』社説）を発表 8月8日、伊藤博文第二次内閣成立 10月7日、民法商法施行取調委員会（委員長西園寺公望をはじめ委員12名）が設置される 11月1日、『万朝報』（黒岩周六）創刊

26	1893	一周忌	1月、山田久雄（22歳。養嗣子。第二代伯爵）、ヨーロッパ留学へ出発 11月頃か、山田一周忌に山田の威徳を偲び、司法官や陸軍有志が醵金して「大審院前銅碑」が建立される（山田顕義銅碑と碑文）	
27	1894	三回忌	11月、山田三回忌に山田の愛顧を受けた、待合の女将加藤ひなが、有志の寄付を仰いで、山田伯遺墨碑として「風折烏帽子碑」が建立される	
30	1897		1月、山田久雄（25歳。山田の養嗣子。第二代伯爵）、病状悪化のため、急遽帰国する 4月12日、山田久雄（日赤病院で、25歳）、死去	
33	1900		7月2日、山田鶴子（山田の実母。文政9年2月9日生まれ、75歳）が麻布笄町の自宅で死去する（山口で死去の説あり）	
39	1906		3月、山田繁栄（山田実弟。第三代伯爵。60歳）、死去	
45 大正元	1912		12月17日、山田梅子（山田の庶子。第四代伯爵夫人。27歳）、肺病にて死去	
4	1915		5月23日、山田龍子（山田の妻。67歳）、死去	
昭和20	1945		5月25日、山田英夫（山田梅子の夫。第四代伯爵。70歳）、死去 8月1日、山田顕貞第五代伯爵襲爵（36歳、山田英夫長男、日本大学教授を経て、昭和48年60歳にて死去）	
38	1963		7月、『山田顕義傳』発刊（日本大学創立70周年記念として）	
54	1979		9月、「顕義園」を開設（山口県萩市生誕の地に、日本大学創立90周年事業として）	
平成元	1989		4月、「山田顕義終焉の地碑」を建設（日本大学創立100周年記念事業として）	

人 名 索 引

あ

青木周蔵　　95, 103, 141, 143
赤松則良　　195
朝倉盛明（田中静洲）　　175, 178-180
朝倉外茂鉄　　225
朝比奈知泉　　100
安部井磐根　　232
綾小路有良　　184-5
荒井郁之助　　73
荒川五郎　　263
有栖川宮幟仁　　116, 129
有栖川宮熾仁　　101, 103, 117, 126

い

井伊直憲　　130
生田靖　　195, 203
池田弥一　　202-3
伊坂国太郎（梅雪）　　112
石川光明　　v
伊地知正治　　72
石渡敏一　　263
伊勢貞丈　　75
磯部四郎　　202-4, 206, 209, 213, 222, 234
磯谷幸次郎　　263
板垣退助　　95, 118, 130
井田譲　　216
市川団十郎（九世、堀越団州）　　112, 114
伊藤悌治　　225
伊藤博文　　5, 13-5, 21, 62, 90, 107, 110,
　　117-9, 123, 126-8, 130-1, 143, 154, 157,
　　162, 166, 177, 183-4, 191, 207, 210, 225,
　　235, 238-9
伊藤正徳　　100
伊東巳代治　　225
井上馨　　14, 21, 84, 87, 107, 109, 117, 127,
　　130, 154, 157, 162-3, 183, 207
井上角五郎　　19
井上五郎三郎　　87, 161
井上毅　　62, 118, 225, 245
井上正一　　20, 206, 209, 213

井上勝　　154
井上光亨　　84
今井磯一郎　　20
今井似幽　　172
今泉定助　　249
今村和郎　　14, 34, 209
今村信行　　206, 209, 260, 263
岩倉具視　　5-6, 12, 31, 58, 90, 103, 117,
　　123, 126-7
岩佐純　　99

う

宇田川暘谷　　113
宇田成一　　121-2
馬屋原仙一　　173-4, 182
梅ヶ谷藤太郎（雷権太夫）　　112, 114
梅謙次郎　　238-9
梅子（伊藤博文妻）　　110

え

江木欣々　　112
江木衷（冷灰）　　112, 114, 222-3, 225
江藤新平　　91, 93, 194-9, 218
榎本武揚　　5-6, 12, 31, 58, 90, 103, 117,
　　123, 126-7

お

大木喬任　　20-1, 25, 57-8, 60-1, 93, 96,
　　102, 123, 130, 141, 194, 199-202, 204, 206,
　　212-3, 218, 224, 229-31, 233, 235
大久保利通（一蔵）　　5, 72, 90-1, 127, 140
大久保泰甫　　i
大熊氏広　　163
大隈重信　　102, 117, 130, 189, 216
大倉喜八郎（都鶴彦）　　112, 114
大谷光尊（明如上人）　　186
太田実　　187
大津唯雪（光太郎、村田次郎三郎）　　139
大鳥圭介　　43, 73, 102
大庭寛一　　168-9, 182

299

大町桂月　　40, 181
大村益次郎（永敏、村田蔵六）　　iv, 5, 8, 30, 46, 72-3, 89, 156, 163
大山巌　　130, 141
岡内重俊　　20, 231
岡澤精之助　　186
岡村為蔵　　17, 209
岡村輝彦　　225
岡山兼吉　　20
奥田義人　　225
奥山政敏　　209
お鯉　　110
尾崎忠治　　209, 245
尾崎三良　　40, 119, 125, 141, 209-10,214-5, 219, 245
尾佐竹猛　　103
小野梓　　117
尾上菊五郎（五世、寺島梅幸）　　112, 114
小畑美稲　　20, 216, 229, 238
小幡高政　　49
小原重哉　　60-1

か

カークウッド・モンテーグ（Kirkwood William Montague Hammett）　　14, 16, 70, 136, 208
鹿島屋喜右衛門　　82-4, 161
勝海舟（安房）　　50, 130
桂太郎　　110
加藤祖一　　234
加藤高明　　17, 209
加藤ひな（雛、辰巳屋、巽家）　　vi, 49, 109, 114-5
加藤弘之　　20, 195, 212, 216, 229, 245, 252, 257-8
加藤政之助　　232
楫取素彦（小田村元三郎）　　159
金井之恭　　195
金子堅太郎　　242, 245, 253-4, 262
兼重つる　　187
加納久宣　　20
樺山資紀　　141, 230
加太邦憲　　iv, 40
上條慎蔵　　242

亀山貞義　　209, 234
鹿山箭五郎　　151
河合惣兵衛　　168-9
河上岩槌　　187
河上梅子　　165
川上貞奴（芳町の奴）　　112, 115
河上肇　　277
河上弥市（繁義、南八郎）　　46, 165, 167, 171-2
河津祐介　　209, 230-1
河野猪太郎　　187
河野得三（顕義実妹益子の夫）　　94, 187
河野一　　187
川村純義　　7, 102, 130
神田孝平　　195

き

菊地侃二　　19
菊池武夫　　206
岸本辰雄（播州）　　17, 112, 209, 227, 234, 238
岸良兼養　　96
北井波治目　　263
起田正一　　55
北白川宮能久　　101, 115, 141, 143
北畠治房　　209, 245
吉川経幹　　151, 163
キッチナー　　49, 115
木戸孝允　　5, 72, 90-1, 93-5, 99, 103, 107, 127, 140
木戸松子（幾松）　　107, 110
木下周一　　209, 260
木下廣次　　231, 238
木村毅　　100
木村博明　　176
木村正辞　　202-3
清浦奎吾　　231, 262-3
清岡公張　　209, 245
清元梅吉（松原清吉）　　113
清元菊寿翁（菊寿太夫）　　112
清元葉（斉藤葉）　　113
桐野利秋　　98
今上（令和）天皇、雅子皇后　　83

く

久坂玄瑞　158-60
草野允素　60-1
九条道孝　75
楠田英世　195, 197, 203
楠本正隆　215
工藤則勝　209
グナイスト・ヘンリッヒ・ルドルフ（Gneist Heinrich Rudolf）　16, 70, 208
熊野敏三　206, 209, 213-4, 227, 238
栗塚省吾（栞艇）　14, 112, 187, 209, 234
黒川誠一郎　203, 209
黒田清隆（了介）　72-3, 117, 126-7, 130, 143, 183, 189, 210-1, 213
黒田綱彦　209
黒田長成　231

こ

河野広中　120, 122, 232
光明寺三郎　206, 209, 213
児島惟謙　143, 224, 234
小島奥　104, 140, 151, 173
児玉源太郎　186
後藤象二郎　119, 130, 141, 143, 196, 230
小松済治　206, 209
小松宮彰仁（東伏見宮彰仁）　73, 101, 139, 141
子安峻　33
近藤圭造　64
コワニー・フランソワ・セアン（Coignet François Jean）　179

さ

西園寺公望　14, 238
西郷隆盛（吉之助）　50, 72, 91, 98
西郷従道　7, 130-1, 141, 143
昌谷千里　60-1
佐々木高行　43, 127, 130
佐々木文一　263
佐々木（名不詳、山田家家扶）　97-8, 140, 152
薩摩治郎八　109, 128
佐藤英太郎　176
佐藤金治　121

佐野常民　252
沢宣嘉　165
三条実美　5, 8, 63, 102, 126-7, 141, 155-6, 172, 188-9, 200, 203
三宮義胤　185
三遊亭円朝（出淵次郎吉）　113-4
三遊亭円遊　112, 114

し

滋野清彦　186
宍戸璣　21, 47, 90, 97-8, 102-3, 139, 152, 163, 249
宍戸備前　47, 163
品川弥二郎　23-4, 234
紫野曇叟　111
斯波淳六郎　242, 263
渋沢栄一　115, 195
渋谷文毅　60-1
島田三郎　232, 252
島本仲道　197
城数馬　227
浄光寺諶誠　114
諸葛孔明　52
白石正一郎　160
白根専一　229
進十六　209
新村出　277

す

末岡精一　242
末川博　277
末松謙澄　20, 232
末松三郎　19
杉浦譲　195
杉田幸五郎（幸）　112
杉孫七郎　95, 102, 141
杉村虎一　56, 227
杉山考敏　202-3
周布公平　20, 24, 183
周布政之助　24
澄川篁坡　74

せ

関兼之　187

人名索引　301

関口夢界　113
関直彦　20

そ
副島種臣　130, 230
添田寿一　242

た
ダイアー・ヘンリー（Dyer Henry）　101
高木甚平　263
高木豊三　234
高木秀臣　245
高崎五六　242
高島鞆之助　182, 229
高杉晋作　44, 159-60, 187
高梨哲四郎　19
高梨公之　iii, 37, 39, 47
高野真遜　206, 209, 213
高橋健三　225
竹内正兵衛（村田山田）　158, 172
武市熊吉　58
田中源太郎　20
田中青山（光顕）　81
田中不二麿　202, 224, 229-31, 233-4
谷干城　230
玉乃世履　56, 92, 197, 203

ち
長芠（長谷三州）　46, 195

つ
辻新次　245, 252, 257
津田出　62
津田三蔵　142, 261
津田真道　197, 203, 212
都築馨六　14, 209
鶴田皓　13, 60-2, 202, 209

て
出浦力雄　14, 209, 260-1
テツヒョー（Techow Hermann）　16, 208
寺島直　209
寺島宗則　102, 130, 141, 207
田鶴年　113

と
土井庸太郎　144
陶淵明　52
徳大寺実則　141
徳富蘇峰（猪一郎）　30, 100
得能良介　197
戸原卯橘　165
富井政章　231, 238-9
富小路敬直　184
富永有隣　46
豊田文三郎　19
鳥尾小弥太　229

な
永井松右衛門　19
長岡外史　277
中定勝　234
永田五郎　187
中根一竹　113
長野清助（政明）　165
中橋徳五郎　225
中原義正　187
長松幹　189
中村元嘉　262
長森敬斐　209
長森藤吉郎（野田）　242, 263
中山忠光　165
鍋島直大　141
ナポレオン・ボナパルト（一世）（Napoléon Bonaparte、拿波翁、那破列翁）　29-31, 92-3, 236-7
名村泰蔵　57, 60-2, 245
成瀬仁蔵　277
南部甕男　206, 209, 245

に
ニコラス・アレクサンドロヴィチ（ロシア皇太子）（Nikolai Alexander）　142, 223
西岡逾明　245
西成度　202-3, 209, 245, 252
二条基弘　228
蜷川武胤　195

ぬ

沼間守一　117, 119

の

乃木希典　109
野口淳吉　182
野田豁通　186
野津道貫　183
野間清治　142
野村幸助　187
野村維章　182, 263
野村素介　95, 102, 139
野村靖　102

は

梅処尼　159
白居易　52
橋本綱常　149, 178
長谷川深美　195
長谷川喬　17, 209, 238
波多野敬直　209
蜂須賀茂韶　141
パテルノストル・アレキサンドル
　（Paternostro Alessandro）　102, 137
鳩山和夫　232
花柳芳次郎（初代花柳寿輔）　113
馬場辰猪　117
浜尾新　231
浜口惟長　60-1
林田亀太郎　261
林友幸　152, 163
林有造（勇蔵）　151, 160
春木義彰　263

ひ

東久世通禧　130
東園基愛　185
土方久元　139, 141, 252
土方寧　225
樋山資之　242, 262
平賀義質　60-1
平島及平　242
平田東助　20, 23-4
広沢真臣（波多野金吾）　55, 72

ふ

福井かね　55
福岡孝悌　197, 204
福沢桃介　115
福沢諭吉　117
福島桃葉　114
福田美和　ii, 49, 106-7, 128, 140, 151,
　174, 188
福地源一郎（桜痴）　19, 203
福羽美静　195
福原芳山　60-1
藤田高之　60-1
伏見宮貞愛　102, 141
ブスケ・ジョルジュ・ヒレール（Bousquet
　Georges Hilaire）　120, 156, 197-8
フルベッキ（Verbeck Guido Herman
　Fridolin）　6

へ

ベルツ・エルウィン（Bälz Erwin von）　99,
　149

ほ

ボアソナード・ド・フォンタラビー・ギュス
　タ ー ブ （ Boissonade de Fontarabie
　Gustave）　i, 16, 24, 31, 39, 60, 62,
　65, 70, 96, 136, 194, 199, 202-5, 207-10,
　213, 220, 226, 236, 252
宝生九郎　112, 114
細川潤次郎　62, 197, 209, 245
穂積歌子　148
穂積陳重　20, 148, 239
穂積八束　223, 225, 238, 242
本多潤四郎　176
本多康直　14, 209, 242, 260, 262-3

ま

前田愛之助　187
前田済三　108
前原一誠（彦太郎、佐世八十郎）　72, 98
曲木如長　209
馬木勝平（真木勝平）　46, 178
槙村正直　20, 209, 245
正木退蔵　139

人名索引　303

増島六一郎　222
増野京子　84
増野助三　84
松岡康毅　209, 220, 245, 252, 262-3
松方正義　126, 130-1, 141, 143, 182, 216, 223-4, 229, 233-5, 238
松蔵　97-8, 100, 140, 151
松平容保　109
松平春嶽（慶永）　50
松平太郎　73
松平英夫（山田英夫）　108-9
松野貞一郎　225, 238
松本暢　197
松本麟太郎　176, 182
丸尾光春　176

み

三浦順太郎　144
三浦安　20, 231
三坂繁人　209
三崎亀之助　232
三島通庸　120
水野遵　260
水本成美　195, 202-3
三竹てふ　114
箕作麟祥　16, 20, 195, 197-8, 200-3, 209, 220, 229, 245-6, 252
宮城浩蔵　19, 209, 227, 232
三宅雪嶺　32
都一中（伊藤梅太郎）　112
都以中　112
宮崎道三郎　242-3, 253, 262
宮本小一（鴨北）　229
三好退蔵　14, 17, 144, 209, 229-31

む

牟田口通照　200-2
陸奥宗光　14, 62, 141, 143
村越銕久　113
村田清風　46, 158-9
村田保　20, 44, 62, 209, 228-9, 238, 245
邨田丹陵（村田丹陵）　113
村田峰次郎　iii, 41, 181, 187

め

明治皇后　141
明治天皇　126-7, 140, 152, 236-9

も

毛利重就（英雲）　155
毛利敬親　150, 156, 161-3
毛利輝元　77
毛利元純　151, 160, 163
毛利元周　151, 160, 163
毛利元就　156
毛利元徳　74
毛利元蕃　151, 163-4
モッセー・アルベルト（Mosse Albert）　15
本尾敬三郎　17, 209, 238, 260-1
元田直　195
元田永孚　126
元田肇　20, 252
本野一郎　227
桃川如燕（杉浦要助）　112
森有礼（金之丞）　76
森鷗外　50

や

八束可海　263
柳原前光　62-3, 141
山内勝明　185
山尾庸三　207
山県有朋（狂介）　v, 7, 10-2, 22-4, 41, 72, 110, 123, 126, 128, 130-1, 140-1, 148, 157, 162, 166, 177, 183, 189, 204, 214-5, 223, 252, 259
山川健次郎　109
山川浩　109
山崎直胤　62
山口尚芳　5, 90
山崎慎三　166, 175, 177
山田顕貞（梅子の長男、顕義の孫）　109, 129, 174
山田顕行（顕義実父）　5, 50, 157-8
山田顕義の祖母　82
山田梅子（顕義の庶子）　49, 108-9, 128, 140, 142, 152, 187
山田梅子の母　49, 108

山田喜之助　225
山田金吉（顕義、龍子、長男）　101, 104,
　108
山田貞夫（梅子の次男、顕義の孫）　109,
　174
山田繁栄（河上繁栄、顕義実弟）　109, 158,
　164-7, 182, 184, 186-7
山田龍子（竜子、顕義妻）　49, 79, 82-4,
　87, 89-90, 94, 97, 100-1, 104, 106-8, 129,
　140, 151-2, 183, 187-8
山田千代子（梅子の長女、顕義の孫）　109,
　129, 174
山田鶴子（顕義実母）　78, 82-3, 90, 94,
　97, 100-1, 104, 106, 140, 151, 157
山田豊吉　114
山田信道　182
山田久雄（顕義養嗣子）　109, 140, 164,
　183, 185-7
山田文太郎　175, 178, 182
山田平三郎　85
山田正道　187
山田益子（万須子、河野益子、顕義実妹）
　78, 82, 94, 140, 183, 187
山田亦介　158, 172
山田襲之（市郎右衛門、顕義祖父）　78
山田與四郎　77
山根正次（殿山）　112, 183
山彦秀爾（秀次郎）　114

よ

横田国臣　238
横山尚　60-1
吉井友実（幸輔）　72, 130, 141
芳川顕正　141, 250
吉田樂叟　113
吉田貞子　110
吉田松陰　iv, 1, 45, 150, 158, 175, 187,
　191-2, 266
吉田民治　45
吉村右衛門　140, 152

る

ルドルフ・ヲットー（Rudorff Otto）　14,
　136, 208

ろ

ロエスレル・ヘルマン（Roesler Hermann）
　13, 15-6, 19, 70, 208

わ

ワシントン（Washington George・話聖東）
　30
渡辺清　20
渡辺国武　245, 259
渡辺驥　22
渡辺洪基　245
渡辺れん　85
渡辺廉吉　209
渡正元　20, 209, 229, 245

事 項 索 引

あ

会津三方道路の開鑿　120
赤坂喰違事件　58
麻布笄町山田邸　142
朝婿入りの夕嫁入り　86

い

飯田町山田邸　96-7, 104, 137
伊香保温泉での療養　99
英吉利法律学校（東京法学院・中央大学）
　221, 247
生野銀山（御料局生野支庁）　170, 175
一名主義　78
一夫一妻制　105-6
一夫多妻制　104-5
岩倉米欧回覧使節団　5, 90
インスチチチュオーネス方式（Institutiones
　Methode）　216

え

永世 600 石拝受（山田顕義）　72
英法派・英法学派　225

お

殴傷妻妾（新律綱領）　66
鷗渡会　117
殴夫（新律綱領）　66
嚶鳴社　117
大阪会議　95
大阪兵学寮　193
大津事件（湖南事件）　142
小郡勘場（代官所）　160
音羽町山田邸　137

か

改定律例　91
外務省法律取調委員会　14, 15, 132, 207-8
改名禁止主義　78
風折烏帽子碑　vi, 109
華士族平民通婚ノ許可　83

か（右列）

華族世襲財産法　124
華族令　123
瓦屋旅館（山口湯田温泉）　161-3
官営日本鉄道会社　153-4
神田駿河台北甲賀町官舎　94
神田駿河台紅梅町官舎　89
官名・国名の僭称禁止　75-6

き

貴族院伯子男爵議員互選選挙　130
貴族院伯爵議員（山田顕義）　130
旧議員法 32 条「奏上議案ノ期限」　233
旧刑事訴訟法　217
旧刑法草案取調掛　61
旧刑法典　12, 14, 96
旧刑法 114 条「親属例」　67
旧刑法 114 条親属例は、高知県伺と指令
　68
旧刑法 282 条「官吏暴行陵虐罪」　58
旧裁判所構成法の編纂　133
旧商法草案　13
旧商法典論争　4
旧商法の編纂　12
旧民事訴訟法（訴訟法典）　217
旧民法財産法の公布　212
旧民法典実施断行論　220, 226-8
旧民法典施行延期論　220-1, 225
旧民法の編纂　194
旧民法身分法の公布　215
近代法典編纂の父　山田顕義　i, vi,
　133
金麗社（絵堂）　159

く

空斎（空斉・空齊・空齋）　47
桑山招魂場　46
勲一等旭日桐花大綬章　1, 183-4
君主主権主義　3

307

け

刑罰（効力）不遡及の原則　65
刑法取調掛　60
元服年齢　2
憲法按意見書　12
元老院　57, 60, 62-3, 199, 211-2
元老院議官　36
元老院刑法草案審査局　62
元老院刑法草案審査局委員　12, 62
元老院民法編纂局　202
元老院民法編纂局草案　203, 206
元老院民法編纂総裁（大木喬任）　202

こ

公議所　76
皇国　3, 266
功山寺（下関）　160
小唄風折烏帽子　47
皇典講究所　116
皇典講究所賛襄　116
皇典講究所所長　129
工部卿（山田顕義）　iii, 1, 101
工部大学校　101
光明寺（下関）　160
拷問禁止令　55
拷問廃止建白書　57
拷問無用ノ布告　58
国学院（国学院大学）　243, 277
国法（憲法）　11-2
国友会　117
護国寺墓所（山田家）　36
五等親図（新律綱領）　59, 66
コンセイユ・デタ（Conseil d'État）　13

さ

罪刑法定主義の導入　58, 64
妻妾二等親　66
裁判所官制の制定　135
裁判所構成法　135-6
左院　60, 196
左院一等議員（江藤新平）　196
左院制度局　196
左院の家督相続法并贈遺規則草案（全93ヶ
　条、4年・5年）　196

左院の後見人規則草案（全34ヶ条、6年）
　196
左院の後見人規則草案確定案（全21ヶ条、
　7年）　196
左院の婚姻法草案（全59ヶ条、6年）　196
左院の民法会議（江藤新平）　196
左院の養子法草案（全10ヶ条、6年）　196
左院副議長　196
佐賀の乱　8, 94
参議省卿兼任制　116
参議省卿分離制　103
参議専任（山田顕義）　iii, 1, 103
参議広沢暗殺事件　55
参坐制　55
参事院　13
参事院商法編纂局　13, 15

し

士格称号　77
時事新報　41
私設山陽鉄道　154
自然法学派　225, 228
実名敬避俗　77
自白主義　57
司法卿（山田顕義）　iii, 1, 12, 29, 123
司法省刑法編纂委員会委員長（山田顕義）
　12, 60
司法省拷問廃止案　57
司法省地方慣例取調局　200
司法省特別保護金　246
司法省法律取調委員会委員長（山田顕義）
　15, 17-8, 32, 132, 194, 208
司法省法律取調委員会略則　16, 208
司法省本省民法草案（江藤新平）　197
司法省民法仮法則草案（全88ヶ条）（6年、
　江藤新平）　198
司法省民法草按編纂委員（山田顕義）　132
司法省民法編纂局（大木喬任）　131-2
司法省明法寮学校　196-7, 200
司法省明法寮民法草案（江藤新平）　197
司法職務定制　134
司法大臣（山田顕義）　iii, 1, 12, 29, 126
司法大輔（山田顕義）　iii, 29, 58, 91-2
集会条例改定　12, 118

重婚禁止（旧刑法 354 条、旧民法 31 条）　67, 69

自由党　119

自由民権運動の激化　117

受嫁婚　86

出版条例改定　118

従二位（山田顕義）　128

松陰神社　158

松下村塾　2

浄光寺（木下川薬師・東京葛飾）　111

証拠主義　57

招婿婚　86

小ナポレオン（東洋のナポレオン）　1, 29-30, 39

正二位（山田顕義）　1, 127, 130-1

乗馬飼養令　125

商法及商法施行条例中改正並二十六年七月一日施行法律案　27

商法組合会　17

商法実施延期請願書　19

商法施行延期法律案　19, 21-22, 24

商法施行延期ヲ請フノ意見書　44

諸兵操練総指揮官（山田顕義）　7

神前結婚式　85

新聞紙条例改定　118

新律綱領　ii, 91

す

枢密院　212

枢密院臨時協議会総委員会　212

枢密顧問官（山田顕義）　1, 152

せ

政治制度上申案箇条　195

征討軍陸海軍参謀（山田顕義）　71

西南ノ役別働第二旅団長（山田顕義）　98

清風神社　159

整武隊　169

整武隊総督兼諸部隊総指揮（山田顕義）　169

前官礼遇　155

選挙干渉問題　147

全国惣体戸籍法（壬申戸籍）　199

全国民事慣例類集　79

専修学校（専修大学）　244

そ

祖先祭祀　69

た

大審院　96

大審院前銅碑　v, 41

太盛山三番坑（生野銀山）　175-6

大体可否会議仮規則　211

大日本帝国憲法　19, 191

大日本帝国憲法 6 条「天皇ノ法律裁可権」　233

太政官制　75

太政官代　75

太政官法制部の廃止　13

ち

治罪法　14, 96

中弁　194

徴兵告諭　6

徴兵詔書　6

徴兵制度に関する兵部大輔・少輔の建議（兵部省前途之大綱）　7

徴兵制に関する山田顕義の建白書（軍制に関する建白書、米欧回覧理事官報告）　8

徴兵制論議　4

徴兵編成並概則　6

つ

通婚範囲　80

通名（通称）　77

て

帝国議会第一回通常会　19

帝国議会第三回特別会　27

帝国議会第四回通常会　27

帝国大学法科大学英吉利法科　221

と

独逸学協会学校（独協大学か）　247, 277

東京開成学校　221

東京専門学校（早稲田大学）　244

東京大学法学部英法科　221

事項索引　309

東京鎮台司令長官（山田顕義）　7
東行庵（下関）　159
銅像起工式主催説（25年帰郷の目的）
　150-1
東洋議政会　117
特別保護金（司法省）　246
独法派・独逸法学派　225
特命全権公使清国在勤、清国駐在特命全権公
　使（山田顕義）　7

な
内閣職権　127
内閣制度　1
内閣法制局　136-7
内婚制　83
内務卿（山田顕義）　116
内務省　116
内務省社寺局　116
ナポレオン刑法典（1810年）　63, 65

に
日本近代法の父（ボアソナード）　i
日本帝国刑法草案　62
日本帝国刑法手続法書草案　96
日本法律学校開校式　251
日本法律学校学祖（山田顕義）　242
日本法律学校校長（初代金子堅太郎）
　253-4
日本法律学校校長（二代松岡康毅）　252,
　262-3
日本法律学校創立時評議員　245
日本法律学校創立者　242
日本法律学校創立者総代（宮崎道三郎）
　242, 253
日本法律学校第一回卒業式　262
日本法律学校認可　242

は
萩山田別邸　158
伯爵授任（山田顕義）　1, 124
箱館（函館）戦争　71
判事登用規則の布達　124, 135
パンデクテン方式（Pandekuten Methode）
　239

ひ
避称俗　77
秘名俗　77
病気療養説（25年帰郷の目的）　147
兵部省　73
兵部大丞（山田顕義）　iii, 1, 29, 89
兵部理事官（山田顕義）　5

ふ
不應為罪（新律綱領、改定律例）　64
福島事件　120, 122
服忌令　67
仏法派・仏法学派　225
不平等条約改正　219
不平等条約改正条件　134
『仏蘭西法律書民法』（箕作麟祥訳）　197

へ
弁官　194, 196

ほ
法理精華　221
法政誌叢　222
法治協会雑誌　222
「法典実施延期意見」　225
「法典実施断行ノ意見」　227
法典伯（山田顕義）　i, 29, 32-4
法典編纂ニ関スル法学士会ノ意見ヲ論ス
　221
法典論争（旧民法典論争・旧商法典論争）
　220
「法馬魚」の印　44
法律雑誌　222
墓参説（25年帰郷の目的）　150

み
御国民法草案（太政官制度局、江藤新平）
　196
三田尻英雲荘御茶屋　154-5
御楯組血盟書跋文　159
身上証書（身分証書、民生証書）　195, 198
民法会議（太政官制度局、江藤新平）　195
民法仮法則（司法省本省）　198

310

民法決議三草案（太政官制度局、江藤新平）　195

民法商法修正審査委員ヲ設ケルノ建議ニ対スル意見（田中不二麿司法大臣意見）　233

民法商法施行延期法　192

民法商法施行延期法律案　228-9

民法商法施行延期法律案ニ対スル意見（田中不二麿司法大臣意見）　233

め

明治2年の帰郷　73

明治11年民法草案（大木喬任）　200

明治14年政変　116-8

明治法律学校（明治大学）　222, 244, 277

明法誌叢　222

明法寮　197

明法寮改刪未定本民法草案　197

明法寮皇国民法仮規則草案　197

明法寮第一人事編草案　197

明倫館（長藩藩校）　46

妾の文字の削除　58, 66

も

文部省指定特別認可学校　249

や

山口招魂社（兵庫山口村）　165-6, 168

山口白石村山田邸　157

山口中河原御茶屋　157

山口早間田山田邸　157

山口藩（長藩、長州藩）　156

山田顕義の結婚　78

山田顕義の薨去　175

よ

養子法草案　196

吉田松陰遺髪塚　158

り

陸軍少将（山田顕義）　5, 89

陸軍中将（山田顕義）　1, 36, 100

立憲改進党　117

立憲君主体制　123

立憲帝政党　118

立志尚特異　2

領事裁判権　134

る

誄　185

れ

歴史法学派　225, 228

ろ

弄花事件　234

わ

和仏法律学校（法政大学）　222, 244, 247, 277

著者略歴

小林　忠正（こばやし　ただまさ） 　元日本大学法学部教授

昭和21（1946）年、生まれる。

昭和43（1968）年、日本大学法学部卒業。続いて日本大学大学院修了。昭和46（1971）年、日本大学助手となり、専任講師、助教授を経て、教授となる。その後、非常勤を経て平成28（2016）年、学部停年、令和3（2021）年、大学院停年に至る。この間、民事調停委員やカリフォルニア大学ヘイスティングス校ロースクール客員研究員等を務める。

専攻は、日本法制史・法学・民法。

主な著書としては、『法学』（八千代出版、平成元〔1989〕年）、『日本民法史論』（法学書院、平成9〔1997〕年）、『日本家族法史論』（成文堂、平成15〔2003〕年）、『ステップアップ法学』（成文堂、平成16〔2004〕年）、『民法総則』（成文堂、平成19〔2007〕年）、『実例民法』（共著、自由国民社、平成19〔2007〕年）などがある。

他に論文の近著として、「名の法をめぐって―明治六年小野組転籍事件をとおして―(1)〜(5)」（『日本大学法学部創設120周年記念論文集』『日本法学』第75巻第3号、第76巻第2号、第78巻第1号、第80巻第2号。平成21〔2009〕〜平成26〔2014〕年）、「Marriage in Japan: Traditional and Current Forms of Japanese Marriage」（*Nihon University Comparative Law*, Vol.36, 2019）など、多数ある。

山田顕義生誕180年

近代法典編纂の父　山田顕義
―小ナポレオンとか法典伯と呼ばれた人―

2024年11月29日　第1版第1刷発行

著　　者 ― 小林　忠正
発 行 者 ― 森口恵美子
印 刷 所 ― 三光デジプロ
製 本 所 ― (株)グリーン
発 行 所 ― 八千代出版株式会社

〒101-0061　東京都千代田区神田三崎町2-2-13

TEL　03-3262-0420　　FAX　03-3237-0723

＊定価はカバーに表示してあります。

＊落丁・乱丁はお取り換えいたします。

© T. Kobayashi, 2024

ISBN978-4-8429-1877-8